Ästhetisierung der Arbeit

Bonner Beiträge
zur Alltagskulturforschung

im Auftrag der Rheinischen Vereinigung für Volkskunde
herausgegeben von

Dagmar Hänel
Gunther Hirschfelder
Ove Sutter
Lars Winterberg

Band 11

Ove Sutter, Valeska Flor
(Hrsg.)

Ästhetisierung der Arbeit

Empirische Kulturanalysen des
kognitiven Kapitalismus

unter redaktioneller Mitarbeit von Annette Allerheiligen

Waxmann 2017
Münster · New York

Mit freundlicher Unterstützung von:

Dekanat der Philosophischen Fakultät der
Rheinischen Friedrich-Wilhelms-Universität Bonn

Rheinische Vereinigung für Volkskunde e.V. (RVV)

Bonner Gesellschaft für Volkskunde und
Kulturwissenschaften e.V. (BGVK)

Bibliografische Informationen der Deutschen Nationalbibliothek
Die Deutsche Nationalbibliothek verzeichnet diese Publikation in
der Deutschen Nationalbibliografie; detaillierte bibliografische
Daten sind im Internet über http://dnb.dnb.de abrufbar.

Bonner Beiträge zur Alltagskulturforschung, Bd. 11
ISSN 1436-1582
Print-ISBN   978-3-8309-3671-8
E-Book-ISBN   978-3-8309-8671-3

© Waxmann Verlag GmbH, 2017
Steinfurter Straße 555, 48159 Münster

www.waxmann.com
info@waxmann.com

Umschlaggestaltung: Pleßmann Kommunikationsdesign, Ascheberg
Umschlagabbildung: © phyZick – shutterstock.com
Satz: Stoddart Satz- und Layoutservice, Münster
Druck: CPI books GmbH, Leck

Gedruckt auf alterungsbeständigem Papier,
säurefrei gemäß ISO 9706

Printed in Germany

Alle Rechte vorbehalten.
Nachdruck, auch auszugsweise, verboten.
Kein Teil dieses Werkes darf ohne schriftliche Genehmigung des
Verlages in irgendeiner Form reproduziert oder unter Verwendung
elektronischer Systeme verarbeitet, vervielfältigt oder verbreitet werden.

Inhalt

Ove Sutter, Valeska Flor & Klaus Schönberger
Ästhetisierung der Arbeit
Eine Einleitung und ein Plädoyer für die Überwindung
der Dichotomisierung von „Sozialkritik" und „Künstlerkritik".................7

Ästhetisierung von Arbeitsräumen

David Adler
Die Entstehung einer Lounge
Ästhetisierung als praktischer Vollzug........................33

Alexandra Bernhardt
Coworking Spaces als ästhetisierte Arbeitsräume.....................51

Praktiken ästhetisierter Arbeit

Nathalie Knöhr
Die Kunst des Pitchens
Selbstvermarktung als Teil der Arbeitskultur deutscher Serienschreibender.....71

Lina Franken
Lehrende als kreative Unterrichtsgestaltende.......................87

Irene Götz
Stil und Stilisierung im *prekären Ruhestand* oder wie ältere
Frauen ihr kulturelles Kapital ökonomisieren.....................105

Künstlerische Verhandlungen ästhetisierter Arbeit

Ildikó Szántó
Entästhetisierte Kunst, prekäre Arbeit
Eine soziologische und eine kunstfeldinterne Perspektive
auf das Verhältnis von Kunst und Arbeit........................123

Jonas Tinius
Prekarität und Ästhetisierung
Reflexionen zu postfordistischer Arbeit in der freien Theaterszene...........139

Fabian Ziemer
Über den Umgang mit Musikproduktionssoftware
Postfordistische Arbeits- und Lebensführungsparadigmen im REMIX........157

Ästhetisierende Repräsentationen von Arbeit

Lars Winterberg
„Ich bin Genussmensch. Deshalb Fairtrade."
Zur Ästhetisierung des Alternativen Handels – eine Spurensuche 177

Petra Schmidt
Blog – Ästhetik – Arbeit
Ästhetisierungspraxen in einem Mütter-Lifestyleblog 193

Ästhetisierung der Arbeit im Museum

Lars K. Christensen
Arbeitsleben ausstellen
Ein Beispiel von musealer Inszenierung der Industriearbeit 215

Bernd Holtwick
Annäherung durch Verfremdung
Ästhetisierung der Arbeitswelt als Mittel kritischer Reflexion
in der *DASA Arbeitswelt Ausstellung* 229

Jochem Putsch
Wenn die Arbeit ausgeht, kommt sie ins Museum? 253

Reflexionen

Hannes Krämer
Was ist ästhetisch an ästhetischer Arbeit?
Zur Praxis und Kritik zeitgenössischer Erwerbstätigkeit 277

Kaspar Maase
Wie kann abhängige Arbeit schön sein?! –
Ästhetisch-ethnographische Überlegungen 293

Autorinnen und Autoren 309

Ove Sutter, Valeska Flor & Klaus Schönberger

Ästhetisierung der Arbeit
Eine Einleitung und ein Plädoyer für die Überwindung der Dichotomisierung von „Sozialkritik" und „Künstlerkritik"

„Ästhetisierung der Arbeit – Kulturanalysen des kognitiven Kapitalismus" – unter diesem Titel fand im September 2015 an der Universität Bonn eine Tagung statt, deren Ergebnis dieser Sammelband ist. Die Konferenz wurde von der Abteilung Kulturanthropologie/Volkskunde in Kooperation mit der Kommission „Arbeitskulturen" der Deutschen Gesellschaft für Volkskunde (dgv) organisiert. Sie brachte an drei Tagen Kulturanthropolog_innen, Soziolog_innen, Historiker_innen und Kunstwissenschaftler_innen mit Praktiker_innen aus der Museumsarbeit zusammen, um über Verständnisse und Prozesse der Ästhetisierung von Arbeit wie auch deren die Implikationen für die Ausstellung (der Geschichte) von Arbeit zu diskutieren.

Den Ausgangspunkt der Diskussion bildete der in der Arbeits- und Industriesoziologie ebenso wie in der kulturanthropologischen Arbeitskulturenforschung in den letzten Jahren umfassend beschriebene Wandel der Arbeit hin zu einem „postfordistischen Arbeitsparadigma" (Schönberger 2007). So wird von einem grundlegenden sozioökonomischen und kulturellen Transformationsprozess in den westlichen Industriegesellschaften seit den 1970er Jahren im Übergang vom Fordismus hin zum Postfordismus ausgegangen (Hirsch 2001; Aglietta 2000; Jessop 2003; Gorz 2000). Dieser Wandel zeichnet sich neben der Globalisierung der Warenströme, der Finanzialisierung der Märkte und der Informatisierung der Produktionsabläufe insbesondere durch die zunehmende Umstellung des Produktionsprozesses von der hierarchisch strukturierten industriellen Produktion standardisierter Massenwaren auf die netzwerkförmige und von permanenter Innovation geprägte Produktion immaterieller Güter und Dienstleistungen aus. Die industrielle Fertigung von Gütern ist nicht mehr die zentrale, sondern nur mehr eine Komponente im Produktionsprozess neben der Vermarktung und symbolischen Aufwertung der Produkte durch die Produktion von Bildern, Zeichen und Symbolen, von Lifestyles und Waren-Images, aber auch von Netzwerken und Communities. Wissen wird zur zentralen Ressource im Wertschöpfungsprozess. Mentale und kognitive Fähigkeiten wie kommunikative Kompetenzen und Kooperations-, aber auch Einfühlungsvermögen werden zunehmend zu gefragten wie notwendigen Qualifikationen. Arbeit wird zunehmend „immateriell" und

„affektiv" (Lazzarato 1998; Hardt/Negri 2002; Hardt 2002). Die Organisationsform der industriellen Arbeit verliert zumindest in den westlichen Industrienationen ihre hegemoniale Stellung im Produktionsprozess an die immaterielle Arbeit, wobei diese Hegemonie sich weniger quantitativ als vielmehr qualitativ ausdrückt, das heißt in der Art und Weise, wie sie auch die Arbeitsorganisation der industriellen Produktion und darüber hinaus die Lebensverhältnisse verändert. Das postfordistische Stadium der kapitalistischen Produktionsweise wird auch als „Kognitiver Kapitalismus" bezeichnet (Moulier-Boutang 2001; Vercellone 2007; Peters/Reveley 2014).

In der Industrie- und Arbeitssoziologie wie auch in der Arbeitskulturenforschung wurde die postfordistische Formation der Arbeit ausführlich entlang der zentralen Dynamiken der „Flexibilisierung" (Sennett 1998; Seifert/Götz/Huber 2007) und „Entgrenzung" (Gottschall/Voß 2003; Herlyn/Schönberger/Müske/Sutter 2009), der „Subjektivierung" (Baethge 1991; Moldaschl/Voß 2002; Kleemann/Voß 2010; Schönberger/Springer 2003) und „Prekarisierung" (Castel/Dörre 2009; Götz/Lemberger 2009; Sutter 2013) untersucht. Angesichts der zunehmenden Bedeutung der „Wissensökonomie" und „Wissensarbeit" (Jessop 2003; Konrad/Schumm 1999; Koch/Warneken 2012) rücken mit der „mentalen Seite der Ökonomie" (Seifert 2014) auch die emotionalen und sinnlichen Dimensionen weiter in den Fokus.[1] Bei diesen Entwicklungen setzte die Bonner Tagung an, um mit der „Ästhetisierung der Arbeit" eine weitere Facette gegenwärtiger Arbeitsregime zu verstehen und zu diskutieren.

Ästhetisierung und Kreativität – Kulturanthropologische Perspektiven

Auch abseits der Arbeitskulturenforschung hat sich die Kulturanthropologie in den letzten Jahren vermehrt mit gesellschaftlichen Formen der Kreativität und Prozessen der Ästhetisierung auseinandergesetzt. So hat sich zum Beispiel Bernd Jürgen Warneken eine Aktualisierung des volkskundlich-kulturwissenschaftlichen Kreativitätsinteresses und des damit verbundenen Fokus auf die eigenschöpferischen Potenziale populärer Ästhetik vorgenommen (vgl. Warneken 2006). Dabei appelliert Warneken an die Ethnographie populärer Kreativität, selbstkritisch zu überlegen, „wie sie sich zum postmodernen Lob kultureller Flexibilität und zum neoliberalen Appell an die Eigeninitiative stellt" (ebd., 14). In Anlehnung an Orvar Löfgren fordert er deshalb auch dazu auf, nicht nur besonders auffällige und attraktive Praktiken populärer

---

[1] Vgl. zu „emotional labor" Russell Hochschild 1983.

Kreativität und Ästhetik zu untersuchen. Vielmehr gehe es darum, diese als – auch triviale – Bestandteile alltäglicher Lebenswelten in den Blick zu nehmen (ebd., 198, 202).

Die „Rückrufaktion" zur Kreativität der *Zeitschrift für Kulturwissenschaft* verfolgte ein ähnliches Anliegen (vgl. Färber et al. 2008). Im Mittelpunkt der hier versammelten Beiträge steht die kritische Überprüfung des Gehalts von Kreativität als kulturwissenschaftlichem Begriff (vgl. ebd., 8). Dabei gehe es nicht darum, so die Herausgeber_innen, den Begriff für die kulturwissenschaftliche Forschung zu entwerten, vielmehr solle er reartikuliert und kontextualisiert werden (ebd., 10). Grund dafür sei die Tatsache, dass die (frühere) Beschäftigung mit der normativen Trennlinie des Kreativen – also der Frage danach was kreativ, schöpferisch, produktiv oder auch ästhetisch ist oder was es eben nicht ist – obsolet geworden sei. In der heutigen Forschung gehe es deshalb weniger um die Etablierung von Kreativitätsvorstellungen durch eine kreative, schöpferische, produktive und darüber geadelte Elite – in Abgrenzung zu denjenigen, die vielleicht nicht kreativ-schöpferisch tätig sind und Vorhandenes vielleicht eher reproduzieren (ebd., 7). Vielmehr solle nach den Bildern und Vorstellungen gefragt werden, die Kreativität prägen und speisen. Außerdem rücken Praktiken, also das kreative und auch nichtkreative Handeln, ins Zentrum des kulturanthropologisch-kulturwissenschaftlichen Interesses (vgl. ebd., 7–9).

Neben Ina-Maria Greverus' Skizzen einer „Ästhetischen Anthropologie" und ihrem Fokus auf die „Entäußerung des kulturellen Wissens als Vergegenständlichung und Vermittlung" (Greverus 2005: 5) hat Kaspar Maase die Kategorien der „Ästhetik" und „Ästhetisierung" in den Fokus der empirisch-kulturwissenschaftlichen Forschung gerückt. Mit Blick auf ästhetische Erfahrungen im Alltag betont er insbesondere deren Selbstzweck. Maase lehnt sich dabei an Rüdiger Bubners (1989) Formel der Ästhetisierung der Lebenswelt an, ohne dessen negativ bewertenden Unterton zu übernehmen, um gegenwärtige gesellschaftliche Ästhetisierungsprozesse in westlichen Gesellschaften zu umschreiben. Die Ästhetisierung des Alltags zeige sich demnach vor allem an drei beobachtbaren Phänomenen: erstens am „großen Anteil von populären Künsten und Vergnügungen am Zeitbudget", zweitens im „Streben nach sinnlich eindrucksvoller Formung der materiellen Umwelt wie des Selbst" und drittens in der „Zunahme der öffentlichen Inszenierungen, die mit allen Mitteln die Intensität sinnlich grundierter gemeinsamer Erfahrungen zu steigern suchen" (Maase 2008: 10). Auch wenn die Ästhetisierung des Alltags nicht neu, sondern schon im Mittelalter und in der Frühen Neuzeit zu beobachten sei, setze erst an der Schwelle vom 19. zum 20. Jahrhundert mit der Entwicklung hin zur Waren- und Konsumgesellschaft ein Prozess der umfassenderen gesellschaftlichen Durchdringung ein (ebd., 11). Die Hochphase des Fordismus von den 1950er bis in die 1970er Jahre führte schließlich angesichts stabiler Einkommen oberhalb der Armutsgrenze zur Veralltäglichung ästhetischer Praktiken und Erfahrungen (vgl. ebd., 11f.). Entgegen einer funktionalistischen Sicht auf Ästhetisierung, wie sie Maase für das Gros der Sozialwissenschaften diagnostiziert, betont er die „Eigenständigkeit, Eigenlogik und Selbstzweckhaftigkeit ästhetischer Praktiken" (ebd., 14).

Kreativitätsdispositiv, ästhetische Arbeit und ästhetischer Kapitalismus

Neben diesen empirisch-kulturwissenschaftlichen Auseinandersetzungen mit den Begriffen der Ästhetisierung und der Kreativität war jedoch ein anderer Impuls für die Tagung und damit auch den vorliegenden Sammelband maßgeblich: Andreas Reckwitz' gesellschaftstheoretische Analyse eines umfassenderen gesellschaftlichen Strukturwandels, den er als „Ästhetisierung" bezeichnet. Demnach begann spätestens ab den 1960er und 1970er Jahren die „Idee der Kreativität" (Reckwitz 2012: 13) in den westlichen bürgerlichen Gesellschaften hegemonial zu werden und zu deren Transformation beizutragen. Diese Idee der Kreativität breitete sich dabei von den gesellschaftlichen Rändern und „Nischen" der künstlerischen Avantgarden und Gegenkulturen in die Gesellschaft aus. Zuvor war sie in einem wesentlich länger zurückreichenden Prozess – in den romantischen Bewegungen und in der Bohème des 19. Jahrhunderts sowie in den Avantgarden zu Beginn des 20. Jahrhunderts (vgl. Wuggenig 2015: 33; vgl. auch Raunig 2005) – als „Emanzipationshoffnung" gegen die rationalisierte bürgerliche Gesellschaft und später dann auch gegen den realen Sozialismus in Stellung gebracht worden (vgl. Reckwitz 2012: 13f.). Jedoch erst ab dem letzten Drittel des 20. Jahrhunderts erfasste das „Doppel von Kreativitätswunsch und Kreativitätsimperativ" (ebd., 12) zunehmend die Arbeitswelt und darüber hinaus auch andere Bereiche der alltäglichen Lebensführung. In der deutschsprachigen Arbeits- und Industriesoziologie wurde diese Entwicklung mit Fokus auf deren Folgen für die Beschäftigten auch mit dem Begriff der „doppelten Subjektivierung" gefasst (vgl. Kleemann/Matuschek/Voß 2002). Den Prozess der gesellschaftlichen Ausbreitung versteht Reckwitz im Anschluss an Michel Foucault als Formierung eines „Kreativitätsdispositivs" im Sinne eines sozialen Netzwerks „von verstreuten Praktiken, Diskursen, Artefaktsystemen und Subjektivierungsweisen, die nicht homogen, aber identifizierbar durch bestimmte Wissensordnungen koordiniert werden" (Reckwitz 2012: 49).[2] In diesem Sinne ziele das Kreativitätsdispositiv darauf ab, „bestimmte Zustände des Sozialen und des Subjekts hervorzubringen, ohne dass dies von bestimmten Akteuren so intendiert sein müsste" (ebd., 49).

Kreativität bezeichnet in Reckwitz' Sinne erstens Fähigkeiten und reale Prozesse, aus denen fortwährend „dynamisch Neues" hervorgeht (ebd., 10). Zweitens beziehe sich Kreativität in der hier entscheidenden Form mit dem „Schöpferischen" auf die „moderne Figur des Künstlers" (ebd., 10), der als Sozialfigur im Sinne eines Leitbildes der alltäglichen Lebensführung und mit ihm das „Künstlerische" und „Ästhetische" in einem umfassenderen Sinne an Bedeutung gewinnt (vgl. auch Loacker 2010). Drittens umfasse Kreativität in diesem Sinne auch nicht nur ein rein technisches Verständnis von Innovation, sondern beziehe sich stärker auf „die sinnliche und affektive Erregung durch das produzierte Neue" (Reckwitz 2012: 10).

Damit ist die für Reckwitz mit der Ausbreitung des Kreativitätsdispositivs grundlegend verknüpfte Dynamik der Ästhetisierung angesprochen, denn das Kreativitätsdispositiv erschließe sich nur, „wenn man in seiner Wirkung einen Prozess der *Ästhetisierung* sieht" (ebd., 21, Hervorh. i.O.). Das „Ästhetische", wie Reckwitz es hier verwendet, bezieht sich dabei vor allem auf Formen sinnlicher Wahrnehmung, die sich von zweckrationalem Handeln gelöst haben und sich dementgegen durch eine gewisse Selbstzweckhaftigkeit und Selbstbezüglichkeit auszeichnen (ebd., 23). Darüber hinaus sei damit auch eine „emotionale Involviertheit des Subjekts" (ebd., 23) verbunden. Der Prozess der Ästhetisierung entfalte sich vor dem Hintergrund und als eine Art Gegenbewegung zu einer vormals dominanten gesellschaftlichen Dynamik der Rationalisierung, Standardisierung und Routinisierung, die bis in die 1970er Jahre hinein für das fordistische Stadium der kapitalistischen Produktionsweise prägend war. Im postfordistischen Stadium gewinnen nun in unterschiedlichen Bereichen der Gesellschaft Praktiken an Bedeutung, mittels derer Artefakte und Situationen produziert werden, die sinnlich und emotional intensive Erfahrungen und Wahrnehmung ermöglichen. Gleichzeitig verstärke das Kreativitätsdispositiv jenes ästhetische Wissen und jene ästhetischen Praktiken, die insbesondere „auf die Produktion und Rezeption von *neuen* ästhetischen Ereignissen" (ebd., 20, Hervorh. i.O.) abzielen. Ästhetisches Wissen und ästhetische Praktiken breiten sich nun in unterschiedlichen

---

2 Vgl. zu einem entlang der Arbeitsverhältnisse von Kultur- und Kreativarbeiter_innen entwickelten Verständnis von Kreativitätsdispositiv beziehungsweise „creativity dispositif" auch McRobbie 2016.

Bereichen alltäglicher Lebensführung aus, in der Erziehung und Bildung, im Konsum, im Sport oder in der Sexualität.

Für den vorliegenden Band sind nun aber insbesondere ästhetische Wissensformen und Praktiken aus der Sphäre der Ökonomie und der Arbeit von Interesse. Auch hier diagnostiziert Reckwitz eine umfassende „Ästhetisierung des Ökonomischen" (ebd., 140). Diese vollziehe sich nicht nur durch permanente technische Innovationen, sondern auch durch die ständige Erneuerung der Organisationsstrukturen und „Kompetenzen der Individuen". Innovation werde zu einem strukturellen Merkmal und zu einer dauerhaften Aufgabe von Organisationen und ihren Mitgliedern (vgl. ebd., 141). Darüber hinaus rücke seit den 1970er und 1980er Jahren und insbesondere mit der zunehmenden Bedeutung der „creative industries" und „creative economy" ab den späten 1990er Jahren die Erzeugung „neuartiger Zeichen, Sinneseindrücke und Affekte" ins Zentrum des Produktionsprozesses (ebd., 140). Hier wendet Reckwitz gegen den Begriff des kognitiven Kapitalismus ein, dass es in der Wissens- und Kreativarbeit nicht nur um den Umgang mit und die Produktion von Zeichen und Symbolen, der „Fabrikation von Ideen im Sinne von kognitiven Einsichten", sondern vor allem um deren Verknüpfung mit sinnlichen Wahrnehmungen und Emotionen gehe (vgl. ebd., 142).

> Die Semiotisierung der Güter geht mit deren sinnlicher und affektiver Ästhetisierung einher, die sich nicht allein auf Gegenstände, sondern auch auf Situationen und Ereignisse bezieht. Diese Formen des Arbeitens zielen damit im Kern auf Zeichen-, Wahrnehmungs- und Affektkreation ab, auf ästhetische Innovation. Die kreative Arbeit ist *ästhetische Arbeit* (ebd., 142, Hervorh. i.O.).

Dementsprechend erscheint es Reckwitz angemessener, für das postfordistische Stadium der kapitalistischen Ökonomie von einem „ästhetischen Kapitalismus"[3] zu sprechen.

Arbeit im ästhetischen Kapitalismus zeichne sich nun wiederum durch eine spezifische Form aus und unterscheide sich von ihrer fordistischen Variante der „Arbeiter- und Angestelltentätigkeit", die durch einen routinisierten, standardisierten und versachlichten Umgang mit Objekten und Subjekten charakterisiert war (ebd., 11). Mehr noch als die anglo-amerikanische Definition von „aesthetic labour", die vor allem die neuen performativen Anforderungen und Fähigkeiten der Selbst-Präsentation der Dienstleistungsarbeit betont – das heißt sprachlichen Ausdruck, Körpersprache oder auch „Style" – (vgl. Nickson/Warhurst/Dutton 2004), umfasst Reckwitz' Verständnis von

---

3 Zum Begriff des ästhetischen Kapitalismus vgl. auch Böhme 2016.

ästhetischer Arbeit neben der Produktion von ästhetisch neuen Zeichen, Objekten und Situationen auch das Selbstverhältnis der Arbeitenden. So dominiere in der ästhetischen Arbeit ein „postromantisches" und „postmaterialistisches" Arbeitsethos, das nicht mehr auf die „Wiederholung technischer und administrativer Prozesse" abziele, sondern das befriedigende Arbeit als herausfordernd, abwechslungsreich, kreativ und expressiv definiere (Reckwitz 2012: 142).

Zur entgrenzten Kritik der Prekarität ästhetischer Arbeit. Für die Überwindung der Dichotomisierung von „Sozialkritik" und „Künstlerkritik"

Reckwitz' gesellschaftstheoretische Diagnose der gesellschaftlichen Ästhetisierung als umfassendem Strukturwandel stellt der empirischen Kulturanalyse der Arbeit Fragen und eröffnet damit verbundene Aufgabenfelder. Insbesondere die bei Reckwitz nicht im Zentrum stehenden sozialen Implikationen bedürfen der erhöhten Aufmerksamkeit. So ist unter anderem nach neuen Schattenseiten und veränderten sozialen Randlagen des ästhetischen Kapitalismus zu fragen, auf die Reckwitz kaum eingeht. Eng damit verbunden ist die Frage nach Machtverhältnissen im Produktionsprozess ästhetischer Ökonomien wie auch bei der Aushandlung von Arbeitsbedingungen. Gerade die Erwerbstätigen im Kulturbetrieb sind in besonderer Weise von Prekarisierung betroffen (vgl. McRobbie 2016; Gill/Pratt 2008).[4]

Zugleich gehen mit der von Reckwitz diagnostizierten Entwicklung Widerstände gegen die Prekarisierung der kreativen und ästhetischen Arbeit einher. Während gegenwärtige Formen der kreativen Arbeit in der Arbeits- und Industriesoziologie durchaus ausführlich untersucht wurden und werden, bleiben die – auch in kollektiver und organisierter Form artikulierten –

---

4 Vgl. zur Kritik an Reckwitz hinsichtlich dieser Leerstelle Fuchs 2013. Ebenso stellt sich die Frage nach neuen sozialen Spaltungen. So bedingt der von Reckwitz und von Moulier-Boutang diagnostizierte Übergang zu einem ästhetischen beziehungsweise kognitiven Kapitalismus auch Verschiebungen in Bezug auf die Wertigkeit und Inwertsetzung von Arbeit. Der zunehmende Bedeutungsverlust der Industriearbeit in westlichen Gesellschaften hat zugleich Konsequenzen für das Selbstwertgefühl und die Anerkennung der Arbeit im Bereich der industriellen Produktion. Die Hegemonie von Kreativität und Ästhetik in fast allen Sektoren der kapitalistischen Produktionsweise und die damit verbundene Ausrufung einer Wissensgesellschaft schreibt die soziale Spaltung zwischen Angestellten und Arbeiter_innen nicht nur fort, sondern bedeutet eine dramatische Entwertung von körperlicher Arbeit insgesamt.

Formen der Kritik und Widerständigkeit weitgehend unberücksichtigt. Deren Erforschung findet eher in anderen Bereichen der Sozialwissenschaften oder gleich in den sozialen Bewegungen selbst statt (Tsianos/Papadopoulos 2007; Panagiotidis 2007; Marchart 2013; Precarias a la deriva 2004). Unsere Hypothese ist, dass diese Vernachlässigung der Untersuchung von Widerständen mit einer spezifischen Kritik der ästhetischen und kreativen Arbeit verbunden ist. Diese schließt insbesondere an Luc Boltanskis und Ève Chiapellos ideologiekritische Diskursanalyse eines „Neuen Geist des Kapitalismus" an, deren zentrale Argumentationsstruktur kurz rekapituliert werden soll.

„Künstlerkritik" und „Sozialkritik"

In ihrer umfassenden Studie, die sich insbesondere auf die vergleichende Analyse von Managementliteratur der 1960er und 1990er Jahre, aber auch auf Auswertungen der Gewerkschaftspresse der 1970er und 1980er Jahre stützt, arbeiten Boltanski und Chiapello heraus, wie sich ausgehend von den Revolten der 1960er Jahre und der damit verbundenen Kapitalismuskritik die Rechtfertigungsordnung einer „projektbasierten Polis" (Boltanski/Chiapello 2006; Boltanski 2007) entwickelt, die für das gegenwärtige Stadium eines netzwerkbasierten Kapitalismus wirksam sei. Entscheidend ist dabei, dass der Kapitalismus in diesem Stadium seine eigene Rechtfertigung aus ihm äußerlichen Ressourcen generiert und sich über diese legitimieren muss, da sein eigener Zweck nur jener der Kapitalakkumulation ist. Eine wichtige Quelle zur Erneuerung der eigenen Rechtfertigungsstrukturen im Sinne seines ideologischen Fundaments zur Sicherung kultureller Hegemonie ist Boltanski und Chiapello zufolge gerade die Kritik des Kapitalismus selbst. „Indem die Kritik ihn dazu zwingt, sich zu rechtfertigen, zwingt sie ihn zu einer Stärkung seiner Gerechtigkeitsstrukturen und zur Einbeziehung spezifischer Formen des Allgemeinwohls, in dessen Dienst er sich vorgeblich stellt" (Boltanski/Chiapello 2006: 86). Das aktuelle Stadium des netzwerkbasierten Kapitalismus ziehe nun seine eigene Rechtfertigung (und Hegemoniefähigkeit) aus ideologischen Elementen, die Boltanski und Chiapello als „Künstlerkritik" bezeichnen, die sie der „Sozialkritik" gegenüberstellen. Diese Künstlerkritik habe sich zunächst in den künstlerischen Avantgarden und der Bohème des 19. und 20. Jahrhunderts formiert und am Kapitalismus vor allem dessen „Entzauberung" der Welt, Entfremdung und Sinnverlust in Folge von Rationalisierungs- und Standardisierungsprozessen sowie die Unterdrückung von Freiheit, Autonomie und Kreativität kritisiert. Die Sozialkritik der sozialistischen und später marxistischen Arbeiter_innenbewegung habe sich stattdessen vor allem gegen Armut und soziale Ungleichheit gewendet (vgl. Boltanski/Chiapello 2006: 79ff.). War noch bis in die erste Hälfte des 20. Jahrhunderts die Sozialkritik in den sozialen Bewegungen dominant und die Künstlerkritik eher marginal, so verschob sich dieses Verhältnis Boltanski und Chiapello zufolge mit den Revolten der 1960er Jahre, wobei sie hier die Ereignisse im französischen Mai 1968 hervorheben (vgl. Boltanski/Chiapello 2006: 215ff.). In den folgenden Neuen Sozialen Bewegungen ab den 1970er Jahren – der feministischen, der „Schwulen-, Umwelt- und Antiatomkraftbewegung" – habe sich schließlich die Künstlerkritik gegenüber der Sozialkritik als dominante ideologische Formation durchgesetzt (vgl. Boltanski/Chiapello 2006: 227). Ebenfalls ab den 1970er Jahren seien nun Forderungen der Neuen Sozialen Bewegungen und weniger jene der Gewerkschaften zur Bearbeitung der Interessenskonflikte in Folge der ökonomischen Krisen dieser Zeit von Seiten des Kapitals aufgenommen worden. Statt auf gewerkschaftliche Forderungen nach Gehaltserhöhungen und Arbeitsplatzsicherheit einzugehen, seien Forderungen zur Reformulierung der Arbeitsbedingungen ins Zentrum gerückt, die sich vor allem gegen die fordistisch-tayloristische Organisation des Produktionsprozesses wandten und dabei jenen der Künstlerkritik am Kapitalismus ähnelten. Soziale Träger_innen dieser Forderungen seien nicht Angehörige proletarischer Milieus, sondern jene der bürgerlichen und kleinbürgerlichen Mittelklassen – Akademiker_innen und auch junge Führungskräfte wie Ingenieur_innen und Facharbeiter_innen – gewesen. In Folge seien vor allem die Forderungen der Künstlerkritik nach Freiheit, Selbstverwirklichung und Authentizität ab den 1980er Jahren in die gegenwärtig dominanten Ideen des „New Management" übersetzt worden (vgl. Boltanski/Chiapello 2006: 143). Deren Autor_innen verorteten sich wiederum nicht selten in der Denk- und Handlungstradition der antiautoritären Neuen Sozialen Bewegungen. Waren die Forderungen der Künstlerkritik in den 1960er Jahren noch mit einer radikalen Kritik des Kapitalismus verknüpft, so reduzieren sie sich in ihrer angeeigneten Form als Management-Ideologie auf eine Neujustierung der Arbeitsbedingungen in Richtung einer Zunahme von „flachen" Hierarchien, Mobilität, Eigenverantwortung oder auch kreativen Tätigkeiten. Zusammengefasst gesagt, kommen Boltanski und Chiapello zu dem Schluss, dass die aus ihrer Sicht ab den 1960er Jahren in der Neuen Linken dominierende Künstlerkritik zu einer Modernisierung des Kapitalismus in Richtung seiner aktuellen Formation und gleichzeitig zu einer Marginalisierung der Forderung der Sozialkritik sowie der Verschärfung der Lebenslagen ihrer realen oder potenziellen Träger_innen beigetragen hat.

Kritik der Dichotomisierung oder: die entgrenzte Sozialkritik der Künstlerkritik im kognitiven Kapitalismus

So aufschlussreich Boltanskis und Chiapellos Analyse der Transformation des Kapitalismus in Richtung seiner aktuellen Formation ist, so problematisch sind die Aprioris einiger ihrer Argumentationsfiguren. Zunächst ist kritisch anzumerken, dass sich die Analyse der Entstehung und Form des „Neuen Geist des Kapitalismus" auf eine ideengeschichtliche Auseinandersetzung reduziert, genauer auf eine Ideologiekritik insbesondere von Management-Literatur. Weitgehend unberücksichtigt bleibt aber deren Einbettung in die Praxis alltäglicher Arbeits- und Lebenswelten. Anstatt die praktischen Übersetzungen und Artikulationen sowie deren Akteur_innen zu rekonstruieren, wird die Kapitalismuskritik selbst in ihren unterschiedlichen Formen und somit der Diskurs zum Akteur erhoben. Gleichzeitig ist ihre Analyse von einer normativen Orientierung an gewerkschaftlich und links-sozialdemokratisch geprägten Gesellschaftsanalysen und einer Nähe zur klassisch-marxistischen „Ersten Linken" sowie zur fordistisch geprägten Arbeiter_innenbewegung geprägt. So ignorieren sie auch jene kritisch zu sehenden Ungleichheiten geschlechtlicher Arbeitsteilung und die Lobpreisung des Produzentenstolzes der männlich dominierten Arbeiter_innenbewegung und ihrer bürokratischen Apparate. Ebenso unterlassen es Boltanski und Chiapello zu analysieren, inwieweit die von ihnen favorisierte Sozialkritik der klassischen Arbeiter_innenbewegung durch deren Fetischisierung von Arbeit in zumindest gleichem Maße zur ideologischen Stabilisierung des Kapitalismus fordistischer Prägung beitrug. Auch erwägen sie nicht, in welchem Maße die sozialdemokratische und gewerkschaftliche Politik der Sozialpartnerschaft die Stabilisierung des Kapitalismus beförderte.[5] Darüber hinaus ignorieren Boltanski und Chiapello auch die soziale Breite der weltweiten Revolten der 1960er Jahre. Der blinde Fleck der dichotomisierenden Gegenüberstellung von Künstler- und Sozialkritik wird evident, wendet man sie zum Beispiel auf die proletarische Lehrlingsbewegung in Deutschland innerhalb der anti-autoritären Bewegungen der 1960er Jahre an. Auch hier spielten anti-autoritäre Forderungen der Student_innenbewegung nach weniger entfremdeter Arbeit und mehr Möglichkeiten zur Selbstbestimmung entgegen der „Erziehung zum Untertan" in der „Untertanenfabrik" und Selbstverwirklichung eine wichtige Rolle (vgl. Tem-

---

5   In diesem Zusammenhang ließe sich noch anmerken, dass es genau jene Reduktion auf Verteilungsgerechtigkeit war, die Marx gegen die Marxisten so auf die Palme gebracht hat. Es ging bei ihm eben nicht nur um Gleichheit und Gerechtigkeit, sondern immer auch gegen die Lohnarbeit, die die fordistischen und keynesianischen Verteidiger_innen des Wohlfahrtsstaates als Apriori voraussetzen.

plin 2013: 43). Dass Boltanski und Chiapello die ebenfalls im Gefolge von 1968 wichtigen feministischen Bewegungen aus der Sozialkritik ausschließen, zeigt ebenfalls die analytische Unzulänglichkeit dieser Unterscheidung. Diese standen und stehen nicht nur für die Kämpfe gegen überkommene Subjektivierungsformen (vgl. Pieper 2007: 220), sondern beinhalten insbesondere auch Forderungen nach sozialer Gleichheit und Gerechtigkeit.

Letztendlich verharrt die Kritik der Künstlerkritik, wie sie Boltanski und Chiapello artikulieren, auf der Ebene der reinen Ideologiekritik. In dieser Form rekurriert ihre Unterscheidung von Sozial- und Künstlerkritik auf eine Vorstellung von richtigem und falschem Bewusstsein, wobei die Sozialkritik die richtige Kritik ist und die Künstlerkritik ein falsches Bewusstsein bedingen soll. Die Künstlerkritik ist demnach falsch, weil sie integrierbar ist. Dahinter steht eine problematische Vorstellung von Kritik, die immun ist gegen Missbrauch und ihre gegnerische Aneignung, weil sie von einem sicheren und nicht vereinnahmbaren Ort aus artikuliert wird.[6]

Doch nicht nur, wenn man den Blick zurück auf vergangene soziale Bewegungen richtet, ist die Unterscheidung von Künstlerkritik und Sozialkritik fragwürdig. Auch mit Blick auf aktuelle Auseinandersetzungen lässt sich diese Trennung nur schwer aufrechterhalten. Vielmehr zeigen sich spätestens seit Beginn der 2000er Jahre gerade auch in den Sektoren der ästhetischen und kreativen Arbeit neue soziale Auseinandersetzungen, die beide Elemente enthalten. Maurizio Lazzarato kritisierte schon 2007 die Dichotomisierung und argumentierte am Beispiel der Proteste der „intermittents du spectacle", der selbständig und prekär arbeitenden Kulturschaffenden in Frankreich, dass aktuell gerade in den Sektoren der künstlerischen und kreativen Arbeit die soziale Frage am innovativsten gestellt werde (vgl. Lazzarato 2016). Diese hatten sich 2004 zur „Coordination des Intermittents et Précaires" zusammengeschlossen, um gegen ein neues Gesetz zu protestieren, mit dem Ausnahmeregelungen in der Arbeitslosenversicherung zugunsten selbständiger Kulturschaffender mit diskontinuierlichen Beschäftigungsverhältnissen aufgehoben wurden. Lazzarato argumentierte unter anderem, dass stärker die sozialen Spaltungen innerhalb der Gruppe der vermeintlichen Träger_innen der

---

6 Boltanski und Chiapello verfügen ähnlich wie Pierre-André Taguieff (1991) über kein theoretisches Instrumentarium jenen Umstand zu denken, dass Dagegen-Sein, Protesthandeln oder Kritik nicht mehr umstandslos subversive Effekte hervorbringt. Das Elend der reinen Ideologiekritik besteht darin, die Möglichkeit der Retorsion oder Rekuperation von Kritik, also die Umstülpung der eigenen Argumentation in ihr Gegenteil oder im Sinne der hegemonialen Ordnung, in idealistischer Weise dem kritischen Argument selbst zuzuschreiben. Das Manko dieser Art von Ideologiekritik besteht in einem ahistorischen und nicht kontextualisierenden Argumentieren.

Künstlerkritik – die internen Hierarchisierungen und die Heterogenität der sozialen Lebenslagen, die auch alte und neue Formen der Prekarität umfasse – zu berücksichtigen seien.[7]

Tatsächlich bemühen sich aktuell auch Wissens- und Kreativarbeiter_innen in Allianz mit anderen prekär Beschäftigten darum, den sozialen Unsicherheiten, die aus Dynamiken des Wandels der Arbeit in Richtung Flexibilisierung, Prekarisierung und Subjektivierung erwachsen, mit veränderten Formen der Kritik und des Protests zu begegnen (vgl. Schönberger 2014). Damit verbunden ist auch das Bemühen, die Ausschlüsse der fordistisch geprägten Gewerkschaften – insbesondere die Marginalisierung von illegalisiert und atypisch Beschäftigten – zu überwinden. Zu verweisen wäre hier zum Beispiel auf die bereits seit 2001 in Westeuropa stattfindenden Euromayday-Paraden am 1. Mai als alternative Parade der Prekären, deren Aktivist_innen versuchen, die unterschiedlichen prekären Arbeits- und Lebenssituationen in politische Forderungen und Sichtbarkeiten zu übersetzen, die weniger als vereinfachende und homogenisierende kollektive Identität, sondern als Artikulation von Vielheit funktionieren (vgl. Hamm/Sutter 2010). Dementsprechend kontrastierten die Euromayday-Paraden durch ihre bunte Erscheinung und ihre vielfältigen Forderungen die oft ästhetisch und in ihren Forderungen einheitlichen Mai-Veranstaltungen der Gewerkschaften. Entscheidender ist hierbei jedoch vielleicht der Versuch, eben jene Veränderungen der Arbeit, die Boltanski und Chiapello zufolge aus der kapitalistischen Rekuperation der Künstlerkritik resultierten, für die eigenen Zwecke nutzbar zu machen. So wird sowohl von soziologischer als auch postoperaistischer (vgl. Lazzarato 1998) Seite argumentiert, dass im postfordistischen Arbeitsparadigma die Subjektivität der Arbeitenden ins Zentrum des Produktionsprozesses rückt. Dies umfasst die kognitiven und auch affektiv-emotionalen Elemente – Fähigkeiten, selbstverantwortlich und eigeninitiativ zu arbeiten, aber auch emotional anregende Situationen und Imaginationen oder Artefakte wie auch soziale Netzwerke zu produzieren. Die Aktivist_innen der Euromayday-Paraden gingen schon früh von dieser Logik aus und versuchten, sie für die eigenen politischen Anliegen nutzbar zu machen. So formulierte die Mailänder Gruppe „Chainworkers", Mit-Initiatorin der ersten Euromayday-Parade:

> Viele in der ChainCrew haben dieses seltsame Profil einer Gewerkschaftsvergangenheit und einer Gegenwart als ArbeiterInnen in der Mailänder Medienindustrie. Wir sind mit der Überzeugungskraft von Popkultur und

---

7 Einen anderen Vorschlag zur Synthese von Sozialkritik und Künstlerkritik formuliert Stephan Lessenich in seiner kritischen Kommentierung der Ansätze einer kapitalismuskritischen Soziologie von Klaus Dörre und Hartmut Rosa (Lessenich 2017).

dem Lexikon des Werbegeschäfts wohlvertraut. Unsere Intention ist es, eine neue ‚Marke' von arbeitsbezogenem Aktivismus und Revolte zu bewerben, also zu ‚subvertisen', indem wir Sprache und Graphix verwenden, die auf die Zielgruppe derer ausgerichtet ist, die keine politische Erfahrung haben als den Verschleiß und die Mühsal ihres Körpers und Geistes in den riesigen Verkaufsstellen (Ü.d.Verf., zitiert in Vanni 2007: 151).

Der Ansatzpunkt war also, gerade jene Elemente der Arbeit, die unter anderem auf die kapitalistische Rekuperation der Künstlerkritik zurückzuführen sind, konkreter die Subjektivierung der Arbeit als vermeintlicher Gegenpol zur entfremdeten und fremdbestimmten Arbeit, als Potenzial einer Kritik der Arbeit auf der Höhe der Zeit zu nutzen.[8] Forderungen nach sicheren Lebensbedingungen wie etwa jene nach einem bedingungslosen Grundeinkommen wurden mit Kämpfen gegen bestimmte Subjektivierungen verbunden, deren Inhalte unter anderem auf die Rekuperation der Künstlerkritik zurückzuführen sind. Überspitzt ließe sich auch formulieren, dass die Künstlerkritik inzwischen zur aktuellen Sozialkritik im postfordistischen Kapitalismus avanciert ist, insofern zahlreiche Forderungen der Künstlerkritik heute das Zentrum der gesellschaftlichen Arbeit treffen.

Schließlich ist die Dichotomisierung von Sozialkritik und Künstlerkritik auch noch von einer anderen Seite aus zu befragen. So stellt sich die Frage, ob mit der räumlichen und zeitlichen Entgrenzung der Arbeit und damit der Entgrenzung von Arbeit und Nicht-Arbeit, die mit dem postfordistischen Arbeitsparadigma verknüpft ist, nicht auch eine räumliche und zeitliche Entgrenzung ihrer Kritik einhergeht. So mündeten zum Beispiel auch manche der Euromayday-Paraden in einer umfassenderen Kritik der Orte postfordistischer Produktion und der immateriellen Arbeit sowie in der Forderung eines „Rechts auf Stadt", so zum Beispiel geschehen beim Euromayday 2010 in Hamburg.[9] Unter der Forderung nach einem „Recht auf Stadt", die auf Henri Lefebvre (1968) zurückgeht, formieren sich seit den 2000er Jahren globale Bewegungen. Ihr Protest richtet sich gegen die unternehmerische Stadtentwicklungspolitik, eine Privatisierung und Kommerzialisierung des öffentlichen Raumes, die Fondisierung städtischer Infrastrukturen und stei-

---

8 Isabell Lorey argumentiert in politisch-philosophischer Perspektive und ebenfalls ausgehend von Bewegungen der Prekären in eine ähnliche Richtung, wenn sie davon spricht, dass die „gouvernementale Prekarisierung" als Form neoliberalen Regierens nicht nur auf ihre Gefahren und Bedrohungen hin betrachtet, sondern auch auf ihre „Potenzialität der ermächtigenden, widerständigen Umkehrung" hin zu befragen sei (Lorey 2010: 73f.).
9 m-ion (2010). Euromayday Hamburg die sechste. *Indymedia*, veröffentlicht am 28.04.2010. Verfügbar unter: http://de.indymedia.org/2010/04/278953.shtml [01.06.2017].

gende Mieten oder auch Luftverschmutzung durch motorisierten Verkehr. Forderungen sind zum Beispiel die Teilhabe marginalisierter Gruppen am städtischen Leben, basisdemokratische Mitbestimmungsprozesse in der Stadtentwicklungspolitik oder auch die Commonisierung städtischer Ressourcen bis hin zu einer ökologisch nachhaltigeren Bewirtschaftung und Verkehrspolitik (vgl. Holm/Gebhardt 2011; Mayer 2009).[10] Aus einer solchen Perspektive geraten eine Vielzahl an gegenwärtigen sozialen und politischen Auseinandersetzungen und Bewegungen – vom „Recht auf Stadt" über „Occupy" bis hin zu den Protesten um den Istanbuler „Gezi Park" – auch in den Fokus der sozial- und kulturwissenschaftlichen Arbeitsforschung. Umgekehrt wäre auch aus Perspektive der Forschung zu Protest und sozialen Bewegungen zu fragen, wie aktuelle Formen der Ästhetisierung von Protest mit der Ästhetisierung der Arbeit in Zusammenhang stehen. Insofern im postfordistischen Stadium des Kapitalismus das ganze Leben produktiv geworden ist, hat sich auch die „Kampfzone" der Kritik der Arbeit über die Fabriken, Büros, Restaurantküchen und Service Desks hinaus ausgeweitet und umschließt das ganze Leben. Die Arbeitskulturenforschung – gerade auch zur ästhetischen und kreativen Arbeit – müsste ihr folgen.

Zu den Beiträgen in diesem Band

In ihren Auseinandersetzungen mit der Ästhetisierung der Arbeit greifen die Autor_innen Andreas Reckwitz' Überlegungen zur gesellschaftlichen Ästhetisierung immer wieder auf – sei es als Ausgangspunkt für die eigenen empirischen Studien oder als kritische Reflexion und Erweiterung der theoretischen Prämissen. Im Zentrum stehen neben der Frage nach der Selbstzweckhaftigkeit von Ästhetisierung die kritische Reflexion der Ambivalenz und der normative Charakter von Ästhetisierung.

Im ersten Kapitel **Ästhetisierung von Arbeitsräumen** untersucht zunächst **David Adler** in Anlehnung an Reckwitz, wie Ästhetisierung *in situ* praktisch vollzogen wird. Adler schlägt in seinem Beitrag vor, Praktiken der Ästhetisierung in den Blick zu nehmen, um den reflexiven Rückbezug auf sinnliche Wahrnehmungen und ästhetische Mangelerscheinungen empirisch greifbar zu machen. Anhand der „Entstehung einer Lounge"

---

10 Auch hier besteht übrigens eine historische Verbindung zur Entstehung dessen, was Boltanski und Chiapello die Künstlerkritik nennen, insofern sich schon mit der Krise des Fordismus in den 1960er und 1970er Jahren die sozialen Auseinandersetzungen über die Fabrik hinaus in den Raum der „funktionalen Stadt" des Fordismus und mit ihnen auch die politischen Forderungen ausweiteten (Mayer 2009).

untersucht er die praktischen und symbolischen Effekte der Gestaltung von zeitgenössischen Büroarbeitsräumen. Seinen Schlussfolgerungen nach resultiert die Ästhetisierung der kapitalistischen Ökonomie einerseits aus einer gesteigerten Bedeutung ästhetischer Produkte und ihrer praktischen Hervorbringung. Andererseits ist sie dabei immer Ergebnis ästhetisierender und in der Regel zweckgebundener Praktiken. *Alexandra Bernhardt* setzt sich anhand von zwei unterschiedlich gestalteten Räumen eines *Colabs* mit Coworking Spaces als ästhetisierten Arbeitsräumen auseinander. Auch sie fragt nach der Rolle der physisch-ästhetischen Gestaltung von Büroräumen und welche Bedeutung diese Ästhetisierung von Räumen für die Nutzer_innen hat. Bernhardt definiert die ästhetische Gestaltung von *Coworking Spaces* als Form einer postfordistischen Raumästhetisierung, die mit gesteigerter Innovationskraft, Produktivität und Kreativität in Verbindung steht. In ihrem empirischen Beispiel zweier Arbeitsräume untersucht sie, wie zwei unterschiedliche Atmosphären produziert werden. Sie zeigt, wie diese zweckhaft mit verschiedenen Tätigkeiten und Verhaltensregeln verbunden sind und sich auf das Wohlbefinden der kreativen Büroarbeiter_innen und deren Identifizierung mit dem Coworking Space auswirken können.

Im Kapitel **Praktiken ästhetisierter Arbeit** untersucht zunächst *Nathalie Knöhr* die „Kunst des Pitchens". Für Knöhr spielt die performative und narrative Arbeitstechnik des Pitchens als unternehmerische und kreative Selbstvermarktung der Drehbuchautor_innen eine zentrale Rolle für die gegenwärtige deutsche Fernsehindustrie. Der Pitch sei dabei einerseits Ausdruck einer ästhetisierenden Praxis der Kreativindustrie und anderseits Form der emotionalen Arbeit. Knöhr argumentiert, dass die Fokussierung auf die emotionalen Dimensionen des kollaborativen, kreativen Arbeitens die Möglichkeit biete, sich der Komplexität des Themas aus den teils ambivalenten Perspektiven der Akteur_innen zu nähern. *Lina Franken* setzt sich in ihrem Beitrag mit der Berufsgruppe der Lehrer_innen auseinander und fragt danach, ob, wo und wie Lehrende an Schulen kreativ arbeiten und welche dieser Prozesse als Ästhetisierungspraktiken verstanden werden können. Insbesondere die Praxis der Kulturvermittlung ist in diesem Zusammenhang für Franken relevant. Sie geht davon aus, dass kreative Arbeit als „das Arbeiten an ästhetisch Neuem und Singulärem" auch Teil der Arbeit von Lehrenden ist, über die kulturelles Wissen produziert und weitergegeben wird. Dabei unterliegen Lehrer_innen bei der ästhetischen Gestaltung des Unterrichts und der Wissensvermittlung staatlichen Normen, die wiederum eng mit dem kreativen Imperativ verbunden sind. *Irene Götz* beschäftigt sich in ihrem Beitrag mit dem normativen Leitbild und der Idealvorstellung eines aktiven und jugendlich-ästhetischen

Alterns. Vor allem Strategien und Praktiken von Frauen aus unterschiedlichen Milieus, die über den Rückgriff auf unterschiedlich verteilte Kapitalsorten finanzieller und sozialer Prekarität im Alter entgegenarbeiten, stehen im Fokus des Beitrags. Dabei spielen informelle Formen ästhetischer Arbeit oder Arbeit mit dem Ästhetischen, wie Praktiken des Tauschens, Selbermachens oder Schonens (von Kleidung und Ressourcen), eine notwendige Rolle, einerseits als propagierter Diskurs des aktivierenden Sozialstaates (Stichwort: Alterskraftunternehmertum) und anderseits als Wunsch, den eigenen Status zu erhalten. Die Praktiken der Ästhetisierung, so Götz, fungieren dabei als Distinktionstechniken, als Strategien, um einen drohenden sozialen Abstieg abzuwenden oder zu verschleiern.

Das Kapitel **Künstlerische Verhandlungen ästhetisierter Arbeit** eröffnet *Ildikó Szántós* Auseinandersetzung mit dem Verhältnis von Kunst und (prekärer) Arbeit entlang der Frage, ob Kunst in Anlehnung an Reckwitz als Strukturmodell für eine gesellschaftliche Ästhetisierung gedeutet werden kann oder ob es alternative Lesarten gibt. Anders als Reckwitz kommt Szántó zu dem Schluss, dass Kunst nicht unbedingt als zentraler Ort des Ästhetischen im Sinne einer selbstzweckhaften, auf das sinnlich-affektive ausgerichteten Erfahrung definiert werden muss. Vielmehr ermögliche die Kunst selbst, Auseinandersetzungen mit sozialen Fragen anzustoßen und somit eine Entästhetisierung der Kunst hervorzurufen. Als Beispiel dient Szántó das künstlerische (Ausstellungs-)Projekt „Work to do! Selbstorganisation in prekären Arbeitsbedingungen", das sie als entästhetisiertes und diskursives Ausstellungsprojekt versteht. Auch der Beitrag von *Jonas Tinius* diskutiert das Verhältnis von Kunst und Prekarität. Ausgehend von einer ethnographischen Forschung in der freien Theaterszene, untersucht er Prekarität und Selbstorganisation freier darstellender Kunstorganisationen. Tinius fragt, inwiefern Künstler_innen die eigenen künstlerischen Arbeitsweisen auch über die künstlerische Arbeit selbst reflektieren und beeinflussen. Er erläutert, auf welche Weise die Expansion des Ästhetischen über das künstlerische Feld hinaus und deren ästhetische Vergesellschaftungsprozesse wieder in die Kunst zurückkehren und inwiefern diese die Arbeit der Kunstschaffenden reflektiert verändern. *Fabian Ziemer* untersucht in seinem Beitrag Selbstbilder kreativer Arbeit jenseits der Erwerbsarbeit am Beispiel von Laiennutzern einer Musikproduktionssoftware. Die Nutzung dieser Software wird dabei von Ziemer als zentrales Moment deklariert, über das die teils arbeitslosen Nutzer ein neues, ästhetisch-kreatives Bild oder auch eine neue Form von (Erwerbs-)Arbeit, Freizeit und Lebensweise generieren. Dabei steht die Nutzung und der Umgang mit der Software für die Verschmelzung von Arbeit und Lebensalltag: Sie ist über die implizite

Arbeit am Selbst Ressource für eine Inwertsetzung der eigenen bis dato prekären Erwerbsbiographie von Ziemers Interviewpartnern.

Im Kapitel **Ästhetisierende Repräsentationen von Arbeit** befasst sich zunächst *Lars Winterberg* mit der Ästhetisierung im Feld des Alternativen Handels. Sein Beitrag widmet sich der Frage, inwiefern Reckwitz' Überlegungen zum Kreativitätsdispositiv auf die Entstehung und Weiterentwicklung des Alternativen zum Fairen Handel angewendet werden können. Winterberg fokussiert dabei die Repräsentation von Arbeit, genauer die kreative Veränderung und Restrukturierung von Bildern, Produkten und Formen von (politischer) Arbeit im Bereich des Fairen Handels. Demnach richtet sich die Ästhetisierung des Fairen Handels vor allem auf die Identitätskonstruktion der Konsument_innen. Im Gegensatz zur eigentlichen Produktion der fairen Produkte lasse sich die politische Arbeit der Bewegung über den Ansatz der Ästhetisierung von Arbeit und entlang des Kreativitätsdispositivs verstehen. Hier hebt Winterberg vor allem die Kommerzialisierung der politischen Arbeit hervor, die die Ästhetisierung und (kognitive) Kapitalisierung des Fairen Handels erst offenbart. *Petra Schmidt* untersucht im folgenden Beitrag die ästhetischen Praktiken von Bloggerinnen am Beispiel eines Mütter-Lifestyleblogs. Sie fragt nach den kreativen Produktionsweisen des Bloggens sowie nach der Wissensarbeit, die Bloggerinnen leisten. Schmidt argumentiert, dass Bloggen immer mit dem Erzeugen von neuen Zeichen und Bedeutungen verbunden ist, die Aufmerksamkeit produzieren sollen. Diese Aufmerksamkeit ermögliche den Bloggerinnen, die eigene Kreativität zu inszenieren und die eigene Arbeit aufzuwerten. Der Blog oder vielmehr die Praktik des Bloggens sei daher das Fundament, um einerseits ästhetische Arbeitsleistungen und Wissensarbeit zu etablieren und anderseits den zentralen Lebenszusammenhang – das Mutter-sein – mit einer produktiven und ästhetisch aufgewerteten (Erwerbs-) Arbeit in Einklang zu bringen.

Die Beiträge des Kapitels **Ästhetisierung der Arbeit im Museum** setzen sich mit musealen Strategien der Ästhetisierung oder des Umgangs mit Ästhetisierung in der Darstellung und Ausstellung von Arbeit auseinander. Sie setzen damit den seit Gründung der Kommission im Jahr 1979 bestehenden Ansatz fort, die Museumspraxis in die Diskussion über Arbeitskulturenforschung miteinzubeziehen (vgl. Fielhauer/Bockhorn 1982). *Lars K. Christensen* behandelt das Thema der musealen Inszenierung von Industriearbeit in der Dauerausstellung „Ein Tag im Betrieb" des Museums *Brede Werke – Museum Industriekultur des Dänischen Nationalmuseums*. Er geht auf die Herausforderungen ein, Geschichte zu gestalten. Diese bewege sich immer im Spannungsfeld zwischen ästhetisierenden Arbeitsweisen im Museums- und

Ausstellungsbetrieb und dem Charakter des darzustellenden Vergangenen. Christensen argumentiert, dass kulturhistorische Museen bei der Gestaltung von Ausstellungen immer eine implizite oder explizite Ästhetisierung praktizieren, und zwar in der Auswahl von Objekten, ihrer Inszenierung und der Formulierung der Texte. Die Museen haben dabei durchaus das Potenzial, die öffentliche Meinung und Bewertung eines Ausstellungsthemas zu beeinflussen. Christensen plädiert deshalb im Umkehrschluss dafür, Geschichte – hier die Geschichte der Industriearbeit – bewusst und reflektiert zu inszenieren. **Bernd Holtwick** spricht in seinem Beitrag ähnliche Themen an. Holtwick gibt einen Einblick in die Gestaltungspraktik eines Museums oder Ausstellungshauses, das einerseits die Ästhetisierung der Arbeitswelt thematisieren muss, andererseits selber Anteil an einer Ästhetisierung von Arbeit hat. Auch für Holtwick ist der reine Akt des Ausstellens immer schon Akt der Ästhetisierung. Darüber hinaus zeigt er am Beispiel der *Deutschen Arbeiterschutz Ausstellung* (DASA) in Dortmund, inwiefern Ästhetisierungsstrategien in der Gestaltung von Ausstellungen bei der Vermittlung unterstützen können und wie Museen dabei eine reflektierende und zielgerichtete Strategie verfolgen sollten, um die ästhetische Wahrnehmung des Publikums zu beeinflussen. *Jochem Putsch* setzte sich in seinem Beitrag mit der Frage auseinander, wie oder vielmehr ob Arbeit museal ausgestellt und anschaulich gemacht werden kann. Um eine Antwort zu finden, erläutert er beispielhafte Präsentationen von Arbeit und Industriekultur in verschiedenen deutschen Museen im Hinblick auf ihre Chancen und Probleme. Für Putsch ist das komplexe Phänomen *Arbeit* im Museum grundsätzlich nicht ansatzweise simulierbar. Als Problem skizziert er unter anderem die rasche Erschöpfung des vermeintlich Authentischen im Atmosphärischen, das die Besucher_innen in den Bann zieht und nicht mehr loslässt. Daher geht es für Putsch eher um die Frage, wie Arbeit historischer Reflexion zugänglich gemacht werden kann. Er argumentiert, dass Museen nicht in einem zeitlosen Raum, sondern in der Gegenwart agieren. Daher sollen sie eine Geschichte konstruieren, die auf offensive zukunftsorientierte Erinnerung und weniger auf rückwärtsgedachte defensive Bewahrung ausgerichtet ist.

Die beiden Beiträge des abschließenden Kapitels nehmen sich der wissenschaftlichen Perspektive auf die Ästhetisierung von Arbeit in grundlegenden **Reflexionen** an. *Hannes Krämer* nimmt sich noch einmal eine Schärfung der analytischen Perspektive vor und fragt nach den konkreten „Verankerungen des Ästhetischen in der Erwerbsarbeit". Ausgehend von einem praxeologischen Ansatz schlägt er die analytische Unterscheidung von drei verschiedenen Formen der Ästhetisierung von Arbeit und damit auch von drei analytischen Zugriffen auf das Phänomen vor. Demnach sind Praktiken ästhetisch, insofern sie „ein ästhetisches Objekt erschaffen, in ihrem Vollzug ein ästhetisches Erleben aufscheint oder weil sie dem Kunstfeld entstammen". Damit einhergehend identifiziert Krämer drei korrespondierende Formen der Kritik der Ästhetisierung, nämlich die „Kritik an den Arbeitsbedingungen", „Affekt- und Entfremdungskritik" sowie die „Oberflächenkritik". Abschließend plädiert *Kaspar Maase* mit dem Blick auf Praktiken und Erfahrungen abhängiger Arbeit für einen strengen Ästhetikbegriff, der kritische Auseinandersetzung mit Ästhetisierungsrhetorik und herrschaftlichen Verschönerungsstrategien ermöglicht. Eine analytische Trennschärfe trage dazu bei, die in der Forschung gängigen Darstellungen von Erwerbstätigkeiten als immateriell, emotional oder kreativ nicht mit der Frage nach dem ästhetischen Erleben in Arbeitswelten gleichzusetzen. Auch Maase plädiert zu diesem Zweck für einen praxeologisch orientierten Ansatz. Seine These ist, dass *Hunger nach Schönheit* mittlerweile für die Entscheidungsfindung vieler Menschen eine vergleichbare Bedeutung hat wie der *Hunger nach Anerkennung*, ein geregeltes Einkommen, soziale Sicherheit, das Verlangen nach anständiger Behandlung oder auch nach Respektiert- und Geschätztwerden im Beruf. Ästhetisierung bilde generell eine Art kulturellen Grundstrom, der im Verlauf der fordistischen Vergesellschaftung Massencharakter und Eigendynamik angenommen habe und heute von niemandem zu kontrollieren sei.

Die Herausgeberin und der Herausgeber danken Annette Allerheiligen für die intensive Redaktionsarbeit.

Literatur

Aglietta, Michel (2000). *Ein neues Akkumulationsregime. Die Regulationstheorie auf dem Prüfstand.* Hamburg: VSA.
Baethge, Martin (1991). Arbeit, Vergesellschaftung, Identität. Zur zunehmenden normativen Subjektivierung der Arbeit. *Soziale Welt, 42 (1)*, 6–19.
Böhme, Gernot (2016). *Ästhetischer Kapitalismus.* Berlin: Suhrkamp.
Boltanski, Luc (2007). Leben als Projekt. Prekarität in der schönen neuen Netzwerkwelt. *polar,* 2, o.S. Verfügbar unter: http://www.polar-zeitschrift.de/polar_02.php?id=69 [10.02.2017].
Boltanski, Luc/Chiapello, Ève (2007). *Der neue Geist des Kapitalismus.* Konstanz: UVK.
Bröckling, Ulrich (Hrsg.). (2007). *Das unternehmerische Selbst. Soziologie einer Subjektivierungsform.* Frankfurt am Main: Suhrkamp.

Bubner, Rüdiger (1989). Ästhetisierung der Lebenswelt. In Walter Haug/Rainer Warning (Hrsg.), *Das Fest* (Poetik und Hermeneutik, Bd. 14). (S. 651–662). München: Wilhelm Fink.

Castel, Robert/Dörre, Klaus (2009). *Prekarität, Abstieg, Ausgrenzung – Die soziale Frage am Beginn des 21. Jahrhunderts*. Frankfurt am Main/New York: Campus.

Färber, Alexa et al. (2008). Kreativität. Eine Rückrufaktion. *Zeitschrift für Kulturwissenschaften, 1*, 7–12.

Fielhauer, Helmut/Bockhorn, Olaf (Hrsg.). (1982). *Die andere Kultur. Volkskunde, Sozialwissenschaften und Arbeiterkultur*. Wien/München/Zürich: Europaverlag.

Fuchs, Max (2013). Soziale Ungleichheit im „ästhetischen Kapitalismus". Zu Andreas Reckwitz: Die Erfindung der Kreativität. *Kulturpolitische Mitteilungen, 141 (II)*, 42–43.

Gorz, André (2000). *Arbeit zwischen Misere und Utopie*. Frankfurt a.M.: Suhrkamp.

Gottschall, Karin/Voß, G. Günter (2003). Entgrenzung von Arbeit und Leben. Zur Einführung. In dies. (Hrsg.), *Entgrenzung von Arbeit und Leben. Zum Wandel der Beziehung von Erwerbstätigkeit und Privatsphäre im Alltag* (S. 11–33). München/Mering: Rainer Hampp.

Götz, Irene/Lemberger, Barbara (Hrsg.). (2009). *Prekär arbeiten, prekär leben. Kulturwissenschaftliche Perspektiven auf ein gesellschaftliches Phänomen*. Frankfurt a.M./New York: Campus.

Hamm, Marion/Sutter, Ove (2010). „ICHSTRESS. ICHPAUSE. ICHSTREIK." Widerständige Subjektivierungen auf den Euromayday-Paraden der Prekären. In Wolfgang Maderthaner/Michaela Maier (Hrsg.), *Acht Stunden aber wollen wir Mensch sein. Der 1. Mai. Geschichte und Geschichten. Begleitband zur Ausstellung „Der 1. Mai. Demonstration, Tradition, Repräsentation" im Österreichischen Volkskundemuseum* (S. 234–241). Wien: edition rot. Verfügbar unter: http://eipcp.net/policies/hamm-sutter_de/de [25.04.2017].

Hardt, Michael (2002). Affektive Arbeit. Immaterielle Produktion, Biomacht und Potenziale der Befreiung. *Subtropen, 9*, Verfügbar unter: http://unirot.blogsport.de/images/hardt_affektive_arbeit.pdf [24.04.2017].

Hardt, Michael/Negri, Antonio (2002). *Empire. Die neue Weltordnung*. Frankfurt a.M./New York: Campus.

Herlyn, Gerrit/Schönberger, Klaus/Müske, Johannes/Sutter, Ove (Hrsg.). (2009). *Arbeit und Nicht-Arbeit. Entgrenzungen und Begrenzungen von Lebensbereichen und Praxen* (Arbeit und Alltag. Beiträge zur ethnografischen Arbeitskulturenforschung, Bd. 1). München/Mering: Rainer Hampp.

Hirsch, Joachim (2001). Postfordismus. Dimensionen einer neuen kapitalistischen Formation. In ders./Bob Jessop/Nicos Poulantzas (Hrsg.), *Die Zukunft des Staates. De-Nationalisierung, Internationalisierung, Re-Nationalisierung* (S. 171–221). Hamburg: VSA.

Holm, Andrej/Gebhardt, Dirk (2011). Initiativen für ein Recht auf Stadt. In dies. (Hrsg.), *Initiativen für ein Recht auf Stadt* (S. 7–23). Hamburg: VSA.

Jessop, Bob (2003). Postfordismus und wissensbasierte Ökonomie. Eine Reinterpretation des Regulationsansatzes. In Ulrich Brand/Werner Raza (Hrsg.), *Fit für den Postfordismus. Theoretisch-politische Perspektiven des Regulationsansatzes* (S. 89-111). Münster: Westfälisches Dampfboot.

Kleemann, Frank/Matuschek, Ingo/Voß, G. Günter (2002). Subjektivierung von Arbeit. Ein Überblick zum Stand der soziologischen Diskussion. In Manfred Moldaschl/G. Günter Voß (Hrsg.), *Subjektivierung von Arbeit* (S. 53-100). München: Rainer Hampp.

Kleemann, Frank/Voß, G. Günter (2010). Arbeit und Subjekt. In Fritz Böhle/G. Günter Voß/Günther Wachtler (Hrsg.), *Handbuch Arbeitssoziologie* (S. 415-450). Wiesbaden: Springer VS.

Koch, Gertraud/Warneken, Bernd Jürgen (Hrsg.). (2012). *Wissensarbeit und Arbeitswissen. Zur Ethnografie des kognitiven Kapitalismus.* Frankfurt: Campus.

Konrad, Wilfried/Schumm, Wilhelm (Hrsg.). (1999). *Wissen und Arbeit. Neue Konturen von Wissensarbeit.* Münster: Westfälisches Dampfboot.

Lazzarato, Maurizio (1998). Immaterielle Arbeit. Gesellschaftliche Tätigkeit unter den Bedingungen des Postfordismus. In Antonio Negri/Maurizio Lazzarato/Paolo Virno (Hrsg.), *Umherschweifende Produzenten. Immaterielle Arbeit und Subversion* (S. 39-52). Berlin: ID.

Lazzarato, Maurizio (2016). Die Missgeschicke der „Künstlerkritik" und der kulturellen Beschäftigung. In Gerald Raunig/Ulf Wuggenig (Hrsg.), *Kritik der Kreativität. Neuauflage mit einem neuen Vorwort von Ulf Wuggenig* (S. 373-397). Wien u.a.: transversal texts.

Lefebvre, Henri (1968). *Le Droit à la ville.* Paris.

Lessenich, Stephan (2017): *Künstler- und Sozialkritik? Zur Problematisierung einer falschen Alternative.* In Ders./Klaus Dörre/Hartmut Rosa (Hrsg.), Soziologie – Kapitalismus – Kritik: Eine Debatte, 5. Auflage. Frankfurt a. M.: Suhrkamp.

Loacker, Bernadette (2010). *Kreativ prekär. Künstlerische Arbeit und Subjektivität im Postfordismus.* Bielefeld: Transkript.

Lorey, Isabell (2010). Prekarität als Verunsicherung und Entsetzen. Immunisierung, Normalisierung und neue furchterregende Subjektivierungsweisen. In Alexandra Manske/Katharina Pühl (Hrsg.), *Prekarisierung zwischen Anomie und Normalisierung* (S. 48-81). Münster: Westfälisches Dampfboot.

Maase, Kaspar (2008). Einleitung: Zur ästhetischen Erfahrung der Gegenwart. In ders. (Hrsg.), *Die Schönheit des Populären. Ästhetische Erfahrung der Gegenwart* (S. 9-26). Frankfurt/New York: Campus.

McRobbie, Angela (2016). *Be Creative: Making a Living in the New Cultural Industries.* Cambridge: Wiley.

Marchart, Oliver (2013). *Die Prekarisierungsgesellschaft. Prekäre Proteste. Politik und Ökonomie im Zeichen der Prekarisierung* (Gesellschaft der Unterschiede, Bd. 8). Bielefeld: Transcript.

Mayer, Margit (2009). The „Right to the City" in the context of shifting mottos of urban social movements. *City: analysis of urban trends, culture, theory, policy, action, 13 (2-3),* 362-374.

Moldaschl, Manfred/Voß, G. Günter (Hrsg.). (2002). *Subjektivierung von Arbeit.* München/Mering: Rainer Hampp.

Moulier-Boutang, Yann (2001). Marx in Kalifornien. Der dritte Kapitalismus und die alte politische Ökonomie. *Aus Politik und Zeitgeschichte, 52/53*, 29–37.

Nickson, Dennis/Warhurst, Chris/Dutton, Eli (2004). Aesthetic Labour and the Policy-making Agenda: Time for a Reappraisal of Skills? *SKOPE Research Paper, 48*. Verfügbar unter: http://www.skope.ox.ac.uk/wp-content/uploads/2014/04/SKOPEWP48.pdf [01.06.2017].

Panagiotidis, Efthimia (2007). Die „gute Botschaft" der Prekarisierung. Zur Symbolik von SuperheldInnen in Zeiten der postfordistischen Zeichenflut. *Transversal, 02/2007*, o.S. Verfügbar unter: http://eipcp.net/transversal/0307/panagiotidis/de [25.04.2017].

Peters, Michael A./Reveley, James (2014). Retrofitting Drucker. Knowledge work under cognitive capitalism. *Culture and Organization, 20 (2)*, 1–17. Verfügbar unter: http://www.tandfonline.com/doi/abs/10.1080/14759551.2012.692591?src=recsys&journalCode=gsco20 [01.06.2017].

Pieper, Marianne (2007). Biopolitik – Die Umwendung eines Machtparadigmas. Immaterielle Arbeit und Prekarisierung. Konzeptionelle Überlegungen zu Subjektivierungsprozessen und widerständigen Praktiken der Gegenwart. In dies. et al. (Hrsg.), *Die internationale Diskussion im Anschluss an Hardt und Negri* (S. 215–244). Frankfurt/M./New York: Campus.

Precarias a la deriva (2004). Streifzüge durch die Kreisläufe feminisierter prekärer Arbeit. *Transversal, 04/2004*, o.S. Verfügbar unter: http://www.eipcp.net/transversal/0704/precarias1/de [25.04.2017].

Raunig, Gerald (2005). *Kunst und Revolution. Künstlerischer Aktivismus im langen 20. Jahrhundert* (Republicart, Bd. 4). Wien: Turia + Kant.

Reckwitz, Andreas (2012). *Die Erfindung der Kreativität. Zum Prozess gesellschaftlicher Ästhetisierung*. Berlin: Suhrkamp.

Russell Hochschild, Arlie (1983). *The Managed Heart: Commercialization of Human Feeling*. Berkeley: University of California Press.

Schönberger, Klaus/Springer, Stefanie (Hrsg.). (2003). *Subjektivierte Arbeit. Mensch, Organisation und Technik in einer entgrenzten Arbeitswelt*. Frankfurt/M./New York: Campus.

Schönberger, Klaus (2007). Widerständigkeit der Biografie. Zu den Grenzen der Entgrenzung neuer Konzepte alltäglicher Lebensführung im Übergang vom fordistischen zum postfordistischen Arbeitsparadigma. In Manfred Seifert/Irene Götz/Birgit Huber (Hrsg.), *Flexible Biografien? Horizonte und Brüche im Arbeitsleben der Gegenwart* (S. 63–94). Frankfurt/New York: Campus.

Schönberger, Klaus (2014). Protest! Von der Koordination zum Projekt? Thesen zum Wandel der Vergesellschaftung und Assoziierung in sozialen Bewegungen sowie zur Artikulation des Politischen im kognitiven Kapitalismus. In Iuditha Balint/Hannah Dingeldein/Kathrin Lämmle (Hrsg.), *Protest, Empörung, Widerstand. Zur Analyse von Auflehnungsbewegungen* (S. 19–30). Konstanz/München: UVK.

Sennett, Richard (1998). *Der flexible Mensch. Die Kultur des neuen Kapitalismus*. Berlin: Berlin Verlag.

Seifert, Manfred/Götz, Irene/Huber, Birgit (Hrsg.). (2007). *Flexible Biografien? Horizonte und Brüche im Arbeitsleben der Gegenwart*. Frankfurt a.M./New York: Campus.

Seifert, Manfred (Hrsg.). (2014). *Die mentale Seite der Ökonomie. Gefühl und Empathie im Arbeitsleben* (Bausteine aus dem Institut für Sächsische Geschichte und Volkskunde, Bd. 31). Dresden: Thelem.

Sutter, Ove (2013). *Erzählte Prekarität. Autobiographische Verhandlungen von Arbeit und Leben im Postfordismus* (Arbeit und Alltag. Beiträge zur ethnografischen Arbeitskulturenforschung, Bd. 7). Frankfurt/New York: Campus.

Templin, David (2013). Zwischen APO und Gewerkschaft. Die Lehrlingsbewegung in Hamburg, 1968–1972. *Sozial.Geschichte Online, 10*, 26–70.

Tsianos, Vassilis/Papadopoulos, Dimitris (2007). Prekarität: eine wilde Reise ins Herz des verkörperten Kapitalismus. Oder wer hat Angst vor der immateriellen Arbeit? *Transversal, 10/2006*, o.S. Verfügbar unter: http://eipcp.net/transversal/1106/tsianospapadopoulos/de [25.04.2017].

Vanni, Ilaria (2007). How to do things with words and images: Gli Imbattibili. In Johanna Sumiala-Seppänen/Matteo Stocchetti (Hrsg.), *Images and Communities. The Visual Construction of the Social*. Helsinki: Gaudeamus. [zit. nach Manuskript].

Vercellone, Carlo (2007). From Formal Subsumption to General Intellect: Elements for a Marxist Reading of the Thesis of Cognitive Capitalism. *Historical Materialism, 15*, 13–36. Verfügbar unter: http://www.generation-online.org/c/fc_rent5.pdf [01.06.2017].

Warneken, Bernd Jürgen (2006). *Die Ethnographie populärer Kulturen. Eine Einführung*. Wien/Köln/Weimar: Böhlau.

Wuggenig, Ulf (2015). Schönheit im ästhetischen Kapitalismus. *Art Education Research, 6 (10)*, 1–6. Verfügbar unter: https://blog.zhdk.ch/iaejournal/files/2015/06/AER10_wuggenig.pdf [01.06.2017].

Ästhetisierung von Arbeitsräumen

David Adler
Die Entstehung einer Lounge
Ästhetisierung als praktischer Vollzug

Ihrem Selbstverständnis nach waren moderne Arbeitsorganisationen Orte der Effizienz und der Rationalität. Damit ging einerseits eine Dethematisierung ästhetischer Erfahrung einher, die nur als Störgröße im reibungslosen Ablauf des Verwaltungsgeschehens gelten konnte, andererseits wurde von außen kulturkritisch die Sinnfeindlichkeit und Eintönigkeit des Arbeitslebens kritisiert. Aus kulturwissenschaftlicher Perspektive kann in den letzten Jahrzehnten diesbezüglich ein grundsätzlicher Wandel ausgemacht werden, in dessen Folge die ästhetische Dimension des Arbeitsalltags zunehmend ins Zentrum der Aufmerksamkeit rückt. Mit dem Aufschwung der Kreativwirtschaft um die Jahrtausendwende hat neben der ästhetischen Qualität der Waren auch diejenige der Arbeitspraktiken und ihrer räumlichen Umwelt an Bedeutung gewonnen. Gesellschaftstheoretisch hat unter anderem Andreas Reckwitz diesen Zusammenhang in seiner Untersuchung des Kreativitätsdispositivs beleuchtet (vgl. Reckwitz 2012). Als charakteristisch für die Entstehung eines solchen Dispositivs diagnostiziert er eine Tendenz zur Ästhetisierung, die den entästhetisierenden Tendenzen der Moderne entgegenstehe. Vor diesem Hintergrund ändert sich auch die Rolle der Raumgestaltung für Verwaltungs-, Wissens- und Kreativarbeit. Zwar lässt sich auch schon für die moderne, rationalistische Organisation eine spezifische Ästhetik von Büroräumen aufzeigen (vgl. Witkin 1990), allerdings ist diese vorrangig ein Ergebnis anderer Gestaltungsabsichten.[1] Dagegen wird die ästhetische Wirkung von Arbeitsräumen in den letzten Jahren zunehmend zu einem expliziten und besonders herausgehobenen Gestaltungsparameter von Arbeitsverhältnissen (vgl. etwa Eisele/Staniek 2005: 218–251).

    Im Folgenden analysiere ich einen Fall der Ästhetisierung eines Arbeitsraumes aus meiner laufenden Dissertationsforschung, in der ich die Gestaltung zeitgenössischer Büroarbeitsräume und deren praktische und symbolische Effekte untersuche. In diesem Rahmen habe ich eine dreimonatige Feldforschung in einem mittelständigen PR-Unternehmen durchgeführt. Dabei konnte ich einen Prozess begleiten, in dem der Eingangsbereich einer Bü-

---

1 David Kuchenbuch stellt in seiner Arbeit zum Ordnungsdenken in der modernen Architektur heraus, dass deren funktionalistische und szientistische Orientierung sich nicht primär als ästhetische Strategie verstehen lässt (Kuchenbuch 2010: 83).

roetage zu einer Lounge umgestaltet wurde. Im Rückgriff auf die gesellschaftstheoretische These der Ästhetisierung stelle ich die Frage, wie Ästhetisierung *in situ* praktisch vollzogen wird. Ich setze mich hierfür zunächst mit Reckwitz (2012, 2015) Konzepten von Ästhetisierung und ästhetischen Praktiken auseinander. Um mich der Frage zu nähern, wie Ästhetisierung *gemacht* wird, schlage ich eine Erweiterung der Begrifflichkeit um *ästhetisierende* Praktiken vor. Kritisch verhalte ich mich dabei zu einer Bestimmung des Ästhetischen über seine *Selbstzweckhaftigkeit*, wie sie auch bei Reckwitz zu finden ist.

Ästhetisierung und Praktiken

Reckwitz bestimmt Ästhetisierung als eine Ausdehnung ästhetischer Episoden und Praktiken. Ästhetische Episoden sind ihm zufolge passiv erfahrene ästhetische Ereignisse, die uns affizieren. Ästhetische Praktiken wiederum bringen entweder selbst ästhetische Wahrnehmungen hervor oder sie sind auf die Produktion von Objekten ausgerichtet, die solche Wahrnehmungen erzeugen (vgl. Reckwitz 2015: 25). In der herangezogenen Bestimmung des Ästhetischen setzt sich Reckwitz sowohl von einem populären Verständnis ab, aus dem heraus das Ästhetische auf das künstlerisch Schöne reduziert wird, als auch von einem Verständnis von Ästhetik, welches deren Gegenstand in sinnlichen Wahrnehmungen jeglicher Art sieht (vgl. Böhme 2001). Ein solcher allgemeiner Begriff des Ästhetischen als Sinnlichkeit der Wahrnehmung, der an den griechischen Begriff der *aisthesis* anknüpft, mag sich durchaus zur Schärfung der soziologischen Perspektive auf die sinnliche Dimension des Sozialen eignen (vgl. Prinz/Göbel 2015). Reckwitz stellt aber heraus, dass sinnliche Wahrnehmung letztlich alle sozialen Praktiken begleite und sich damit nicht zur Unterscheidung von jenen ästhetischen und nicht-ästhetischen Praktiken eigne, die er seiner Bestimmung von Ästhetisierung zugrunde legt (Reckwitz 2012: 29f.). Um zu spezifizieren, was ästhetische Praktiken gegenüber nichtästhetischen Praktiken auszeichnet, greift Reckwitz auf die klassische ästhetische Theorie zurück. Wesentliches Bestimmungsmerkmal des Ästhetischen sei die „Selbstzweckhaftigkeit und Selbstbezüglichkeit" der sinnlichen Erfahrung (Reckwitz 2012: 23). Ästhetische Praktiken sind vor diesem Hintergrund für Reckwitz solche, „in denen routinemäßig Sinne und Affekte als selbstbezügliche modelliert werden" (Reckwitz 2012: 25).

Im Wesentlichen übernehme ich diese Bestimmung des Ästhetischen über Praktiken, die durch einen Rückbezug auf die Sinnlichkeit der Wahrnehmung gekennzeichnet sind. Ich möchte aber erstens kritisch fragen, was

Selbstzweckhaftigkeit im Zusammenhang mit ästhetischen Praktiken bedeuten kann, und zweitens eine Erweiterung um *ästhetisierende* Praktiken vorschlagen.

Die Selbstzweckhaftigkeit des Ästhetischen

Reckwitz grenzt die reflexive Selbstzweckhaftigkeit ästhetischer Praktiken von instrumentellem und zweckrationalem Handeln ab. Damit greift er allgemein auf die ästhetische Theorie zurück, die das Ästhetische seit seiner Thematisierung durch Alexander Gottlieb Baumgarten als Gegenmoment zum instrumentellen Wissen konstituiert hat (vgl. Böhme 2001: 11–17). Darüber hinaus bezieht er sich auf die soziologische Diskussion, in der die ästhetische Dimension den Dualismus von zweckrationalem *homo oeconomicus* und wertorientiertem *homo sociologicus* durchbrechen soll (vgl. Staubmann 1995).

Reckwitz bestimmt die Selbstzweckhaftigkeit ästhetischer Praktiken als eine solche der Wahrnehmung, nicht der Praktiken selbst (vgl. Reckwitz 2012: 25). Dagegen kann eingewendet werden, dass ästhetische Wahrnehmungen im Kapitalismus häufig gerade kein Selbstzweck sind. Anstatt Wahrnehmungen um ihrer selbst willen, sind sie Teil von Praktiken und Praktikenbündeln, in denen sie in zielgerichtetes und nicht zuletzt instrumentelles Handeln eingebunden sind. Die vermeintliche Selbstzweckhaftigkeit des Ästhetischen stößt hier auf eine konkurrierende Selbstzweckhaftigkeit: die der Kapitalverwertung.[2] Reckwitz selbst thematisiert, dass es häufig zu einer „Vermischung" von zweckrationalen und ästhetischen Praktiken kommt. Analytisch hält er jedoch an einem „Dualismus" fest, in dem eine Zunahme des Ästhetischen eine Abnahme des Zweckhaften bedeutet und umgekehrt (Reckwitz 2012: 28f.). Mit dem Konzept der Selbstzweckhaftigkeit reinigt Reckwitz das Ästhetische zunächst analytisch von der instrumentellen Vernutzung, um diese dann in einem zweiten Schritt über Begriffe wie ästhetische Ökonomie und ästhetische Rationalisierung wieder in es einzuflechten.[3] Die starke Stellung, die hier ästhetischen gegenüber zweckgerichteten Praktiken eingeräumt

---

2 Bei Karl Marx heißt es im „Kapital": „Die Zirkulation des Geldes als Kapital ist dagegen Selbstzweck, denn die Verwertung des Werts existiert nur innerhalb dieser stets erneuerten Bewegung" (Marx 1969: 167).
3 So heißt es in Bezug auf die ästhetische Rationalisierung: „Zwar entzieht sich das ästhetische Neue streng genommen jeder zweckrationalen Produktion, trotzdem versucht man systematisch, Bedingungen dafür zu entwickeln, dass es sich ereignen kann, auch wenn immer ein Element der Unberechenbarkeit und Nichtplanbarkeit bleibt, das dem zweckrationalen Programm widerspricht" (Reckwitz 2012: 341).

wird, ist wohl nicht zuletzt Reckwitz' Rückgriff auf einen emphatischeren Begriff des Ästhetischen geschuldet, als er für meine Forschung notwendig erscheint: etwa die Bestimmung des Schönen als „interesselosem Wohlgefallen" und „Zweckmäßigkeit ohne Zweck" bei Kant (vgl. Reckwitz 2012: 26f.; Kant 1963, §§ 2–6, 23). Forschungspraktisch scheint mir zudem unklar, wie eine Selbstzweckhaftigkeit der Wahrnehmung sich überhaupt ausmachen lässt, wie also von solch einem Verständnis ausgehend ästhetische Praktiken identifiziert werden können.

Ich fasse die reflexive Struktur in ästhetischen Praktiken vor diesem Hintergrund zurückhaltender, als sie in der Formel der Selbstzweckhaftigkeit anklingt, und gehe von einem Rückbezug auf die Sinnlichkeit der Erfahrung in den beobachteten Praktiken selbst aus. Für ästhetische Praktiken reicht es nicht aus, dass Praktiken von sinnlichen Erfahrungen begleitet werden. Auch eine *Intensivierung* dieser Erfahrungen genügt nicht. Vielmehr muss die sinnlich-affektive Wahrnehmung in den Praktiken selbst und für die sie vollziehenden Teilnehmer_innen relevant werden. Es kann dann offen danach gefragt werden, inwiefern ästhetische Praktiken durch weiterreichende institutionalisierte Arrangements gebunden sind, in denen die sinnliche Wahrnehmung gerade nicht frei von außerästhetischen Zwecken ist und in denen sie zum Teil überhaupt erst aus einer ökonomischen Logik heraus hervorgebracht wird.

Praktiken der Ästhetisierung

Während Reckwitz Ästhetisierung sozusagen aus der Vogelperspektive, aus dem Überblick über das Gesamt gesellschaftlicher Praktiken, konstatiert, möchte ich vorschlagen, *Praktiken der Ästhetisierung* in den Blick zu nehmen. Wenn es der spezifische reflexive Rückbezug auf die sinnliche Wahrnehmung ist, der ästhetische Praktiken kennzeichnet, so stellt sich die Frage, wie eine solche Reflexivität hervorgebracht wird, wie im Strom der Praxis eine Rückwendung auf das sie tragende und begleitende Erleben vonstatten geht. Die Untersuchung gesellschaftlicher Ästhetisierungstendenzen soll dabei nicht durch eine Analyse von Mikropraktiken der Ästhetisierung ersetzt werden. Vielmehr sind beide Ebenen aufeinander zu beziehen: Praktiken der Ästhetisierung sind konstitutiv für einen Prozess der Ästhetisierung. Zugleich findet praktische Ästhetisierung im Rückgriff auf ästhetische Werte, Identitäten und Erwartungen statt.

Praxistheorien heben die Verkörperung und Sinnlichkeit des Sozialen hervor. Zugleich thematisieren sie aber auch eine gewisse Wahrnehmungsarmut gelingender sozialer Praktiken. Was die Ethnomethodologie mit der Formel „seen but unnoticed" (Garfinkel 1984: 118) beschreibt, bezeichnet den Grad, in dem sich Sinnlichkeit in Praktiken *zurückzieht* und nicht ohne Weiteres kognitiv zugänglich ist. In diesem Sinne kann man auch Hubert L. Dreyfus Formulierung der „Transparenz des Zeugs" verstehen (Dreyfus 1991: 64). Im Gebrauch tritt die Materialität und Affektivität der Dinge gegenüber dem mit ihnen Vollbrachten in den Hintergrund. Ästhetisierung kann man darum in Momenten des Misslingens und der Unterbrechung von Praxis verorten, in denen die sinnlichen Qualitäten der Umwelt relevant werden (vgl. etwa Prinz/Göbel 2015: 36). Wie ich an meinem Fallbeispiel zeigen werde, rücken ästhetische Qualitäten aber nicht nur durch das Misslingen routinierter Praktiken in den Fokus. Vielmehr können Praktiken selbst darauf gerichtet sein, das, was sich im alltäglichen Umgang mit der Umwelt entzieht, wieder wahrnehmbar und damit für das weitere Geschehen bedeutsam zu machen. *Ästhetisierende Praktiken* sind hier also solche, in denen die sinnlich-affektive Wahrnehmung relevant, das heißt zum Bezugspunkt für diskursive oder praktische Anschlüsse *gemacht wird*. Solche Praktiken und ihre Einbettung möchte ich an einer Episode aus meiner Feldforschung zur Gestaltung post-disziplinärer Büroräume beschreiben.

Die neue Lounge – Ästhetisierung des Büroraums

Im Rahmen meiner Feldforschung konnte ich den Prozess der Umgestaltung eines Büroraumes teilnehmend beobachten. Während des Forschungsaufenthaltes von Ende März bis Mitte Juni 2015 war ich täglich in einem PR-Unternehmen präsent und habe die Arbeitsabläufe und die Nutzung der Arbeitsräume beobachten können. Neben systematischen Beobachtungsprotokollen habe ich ergänzend Dokumente aus dem Feld gesammelt, Meetings aufgenommen und Hintergrundinterviews mit verschiedenen Beteiligten geführt. Meine teilnehmende Beobachtung war durch eine starke Teilnahme geprägt, da ich während des Aufenthaltes im Unternehmen als Praktikant mitgearbeitet habe. Alle Mitarbeiter_innen waren über meine doppelte Rolle als Kollege und Forscher informiert. Dadurch war es mir auch möglich, an Besprechungen teilzunehmen, in denen meine Mitarbeit nicht erwartet wurde, und ergänzende Interviews zu führen.

Kurz vor Beginn meines Feldaufenthaltes wurden mehrere *Competence Center* ins Leben gerufen, die aus der Initiative von langjährigen Mitarbeiter_innen hervorgingen. Eines dieser *Competence Center*, das die Steigerung der Attraktivität des Unternehmens nach innen und außen zum Ziel hatte, konnte ich während meines Feldaufenthaltes begleiten. Aus ihm heraus wurden Vorschläge zur Umgestaltung der Büroräume erarbeitet, die von Veränderungen des Geschirrs über die Neugestaltung von Power-Point-Präsentationen bis zur Umgestaltung und Umnutzung von Räumen gingen. Im Folgenden werde ich die Transformation des Eingangsbereiches eines der drei vom Unternehmen genutzten Stockwerke in eine Lounge über verschiedene Phasen rekonstruieren.

Ausgangspunkt für den Umgestaltungswunsch war das geäußerte Empfinden einzelner Mitarbeiter_innen, dass sich die Kreativität des Unternehmens nicht genügend in der Gestaltung der Räume widerspiegele. Zudem beklagten die Mitarbeiter_innen im Prozess immer wieder einen ästhetischen Mangel der Räume und bezeichneten diese als „hässlich" oder äußerten sogar Ekel.[4] Insofern der Umgestaltungsprozess dem Raum eine bestimmte Erscheinung geben sollte und somit auf einen sinnlich-affektiven Effekt abzielte, basierte er auf ästhetischen Praktiken. Ich konzentriere mich hier aber vor allem darauf, welche Rolle *ästhetisierende* Praktiken bei der Umgestaltung spielen und wie der Umgestaltungsprozess selbst auf die Wahrnehmung des Raums zurückwirkt. Andere Aspekte – wie die strategische Aushandlung der Änderungswünsche mit der Unternehmensleitung – werde ich nur am Rande thematisieren. Meine Analysen stützen sich hier besonders auf einen Mitschnitt aus einem Treffen des *Competence Centers* mit Mitarbeiter_innen anderer Abteilungen und Interviews im Anschluss an die Feldphase.

Generalisierung des Mangels

Auf die grundsätzliche Problembestimmung der ungenügenden Repräsentation der eigenen Kreativität in den Büroräumen durch die Mitglieder des *Competence Centers* folgte zunächst eine Phase der umfassenden Problematisierung einzelner Elemente der Bürogestaltung, wobei der Blick auf den Büroraum durch eine Perspektive des Mangels gerahmt wurde. Den hier eingenommenen Blick stellte der Leiter der *Competence Center* explizit der Wahrnehmung des Büros im gewohnten Umgang der alltäglichen Arbeitspraxis entgegen: Nach mehreren Jahren stelle sich eine Betriebsblindheit ein, we-

---
4 Mitschnitt der Besprechung vom 30.05.2015.

gen der man vieles gar nicht mehr sehe.⁵ Die relative Transparenz der Dinge im Alltagshandeln, von der Dreyfus im Anschluss an Martin Heidegger spricht (vgl. Dreyfus 1991: 64), wurde hier also zu einem expliziten Thema für die Teilnehmer_innen selbst.

In der Phase der umfassenden Problematisierung des Raums wurde diesem Phänomen mit verschiedenen Methoden begegnet. Zum einen appellierten Mitglieder des *Competence Centers* im gemeinsamen Meeting an die noch nicht abgenutzte Wahrnehmung neuer Teilnehmer_innen des Bürogeschehens. So bat der Leiter des *Competence Centers* mich, zur Sammlung der Mängel beizutragen, da sich bei mir als Neuling noch keine Betriebsblindheit eingeschlichen habe. Die ethnographische Methodenliteratur empfiehlt Ethnograph_innen die Rolle von Novizen anzunehmen, aus der heraus beobachtet, gefragt und ausprobiert werden kann und aus der heraus auch Fehler verzeihlich sind, kurz: eine Rolle, in der man eine „akzeptable Inkompetenz" hat, um auch thematisieren zu können, was für die erfahrenen Teilnehmer_innen des Feldes selbstverständlich ist (vgl. Breidenstein et al. 2013: 66; Hammersley/Atkinson 1983: 88ff.). In diesem Fall wollten die Teilnehmer_innen des *Competence Centers* eine solche Rolle des Ethnographen und seinen in gewisser Weise *untersozialisierten* Körper in ganz ähnlicher Weise für ihre Zwecke nutzen.

Eine zweite Methode, mit der Betriebsblindheit des Alltags zu brechen, war der Rückgriff auf die eigene Zeit als Novize. So bemerkte eine Teilnehmerin des Meetings in Bezug auf die Dekoration der Räume und das *Wohlfühlklima*:

> Sophie⁶: Das war das Erste, was auch ich hier gesehen habe, als ich in die Küche reingekommen bin. Ich habe gedacht, ich spinne. Also so etwas habe ich in der hässlichsten Arztpraxis noch nicht gesehen, so hässliche Großstadt-Bilder.⁷

Hierbei geht es nicht allein darum, auf eine frühere Empfindung zu rekurrieren. Vielmehr wird der damalige Blick für die Wahrnehmung des gegenwärtigen Zustandes geltend gemacht. Die Einstellung des erinnerten Blickes bietet ein Prisma, mit dem es *heute* gilt, die eigene Wahrnehmung zu irritieren und den Raum neu zu entdecken.

---

5 Gespräch mit Leiter des *Competence Centers* vom 29.05.2015.
6 Alle Namen wurden zum Zweck der Anonymisierung verändert.
7 Hierbei handelt es sich um großformatige Fotografien mit lokalen Motiven, die von historischen Orten bis zu Industrieanlagen reichen und die vermutlich einmal auf den urbanen Geist des Unternehmens verweisen sollten. Mitschnitt der Besprechung vom 30.5.2015.

Als dritte Methode kann eine imaginäre Begehung durch Fremde ausgemacht werden. Gegenüber der Geschäftsleitung machte Markus, der Leiter des *Competence Centers*, den ästhetischen Mangel mittels einer „kleinen Geschichte" sichtbar, die er auch im Abstimmungsmeeting wieder verwendete. Markus lud die Anwesenden ein, sich vorzustellen, wie ein neuer Kunde einen Termin vereinbart, sich vorher aber noch zwei konkurrierende Agenturen anschaue. An dieser Stelle streute Markus Bilder von den Web-Auftritten der Agenturen über die Power-Point-Präsentation ein: offene Bürolandschaften in sakralen Gewölben sowie professionell als hip und unkonventionell in Szene gesetzte Geschäftsführer_innen und Mitarbeiter_innen. Diese Bilder konfrontierte Markus mit der Erfahrung, die eine neue Kundin, ein neuer Kunde beim Besuch im eigenen Gebäude mache. Die so evozierte Erfahrung wurde durch ein Foto des Eingangsbereiches von der Zugangstür aus veranschaulicht: ein schlecht ausgeleuchteter, karger Raum mit einem etwas verloren wirkenden Stehtisch sowie einer Sitzgruppe aus zwei Stühlen und einem Beistelltisch an der einen und einer einsamen Kinobank an der anderen Seitenwand. Getragen von seiner Geschichte, mobilisiert Markus hier offizielle visuelle Inszenierungen, flüchtige Fotografien, aber auch die Erinnerungen und Fantasien der anderen Teilnehmer_innen, um damit eine sensorische Befremdung der eingespielten Wahrnehmung zu erzeugen. Diese imaginäre Begehung steht dem unmittelbaren beziehungsweise *körpernahen* Erleben des Arbeitsplatzes entgegen, wie es im Arbeitsalltag vorherrscht (vgl. Petendra 2015: 139–147). Die Teilnehmer_innen machen hier, vermittelt über einen (fiktiven) Dritten, der das Büro von außen – also gerade nicht vom eigenen Nahraum und von der eigenen Gewohnheit aus – erschließt, eine neue Erfahrung des Raumes.

Im Rahmen des allgemeinen Umgestaltungsvorhabens entstand so in der (gemeinsamen) Wahrnehmung ein neues Büro, das durch einen allgegenwärtigen Mangel gekennzeichnet war – neben den Mangel an Sichtbarkeit von Kreativität traten unter anderem ein Mangel an *Schönheit* und ein Mangel an *Einheitlichkeit*. In dem gemeinsamen Bemühen, eine veränderte Perspektive auf das alltägliche Arbeitsumfeld herzustellen, rekurrierten die Mitglieder des *Competence Centers* auf die eigene ästhetische Urteilsfähigkeit und brachten davon ausgehend – tastend und manchmal auch nicht reibungslos – eine Art Konsens des guten Geschmacks hervor. Die gemeinsame Wahrnehmung des Raums und das geteilte ästhetische Urteil über ihn bildeten sich in einem offenen diskursiven Prozess heraus, der durch Unsicherheiten und Rückversicherungen gekennzeichnet war. Dennoch nahmen einmal getroffene Urteile eine unmittelbare Einsichtigkeit in Anspruch, so als ergäben sie sich unvermittelt und notwendig aus der Erscheinung des Raumes selbst. An eine solche unmittelbare Einsichtigkeit wurde etwa in einer Diskussion um den Tisch des Konferenzraums appelliert. In Weiterführung seiner Geschichte beschrieb Markus, wie der imaginäre Kunde, nachdem er den Eingangsbereich betreten hat, in den Besprechungsraum gebracht wird. Für diesen Raum schlägt Markus unter anderem vor, den Konferenztisch zu ersetzen. Hier hakt Sophie nach:

> Sophie: Was ist mit dem Tisch? Warum solls'n anderer Tisch sein?
> Markus: Du hast den gesehen, oder? (lacht leise)
> Sophie: Weil der scheiße aussieht, oder?
> Markus: Weil der scheiße aussieht und auch noch schräg stehen muss.[8]

Da dieses Gespräch an dem Tisch stattfindet, über den gesprochen wird, ist die Frage, ob der Tisch gesehen wurde, keine mit *Ja* oder *Nein* zu beantwortende Informationsfrage. Vielmehr legt Markus nahe, dass sich, wenn man den Tisch gesehen hat, diese Frage eigentlich nicht stellt. Sophie versucht dementsprechend gar nicht erst, Markus Gegenfrage zu beantworten, sondern gibt eine tentative Antwort auf ihre eigene Frage.

Deutlich wird an dieser Passage, dass die Umgestaltung des Büroraums nicht nur eine Möglichkeit bietet, eine für sich in Anspruch genommene ästhetische Kompetenz zum Ausdruck zu bringen. Diese Kompetenz steht hier vielmehr selbst auf dem Spiel.[9] Mit Markus Gegenfrage wird zumindest potenziell auch Sophies ästhetische Urteilsfähigkeit infrage gestellt. Dies ist darum bedeutsam, weil ihr eine identitätsstiftende Funktion zukommt. *Kreativer* oder *Künstlerin* zu sein und nicht nur administrative Tätigkeiten auszuüben, ist – dies wurde in vielen von mir beobachteten Situationen deutlich – wesentlich für das Selbstbild der Mitarbeiter_innen, aber auch für ihr Bild vom Unternehmen und der eigenen Arbeit. „Scheiße aussehen" als ein vager, vermeintlich unmittelbar einsichtiger Grund für die Auswechslung des Tisches kann in der Diskussion relativ leicht auf Zustimmung hoffen.[10] Der über dieses Urteil erzielte Konsens in der Beurteilung, der sich in Markus Wiederaufnahme von Sophies Urteil in der letzten Zeile der zitierten Passage zeigt, trägt zur Entschärfung ihrer Infragestellung durch Markus bei, auch wenn er

---
8 Mitschnitt der Besprechung vom 30.5.2015.
9 Zur situativen Prekarität des Selbst vgl. allgemein Erving Goffman (1967).
10 In der gesamten Diskussion zeichnet sich eine Asymmetrie zwischen positiven und negativen ästhetischen Urteilen ab. Negative Urteile halten offen, was das Schöne ist. Sie exponieren den eigenen Geschmack weniger, als das Bekenntnis dazu, wie es sein sollte. Darum ist es aber auch heikler, ihnen zu widersprechen als ihnen zuzustimmen oder sie hinzunehmen.

hier eigentlich auf etwas anderes hinaus zu wollen scheint („und auch noch ..."). Die Problematisierung des Raumes ist, wie sich an dieser kleinen Episode zeigt, eng verbunden mit einer interaktiven Dynamik der identitären Selbstbehauptung, aber auch der Subjektivierung als kompetente_r Teilnehmer_in am Umgestaltungsprozess. Mit der wechselseitigen Bestärkung der Teilnehmer_innen in ihrer Beurteilung des Raumes als ästhetisch mangelhaft, erzeugten sie im Verlauf des Umgestaltungsprozesses nicht nur eine neue geteilte Wahrnehmung des Raumes. Sie brachten sich gleichzeitig als ästhetisch kompetente und kreative Subjekte zur Geltung und bestärkten sich als solche wechselseitig.

Die Behebung des Mangels

Ließ die generalisierte Suche der Teilnehmer_innen des Umgestaltungsprozesses nach ästhetischen Mängeln den Büroraum zunehmend als defizitär erscheinen, so bereitete sie zugleich auch die Bühne für die Präsentation und Aushandlung von Lösungen. Durch die Herausstellung des Mangels wurden Veränderungen des Raums bedeutsam und dringlich gemacht. Änderungsvorschläge bezogen sich unter anderem auf Möbel, Beleuchtung, Zeitschriftenständer und Dekorationselemente wie zum Beispiel Wandbilder. Dabei waren die Änderungswünsche von unten nach oben skaliert. Eine Veränderung kleinerer Gegenstände, wie Bilderrahmen oder Geschirr, schien den Teilnehmer_innen einfach zu realisieren. Für Veränderungen größerer Möbel bedurfte es bereits eines ausführlicheren Erklärungsaufwandes.

Auf den Abstimmungs- und Aushandlungsprozess zwischen dem *Competence Center* und der Geschäftsleitung soll hier nicht im Detail eingegangen werden. Es genügt zu erwähnen, dass sich zwei ökonomische Logiken des Raums konkurrierend überlagern, die, wie sich aus meiner laufenden Forschung ergibt, auch in zeitgenössischen Bürodiskursen in der Architektur beobachtet werden können. Die eine Logik betrachtet den Raum als Produktivitätsfaktor. Der Raum soll über die Steigerung von Kommunikation und Kreativität die Produktivität erhöhen. In dieser Logik wird er unter dem Gesichtspunkt des Outputs betrachtet. Daraus legitimieren sich Investitionen nicht nur in die unmittelbar funktionale Infrastruktur, sondern auch in die ästhetische Qualität des Raums. Die andere Logik sieht im Raum vorrangig einen Kostenfaktor. Als solcher wird er vornehmlich durch die Brille der Einsparung gesehen. Man könnte von einer inputorientierten Perspektive sprechen. Aus dieser Perspektive erklären sich viele Impulse der modernen Organisation – etwa die Verdichtung des Raums in den Sälen der Typistinnen oder den *Cubicle*-Reihen der Großraumbüros der 1980er Jahre.

In dem von mir untersuchten Fall changieren die Argumente zwischen beiden Perspektiven, wobei sich insgesamt eine offene, aber eher konservative Haltung ergibt. Die Geschäftsleitung begrüßte Veränderungen und Initiativen, solange der finanzielle Aufwand vergleichsweise gering war. Konkret hatte dies zur Folge, dass die Realisierung der Umgestaltungsansprüche auf einen Raum beschränkt wurde – den Eingangsbereich der sechsten Etage. Hier entstand mit Europaletten, speziell angefertigten Sitzkissen in den Farben des Unternehmens, zwei hellen Stehlampen und Sitzblöcken mit aufgedrucktem Firmenlogo eine Lounge-Ecke. Der Umgestaltungsprozess wurde nach Ende meiner Feldphase abgeschlossen, von mir durch eine Begehung und Nachbesprechungen jedoch weiter begleitet.

Argumentativ schrieben die am Umgestaltungsprozess Beteiligten der Lounge mehrere Funktionen für die Organisation zu, die auch im Anschluss weitgehend von der Geschäftsleitung und anderen Mitarbeiter_innen übernommen wurden. Demnach stellte sie einen Wartebereich für Kund_innen dar, bevor diese in den Konferenzraum geleitet würden. Dabei sollte eine gemütliche und entspannte Atmosphäre erzeugt werden.[11] Die reduzierte Beleuchtung des Raumes, die vorher ausschließlich als Mangel erlebt wurde, war hierfür förderlich. Der informelle Charakter des so geschaffenen Raumes wurde in der Umsetzung zudem durch einen Bar-Kühlschrank unterstützt, aus dem Softgetränke und das Bier einer lokalen Brauerei zum Selbstkostenpreis entnommen werden konnten. Dadurch sollte der Raum auch ein Ort werden, an dem man nach Feierabend gerne noch gemeinsam ein Getränk zu sich nimmt. Schließlich sollte die Lounge auch ein neuer Arbeitsraum werden. Dies wurde insbesondere durch die beiden Lampen ermöglicht, die von der Seite über den aus Paletten selbst gefertigten Couchtisch ragten, um auch die Arbeit an Texten zu erlauben. Zudem wurde ein Whiteboard aus dem Konferenzraum in das neue Arrangement integriert. Dies machte die geringe natürliche Beleuchtung des Raumes erneut produktiv nutzbar, da im helleren Konferenzraum der Einsatz dieser Projektionsfläche lediglich mit zusätzlicher Abdunkelung möglich war.

Im Ergebnis wurde der Eingangsbereich tatsächlich weitgehend umgestaltet und im Anschluss an meine Feldphase deuteten sich eine damit einhergehende Umnutzung und veränderte Raumpraktiken zumindest an. Zugleich

---

11 So eine leitende Angestellte im Interview vom 03.10.2015.

wurde jedoch auf alle Veränderungen außerhalb des Eingangsbereiches verzichtet.

Reduktion des Mangels

Wie bewerteten nun die Teilnehmer_innen des Umgestaltungsprozesses das Ergebnis ihrer Bemühungen und wie veränderte sich mit der Einrichtung der Lounge wiederum die Wahrnehmung des Raumes?

Die erste Phase des Umgestaltungsprozesses war, wie beschrieben, durch eine Sammlung und Universalisierung von Mängeln durch die Mitarbeiter_innen gekennzeichnet, wodurch das Bürogebäude als Ganzes in neuem (vornehmlich „hässlichem"[12]) Licht erschien. Auch die Forderungen nach einer Behebung des Mangels erstreckten sich auf weite Teile der Organisation. Die tatsächlich umgesetzten Maßnahmen beschränkten sich hingegen auf einen einzigen Raum. Dennoch nahmen die Beteiligten die Veränderungen als Erfolg wahr. Man habe die „wichtigsten Punkte" umgesetzt, konstatierte der Leiter des *Competence Centers* in einem Nachgespräch.[13] Diese Einschätzung ist vor dem Hintergrund der Diskrepanz von Forderungen und realisierten Veränderungen erstaunlich. Zwei Aspekte können zu ihrer Erklärung beitragen. Erstens formulierten die Mitglieder des *Competence Centers* ihre Mängelbeschreibung und Vorschläge bereits in Antizipation des organisationsinternen Aushandlungsprozesses und zu erwartender Streichungen durch die Geschäftsführung. Die erarbeiteten Forderungen beinhalteten also einen gewissen Puffer, sodass Abstriche bei der Realisierung bereits eingeplant waren. Zweitens aber, und dies ist für die Frage praktischer Ästhetisierung relevanter, wohnte dem Verfahren der Umgestaltung selbst eine gewisse ästhetische Dynamik inne, insofern sich in dessen Verlauf die Raumerfahrung änderte. Einmal auf die Wahrnehmung von ästhetischen Mängeln eingestellt, fielen den Mitarbeiter_innen immer mehr Unzulänglichkeiten in der Raumgestaltung auf. Aus dieser Einstellung heraus kam es in der ersten Phase des Prozesses zu einer fortwährenden Anhäufung von wahrgenommenen Mängeln. Ihr entspricht anschließend eine Anhäufung von Forderungen nach deren Behebung. Mit der Umsetzung einiger dieser Forderungen wurde ein Teil der Mängel behoben. Durch sie wandelte sich aber auch erneut die Haltung gegenüber dem alltäglichen Arbeitsumfeld. Tätigkeiten wie das Bearbeiten der Paletten, das Bestellen der Bezüge oder die Auswahl der Lampen rückten das Realisierte in den Fokus der Beteiligten. Die verbleibenden Mängel verschwanden dadurch zwar nicht vollständig, traten aber zunehmend in

---

12 Mitschnitt der Besprechung vom 30.05.2015.
13 Interview vom 03.10.2015.

den Hintergrund und versickerten nach und nach wieder in der ästhetischen Transparenz der alltäglichen Praxis. Der Behebung konkreter Mängel war also eine Reduktion der Mängelwahrnehmung – als eines über einzelne Aspekte hinausreichenden Grundcharakters des Raumes – beigestellt, die als Gegenmoment zur Universalisierung in der ersten Phase der Umgestaltung des Büroraums gesehen werden kann.

Materialisierte Ästhetisierung

Habe ich bisher vor allem die Veränderung von Wahrnehmung und deren Relevanz im Prozess der Umgestaltung des Büroraumes in den Mittelpunkt gerückt, so möchte ich abschließend fragen, inwiefern der Raum selbst ästhetisierend wirken kann. Die Umgestaltung zielte auf die Erzeugung einer bestimmten Atmosphäre, oder wie eine Beteiligte es formulierte, eines „Auftritts"[14]. Inwiefern bietet der Raum aber eine Ressource für ästhetische Praktiken? Inwiefern wirkt er ästhetisierend und regt einen reflexiven Rückbezug auf die eigenen Wahrnehmungen an?

Robert W. Witkin diagnostiziert für die moderne Organisation eine Ästhetik der „Reduktion sinnlicher Werte", die durch klare Linien, glatte Oberflächen und scharfe Kontraste gekennzeichnet ist (Witkin 1990: 334ff.). In ihr wird Rationalität über eine sinnlich-symbolische Differenzierung der Arbeitswelt von der Sphäre der Freizeit inszeniert. Auch zeitgenössische Organisationen bilden eine eigenständige Ästhetik aus. Diese basiert jedoch nicht mehr auf einer Differenzierung von rationaler Organisation und affektiv orientierter Freizeit. Dass eine Lounge in das Arbeitsumfeld integriert wird, bringt gerade die zunehmende Verschränkung dieser beiden Sphären zum Ausdruck.[15] Diese Verschränkung entsteht nicht nur durch eine Atmosphäre, einen Gesamteindruck, der nicht eindeutig zuzuordnen ist, sondern auch durch symbolische Verweise einzelner Gestaltungselemente auf unterschiedliche soziale Sphären.

Im vorliegenden Fall stechen besonders die Europaletten heraus, die zu Sitzgelegenheiten und einem Tisch verarbeitet wurden. Sie stehen wie kein anderes Material für die *Do-It-Yourself*-Subkultur.[16] Der Vorschlag, Paletten

---

14 Mitschnitt der Besprechung vom 30.05.2015.
15 Lounges sind Zwischenräume. Sie sind Wartebereiche (zum Beispiel DB-Lounge), aber auch Entspannungsräume (zum Beispiel Lounge-Bars). Nicht zuletzt entstammen sie der Welt der Grand Hotels, die immer schon Mischwelten von Privatem und Geschäftlichem waren (vgl. Rumpfhuber 2013: 181–207).
16 Im Folgenden DIY.

zu benutzen, führte in der gemeinsamen Diskussion über die Gestaltung der Räume zum Ausdruck von Begeisterung („Super!", „Geil!")[17]. In einem professionellen Kontext findet mit den Paletten ein Verweis auf eine Subkultur statt, die im Kern als eine antiprofessionelle Gegenbewegung entstanden ist (vgl. Holtzman/Hughes/Van Meter 2007). DIY-Möbel sind als nichtkonventionelle, individuelle und improvisierte Formen der Ausstattung gerahmt, die sich der standardisierten und geplanten Produktion der Industriegesellschaft entziehen. Dabei evozieren DIY-Möbel auch einen bestimmten Lifestyle, eine bestimmte Ästhetik und eine bestimmte Identität. Die Palettenmöbel inszenieren Vorstellungen von Kreativität, Innovativität und Selbstständigkeit, die ursprünglich gegen die moderne Arbeitswelt mit ihrer Standardisierung, Routinisierung und Fremdbestimmung gewendet waren (vgl. Atkinson 2006; Honer 2011).

Als Material-Zeichen sind die Paletten dabei nicht nur lokal für die Mitarbeiter_innen des *Competence Centers* verständlich. Vielmehr werden sie über Lifestyle-Magazine und -Blogs sowie über DIY-Communities auf *Instagram* und ähnlichen Plattformen verbreitet sowie nicht zuletzt auch über die Ratgeberseiten von Zeitungen popularisiert. Als Ästhetisierungsmarker weisen diese Elemente nicht nur auf besondere subkulturelle Sinnlichkeitsarrangements hin, sondern indizieren – gerade in ihrem Bruch mit der unauffälligen sinnlichen Normalität der Arbeitswelt – überhaupt erst die Relevanz der ästhetischen Dimension des Sozialen für *dieses* Setting. Darum ist ihre Wirkung nicht nur eine ästhetische, sondern auch eine ästhetisierende: Sie leiten dazu an, hier und jetzt auf die eigene *Befindlichkeit* zu achten, und bringen Sinnlich-Affektives für die Praktiken selbst zur Geltung.

Ausblick: Ästhetisierung und Ökonomisierung

Ich habe vorgeschlagen, Reckwitz' praxistheoretische Beschreibung eines gesamtgesellschaftlichen Ästhetisierungsprozesses ausgehend von Beobachtungen zur Raumgestaltung in einem PR-Unternehmen mit einer Untersuchung von Mikroprozessen der Ästhetisierung zu verbinden. Die Ästhetisierung der kapitalistischen Ökonomie resultiert demnach nicht allein aus der gesteigerten Bedeutung ästhetischer Produkte und ihrer praktischen Hervorbringung, sondern setzt *ästhetisierende* Praktiken voraus. Diese stellen eine konkrete Relevanz sinnlicher Wahrnehmung für das je lokale Geschehen her, die durch den Verweis auf eine generelle Sinnlichkeit des Sozialen nur unzureichend ge-

---

17 Mitschnitt der Besprechung vom 30.05.2015.

fasst wird. In meiner Diskussion von Reckwitz' Begriff des Ästhetischen habe ich mich kritisch mit dem Begriff einer Selbstzweckhaftigkeit ästhetischer Wahrnehmung auseinandergesetzt. Die in der Analyse meines Fallbeispiels beschriebenen Prozesse der Ästhetisierung und die in ihnen hervorgebrachten Wahrnehmungen sind an vielfältige Zwecke gebunden. Angestrebt werden mit den auf ästhetische Aufwertung gerichteten Bemühungen beispielsweise ein Wohlfühlklima, Selbstverwirklichung, gesteigerte Kreativität und nicht zuletzt auch ein besserer Unternehmenserfolg. Der Rückbezug auf die eigene Befindlichkeit im Raum ist hier konstitutiv immer schon auf eine Veränderung des Raumes hin ausgerichtet – etwa wenn die Teilnehmer_innen kollektiv nach Mängeln suchen.

Wenn ästhetisierende und ästhetische Praktiken nicht selbstzweckhaft sind, erfüllen sie dann lediglich ökonomische Erfordernisse? Gegenüber einer solchen These der Unterordnung des Ästhetischen unter *die* Ökonomie muss eingewendet werden, dass eine ökonomische Rationalität, der eine Ästhetisierung in die Hände spielen könnte, im vorliegenden Fall für die Beteiligten selbst nicht widerspruchsfrei gegeben ist. In den Aushandlungen der Raumgestaltung stehen sich Produktivitätskonzepte und Effizienzkonzepte gegenüber, die beide eine ökonomische Rationalität für sich reklamieren, aber zu konträren Einschätzungen und Entscheidungen führen. So müssen ästhetisierende Veränderungen des Raumes gegenüber einer inputorientierten Perspektive gerechtfertigt werden, etwa wenn die Geschäftsleitung eine Reduktion von Kosten anstrebt. Zugleich bringen die Initiator_innen der Umgestaltung Vorstellungen der produktiven Wirkung des Raumes (zum Beispiel auf Unternehmenskultur, Identifikation mit dem Unternehmen oder Kreativität) strategisch in Anschlag, um eigene Gestaltungswünsche und Identitätsinszenierungen in ökonomischen Begriffen zu *verargumentieren*. Im praktischen Ringen um die Gestaltung der Räume werden so konkurrierende ökonomisch-ästhetische Rationalitäten in Stellung gebracht. Daher sollte der Blick auf die Art und Weise gerichtet werden, wie der Rückbezug auf die sinnliche Erfahrung jeweils spezifisch mit ökonomischen Zwecken und Zwängen verknüpft wird, wobei weder von einer ursprünglichen Reinheit des Ästhetischen noch von seiner vorgängigen ökonomischen Determiniertheit ausgegangen werden kann.

Die Untersuchung *ästhetisierender* Praktiken, wie ich sie hier vorgeschlagen habe, schärft eine praxistheoretische Perspektive auf Ästhetisierung, insofern sie die Offenheit und Ambivalenz von situierten Ästhetisierungsprozessen in den Blick nimmt, die mitgedacht werden müssen, wenn gesellschaftstheoretisch eine Tendenz der Ästhetisierung konstatiert wird. Zugleich macht sie die innere Heterogenität ästhetischer Praktiken deutlich, in die ökonomische

Logiken auf vielfältige Weise eingewoben sein können – ob als Motivation, Ziel, Rechtfertigung oder Hindernis.

Literatur

Atkinson, Paul (2006). Do It Yourself: Democracy and Design. *Journal of Design History, 19 (1)*, 1–10.
Böhme, Gernot (2001). *Aisthetik. Vorlesungen über Ästhetik als allgemeine Wahrnehmungslehre*. München: Wilhelm Fink.
Breidenstein, Georg et al. (2013). *Ethnografie. Die Praxis der Feldforschung*. Stuttgart: UTB.
Dreyfus, Hubert L. (1991). *Being-in-the-World. A Commentary on Heidegger's Being and Time, Division I*. Cambridge/London: MIT Press.
Eisele, Johann/Staniek, Bettina (2005). *BürobauAtlas. Grundlagen, Planung, Technologie, Arbeitsplatzqualität*. München: Callwey.
Garfinkel, Harold (1984). *Studies in Ethnomethodology*. Cambridge/Malden: polity.
Goffman, Erving (1967). *Interaction Ritual. Essays in Face-to-Face Behavior*. Chicago: Aldine.
Hammersley, Martyn/Atkinson, Paul (1983). *Ethnography. Principles in Practice*. London/New York: Travistock Publications.
Holtzman, Ben/Hughes, Craig/Van Meter, Kevin (2007). Do It Yourself... and the Movement Beyond Capitalism. In Stevphen Shukaitis/David Graeber (Hrsg.), *Constituent Imagination: Militant Investigations – Collective Theorization* (S. 44–61). Oakland: AK Press.
Honer, Anne (2011). Aspekte des Selbermachens. In dies. (Hrsg.), *Kleine Leiblichkeiten: Erkundungen in Lebenswelten* (S. 161–174). Wiesbaden: VS-Verlag.
Kant, Immanuel (1963). *Kritik der Urteilskraft*. Stuttgart: Reclam.
Kuchenbuch, David (2010). *Geordnete Gemeinschaft. Architekten als Sozialingenieure – Deutschland und Schweden im 20. Jahrhundert*. Bielefeld: Transcript.
Marx, Karl (1969). Das Kapital. Kritik der politischen Ökonomie. In *MEW 23*. Berlin: Dietz.
Petendra, Brigitte (2015). *Räumliche Dimensionen der Büroarbeit. Eine Analyse des flexiblen Büros und seiner Akteure*. Wiesbaden: Springer VS.
Prinz, Sophia/Göbel, Hanna Katharina (2015). Die Sinnlichkeit des Sozialen. Eine Einleitung. In dies. (Hrsg.), *Die Sinnlichkeit des Sozialen. Wahrnehmung und materielle Kultur* (S. 9–49). Bielefeld: Transcript.
Reckwitz, Andreas (2012). *Die Erfindung der Kreativität. Zum Prozess gesellschaftlicher Ästhetisierung* (2. Aufl.). Berlin: Suhrkamp.
Reckwitz, Andreas (2015). Sinne und Praktiken. Die sinnliche Organisation des Sozialen. In Hanna Katharina Göbel/Sophia Prinz (Hrsg.), *Die Sinnlichkeit des Sozialen. Wahrnehmung und materielle Kultur* (S. 441–455). Bielefeld: Transcript.
Rumpfhuber, Andreas (2013). *Architektur immaterieller Arbeit*. Wien: Turia + Kant.

Staubmann, Helmut (1995). Handlung und Ästhetik. Zum Stellenwert der „affektiv-kathektischen Handlungsdimension" in Parsons' Allgemeiner Theorie des Handelns. *Zeitschrift für Soziologie, 24 (2)*, 95–114.

Witkin, Robert W. (1990). The Aesthetic Imperative of a Rational-Technical Machinery: A Study in Organizational Control Through the Design of Artifacts. In Pasquale Gagliardi (Hrsg.), *Symbols and Artifacts: Views of the Corporate Landscape* (S. 325–338). Berlin/New York: de Gruyter.

Alexandra Bernhardt
Coworking Spaces als ästhetisierte Arbeitsräume

Vor dem Hintergrund des Wandels der Arbeitswelt und der damit verbundenen Flexibilisierung von Arbeit und Beschäftigung sind Mitte des letzten Jahrzehnts die ersten *Coworking Spaces* (im Folgenden abgekürzt CWS) in den urbanen Zentren der USA und Europas entstanden. Begünstigt durch die Weltwirtschaftskrise, erfuhr *Coworking* seitdem eine dynamische Entwicklung und ist mittlerweile mit schätzungsweise über 11.300 CWS weltweit zum Ende des Jahres 2016 (Foertsch 2017) zunehmend etabliert. CWS sind Arbeitsräume zumeist für Laptop-Arbeitende, die neben dem Bereitstellen von flexibel anmietbaren Arbeitsplätzen auch die Begegnung und Interaktion zwischen ihren Nutzer_innen fördern. Als „neue Arbeitsräume für neue Arbeitsformen" (Pohler 2012) grenzen sich CWS dabei diskursiv wie auch ästhetisch von den Büros der alten Arbeitswelt ab. Dies zeigt sich auch in den Medienbeiträgen über den CWS *Colab*, der im Fokus der Betrachtung dieses Beitrags steht.[1] Dort wird dessen ungewöhnliche Raumgestaltung hervorgehoben, wobei Artefakte wie Tischfußballkasten, Kronleuchter, Holztische und Vintage-Sofas aufgegriffen werden und die Passung zur konventionellen Büroästhetik infrage gestellt wird.

In diesem Aufsatz wird nun der Frage nachgegangen, welche Rolle die Ästhetisierung von Büroräumen beim Phänomen Coworking spielt und welche Bedeutung die Gestaltung der physischen Arbeitsumwelt für die Nutzer_innen solcher Arbeitsräume hat. Nach einer grundsätzlichen Kennzeichnung der Merkmale und der Bedeutung von CWS beschäftigt sich der darauffolgende Abschnitt mit der Raumästhetik von CWS und deren Betrachtung als ästhetisierte Arbeitsräume. Im Anschluss wird die Fallstudie *Colab* vorgestellt mit Fokus auf die physische Gestaltung des CWS und die Frage, wie dessen Arbeitsräume von den Coworker_innen erlebt und genutzt werden.

---

1 Im zugrundeliegenden Promotionsprojekt wird ein an die Ethnographie angelehntes Forschungsdesign verfolgt, im Rahmen dessen zwei Fallstudien in CWS in Zürich und Berlin durchgeführt wurden. Zudem wurden bisher über 50 weitere CWS sowie Coworking-Konferenzen besucht, um ein umfassendes Verständnis des Untersuchungsgegenstands zu erhalten. Der Feldaufenthalt im *Colab* in Zürich erfolgte im Herbst 2014 schwerpunktmäßig über einen Monat mit weiteren punktuellen Besuchen bis zum Frühjahr 2015. Der CWS wurde mittlerweile geschlossen zugunsten eines neuen, größeren CWS-Projekts an einem anderen Standort. Auch wenn der Ort nicht mehr existiert, erfolgt die Darstellung der Fallstudie im Präsens.

Begriffsbestimmung Coworking Space

Bei CWS handelt es sich um zumeist große, offene Büroräume, in denen Kreativ- und Wissensarbeitende aus unterschiedlichen Unternehmen und Beschäftigungsverhältnissen gemeinsam – neben-, aber auch miteinander (vgl. Spinuzzi 2012) – arbeiten und sich die Büroinfrastruktur teilen. Charakteristisch sind zeitlich flexible Mitgliedschaften, die von Stunden- über Tages- bis hin zu Monatstickets reichen. Ebenso ist das räumliche Angebot durch Flexibilität gekennzeichnet: Neben flexiblen Arbeitsplätzen, die von verschiedenen Coworker_innen genutzt werden können, gibt es je nach Angebot auch feste Arbeitsplätze oder separate Teambüros zur regelmäßigen Nutzung. CWS sind zudem in der Regel nicht selbstorganisiert. Eine besondere Rolle im organisationalen Konzept nehmen dabei die *Coworking Hosts* ein, welche oft die CWS-Betreiber_innen selbst, oder auch professionelle Community Manager_innen sind (vgl. Merkel 2015: 122). Deren Aktivitäten können nach Janet Merkel als eine kuratorische Praxis beschrieben werden, die das Ziel verfolgt, eine Atmosphäre der Zusammenarbeit und soziale Beziehungen zwischen den Coworker_innen herzustellen, die sich allein durch deren Kopräsenz in einem geteilten Arbeitsraum nicht zwangsläufig ergeben müssen (vgl. zu den folgenden Ausführungen ebd., 128ff.). Dies erfolgt zum Beispiel über die Organisation von Veranstaltungen wie gemeinsamen Mahlzeiten oder Workshops. Aber auch die räumliche Gestaltung ist darauf ausgerichtet, Interaktionen zu fördern. Dies zeigt sich beispielsweise an entsprechenden Tischordnungen, die Augenkontakt ermöglichen, oder an sozialen Treffpunkten wie Küche oder Sofaecke. Auch dienen Whiteboards oder transparente Sitzungszimmer als visuelle Hinweise für Kommunikation und Zusammenarbeit. Die Betonung von Formen der sozialen Teilhabe und Zusammenarbeit unterscheidet CWS von anderen Modellen geteilter Arbeitsräume, bei denen die Vermietung von flexiblen Arbeitsplätzen im Vordergrund steht, wie es bei *Business Centern* der Fall ist (vgl. Waters-Lynch et al. 2016: 16).

Der Nutzer_innenkreis von CWS ist prinzipiell offen[2] und umfasst Personen, die hohe Freiheitsgrade hinsichtlich der Wahl von Arbeitszeit und -ort haben. Die Freiheit bei der Gestaltung der eigenen Arbeit birgt jedoch auch gleichzeitig Herausforderungen an das eigene Selbst, die Arbeit zu organisieren. Damit ist diese Personengruppe in besonderem Maße von der Entgrenzung und Subjektivierung von Arbeit betroffen (vgl. u.a. Hartmann 2016;

---

2 Wobei es auch CWS gibt, die sich zum Beispiel auf bestimmte Themen oder Berufsgruppen spezialisieren, beziehungsweise sogenannte kuratierte CWS, die zukünftige Coworker_innen im Vorhinein nach Passung auswählen.

Koschel 2014). CWS können hierbei als eine Antwort auf die Herausforderungen neuer Formen von Arbeit und die Suche nach geeigneten Arbeitsorten gesehen werden, dies vor allem in der Kultur- und Kreativwirtschaft (vgl. u.a. Bender 2013; Merkel/Oppen 2013; Pohler 2012). So sind CWS institutionalisierte Arbeitsräume, die den Nutzer_innen Begrenzung und Halt geben. Gleichzeitig sind sie aber auch durch strukturelle Unbestimmtheit gekennzeichnet, das heißt die Räume bieten Flexibilität und Offenheit hinsichtlich ihrer Nutzung (vgl. Merkel 2012; Merkel/Oppen 2013; Pohler 2012).

Coworking Spaces als ästhetisierte Arbeitsräume

In der räumlichen Gestaltung von CWS spiegeln sich generelle Entwicklungen postfordistischer Büroarchitektur wider. So lässt sich neben der gestiegenen Flexibilität von Bürostrukturen auch eine zunehmende Ästhetisierung von Arbeitsräumen feststellen (vgl. Biehl-Missal 2011; Prinz 2012). Dabei ist zunächst festzuhalten, dass Büros im Allgemeinen keine affektneutralen Orte sind, sondern immer auch sinnliche Qualitäten umfassen, die ästhetisch erfahrbar sind (vgl. zu den folgenden Ausführungen Prinz 2012: 245f.). Doch wie Sophia Prinz diagnostiziert, beziehen die kreativökonomischen räumlichen Arrangements des Postfordismus die sinnliche Erfahrung *systematisch* mit ein: „Ästhetisierung meint hier also eine Gestaltungsstrategie, die auf ein positives sinnliches Erleben abhebt, um eine subjektive Grundhaltung zu schaffen, die sich offen zeigt für affektiv-kreative Impulse" (ebd., 246). Hierbei handelt es sich nach Prinz um eine operationalisierte Ästhetisierung, welche die sinnliche Wahrnehmung und die Affekte der Mitarbeitenden nach Maßgabe von Unternehmenszielen und Subjektidealen steuert. Anders als bei Unternehmen dient die räumliche Ästhetik von CWS jedoch nicht der zweckgerichteten Steuerung von Sinnlichkeit und Affektivität im Sinne von übergeordneten Unternehmenszielen. Dennoch scheint die *Coworking*-Ästhetik nicht im Selbstzweck und damit allein im ästhetischen Genuss und Wohlbefinden der Coworker_innen aufzugehen. Auch hier werden im *Coworking*-Diskurs häufig Verbindungen zwischen der Arbeit in CWS und gesteigerter Innovationskraft, Produktivität oder Kreativität hergestellt.

So lassen sich trotz der offenen Büroarchitektur Parallelen in der Raumgestaltung von CWS finden, was nach Michael Liegl (2011) auf ein ästhetisches Raumdispositiv verweist. Beim Aufgreifen der medialen Rezeption des *Colabs* wurde eingangs auf die Kronleuchter, die Vintage-Sofas, die Holztische und den Tischfußballkasten verwiesen – Objekte, die in ihrer Gestaltung individuell und gleichzeitig jedoch auch recht charakteristische Einrichtungselemente von CWS sind. Sie stehen stellvertretend für eine postfordistische Raumästhetik, welche „work and play" verbindet (vgl. Waters-Lynch et al. 2016: 10) und so zu einer räumlichen Vermischung von Arbeit und Freizeit führt. CWS positionieren sich damit nicht nur diskursiv, sondern auch ästhetisch über das Raumdesign und die Artefakte als Gegenentwürfe zu den vorherrschenden Bildern bürokratischer Organisationen (vgl. Bender 2013; Waters-Lynch et al. 2016).

Auch Désirée Bender (2013) diagnostiziert in ihrer ethnographischen Studie zu mobilen Arbeitsplätzen von kreativ arbeitenden Freelancer_innen, dass in CWS ein durch das Kreativitätsdispositiv (Reckwitz 2014) produziertes Begehren „nach authentischen, auratisch aufgeladenen, kreativfördernden, ästhetisierten Orten bzw. Räumen" (ebd., 12) zum Ausdruck kommt. Dies zeige sich in der diskursiven wie physischen Inszenierung dieser Räume, „die in idealer Weise kreativitätsfördernde Arbeit garantieren (wollen) und das ästhetische Grundgerüst sowie eine Infrastruktur für digital Arbeitende stellen" (vgl. zu den folgenden Ausführungen ebd., 154ff.). Von orts- und raumästhetischen Dispositiven als Bestandteil des Kreativitätsdispositivs zeugt auch das spezifische kulturelle Wissen der Kreativarbeitenden, das sie jene Orte aufsuchen lässt, um erfolgreich kreativ tätig zu werden. Bender konstatiert, dass Kreativarbeitende diesbezüglich nicht ausschließlich effizienzorientiert, sondern auch und vor allem in Orientierung an eigenen Affekten handeln.

CWS sind demnach flexible und mehr oder weniger ästhetisierte Arbeitsräume. Dabei hat jeder CWS seinen individuellen Charakter, der aus dem Zusammenspiel aus CWS-Mitgliedern – Betreiber_innen und Coworker_innen – sowie Arbeitsumwelt resultiert und unmittelbar durch dessen *Atmosphäre*[3] wahrnehmbar wird. Im Folgenden wird das Augenmerk deshalb auf die physische Gestaltung eines konkreten CWS und dessen Rolle als räumlich-materielle und symbolische Rahmung von Tätigkeiten (vgl. Schmidt 2012) gelegt. Es soll ergründet werden, welche Bedeutung die physische Arbeitsumwelt und deren Ästhetik für die Nutzer_innen hat und wie sie diese erleben. Im Rahmen des Kreativitätsdispositivs sind die Coworker_innen mit Blick auf ihre Arbeit kreative Produzent_innen (vgl. Reckwitz 2014). Nun interessiert

---

3 Atmosphäre soll nach Martina Löw (2012) (und unter Bezug auf Gernot Böhme (2013)) als eine eigene Potenzialität von Räumen verstanden werden, die in der „Wechselwirkung zwischen konstruierend-wahrnehmendem Menschen und der symbolisch-materiellen Wirkung des Wahrgenommenen" (ebd., 229) entsteht (vgl. zu den folgenden Ausführungen ebd., 204ff.). Atmosphären sind sozial produziert, das heißt das Wahrgenommene wird für die Wahrnehmung zumeist inszeniert. Zudem ist nach Löw (und im Unterschied zu Böhme) die Wahrnehmung von Räumen auch immer sozial vorstrukturiert.

ihre Sicht als Rezipient_innen in Bezug auf die räumlichen Arrangements, in denen sie zumeist selbstgewählt arbeiten. Darüber hinaus stehen auch die Tätigkeiten in den Räumen im Fokus und die Frage, wie die Räume von den Coworker_innen genutzt werden.

Die Fallstudie *Colab*

Der CWS *Colab*[4] wurde aus einer bereits existierenden Bürogemeinschaft heraus von zwei Unternehmen gegründet mit dem Vorhaben, das Gemeinschaftsbüro nach außen zu öffnen und mit der Gründung des CWS zu institutionalisieren. Prinzipiell hält der CWS seinen Nutzer_innenkreis offen, wodurch Coworker_innen aus verschiedenen Branchen und mit unterschiedlichen Beschäftigungsverhältnissen im *Colab* arbeiten. Jedoch verweist die Selbstbeschreibung auf der Website auf eine Fokussierung des CWS auf „startups, hackers, onliners and creators".[5] Auch werden entsprechende Veranstaltungsformate im *Colab* durchgeführt, die vor allem im Bereich Informations- und Kommunikationstechnologien angesiedelt sind und durch die der CWS eine gewisse Bekanntheit in der Szene erlangt hat. Entsprechend ist der Anteil an Coworker_innen, die in diesem Bereich arbeiten, sowie auch der Anteil an Start-up-Mitarbeitenden vergleichsweise hoch. Zudem arbeiten deutlich mehr Männer als Frauen im *Colab*.

Das *Colab* befindet sich in einem Bürohaus im urbanen Umfeld. Verteilt auf zwei offene Arbeitsbereiche, umfasst der CWS mehr als fünfzig Arbeitsplätze. Im Erdgeschoss befindet sich der *Creative Space* mit flexiblen Arbeitsplätzen, im ersten Stock ist das *Classic Office* zu finden, in dem sowohl flexible als auch feste Arbeitsplätze angeboten werden. Darüber hinaus gibt es drei Sitzungszimmer unterschiedlicher Größe sowie separate Teambüros.

---

4   Datengrundlage für die nachstehenden Ausführungen sind Beobachtungsprotokolle, bestehende Dokumente des CWS, sowie vierzehn leitfadengestützte Interviews, davon drei mit Mitgliedern des Organisationsteams und elf mit Nutzer_innen des *Colabs*, wobei bei den Nutzer_inneninterviews Fotos im Sinne der *participant-led photography* eingesetzt wurden (vgl. Warren 2002). Alle Interviews wurden in einem der Sitzungszimmer des CWS geführt.
5   Website *Colab* (2015). Website nicht mehr verfügbar.

Raumgestaltung und Raumerleben: „Bürostyle" versus „Freestyle"

Wie aus den Interviews mit den Betreiber_innen hervorgeht, war es ihnen bei der Konzeption des CWS wichtig, dass die Räume für verschiedene Anspruchsgruppen – Coworker_innen wie auch externe Personen – funktionieren, und einerseits gemütlich und persönlich sowie andererseits funktional und repräsentativ gestaltet sind. Beim *Classic Office* handelt es sich um die ursprünglichen Räumlichkeiten des Gemeinschaftsbüros, die pragmatisch eingerichtet wurden. Demgegenüber wurde das räumliche Arrangement des *Creative Space* als Bestandteil des CWS von den Betreiber_innen gezielter konzipiert und dessen atmosphärische Qualität inszeniert, um den ästhetischen Ansprüchen der mobilen Laptop-Arbeitenden Rechnung zu tragen, wie der Betreiber Robert[6] erklärt: „Unsere Leute haben überall gearbeitet, sie haben oft in Cafés gearbeitet, weil ihnen das gefällt. Diese klassische Büroumgebung haben alle satt."[7] Auf die Gestaltung der zwei Arbeitsbereiche sowie deren Rezeption durch die Coworker_innen wird im Folgenden näher eingegangen.

Classic Office

Das *Classic Office* umfasst zwei Arbeitsräume, die über eine stets geöffnete Tür miteinander verbunden sind. Im hinteren Raum befinden sich vorwiegend feste Arbeitsplätze. Der vordere Raum besteht mehrheitlich aus flexiblen Arbeitsplätzen, die mit Aufklebern als solche gekennzeichnet und mit Bildschirmen ausgestattet sind. Während die flexiblen Arbeitsplätze bei Nichtbenutzung überwiegend anonym wirken, wurden die festen Arbeitsplätze durch ihre Nutzer_innen stärker personalisiert. Gestalterisch wurden beide Räume ähnlich eingerichtet. Sie verfügen über große, zum Teil höhenverstellbare und in Tischgruppen angeordnete Schreibtische mit Bürostühlen, einfache Regale sowie jeweils ein schlichtes Sofa mit Couchtisch. Im hinteren Raum gibt es zudem eine Küchenzeile mit einer Kapsel-Kaffeemaschine. An die offenen Arbeitsräume ist über transparente Glaswände jeweils ein Sitzungszimmer angeschlossen. Die Einrichtung im *Classic Office* wirkt auf die Beobachterin einfach, funktional und ergonomisch, zwischen den einzelnen Objekten ist ausreichend Platz. Durch die breite Fensterfront wirken die Räume hell. Das Weiß der Wände wird immer wieder durch Poster durchbrochen. Die farbliche Gestaltung wirkt sonst insgesamt zurückhaltend und nüchtern: Neben ein

---

6   Die Namen der Interviewpartner_innen wurden anonymisiert.
7   Interview mit Robert am 25.09.2014.

paar schwarzen, grauen sowie wenigen farbigen Elementen dominiert auch hier die Farbe Weiß. Auf Pflanzen wurde in den Räumen verzichtet. Das räumliche Arrangement unterliegt vor allem funktionalen Gestaltungsprinzipien verbunden mit einem schlichten Design. Dem Namen *Classic Office* entsprechend, vermitteln die Räume mit der zweckmäßigen Gestaltung und dem ergonomischen Interieur eine konventionelle Büroästhetik, die den Raum als „Ökotop ‚geistiger' Tätigkeiten" (Schmidt 2012: 153) erscheinen lässt. Die Dominanz der Farbe Weiß und die schlichten Möbel lassen zudem an das Ausstellungskonzept *white cube* erinnern. Auch hier wird das arbeitende Subjekt als „quasi-körperloses, kognitives Wesen" (Prinz 2012: 263) gedacht, dessen Kreativität aus einer sinnlichen Neutralität erwächst (ebd.). Dies wird jedoch an einigen Stellen durchbrochen, zum Beispiel durch eine Papp-aufstellfigur oder die mit Postern dekorierten Wände.

Für die Beschreibungen der Räume und deren Gestaltung ist die folgende Schilderung von Coworkerin Kim charakteristisch: „Der Raum, der ist weiß, groß, offen, auch hell. Da ist halt mehr so ein wenig [...] Bürostyle."[8] Die Nutzer_innen stellen in den Interviews immer wieder Bezüge zum traditionellen Büro mit Ausdrücken wie „büromäßig"[9], „Büro im klassischen Sinne"[10] oder „normal"[11] her. Es werden vor allem funktionale Aspekte betont, wobei Ausstattung und Einrichtung zumeist als „bequem"[12] oder „gut"[13] bewertet werden. Das ästhetische Urteil der Coworker_innen fällt hingegen verhalten aus. So meint Nutzer Hans: „Hier oben ist es eher so steril und, ja, nicht so viel auf Design oder so geschaut, aber es geht."[14] Die Atmosphäre im *Classic Office* wird als „ruhig"[15], „fokussiert"[16], „professionell"[17] oder „seriös"[18] charakterisiert – Attribute, die mit der Atmosphäre in einem klassischen Büro durchaus korrespondieren. Dennoch ist jene im *Classic Office* aufgelockert, wie Coworker Nils festhält: „Jetzt wirkt es gerade sehr professionell hier. Aber nicht übertrieben. Also ich finde es genau richtig. Es darf auch nicht zu steril sein, dann ist auch nicht gut. Aber hier passt es."[19]

---

8   Interview mit Kim am 16.10.2014.
9   U.a. Interview mit Luise am 23.10.2014.
10 Interview mit Mathias am 22.10.2014.
11 Interview mit Hans am 02.10.2014.
12 U.a. Interview mit Nils am 03.10.2014.
13 U.a. Interview mit Bernd am 23.09.2014.
14 Interview mit Hans am 02.10.2014.
15 U.a. Interview mit Timo am 02.10.2014.
16 Interview mit Hans am 02.10.2014.
17 Interview mit Nils am 03.10.2014.
18 Interview mit Konrad am 23.10.2014.
19 Interview mit Nils am 03.10.2014.

Creative Space

Beim *Creative Space* handelt es sich um ein ehemaliges Ladenlokal oder Café mit großen Schaufenstern, das in zwei Bereiche unterteilt ist. Im hinteren Teil befinden sich ein großer weißer Tisch mit Kunststoffschalenstühlen, eine Küche mit simplen Möbeln und Ablageregalen, eine professionelle Barista-Kaffeemaschine sowie Kühlschränke mit einer Auswahl an alternativen Erfrischungsgetränken wie Bio- oder Matelimonaden. Mit Ausnahme der Kaffeemaschine wirken die Einrichtung günstig und einfach. Im vorderen Teil des Raumes befindet sich der Arbeitsbereich mit der bereits erwähnten Vintage-Sofaecke und dem Tischfußballkasten, verschiedenen, zum Teil in Reihe gestellten Holztischen mit Holzstühlen im 1970er-Jahre-Stil, einem kleinen Tresen mit Barhockern, einem Ledersessel mit Beistellhocker sowie Retro-Drehsesseln mit kleinen Glastischen. Das Mobiliar wirkt hochwertig und scheint aus verschiedenen Dekaden des letzten Jahrhunderts zu stammen. Auch wenn die Möbel auf den ersten Blick nicht zusammenzupassen scheinen, wirkt die Kombination auf die Beobachterin durchdacht und austariert. Der Boden ist in dunkelbrauner Holzoptik gehalten, die Wände sind zum Teil farbig. Neben Weiß bestimmen warme Naturfarben (Braun, Rot, Grün) den Raum, die zusammen harmonieren. An der Decke hängen Kronleuchter sowie eine auffällige Designerlampe, auch gibt es im *Creative Space* zwei Pflanzen.

Die räumliche Strukturierung folgt vor allem ästhetisierten Gestaltungsprinzipien, verbunden mit einem Raumdesign, das sich an ein Café oder Wohnzimmer anlehnt. Hierin zeigt sich ein allgemeiner Trend kreativökonomischer Bürodesigns, bei dem Elemente aus anderen sozialen Feldern (wie Club, Hotellobby, Café oder Privatwohnung) aufgegriffen werden (vgl. Prinz 2012: 263). So soll durch „eine gezielte Symbol- und Artefaktpolitik" (ebd.) ein produktivitätssteigerndes positives Erleben bei den Mitarbeitenden hervorgerufen und die subjektive Identifizierung mit dem Unternehmen erhöht werden (ebd.). Allein der Name *Creative Space* verspricht die Wirkung des Raumes: Hier sollen kreative Prozesse stimuliert werden. Entsprechend wurde der Raum als „Anregungsraum" arrangiert, der vielfältige Reize und Begegnungen bietet (vgl. Reckwitz 2014: 329). Bei der Gestaltung des Arbeitsraumes und der Wahl der Artefakte wurde von den Betreiber_innen bewusst auf Retro-Stil und die Charakteristika eines Cafés zurückgegriffen, um einen „cosy space"[20] – wie es Betreiber Robert nennt – mit einer gemütlichen, warmen Atmosphäre entstehen zu lassen.

---

20 Interview mit Robert am 25.09.2014.

Von den interviewten Nutzer_innen wird die Gestaltung des *Creative Space* mit Attributen wie „alternativ"[21], „rustic-chic"[22] oder „Freestyle"[23] beschrieben. Der Vergleich mit einem Café oder Wohnzimmer wird auch von den Coworker_innen aufgegriffen. Immer wieder wird das Material Holz in Verbindung mit den warmen Farben hervorgehoben. Der Einrichtung wird ein besonderer Stil zugesprochen, wie der Sofaecke, die Humor hat und zum *Colab* passt. Dazu sagt Nutzer Timo:

> Ich finde den Stil noch sehr lustig, weil er so ein wenig eigenartig ist und doch sehr charakteristisch fürs *Colab*, dass er da speziell ist und nicht einfach durchgestylt und alles Designermöbel, sondern es vermittelt für mich auch sehr schön die Atmosphäre vom *Colab*, die wir da haben. Dass eben, es soll gemütlich sein und angenehme Leute und eine angenehme Atmosphäre.[24]

Ferner wird die Atmosphäre im *Creative Space* von den Interviewpartner_innen mit Attributen wie „einladend"[25], „warm"[26], „lebendig"[27], „entspannt"[28], „kreativ"[29] oder „offen"[30] charakterisiert. Beim Mobiliar handelt es sich um keine herkömmliche Büroeinrichtung, was zum Teil auch als unbequem empfunden wird. Die Ergonomie steht hier jedoch auch nicht im Vordergrund: Der *Creative Space* ist ein auf Interaktion ausgerichteter Raum, in dem es „definitiv cool [ist], da zu sitzen und was zu tun"[31], wie es Nutzer Nils ausdrückt. Im räumlichen Arrangement mit seinem Caféambiente im Retrochic mit „speziellen" Möbeln und Artefakten wie der Barista-Kaffeemaschine[32] oder den passenden „hipsterigen"[33] Getränken spiegelt sich die Szenenzugehörigkeit wider.

Der *Creative Space* wird überwiegend positiv wahrgenommen, mit Ausnahme von Nutzer Philipp, der als einziger von den befragten Coworker_innen nicht freiwillig im CWS arbeitet und auch schon das *Classic Office* vergleichsweise kritisch einschätzt. Er stilisiert den *Creative Space* als *Un-Ort*,

---

21 Interview mit Mathias am 22.10.2014.
22 Interview mit Hans am 02.10.2014.
23 Interview mit Konrad am 23.10.2014.
24 Interview mit Timo am 02.10.2014.
25 Interview mit Kim am 16.10.2014.
26 Interview mit Felix am 22.10.2014.
27 Interview mit Carsten am 22.10.2014.
28 U.a. Interview mit Luise am 23.10.2014.
29 Interview mit Bernd am 23.09.2014.
30 Interview mit Felix am 22.10.2014.
31 Interview mit Nils am 03.10.2014.
32 Vgl. Interview mit Timo am 02.10.2014.
33 Interview mit Felix am 22.10.2014.

der seinen atmosphärischen Ansprüchen an schöne Möbel und gute Luft überhaupt nicht entspricht: „Unten ist es unerträglich. Da ist die Luft meistens noch schlechter. Und ich finde, die Möbel sind grausam hässlich. Also das halte ich gar nicht aus, [...] das ist einfach überhaupt nicht mein Ding."[34]
Dabei ist zu betonen, dass die konkreten Atmosphären vergänglich (vgl. Biehl-Missal 2011) und abhängig von den anwesenden Personen sind. So kann es im *Classic Office* durchaus auch laut und lebendig oder gar hektisch sein, im *Creative Space* hingegen auch sehr ruhig und konzentriert. Das räumliche Erleben ist zudem individuell unterschiedlich. So gibt es Personen, die vorwiegend im *Creative Space* arbeiten und festgestellt haben, dass es dort ruhiger ist als angenommen.

Tätigkeiten im Raum: Konzentration versus Interaktion

Im *Creative Space* wird durch das physische Arrangement eine Caféatmosphäre geschaffen, die sich in den Aktivitäten im Raum widerspiegelt. Ein Schwerpunkt der Arbeitstätigkeiten liegt dabei auf Interaktion: Hier werden Teambesprechungen, Treffen mit externen Personen oder Skype-Gespräche mit physisch abwesenden Personen abgehalten. Ebenso sind die Pausenaktivitäten und damit verbundene Artefakte auf Austausch ausgerichtet, wie zum Beispiel der Tischfußballkasten, über den man mit anderen Coworker_innen in Kontakt kommt und an dem man sich von der Kopfarbeit erholen kann. Auch kommt der Barista-Kaffeemaschine als „Herzstück"[35] des *Colabs* eine besondere Bedeutung zu. Die Kaffeemaschine steht zur kostenfreien Selbstbedienung zur Verfügung. In den Interviews wird immer wieder die Qualität des Kaffees sowie der komplexe Herstellungsprozess betont, aber auch und vor allem der soziale Aspekt: Die Kaffeemaschine ist der soziale Treffpunkt, an dem man mit anderen in Kontakt kommt. Im *Creative Space* besteht Offenheit für Gespräche und für zufällige Begegnungen. Dies ist auch der Ort, an dem *Colab*-interne Veranstaltungen zum Vernetzen der Coworker_innen wie auch externe Veranstaltungen stattfinden.

Doch wenngleich der *Creative Space* mehr einem Café gleicht als einem Büro, ist er als Arbeitsraum definiert. Neben dem Austausch im Arbeitskontext wird ebenso Arbeitstätigkeiten nachgegangen, welche die Coworker_innen still für sich vollziehen. Kopfhörer stellen dabei ein wichtiges Instrument dar, mit dessen Hilfe man sich der Akustik des Raumes entziehen und für die

---

34 Interview mit Philipp am 23.10.2014.
35 Interview mit Nadia am 23.10.2014.

Arbeit einen eigenen Raum konstituieren kann (vgl. Bender 2013). Neben der digitalen Arbeit wird hier auch Tätigkeiten ohne Laptop wie zum Beispiel Lesen, Nachdenken, konzeptionellem Arbeiten oder Schreiben nachgegangen. Dabei handelt es sich vor allem um Aktivitäten, bei denen – ganz im Sinne des Namens dieses Arbeitsraumes – Kreativität eine wichtige Rolle spielt.

Die verschiedenen Sitzgelegenheiten laden zu anderen Körperhaltungen ein als jene in einem herkömmlichen Büro. So sitzen Coworker_innen auf dem Sofa oder im Sessel, zum Teil mit hochgelegten Füßen.[36] Diese Arbeitshaltung ist nicht für alle Nutzer_innen gewöhnlich, wie Bernd, der im *Classic Office* arbeitet, deutlich macht: „Auch wenn das nicht wirklich mein real existierender Arbeitsstil ist, ich finde das faszinierend. Da sitzen die Leute auf dem Sofa mit Kopfhörern so zurückgelehnt und mit dem Laptop auf dem Schoß und arbeiten so."[37]

Das physische Arrangement des *Classic Office* greift die Ästhetik eines konventionellen Büros auf, die auch mit den Arbeitsweisen und Körperhaltungen im Raum korrespondiert. Der vorherrschende Arbeitsmodus zeigt sich hier im ruhigen, konzentrierten und fokussierten Arbeiten am Laptop.[38] Auch wenn es durchaus vorkommen kann, dass sich Kolleg_innen am Arbeitsplatz besprechen oder Anrufe am Platz entgegengenommen werden, geschieht dies im Vergleich zum *Creative Space* seltener. Kommunikation findet im *Classic Office* vorwiegend in den Sitzungszimmern statt, in denen Teammeetings oder Sitzungen mit Kund_innen abgehalten werden. Diese Räume dienen den Coworker_innen aber auch als Rückzugsorte, um zum Beispiel ein vertrauliches Telefonat zu führen oder noch fokussierter und ohne jegliche Ablenkung für sich zu arbeiten.

Im *Classic Office* steht die Arbeit klar im Zentrum. Die zwei Sofas und die Küche fügen sich in dieses Raumprogramm.[39] Verglichen mit dem *Creative Space*, dessen räumliches Ambiente und Artefakte viel mehr zu Pausenaktivitäten einladen, haben sie als Pausenorte bei den Coworker_innen eine geringere Bedeutung.

---

36 Wie Prinz (2012: 264) feststellt, findet sich diese Körperhaltung auch immer wieder in den Selbstdarstellungen der *Creative Class* als Pose der Lässigkeit, die das Privileg des Arbeitens in einem entspannten Büroumfeld demonstrieren soll.
37 Interview mit Bernd am 23.09.2014.
38 Bei Bedarf kann die Darstellungsfläche zudem auf einen externen Bildschirm erweitert werden. Dieser bietet zugleich auch einen Sichtschutz zum gegenüberliegenden Schreibtisch.
39 So zum Beispiel die Kaffeemaschine, bei welcher die Zubereitung des standardisierten Kaffees nur wenige Handgriffe braucht, um sogleich wieder zur Arbeit zurückkehren zu können.

Räume und Verhaltensregeln: Rücksicht versus Nachsicht

Am Umgang mit dem Thema Lautstärke wird deutlich, dass das erwünschte Verhalten in den Arbeitsräumen auch über deren physische Gestaltung und damit verbundene Tätigkeiten lesbar sowie über die Atmosphäre der Räume spürbar ist. So führt Coworker Nils aus:

> Also unten [*Creative Space*], glaube ich, würde jeder ans Telefon gehen, egal wo du sitzt. Hier oben [*Classic Office*] sind sie dann so ein bisschen zurückhaltender. Aber das merkst du. Ich meine, das spürst du auch, wenn du Coworker bist, weißt du genau: Hey, das passt mir besser, also setze ich mich hier hin oder gehe halt runter. Und das klappt ziemlich gut.[40]

Im *Creative Space* mit seiner Caféatmosphäre lautet die implizite Regel, dass es hinsichtlich der Lautstärke Spielraum gibt und generell mehr erlaubt ist als im *Classic Office*. Die Nutzer_innen erleben den *Creative Space* als Ort der Interaktion, an dem Austausch erwünscht ist und die Coworker_innen dazu aufgefordert sind, sich einzumischen. Demnach gilt hier vor allem der Leitsatz, dass Nachsicht geübt wird. In der Büroatmosphäre des *Classic Office* wird dahingegen eher konzentriert für sich gearbeitet. Damit einher geht die implizite Regel, dass es dafür Ruhe braucht. Es wird demnach nicht laut geredet und wenn möglich, wird der Raum für Telefonate verlassen. Hier gilt der Leitsatz, dass man Rücksicht aufeinander nimmt. Kurze Gespräche oder Telefonate am Arbeitsplatz werden dabei toleriert. Jedoch werden durchaus auch Regelverstöße erlebt, da die Wahrnehmung von Unruhe sowie die Interpretation der Verhaltensregeln individuell unterschiedlich sind.

Raumnutzung: konventionelle Büroarbeitende versus kreative Büronomad_innen

Die Unterschiedlichkeit des Raumangebotes und die damit verbundene Flexibilität, dieses zu nutzen, werden vom Großteil der Nutzer_innen positiv bewertet. Dennoch hat die Mehrheit der befragten Coworker_innen in Bezug auf die Ausübung ihrer eigenen Arbeit persönliche Präferenzen bei der Nutzung der beiden offenen Arbeitsbereiche. Nur ein Interviewpartner gibt an, diesbezüglich keine Vorliebe zu haben: Mathias entscheidet situativ in Abhängigkeit von seinem Gesundheitszustand, seiner Stimmung und der Anwesenheit respektive Abwesenheit von Kolleg_innen, in welchem Raum er arbei-

---

40 Interview mit Nils am 03.10.2014.

tet. De facto ist er häufiger im *Classic Office*: „Also ich gehe, glaube ich, schon mehr nach oben. Einfach, ja, weil es so ein wenig wie mehr sich nach Arbeiten anfühlt als da unten."[41] An dieser Aussage wird eine Dimension deutlich, die für die Entscheidung, wo gearbeitet wird, wichtig ist: das unterschiedliche Verhältnis von Arbeit und Freizeit im Raum, das sich in der Gestaltung, den Tätigkeiten und den impliziten Regeln ausdrückt und durch die Atmosphäre spür- und fühlbar wird. Im *Creative Space* kommt es zu einer Vermischung der beiden Sphären, im *Classic Office* liegt der Fokus auf Arbeiten. Dabei können zwei idealtypische Nutzer_innengruppen herausgearbeitet werden (vgl. Kelle/Kluge 2010), die sich bezüglich des Umgangs mit der räumlichen Trennung beziehungsweise Vermischung von Arbeit und Freizeit unterscheiden.

So gibt es *konventionelle Büroarbeitende*, die vorwiegend im *Classic Office* arbeiten und denen die räumliche Trennung von Arbeit und Nicht-Arbeit wichtig ist. Sie legen Wert auf eine ruhige, konzentrierte und ablenkungsarme Büroatmosphäre, in der sie sich auf ihre Arbeit fokussieren können. Der konventionelle Büroarbeitsplatz schafft ein Setting, das sich nach Arbeiten anfühlt: „Ich glaube, das ist bei mir so mehr psychologisch, ich glaube, ich muss einfach den Bürotisch haben, einen Stuhl und zack, bumm, das ist für mich das Arbeiten."[42] Den *Creative Space* nutzen die konventionellen Büroarbeitenden vor allem als Pausen- und Veranstaltungsort. Für einige von ihnen ist er jedoch auch ein Ort, an dem sie anders, das heißt kreativer arbeiten können und Inspiration sowie Abwechslung zum herkömmlichen Arbeitsumfeld erhalten. So nutzt Hans den Raum bewusst für die Arbeit ohne Computer:

> Wenn ich runter gehe, dann ja, schaltet man fast ein bisschen um. Ist ein anderes Umfeld. Und ich gehe auch manchmal [nach] unten, wenn ich entweder etwas anderes tun möchte, zum Beispiel Lesen […] [Ich] sitze da nicht am Computer. Und wenn ich einen Bildschirm da habe und ein Papier lesen möchte, dann stimmt es in meinem Gehirn nicht.[43]

Ein Extremfall hinsichtlich der Trennung der beiden Sphären ist Philipp, für den das *Colab*, genauer gesagt das *Classic Office*, ausschließlich sein Arbeitsort ist. Den *Creative Space* meidet er so gut es geht. Die Arbeit an nicht ergonomischen „Esstischen" mit einem kleinen Laptopbildschirm und schlechtem Licht sowie die Vermischung von Arbeits- und Pausenaktivitäten im Raum passen überhaupt nicht zu seinem Arbeitsraumverständnis. Für Philipp ist der *Creative Space* weder als Arbeits- noch als Pausenort geeignet.

---

41 Interview mit Mathias am 22.10.2014.
42 Interview mit Kim am 16.10.2014.
43 Interview mit Hans am 02.10.2014.

Daneben gibt es kreative *Büronomad_innen*, die hauptsächlich im *Creative Space* arbeiten. Für sie ist vor allem dessen ästhetisch ansprechende und soziale Atmosphäre von Bedeutung. Diesen Coworker_innen gefällt die Gestaltung des Raumes mit den Holzmöbeln und den warmen Farben, weshalb sie es bevorzugen, in einer solchen Atmosphäre zu arbeiten: „Es [ist] unten ein bisschen schönere Atmosphäre. Es hat etwa gleich viele Leute. Aber ist offener, mehr Licht [...] Mir gefällt das Holzmöbel ein bisschen mehr als der weiße Tisch."[44] Die unbequemeren Möbel hingegen werden toleriert nach dem Motto: „Es muss nicht immer ein Bürostuhl sein."[45] Die Nutzer_innen empfinden das Arbeitsumfeld im *Creative Space* weniger als Ablenkung beziehungsweise können sich mit Kopfhörern abgrenzen. Zum Teil schätzen sie es auch, von den anderen Coworker_innen im Raum etwas mitzubekommen und dadurch auch ein Gefühl von Gemeinschaft während des Arbeitens zu erleben. Damit geht einher, dass kreative Büronomad_innen besser mit der Vermischung der Sphären von Arbeit und Freizeit umgehen können beziehungsweise diese als positiv erleben. Auffällig sind die Arbeitsplätze der Büronomad_innen, die im Wesentlichen aus deren Laptop als zentralem Arbeitsmittel bestehen. Wie in den Interviews immer wieder betont wird, brauchen sie nicht viel mehr für ihre Arbeit, wodurch sie mobil sind und überall im *Colab* arbeiten können. Diesbezüglich schätzen einige von ihnen auch die Möglichkeit, im *Classic Office* zu arbeiten, beispielsweise wenn sie einen zusätzlichen Bildschirm oder einen bequemeren Stuhl brauchen.

Fazit

In diesem Beitrag wurde ein CWS in dessen konkreter räumlicher Ästhetik näher betrachtet und die räumlichen Arrangements zweier unterschiedlich gestalteter Arbeitsbereiche charakterisiert. Wie herausgearbeitet wurde, werden im *Colab* durch die symbolisch-materielle Gestaltung der Räume zwei unterschiedliche Atmosphären produziert, die mit verschiedenen Tätigkeiten und damit verbundenen impliziten Verhaltensregeln einhergehen. Das CWS-Angebot ermöglicht es zwischen verschiedenen räumlichen Settings zu wählen, wobei die Coworker_innen diese unterschiedlich nutzen. Hierbei spielen die konkrete Arbeitstätigkeit und damit verbundene Anforderungen oder die Anwesenheit von anderen Personen eine Rolle, jedoch auch das grundlegende subjektive Erleben der Räume als geeignetes Arbeitsumfeld. So gibt es in der

---

44 Interview mit Felix am 22.10.2014.
45 Interview mit Carsten am 22.10.2014.

vorliegenden Fallstudie Coworker_innen, die Wert darauf legen, in einer ästhetisch ansprechenden und sozialen Atmosphäre zu arbeiten und welche die Vermischung von Arbeit und Nicht-Arbeit weniger stört beziehungsweise sie diese begrüßen. Anderen Coworker_innen sind wiederum eine konventionelle ablenkungsarme Büroatmosphäre und die Trennung der Räume von Arbeit und Nicht-Arbeit wichtig. Die räumliche Begrenzung ihrer Arbeit bezieht sich damit nicht nur auf die Trennung von Wohn- und Arbeitsort, sondern auch auf die Grenzziehung der Bereiche am Arbeitsort selbst. Zudem zeigt sich darin, dass nicht alle Kreativ- und Wissensarbeitenden gleichermaßen den Anspruch an ein anregendes, ästhetisiertes und kreativitätsförderndes Umfeld haben, um ihrer unmittelbaren Arbeit nachzugehen. Dennoch spielt dieses für das Erleben des CWS als Ganzes und die Identifikation der Coworker_innen mit dem CWS eine bedeutende Rolle. Dabei ist die freie Wahl des Arbeitsorts wichtig, um sich damit identifizieren zu können. Wie das Kontrastinterview mit Philipp zeigt, kann er sich, auch wenn er selbst einer kreativen Arbeit nachgeht, weder mit dem Konzept des CWS noch mit der physischen Arbeitsumwelt identifizieren. An seinem Beispiel wird deutlich, dass ein ästhetisiertes Bürodesign im Unternehmenskontext als „Terror des Feel Good" (Prinz 2012: 265) durchaus auch Gegen- und Entzugsstrategien bei den Mitarbeitenden hervorrufen kann (ebd.). Denn die Passung zwischen Nutzer_in und Ort ist bedeutsam in Bezug auf das Wohlbefinden und die Identifizierung mit dem CWS, wie auch für die Konstitution eines geeigneten Arbeitsraumes, um produktiv und kreativ tätig sein zu können (vgl. Bender 2013). Dabei kommt den räumlichen Arrangements ein wichtiger Stellenwert zu, mit deren Inszenierung die Wahrnehmung der Atmosphären vorbereitet und die Tätigkeiten im Raum gelenkt werden können. So fördern sie Interaktionen, wie auch konzentriertes stilles Arbeiten. Sie können eine anregende Wohlfühlatmosphäre schaffen, die entspanntes und kreatives Arbeiten verheißt, oder auch eine professionelle Arbeitsatmosphäre, die zur Fokussierung auf die eigene Arbeit anhält. Andere CWS verfolgen weniger distinktive Designkonzepte als das *Colab*. Auch können die Tätigkeiten auf andere Art stärker gesteuert werden, zum Beispiel indem ein Raum explizit als stiller Arbeitsraum ausgewiesen wird. Anhand der Fallstudie werden dabei der Stellenwert der materiellen Kuratierung und die Bedeutung, welche die Raumästhetik für die Coworker_innen in Bezug auf das Erleben des Orts und die Organisation der eigenen Arbeit hat, besonders deutlich.

Literatur

Bender, Desirée (2013). *Mobile Arbeitsplätze als kreative Räume. Coworking Spaces, Cafés und andere urbane Arbeitsorte*. Bielefeld: Transcript.
Biehl-Missal, Brigitte (2011). *Wirtschaftsästhetik: wie Unternehmen die Kunst als Inspiration und Werkzeug nutzen*. Wiesbaden: Gabler.
Böhme, Gernot (2013). *Atmosphäre. Essays zur neuen Ästhetik* (7. Aufl.). Berlin: Suhrkamp.
Foertsch, Carsten (2017). Mehr als 1 Million Menschen arbeiten 2017 in Coworking Spaces. *deskmag*. Verfügbar unter: http://www.deskmag.com/de/coworking-prognose-statistik-mehr-als-1-million-menschen-arbeiten-2017-in-coworking-spaces [29.05.2017].
Hartmann, Maren (2016). Coworking oder auch die (De-)Mediatisierung von Arbeit. In Jeffrey Wimmer/Maren Hartmann (Hrsg.), *Medien-Arbeit im Wandel. Theorie und Empirie zur Arbeit mit und in Medien* (S. 177–204). Wiesbaden: Springer VS.
Kelle, Udo/Kluge, Susann (2010). *Vom Einzelfall zum Typus. Fallvergleich und Fallkontrastierung in der qualitativen Sozialforschung* (2. Aufl.). Wiesbaden: VS Verlag für Sozialwissenschaften.
Koschel, Jana (2014). *„Smells like Teamspirit". Ethnologische Einblicke in die Kultur eines Coworking Space*. München: Herbert Utz.
Liegl, Michael (2011). Die Sorge um den Raum. Mediale Ortlosigkeit und Dispositive der Verortung. In Jonas Engelmann et al. (Hrsg.), *Testcard. Beiträge zur Popgeschichte #20: Access Denied – Ortsverschiebungen in der realen und virtuellen Gegenwart* (S. 182–189). Mainz: Ventil.
Löw, Martina (2012). *Raumsoziologie* (7. Aufl.). Frankfurt am Main: Suhrkamp.
Merkel, Janet (2012). Auf der Suche nach Austausch. Digitale Nomaden und Coworking Spaces. *WZB Mitteilungen, 136*, 15–17. Verfügbar unter: http://www.wzb.eu/sites/default/files/publikationen/wzb_mitteilungen/seiten15-17jmerkel.pdf [25.01.2017].
Merkel, Janet (2015). Coworking in the city. *ephemera. critical dialogues on organization, 15 (1)*, 121–139.
Merkel, Janet/Oppen, Maria (2013). *Coworking Spaces: Die (Re-)Organisation kreativer Arbeit* (WZBrief Arbeit No. 16). Verfügbar unter: http://bibliothek.wzb.eu/wzbrief-arbeit/WZBriefArbeit162013_merkel_oppen.pdf [25.01.2017].
Pohler, Nina (2012). Neue Arbeitsräume für neue Arbeitsformen: Coworking Spaces. *Österreichische Zeitschrift für Soziologie, 37 (1)*, 65–78.
Prinz, Sophia (2012). Büros zwischen Disziplin und Design. Postfordistische Ästhetisierungen der Arbeitswelt. In Sophia Prinz/Stephan Moebius (Hrsg.), *Das Design der Gesellschaft. Zur Kultursoziologie des Designs*. Bielefeld: Transcript.
Reckwitz, Andreas (2014). *Die Erfindung der Kreativität. Zum Prozess gesellschaftlicher Ästhetisierung* (4. Aufl.). Berlin: Suhrkamp.
Schmidt, Robert (2012). Die Verheißungen eines sauberen Kragens. Zur materiellen und symbolischen Ordnung des Büros. In ders. (Hrsg.), *Soziologie der Prak-*

tiken. Konzeptionelle Studien und empirische Analysen (S. 130–155). Berlin: Suhrkamp.

Spinuzzi, Clay (2012). Working Alone Together: Coworking as Emergent Collaborative Activity. *Journal of Business and Technical Communication, 26 (4)*, 399–441.

Warren, Samantha (2002). „Show Me How it Feels to Work Here": Using Photography to Research Organizational Aesthetics. *ephemera. critical dialogues on organization, 2 (3)*, 224–245.

Waters-Lynch, Julian M. et al. (2016). *Coworking: A Transdisciplinary Overview.* Verfügbar unter: http://papers.ssrn.com/sol3/papers.cfm?abstract_id=2712217 [25.01.2017].

Praktiken ästhetisierter Arbeit

Nathalie Knöhr
Die Kunst des Pitchens
Selbstvermarktung als Teil der Arbeitskultur deutscher Serienschreibender

Pitching, das mündliche Präsentieren einer Projektidee, um diese an interessierte Investor_innen zu verkaufen, gehört nicht mehr nur zu den Kernkompetenzen von Produzent_innen, die in der deutschen Film- und Fernsehindustrie tätig sind. Mittlerweile wird das Beherrschen dieses aus der Werbung stammenden Marketinginstruments auch von Drehbuchautor_innen erwartet, wie ein Streifzug durch die Curricula deutscher Filmhochschulen verdeutlicht. Die Praxis, kreative Projekte zu bewerben, um damit seinen Lebensunterhalt verdienen zu können, ist zwar weder für die Kunst noch die Kreativindustrien neu (vgl. Becker 1982: 93–130; Win 2014: 7). In der deutschen Film- und Fernsehindustrie entwickelte sich der Pitch aber erst seit den 1990er Jahren zum „zentralen Instrument der Projektanbahnung" (Zabel 2009: 63; vgl. Kurz 2015: 12). Angesichts hoher Konkurrenz müssen meist freiberuflich tätige Drehbuchautor_innen also nicht nur über dramaturgische und handwerkliche Kenntnisse, sondern auch über die Fähigkeit verfügen, potenzielle Auftraggeber_innen für ihre „Stoffe"[1] und für sich selbst als professionelle und kreative Medienschaffende zu begeistern. Neben der in den letzten 25 Jahren zu beobachtenden Professionalisierung der Branche, die sich unter anderem in zahlreichen neu gegründeten Ausbildungsinstitutionen zeigt, lässt sich außerdem eine Diversifizierung der Pitching-Formen beobachten. Drehbuchautor_innen und Produzent_innen nehmen an Pitch-Wettbewerben bei Film- und Fernsehfestivals teil oder pitchen kreative Projekte online und machen sie so direkt einer finanziell unterstützenden Community zugänglich (vgl. Kurz 2015: 14–18). Viele Hochschulen, Museen und Verlage setzen ebenfalls auf Präsentationsformate wie den Pitch, und in der Castingshow *Die Höhle der Löwen* (*VOX*, seit 2014) dienen die Pitches von Startup-Gründer_innen als werbewirksames Unterhaltungsprogramm.

Diese Konjunktur und Diversifizierung der Arbeitstechnik *Pitch*, die ihren Anwender_innen dazu dient, sich selbst und ihre Projekte als innovativ und kreativ darzustellen, mag auf den ersten Blick als Symptom eines um

---

1 *Stoff* bezeichnet in der Filmbranche und -wissenschaft eine kulturell überlieferte, abstrahierte Fabel oder einen Plot auf dem verschiedene Erzählungen und Texte aufbauen können (vgl. Wulff 2011).

sich greifenden „Kreativitätsdispositivs" (Reckwitz 2014: 15) erscheinen, wie es der Kultursoziologe Andreas Reckwitz beschreibt. Zentrale Instanzen der Ausbreitung dieses Dispositivs seien die sogenannten Kreativindustrien, die Objekte, Dienstleistungen und Ereignisse primär für den ästhetischen Genuss produzieren und deren Arbeitstechniken von den Kreativen ebenfalls ästhetisch erlebt werden (vgl. ebd., 53, 165, 191). Anhand einiger Beispiele aus meiner Feldforschung zur Arbeitskultur im gegenwärtigen deutschen Unterhaltungsfernsehen werde ich aufzeigen, welchen Stellenwert die Arbeitstechnik *Pitch* im Arbeitsalltag deutscher Serienschreibender hat. Wie bereiten sie sich darauf vor und wie erleben sie diese Form der Selbstvermarktung? Welche Rolle spielt sie für ihr professionelles Selbstverständnis? Mit dieser Verortung des Pitchens im Produktionsprozess von Fernsehserien möchte der Artikel nicht nur einen Beitrag zur ethnographischen Untersuchung der Arbeitsprozesse und -bedingungen in diesem Zweig der Kreativwirtschaft leisten, sondern fragt auch nach dem analytischen Potenzial der gegenwärtig viel diskutierten These eines „ästhetischen Kapitalismus" (ebd., 11), in dem Arbeit primär ästhetische Praxis ist.

Kreatives Arbeiten und populäre Serialität

Auf der Suche nach neuen Formen der Arbeitsorganisation, um innovative Produkte zu schaffen und somit wirtschaftliches Wachstum zu generieren, hat das Interesse der Wirtschaftspolitik und -wissenschaften an den „creative industries" (Hesmondhalgh/Baker 2008: 98) spätestens seit Ende der 1990er Jahre zugenommen (vgl. ebd.). Die konkreten Bedingungen und Prozesse kreativen, projektorientierten und selbstorganisierten Arbeitens in den vielen heterogenen Branchen, die von der deutschen Bundesregierung unter dem Schirmbegriff der „Kultur- und Kreativwirtschaft"[2] versammelt sind, wurden bisher jedoch kaum fokussiert. Enthusiasmus gegenüber den Arbeitsformen dieses als wachstumsträchtig prognostizierten Wirtschaftsbereichs wurde in den letzten Jahren seitens der Geistes- und Sozialwissenschaften immer wieder skeptisch hinterfragt, da gerade hier prekäre Beschäftigungsverhältnisse zu finden sind (vgl. Hesmondhalgh/Baker 2011: 4f.). Dennoch ist das Interesse an Beschäftigung in der Kreativwirtschaft ungebrochen.

---

2 Dazu werden die Musik-, Theater-, Film-, Rundfunk- und Designwirtschaft, der Kunstmarkt, das Verlags- und Pressewesen, Architektur, die Werbe-, Software- und Spieleindustrie gezählt (vgl. Bundesministerium für Wirtschaft und Energie 2016).

Die zunehmende gesellschaftliche Orientierung an Kreativität beschreibt Reckwitz als Resultat eines expandierenden Dispositivs, das eine umfassende Ästhetisierung der Gesellschaft stimuliert (vgl. Reckwitz 2014: 12–17, 20–53). Das Kreativitätsdispositiv trete seit dem späten 18. Jahrhundert im Feld der Kunst auf (vgl. ebd.). Es etabliere Kreativität sowohl als persönlichen Wunsch als auch als kulturellen Imperativ und erlange seit den 1980er Jahren schließlich seine bis heute anhaltende kulturelle Hegemonie (vgl. ebd.). Den Kreativindustrien komme dabei als „Leitbranchen des ästhetischen Kapitalismus" (ebd., 165) eine zentrale Rolle zu. Sie sind auf die Produktion von ästhetischen Erfahrungen, Objekten und Praktiken für den selbstzweckhaften Konsum, genauer gesagt das ästhetische Erleben, spezialisiert (vgl. ebd., 141–143, 192f.). Aber auch die von den Kreativen während der Produktion angewandten Arbeitspraktiken werden laut Reckwitz primär ästhetisch erlebt, das heißt vordergründig um ihrer selbst willen und nicht aus zweckrationalen Motivationen heraus ausgeführt (vgl. ebd.). Deshalb sei kreative Arbeit „ästhetische Arbeit" (ebd., 97), deren Zweck und Wert in der kontinuierlichen Produktion von ästhetisch Neuem liege (vgl. ebd., 142, 192f.).

Wie der Sozialanthropologe Brian Moeran jedoch anmerkt, sind Kreativität und Innovativität stets auch retrospektive sowie sozial verhandelte Werte- und Bewertungskategorien für ein kulturelles Produkt (vgl. Moeran 2014: 22–25). Der Begriff der ästhetischen Arbeit verkürzt diese Aspekte kreativen Schaffens auf den selbstzweckhaften Genuss, wie Christoph Henning feststellt, und verstellt somit den Blick auf die vorausgehenden Arbeitsprozesse, ästhetischen Entscheidungen, Produktions- und Arbeitsbedingungen (vgl. Henning 2016: 310f.). Ästhetische Arbeit nach Reckwitz erscheint für eine Ethnographie der Produktionskulturen kreativwirtschaftlicher Branchen also ungeeignet, da sie die spannungsreichen Dynamiken – zum Beispiel zwischen kommerziellen, materiell-technologischen, sozialen und ästhetischen Konventionen und Tauschwerten –, welche künstlerisches und kreatives Schaffen prägen, nicht ausreichend berücksichtigt (vgl. ebd., 309f., 313ff.). Diese Spezifika kreativen Arbeitens ethnographisch zu erforschen hilft jedoch zu verstehen, wie die Akteur_innen mit den Anforderungen der gegenwärtigen Arbeitswelt – wie zeitlicher und räumlicher Flexibilität, Vielseitigkeit und Belastbarkeit – tatsächlich umgehen (vgl. Götz 2015: 16f., 44f.).

Die Produktion von kulturellen Artefakten, wie zum Beispiel Ideen, Geschichten, Objekten, Techniken und Symbolen, für primär expressive, ästhetische oder informatorische Zwecke, ist in den Kreativindustrien überwiegend projektförmig organisiert, kommerziell und teils durch serielle Produktionsweisen gekennzeichnet (vgl. Hesmondhalgh/Baker 2008: 103). Wie kreative Arbeit unter den Bedingungen serieller Produktion vollzogen und erlebt wird, ist Gegenstand des Forschungsprojektes „Serienschreiben: Zur Arbeitskultur im gegenwärtigen deutschen Unterhaltungsfernsehen".[3] Dabei stehen sowohl die Arbeitstechniken und Ausbildungsformate als auch die Anforderungen und Erfahrungen der Akteur_innen im bisher noch wenig beachteten Berufsfeld des Serien-Fernsehens im Fokus. Mit der Erhebung und Analyse berufsbiographischer Interviews mit Drehbuchautor_innen, aber auch Producer_innen,[4] Regisseur_innen und Redakteur_innen, teilnehmenden Beobachtungen an Filmhochschulen und bei Schreibdepartments laufender Serienproduktionen sowie der Analyse von Lehrmaterialien, Ego-Dokumenten und fiktionalen Quellen über das Serienschreiben möchte ich zu einem tieferen Verständnis der kreativen Arbeit des seriellen Erzählens beitragen. Ziel der ethnographischen Forschung ist es zu beschreiben wie Serienschreibende ihrer Arbeit nachgehen und wie sie sie und sich selbst im Spannungsfeld kollektiver Kreativität, hierarchisch organisierter Produktion, Aspirationen individueller Urheber_innenschaft und abhängiger Lohnarbeit verorten.

Als Teil der interdisziplinären Forscher_innengruppe „Ästhetik und Praxis populärer Serialität" versteht das Projekt serielles Erzählen als „kulturell[e] *Arbeit*" (Kelleter 2012: 15, Hervorh. i.O.), die an „einem Prozess der ästhetischen Modernisierung der Selbstverständnisse, Identitäten und Rollenmöglichkeiten auf allen Ebenen sozialer Organisation" (ebd., 22) beteiligt ist. Populäre Ästhetik und das damit verbundene serielle Prinzip variierender Wiederholung ist für das zu Beginn des 19. Jahrhunderts auftretende, selbstreflexive und „selbstproduktiv[e] Handlungsfeld" (ebd., 15) der Populärkultur kennzeichnend (vgl. ebd., 13–17). Im Unterschied zu anderen Handlungsfeldern[5] inszeniert Populärkultur ihre serielle Ästhetik explizit als Distinktionsmerkmal (vgl. ebd.). Serielle Erzählungen werden demnach kommerziell, „produktionsökonomisch standardisiert, d.h. in der Regel arbeitsteilig und mit industriellen Mitteln, sowie narrativ hochgradig schematisiert für ein Massenpublikum hergestellt" (ebd., 18). Serienschreiben,

---

3 Mehr zum Projekt und zur Forschergruppe unter: http://www.popularseriality.de [24.11.2016].
4 In der deutschen Fernsehindustrie trägt ein_e *Produzent_in* die finanzielle Verantwortung für mehrere Projekte und ist häufig Geschäftsinhaber_in einer Produktionsfirma. *Producer_innen* sind für Produktionsfirmen oder Sender angestellt oder freiberuflich tätig, sie koordinieren die künstlerische sowie finanzielle Gestaltung von Projekten und tragen dabei kein oder einen Teil des Finanzierungsrisikos (vgl. Kauschke/Klugius 2000: 123).
5 Für das 20. Jahrhundert lassen sich weiterhin die Handlungsfelder der Volks-, Bildungs-, Subkulturen und Independent-Szenen sowie des Modernismus und der Avantgarde unterscheiden (vgl. Kelleter 2012: 33f.).

hier verstanden als das Entwickeln und Schreiben von Serienkonzepten, -bibeln und Drehbüchern, konfrontiert Medienschaffende auf vielfältige Arten und Weisen mit Emotionen. So werden serielle Narrative geschrieben und anschließend filmisch umgesetzt, um Publika emotionale Erfahrungen zu ermöglichen und ihnen Vergnügen zu bereiten (vgl. Bareither 2014: 37f., 41).

Drehbuchautor_innen, Producer_innen, Produzent_innen und Redakteur_innen müssen außerdem immer wieder Beziehungs- und Überzeugungsarbeit leisten. Dies gilt auch für alle anderen an der Produktion beteiligten Berufsgruppen, denn der Produktionsprozess einer Fernsehserie ist finanziell und zeitlich gebunden und deswegen kollaborativ und hierarchisch organisiert. Für die Beschreibung dieser Arbeitsprozesse nutze ich, in Anlehnung an David Hesmondhalghs und Sarah Bakers Studie über die Arbeitsbedingungen in der britischen Fernsehindustrie (vgl. Hesmondhalgh/Baker 2008; 2010; 2011: 161–173), den von der Soziologin Arlie R. Hochschild geprägten Begriff „emotional labor" (2003: ix). Diesen versteht sie als den strategischen Ausdruck von Emotionen in der direkten Kommunikation, um einen bestimmten emotionalen Zustand bei seinem oder seiner Gesprächspartner_in zu erzeugen (vgl. ebd., 7, 147). Dabei kommen „feeling rules" (ebd., 56) zum Tragen: soziale Richtlinien und Normen, die regeln, welche Gefühle zu welcher Zeit, an welchem Ort und für welche Dauer angemessen sind. Anders als die postoperaistischen Konzepte der immateriellen und affektiven Arbeit, die Kollaboration als immanent begreifen, lässt sich diese für die kreative Arbeit in der Unterhaltungsindustrie zentrale Dimension mit der Hochschild'schen Terminologie zwar besser fassen (vgl. Hesmondhalgh/Baker 2008: 98–104, 113f.). Allerdings ist die Differenzierung zwischen emotionaler Arbeit, die gegen Entlohnung ausgeführt wird, und privatem Gefühlsmanagement problematisch. Denn obwohl nach wie vor Unterschiede zwischen professionellen und privaten Beziehungen bestehen, wird das Navigieren zwischen ihnen in der gegenwärtigen Arbeitswelt als zunehmend schwierig erfahren (vgl. Hesmondhalgh/Baker 2010). Dies trifft auch auf Serienschreibende zu, da sich die meisten von ihnen als Freiberufler_innen von einem Werkvertrag zum nächsten hangeln und sich ihre Arbeit dabei nicht immer gleich auszahlt. Für die Akquise neuer Projekte und Beschäftigungsmöglichkeiten ist der Aufbau und Erhalt der beruflichen Reputation daher essentiell (vgl. Hesmondhalgh/Baker 2008: 113). Sie ist zwar leicht zu akkumulieren, wird aber stets um die Qualität der gegenwärtigen Leistung aktualisiert (vgl. ebd.). Drehbuchautor_innen können sich entsprechend wenig kreativen Eigensinn leisten, wenn sie auf ein Gehalt angewiesen und darauf aus sind, längerfristige professionelle Beziehungen aufzubauen (vgl. Hämmerling 2014: 169).

Zum Stellenwert des Pitchens in der deutschen Fernsehindustrie

Laut Kommunikationstrainerin Sibylle Kurz, die mit ihrer Arbeit wesentlich zur Systematisierung und Reflexion des Pitchens als Teil der kreativen Arbeitsprozesse in der deutschen Film- und Fernsehindustrie beigetragen hat, variieren die performativen Kontexte der Pitch-Präsentation (vgl. Kurz 2015: 93–100). So auch innerhalb des Tätigkeitsfeldes des Serienentwickelns und -schreibens: Hier reichen sie vom öffentlichen oder nicht-öffentlichen formellen, über das informelle mündliche Präsentieren einer ersten Idee für ein Serien- oder Staffelkonzept, bis hin zu ausgearbeiteten, zwei- bis fünfseitigen Pitch-Papieren oder einer kurzen, mündlichen Skizze eines Handlungsbogens im Produktionsalltag einer laufenden Serie. Viele Drehbuchautor_innen beginnen ihre Karrieren bei laufenden Fernsehserien, bis sie es sich leisten können, durch die „Höllenmaschinerie des Entwickelns" (Schütte/Zeller: 2014a) zu gehen. Denn die Möglichkeiten ein bereits fertig entwickeltes Konzept ohne vorherige Absprachen an eine Produktionsfirma zu verkaufen sind selten (vgl. Zabel 2009: 63f.). Auftragsproduktionen werden in der Regel an etablierte Serienschreibende vergeben, Anforderungen an ein neues Format meist informell und unverbindlich zwischen Senderverantwortlichen und Produzent_innen oder Producer_innen kommuniziert (vgl. ebd.).

Das Pitchen einer neuen Serienidee

Der Pitch ist Ausgangspunkt für die weitere inhaltliche und strukturelle Entwicklung einer Serie. Eine solche etwa siebenminütige, mündliche Präsentation ist in der Regel dramaturgisch aufgebaut, mit anschließender Zeit für Nachfragen. Sie enthält die Eckpunkte eines Serienkonzeptes inklusive Genre, Handlungsort und Thema, ebenso wie den dramaturgischen Grundkonflikt der Erzählung. Daneben können Haupt- und Nebenfiguren sowie Handlungsbögen potenzieller Episoden skizziert werden. Die Erarbeitung der Drehbücher erfolgt erst im Anschluss an diesen Schritt. Somit stellt ein Pitch-Meeting zwischen einer oder einem Drehbuchautor_in und den potenziellen Projektpartner_innen einen signifikanten „editorial momen[t]" (Moeran 2014: 25) dar.

Unter diesem Sammelbegriff fasst Brian Moeran im Anschluss an Howard S. Becker alle Entscheidungen und damit verbundenen Werturteile, die während der Produktion und Konsumtion eines ästhetischen Artefaktes geschehen (vgl. ebd., 26f.). Dazu gehören neben der Auswahl von Materialien und

Bearbeitungstechniken, von Format und Genre auch personelle Entscheidungen, das heißt die Beurteilung von Fähigkeiten und der Verlässlichkeit von Kollaborationspartner_innen beziehungsweise ihrer Reputation (vgl. ebd.). Die während der kollaborativen Arbeit an einem Produkt stattfindenden Evaluationen zielen darauf ab dessen Besonderheit hervorzuheben, basieren jedoch auf kreativen Konventionen (vgl. ebd.). Entsprechend liegt die Ästhetik der „industrial performance art" (Caldwell 2008: 84) des Pitches in der formelhaften „,similar but different' logic of television creativity" (Mittell 2010: 48): Zum einen muss die Neuartigkeit eines Serienkonzeptes hervorgehoben werden, zum anderen deren Anschlussfähigkeit an bereits erfolgreiche Formate, etablierte Genres und Programmpläne (vgl. ebd., 46f.). Weil allein für die mündliche Präsentation einer Idee, die dazu noch im Wettbewerb zu vielen anderen steht, kein Copyright in Anspruch genommen werden kann, ist dies ein durchaus risikobehafteter Vorgang (vgl. Caldwell 2008: 206-210). Angst vor Ideenklau oder Erfahrungen eines regelrechten Entwicklungswettrennens zwischen Sendern erschweren eine teilnehmende Beobachtung. Allerdings werden auch in Interviews die emotionalen Dispositionen greifbar, die mit den unterschiedlichen Formen von Besprechungen einhergehen, welche die Arbeit der Stoff- und Drehbuchentwicklung strukturieren.

Einen ersten Eindruck davon, wie Drehbuchautor_innen das Pitchen einer neuen Serienidee erleben, geben Schilderungen von der Vorbereitung auf eine solche Situation: Die Drehbuchautorin und ehemalige Interims-Geschäftsführerin des *Verbands Deutscher Drehbuchautoren e.V.* Dr. Christine Otto beschreibt, dass die erforderlichen Formen der Selbstvermarktung je nach Situation, Inhalt und Setting stark variieren können. Bei Filmfestivals oder Fachmessen zum Beispiel wird sie von Redakteur_innen oder Produzent_innen angesprochen oder fragt selbst, ob Interesse an einem Projekt besteht.[6] In den letzten zehn Jahren haben sowohl die Möglichkeiten zur Selbstvermarktung als auch die Notwendigkeit diese wahrzunehmen zugenommen, resümiert sie. Denn durch die vermehrt internationalisierte Distribution und Rezeption müssen in Deutschland tätige Autor_innen ihre Arbeit auch mit sogenannten *Quality-TV*-Serien[7] messen können, mit deren internationalem Erfolg Redakteur_innen und Produzent_innen liebäugeln.

Bekommt eine freischaffende Drehbuchautorin die Chance, ihr neues Konzept vorzustellen, bereitet sie sich gezielt und sorgfältig vor. Um die Bedürfnisse und die Reaktionen ihrer potenziellen Auftraggeber_innen an-

---
6   Vgl. Interview mit Christine Otto am 14.11.2014.
7   Dieser Begriff wird für US-amerikanische, zunehmend auch für europäische Serienproduktionen verwendet, die sich durch innovative, weil vermeintlich komplexere Erzählweisen auszeichnen (vgl. Klein/Hißnauer 2012: 16-23).

tizipieren zu können, recherchiert Drehbuchautorin Leticia Milano deren Reputation und ihren Werdegang, bisherige und aktuelle Projekte.[8] Trotz sorgfältiger Vorbereitung ist sie jedes Mal aufgeregt, erzählt sie, ordnet das von ihr empfundene „Lampenfieber" aber positiv ein: Ein gewisses Maß an Aufregung, Nervosität und Anspannung erachtet sie als sozial erwartbar und für ihre Performanz zuträglich. Durch die vorbereitende Recherche gewinnt sie Gelassenheit und kann die Aufregung verringern. Manche Autor_innen versuchen außerdem, etwas über den Raum zu erfahren, in dem das Treffen stattfindet, und wählen ihre Garderobe für den Pitch sorgfältig aus, um einen möglichst professionellen Eindruck zu hinterlassen, berichtet ein anderer Drehbuchautor.[9] Wichtiger ist für ihn jedoch, dass der *One-Liner*, die Synopse der Serienidee in einem Satz, sitzt. Leticia Milano betont, wie wichtig es ist sich zu überlegen, warum man die richtige Partnerin für eine Umsetzung ist. Denn Programmverantwortliche behalten sich mit dem Kauf eines Konzepts oft das Recht vor, für die weitere Bearbeitung andere Drehbuchautor_innen engagieren zu können. Anders als zu Beginn ihrer Karriere liefert sie Pitch-Papers und Exposés nicht mehr umsonst. Die Risikobereitschaft, die eigene Arbeit unbezahlt anzubieten, darauf spekulierend, dass der Vorschuss an geleisteter Arbeit mit bezahlten Engagements entlohnt wird, findet sich allerdings nicht nur bei Aspirant_innen mit wenigen professionellen Beziehungen. Auch erfahrene Drehbuchautor_innen nutzen diese Strategie gelegentlich oder sehen sich gar mit Forderungen danach konfrontiert. Bei der Ausarbeitung eines Serienkonzeptes ohne einen vertraglich abgesicherten Auftrag liegt das unternehmerische Risiko zunächst bei dem oder der Autor_in. Erst wenn ein Exposé nach einem Pitch ausgewählt wird, Produktionsfirma und Sender am Kauf oder sogar Abschluss eines Entwicklungsvertrages interessiert sind, kann eine erste Vergütung erwartet werden.

Für einen ersten unverbindlichen, mündlichen Pitch wendet sich Leticia Milano häufig zunächst an Personen in Produktionsfirmen oder Sendern, die sie bereits von früheren Projekten kennt und von denen sie eine ehrliche Einschätzung erwartet.

Ein erster Ansprechpartner für Drehbuchautor_innen ist auch Producer Thomas Biehl, der zum Zeitpunkt des Interviews für die *Dramedy*-Serie *Danni Lowinski* (Sat.1, 2010–2014) tätig ist. Zu seiner Arbeit als freischaffender Producer gehören die Suche nach neuen Erzählstoffen, geeigneten Autor_innen, die Betreuung der Stoffentwicklung sowie die Suche nach geeigneten Programm- und Sendeplätzen. Als einer der ersten, dem eine Film- oder Se-

---

8 Vgl. Interview mit Leticia Milano am 03.10.2014.
9 Vgl. Interview mit Thomas Christmann (Name geändert) am 10.09.2014.

Die Kunst des Pitchens 79

rienidee gepitcht wird, weiß er um die Verwundbarkeit der Drehbuchautor_innen:

> [Der Autor sagt]: Guck mal, ich habe hier so ein kleines Kind mir ausgedacht, das sieht so nett aus, wie findest du denn das? [...] das empfinde ich auch als Privileg [...]. Da muss man auch sehr vorsichtig sein, dass man da nicht sagt: Boa, ist das ein hässliches Blag! Sondern sagt: Ja, aber es wäre schon schön, wenn es zwei Beine hätte, oder?[10]

Die Metapher von elterlicher Beziehung zum kleinen Kind macht auf die intime Verbindung, die ein_e Drehbuchautor_in zu seinem oder ihrem Projekt haben kann, aufmerksam. Dementsprechend beschreibt Biehl den *Autor_innen-Pitch* und das sich anschließende erste Zwiegespräch über eine neue Serienidee als „geschützten Raum". Diesen zu gewähren und konstruktiv Kritik zu üben, gehört zur vielseitigen Emotionsarbeit eines Producers oder einer Producerin. Ein Gespür für Stoffe und Autor_innen ist für die Arbeit von Producer_innen und Produzent_innen ebenso wichtig wie ihre kaufmännische Verhandlungskompetenz. Die Pitching-Kompetenz von Autor_innen liegt im „Werben um die Liebe für [eine] Geschichte", erklärt Biehl.

Gemeinsam treffen Autor_in und Producer_in oder Produzent_in anschließend mit dem ausgearbeiteten Pitch auf den oder die Senderredakteur_in. Um sich auf diese Situation vorzubereiten, üben Teilnehmer_innen des an der Filmakademie Baden-Württemberg angebotenen Kurses *Serienkonzeption*[11] im Frühjahr 2014 das Präsentieren ihrer Serienkonzepte vor Vertreter_innen der Sender *Sat.1* und *ProSieben* und der Produktionsfirma *UFA Fiction*, welche die Abteilung *Serien Producing* finanzieren.[12] Während der Übung werden die Studierenden nicht nur dazu ermutigt, ihre Konzepte prägnant zu präsentieren und verschiedene Gestaltungsmittel, wie Bilder, Fotografien und Musik, in ihre Präsentationen einzubinden. Sie sollen eine gute Stimmung verbreiten und ihre Zuschauer_innen durch den aktiven Einsatz von Tonfall, Körperhaltung, Gestik und Mimik ansprechen und emotional involvieren. Bereits der Pitch für ein Unterhaltungsformat soll begeistern und Neugier wecken oder anders gesagt unterhalten. Zudem ist wichtig, dass Format, Genre, Thema und Setting bereits zu Beginn der Präsentation benannt werden, um

---

10 Interview mit Thomas Biehl am 10.02.2014.
11 In Teams entwickeln die Studierenden unter der Leitung von Joachim Kosack – Produzent und Co-Geschäftsführer der Produktionsfirmen *UFA Fiction* und *UFA Serial Drama* –, Thomas Biehl und Studienkoordinator Michael Rösel ein Drehbuch für eine Episode und setzen dieses anschließend filmisch um.
12 Die Sponsoren haben das Recht die während des Projektstudiums entwickelten Konzepte als erste zu sichten und zu kaufen (vgl. Regularien Serien Producing, Stand Okt. 2012, zur Verfügung gestellt von Michael Rösel).

den Produzent_innen und Senderredakteur_innen zu signalisieren, „mit welcher Brille" der Pitch gelesen werden muss, genauer gesagt worauf sie beim Zuhören achten müssen, erklärt Abteilungsleiter Prof. Joachim Kosack während der Übung.[13] So wird es den Zuhörer_innen ermöglicht, ökonomische und ästhetische Kriterien für die Beurteilung des Pitches auszuwählen.

Während der Vorbereitung und Durchführung eines Pitches besteht die Emotionsarbeit von Drehbuchautor_innen also darin, die eigene Nervosität und Anspannung zu regulieren. Darüber hinaus versuchen sie die inhaltlichen Erwartungen des Publikums zu antizipieren und die eigene Präsentation formal und inhaltlich daran auszurichten. Dabei gehört zu den emotionalen Regeln des Pitchens das Kommunizieren und Transportieren von Leidenschaft und Begeisterung für das vorgestellte Projekt.

Die in den Studiengängen integrierten Pitching-Trainings sowie die Möglichkeiten, sich und seine Projekte während der Lehrveranstaltungen und bei Branchenmessen vorzustellen, sehen Lehrende und Studierende zwar als für den Berufseinstieg förderlich an. Die Haltungen der Studierenden gegenüber der von ihnen erwarteten Selbstvermarktung sind jedoch ambivalent: Während einige gemäß dem Motto „life is a pitch" (Gill 2011: 249) unaufgeregt von einer selbstverständlichen, weil allgegenwärtigen Selbstpräsentation sprechen, bringen andere ihre Nervosität und ihr Unbehagen zum Ausdruck oder geben der schriftlichen Variante des Pitch-Papers den Vorzug. Wie Drehbuchautor Marc Terjung, der unter anderem mit den Anwaltsserien *Danni Lowinski* und *Edel & Starck* (Sat.1, 2002–2005) Erfolge feierte, im Interview hervorhebt, bietet das Pitch-Meeting jedoch die wichtige Möglichkeit, die Bedingungen einer gemeinsamen Umsetzung des Projektes zu verhandeln.[14] Die Einigung auf eine gemeinsame Vision von einem Serienkonzept sowie das Herstellen einer Vertrauensbasis während des Pitches und der sich anschließenden Gespräche ist seiner Erfahrung nach eine wichtige Voraussetzung dafür, dass die kollaborative Zusammenarbeit als freudvoll erfahren werden kann. Der Pitch dient neben der inhaltlichen Konzeption also der Anbahnung professioneller Beziehungen und auch der Verhandlung auktorialer Macht (vgl. Caldwell 2008: 81, 84–88).

---

13 Vgl. Beobachtungsprotokoll Filmakademie Ludwigsburg, Kurs *Serienkonzeption*, Übung der Zwischenpräsentationen/ Pitches, 02.04.2014.
14 Vgl. Interview mit Marc Terjung am 28.01.2014.

Der Pitch im Produktionsalltag laufender Serien

Doch nicht nur während der Stoffentwicklung und Konzeption neuer Serien, sondern auch im Produktionsalltag laufender Serien wird gepitcht. Zum Beispiel in der gemeinsamen Verständigung über die Konzeptionierung von Handlungslinien – *Storylines* genannt –, Staffeln, Episoden oder auch Szenen. Obwohl die Selbstvermarktung dabei weniger im Vordergrund steht, wird auch hier erwartet, dass ein_e Autor_in mithilfe des Pitches sein oder ihr Gegenüber für eine Idee begeistert. Im *Plot-Raum* einer Daily-Soap- oder Telenovela-Produktion beispielsweise pitchen sich die dort arbeitenden Storyliner_innen immer wieder neue Ideen, wie eine Autorin schildert.[15] Viele der oft zufällig zu diesem Job gekommenen Daily-Autor_innen lernen durch das Beobachten erfahrenerer Kolleg_innen in der Praxis, richtig zu pitchen und nicht sofort wieder ins *Plotten*, das (Nach-)Erzählen eines Handlungsbogens, zu verfallen. Der Vorteil des Pitchens als Arbeitstechnik liegt für sie darin, dass man überprüfen kann, „ob die Geschichte wirklich stimmt", das heißt ob man den dramaturgischen Spannungsverlauf einer Handlung und deren Konsequenzen für die weitere Entwicklung der Figurenkonstellationen gut in die Szenenbeschreibungen übersetzt hat.

Ausgehend von den Cliffhangern – den offenen und die Spannung hinsichtlich des Fortgangs der Geschichten evozierenden Enden der Episoden – werden von den Autor_innen im Laufe einer Woche Storylines für einen *Block* von fünf Episoden erdacht und verfasst. Diese werden zunächst in *Steps* oder *Abstracts*, die die Handlung einer Szene in Prosa skizzieren, festgehalten. In der folgenden Woche werden sie von einem Teammitglied zu Storylines ausformuliert, die nach Revision durch eine_n *Story-Editor_in* wiederum anderen Autor_innen als Grundlage für das Schreiben der Dialogbücher dienen.

Nicht jede_r Autor_in ist für das bei täglichen Formaten übliche Arbeiten im Team geeignet, urteilt Leticia Milano, die viel Erfahrung mit der Arbeit in Plot-Räumen hat:

> [D]er Plot-Raum hat auch so ein bisschen was von Selbstdarstellung. Das ist auch ein bisschen wie Sport, dass man es schafft immer wieder umzudenken und immer wieder Ideen [zu haben]. Das Schlimmste, was es gibt, im Plot-Raum, das ist Stille. Man nimmt sich eine Geschichte vor und plötzlich schweigen alle. […] Man weiß dann schon, okay, das wird schwierig.[16]

Mit der Sport-Analogie illustriert sie den kompetitiven, aber spielerischen Ablauf des gemeinsamen Geschichtenerfindens. Neben hoher Kommunikati-

---
15 Vgl. Interview mit Daniela Schulz (Name geändert) am 01.10.2014.
16 Interview mit Leticia Milano am 03.10.2014.

onsbereitschaft und Durchsetzungsvermögen braucht es allerdings auch ein gehöriges Maß an Stressresistenz, um in kurzer Zeit den geforderten Output zu produzieren. Entsprechend beschreiben Autor_innen, die in unterschiedlichen Positionen für Daily Soaps arbeiten, das gemeinsame Plotten im Team einerseits als freudvoll oder gar berauschend, andererseits aber als emotional belastend (vgl. Schütte/Zeller 2014b). Dies ist auch deswegen der Fall, da die Storyliner_innen viel aus ihren eigenen Erfahrungen schöpfen. Wenn eine Erzählung auf persönlichen Erlebnissen aufbaut, ist es nicht immer einfach, emotionale Distanz zu wahren und Kritik oder Ablehnung *sportlich* zu nehmen. Viele Storyliner_innen legen nach einigen Wochen intensiven Arbeitens daher eine Pause ein oder sie arbeiten bei einer anderen Produktion als Editor_in. Bei der in Lüneburg produzierten Telenovela *Rote Rosen* (*Das Erste*, seit 2006), können die Autor_innen zwischen zwei parallel arbeitenden Plot-Teams, genauer gesagt zwischen der Ausarbeitung von Storylines, und dem *Script-Edit*-Team, das die Drehbücher lektoriert und glättet, rotieren.[17] Während meiner einwöchigen teilnehmenden Beobachtung im Schreibdepartment der Telenovela wurde mir deutlich, dass die Übergänge zwischen Pitchen und Plotten fließend sind. Außerdem hängen die Nutzung des Pitches und der Grad seiner Formalisierung vom Führungsstil des oder der jeweiligen Chefautor_in ab. Während die Storyliner_innen bei *Rote Rosen* unter *Story*-Chefautorin Meibrit Ahrens den Pitch gelegentlich als Klärungsinstrument nutzen, besteht der Chefautor einer anderen Daily-Soap-Produktion darauf, dass die ihm vorliegenden, bereits schriftlich festgehaltenen *Steps* von den Storyliner_innen gepitcht werden. Petra Kolle, freiberufliche beratende Produzentin der Daily Soap *Gute Zeiten, schlechte Zeiten* (RTL, seit 1992), hält das Pitchen im Plot-Raum hingegen aus zeitökonomischen Gründen nicht für sinnvoll.[18] Stattdessen müssen die Autor_innen ihre „Haupt-Pitch-Kompetenz" gegenüber dem oder der Producer_in und der Redaktion in den *Storyline-Besprechungen* unter Beweis stellen. Während dieser Treffen erklären und erläutern die Chefautor_innen und der oder die wöchentlich wechselnde Storyliner_in die kreativen Entscheidungsprozesse hinter den vorliegenden Storylines, um etwaige Fragen oder Zweifel auszuräumen. In der Verschriftlichung der Storylines soll jedoch weitestgehend auf Adjektive verzichtet werden, weil alle an der Umsetzung beteiligten filmischen Gewerke die Emotionalität der Handlung durch ihre Interpretation verstärken, erklärt Petra

---

17 Vgl. Beobachtungsprotokoll Rote Rosen, Studio Hamburg Serienwerft, Lüneburg, 16.05.2014.
18 Vgl. Interview mit Petra Kolle am 09.11.2015.

Kolle.¹⁹ Für die Storyliner_innen bestehe die Herausforderung also darin, eine Balance zwischen Verkaufspapier und Gebrauchsanweisung zu finden, mit der sie Dialogautor_innen, Redaktion und Produktion zufriedenstellen.

Zusammenfassung

In der gegenwärtigen deutschen Fernsehindustrie – einer Arbeitswelt deren serielle, kollaborative und hochgradig arbeitsteilige und hierarchische Produktionsweisen spezifische Herausforderungen an die in ihr Tätigen stellt – spielt die performative und narrative Arbeitstechnik des Pitchens eine zentrale Rolle. Dabei ist das Präsentieren und Bewerben kreativer Ideen und Projekte mit dem Ziel, diese umzusetzen und damit seinen Lebensunterhalt zu verdienen, zwar nicht neu. Im Zuge der Professionalisierung der Film- und Fernsehindustrie haben die Möglichkeiten, aber auch die Notwendigkeiten unternehmerischer Selbstvermarktung für Serienschreibende allerdings zugenommen. In seiner institutionalisierten Form ermöglicht und begrenzt der Pitch den Zugang zur Branche, dient ihr in einem durch Globalisierung und Digitalisierung dynamisierten Wettbewerb mehr denn je als Mittel der öffentlichen Selbstinszenierung und -vergewisserung. Die Dominanz der Komponente Selbstvermarktung ist dabei abhängig von der jeweiligen beruflichen Position und Reputation. So müssen Berufseinsteiger_innen, deren Haltung gegenüber der von ihnen erwarteten Selbstinszenierung durchaus ambivalent ist, mangels professioneller Netzwerke häufiger pitchen als renommierte Serienschreibende. Angesichts hoher Konkurrenz müssen Letztere jedoch ebenfalls wissen, wie sie ihre Stoffe und die Begeisterung dafür kommunizieren, denn Erfolgsbilanzen früherer Projekte haben eine begrenzte Halbwertszeit und werden stets aufs Neue bewertet.

Wie ich gezeigt habe, pitchen Serienschreibende nicht nur zu Beginn des Entwicklungsprozesses eines neuen Serienkonzeptes, sondern auch im Arbeitsalltag laufender Serien. Sie nutzen das Pitchen, um die jeweiligen Bedingungen kollaborativen Arbeitens, beziehungsweise serielle Erzählungen und deren Fortsetzungen, durch das Verhandeln über und zwischen unterschiedlichen Interpretationen zu gestalten. Anhand der Beschreibungen und Reflexionen über die Praxis des Pitchens habe ich versucht zu verdeutlichen, dass Medienschaffende während der Anbahnung von Arbeitsverhältnissen, der

---

19 Vgl. Beobachtungsprotokoll UFA Serial Drama Storyline-Seminar, 2. Seminarmodul *Von der Kunst, Geschichten zu schreiben. Storyline 1 – Storyline – Der Maschinenraum*, 12.11.2015.

Stoffentwicklung sowie im Arbeitsalltag von Daily Soaps und Telenovelas vielfach emotionale Arbeit tun. Im Gegensatz zum wenig spezifischen Begriff der ästhetischen Arbeit bietet die Fokussierung auf die emotionalen Dimensionen kollaborativen, kreativen Arbeitens die Möglichkeit, sich ihrer Komplexität aus den zuweilen ambivalenten Perspektiven der in ihr Tätigen zu nähern.

Literatur

Bareither, Christoph (2014). Vergnügen als Doing Emotion – Beispiel YouTube. In Kaspar Maase et al. (Hrsg.), *Macher, Medien, Publika. Beiträge der europäischen Ethnologie zu Geschmack und Vergnügen* (Kulturen populärer Unterhaltung und Vergnügung, Bd. 2). (S. 36–49). Würzburg: Königshausen & Neumann.
Becker, Howard S. (1982). *Art Worlds.* Berkley, CA: University of California Press.
Bundesministerium für Wirtschaft und Energie (2016). *Kultur- und Kreativwirtschaft. Die Branche. Initiative Kultur- und Kreativwirtschaft der Bundesregierung.* Verfügbar unter: http://www.kultur-kreativ-wirtschaft.de/KUK/Navigation/DE/DieBranche/Uebersicht/uebersicht.html [21.07.2017].
Caldwell, John Thornton (2008). *Production Culture. Industrial Reflexivity and Critical Practice in Film and Television.* Durham and London: Duke University Press.
Gill, Rosalind (2011). "Life is a pitch": Managing the Self in New Media Work. In Mark Deuze (Hrsg.), *Managing Media Work* (S. 249–262). Los Angeles, CA: Sage.
Götz, Irene (2015). Fordismus und Postfordismus als Leitvokabeln gesellschaftlichen Wandels. Zur Begriffsbildung in der sozial- und kulturwissenschaftlichen Arbeitsforschung. In Irene Götz et al. (Hrsg.), *Europäische Ethnologie in München. Ein kulturwissenschaftlicher Reader* (Münchener Beiträge zur Volkskunde, Bd. 42). (S. 25–51). Münster: Waxmann.
Henning, Christoph (2016). Grenzen der Kunst. Eine begriffliche und empirische Kritik an der Diagnose des „ästhetischen Kapitalismus" bei Andreas Reckwitz. In Michael Kauppert/Heidrun Eberl (Hrsg.), *Ästhetische Praxis* (S. 303–327). Wiesbaden: Springer VS.
Hesmondhalgh, David/Baker, Sarah (2008). Creative Work and Emotional Labour in the Television Industry. *Theory, Culture & Society, 25 (7–8)*, 97–118.
Hesmondhalgh, David/Baker, Sarah (2010). 'A very complicated version of freedom': Conditions and experiences of creative labour in three cultural industries. *Poetics, 38 (1)*, 4–20.
Hesmondhalgh, David/Baker, Sarah (2011). *Creative Labour: Media Work in Three Cultural Industries.* London: Routledge.
Hochschild, Arlie Russell (2003). *The Managed Heart: Commercialization of Human Feeling* (20th anniv. ed.). Berkeley: University of California Press.
Hämmerling, Christine (2014). Verhandlungen in Geschmackssachen. Wertzuschreibungsprozesse unter Kreativen und Produzierenden der Krimireihe

Tatort. In Kaspar Maase et al. (Hrsg.), *Macher, Medien, Publika. Beiträge zur europäischen Ethnologie zu Geschmack und Vergnügen* (Kulturen populärer Unterhaltung und Vergnügung, Bd. 2). (S. 165–176). Würzburg: Königshausen & Neumann.

Kauschke, Andree/Klugius, Ulrich (2000). *Zwischen Meterware und Maßarbeit. Markt- und Betriebsstrukturen der TV-Produktion in Deutschland.* Gerlingen: Bleicher Verlag.

Kelleter, Frank (2012). Populäre Serialität. Eine Einführung. In ders. (Hrsg.), *Populäre Serialität: Narration – Evolution – Distinktion. Zum seriellen Erzählen seit dem 19. Jahrhundert* (S. 11–46). Bielefeld: Transcript.

Klein, Thomas/Hißnauer, Christian (2012). Einleitung. In dies. (Hrsg.), *Klassiker der Fernsehserie* (S. 7–26). Stuttgart: Reclam.

Kurz, Sibylle (2015). *Pitch It! Die Kunst, Filmprojekte erfolgreich zu verkaufen* (3., überarb. Aufl.). Konstanz: UVK.

Mittell, Jason (2010). *Television and American Culture.* New York/Oxford: Oxford University Press.

Moeran, Brian (2014). *The Business of Creativity. Toward an Anthropology of Worth.* Walnut Creek: Left Coast Press.

Reckwitz, Andreas (2014). *Die Erfindung der Kreativität* (4. Aufl.). Berlin: Suhrkamp.

Schütte, Oliver/Zeller, Frank (2014a). Pitchen, Sibylle Kurz. *Stichwort Drehbuch, 7. Sept. 2014. Der Podcast vom Verband Deutscher Drehbuchautoren* [Podcast]. Verfügbar unter: http://www.drehbuchautoren.de/podcast/2014-09-07/pitchen [21.07.2017].

Schütte, Oliver/Zeller, Frank (2014b). Gute Zeiten, schlechte Zeiten, Anke Lutze. *Stichwort Drehbuch, 23. Okt. 2014. Der Podcast vom Verband Deutscher Drehbuchautoren* [Podcast]. Verfügbar unter: http://www.drehbuchautoren.de/podcast/2014-10-23/gute-zeiten-schlechte-zeiten [21.07.2017].

Win, Thet Shein (2014). Marketing the Entrepreneurial Artist in the Innovation Age: Aesthetic Labor, Artistic Subjectivity, and the Creative Industries. *Anthropology of Work Review, 35 (1)*, 2–13.

Wulff, Hans Jürgen (2011). Stoff. In ders. (Hrsg.), *Das Lexikon der Filmbegriffe.* Christian-Albrechts-Universität zu Kiel. Verfügbar unter: http://filmlexikon.uni-kiel.de/index.php [24.11.2016].

Zabel, Christian (2009). *Wettbewerb im deutschen TV-Produktionssektor. Produktionsprozesse, Innovationsmanagement und Timing-Strategien.* Wiesbaden: Springer VS.

Lina Franken
Lehrende als kreative Unterrichtsgestaltende

Lehren als kreative Arbeit?

Lehrende sind eine Berufsgruppe, die man zunächst weniger mit einer Ästhetisierung der Arbeit in Verbindung bringen wird. Das Stereotyp des Lehrenden als arbeitsunwillig, bequem sowie ganz und gar nicht kreativ hat sich seit der Analyse Theodor W. Adornos (1977) zu entsprechenden Tabus kaum geändert. Dies mag daran liegen, dass Schule als gesellschaftliches Totalphänomen[1] (fast) jeden Menschen prägt und nicht selten auch negative Erinnerungen bleiben, die dann zu einer Stereotypisierung führen. Gerade die große Rolle der einzelnen Lehrenden als positive oder negative Vorbilder verstärkt diese stereotypen Wahrnehmungen.

Umso angebrachter ist es aufzuzeigen, welche Bezüge sich zu Ästhetisierungsprozessen und Kreativität im Bereich der Arbeit von Lehrenden verdeutlichen lassen, zumal die Kulturwissenschaften in Fachtradition der Volkskunde Schule als Teil der Alltagskultur bisher kaum in den Blick genommen haben.[2] Den einzelnen Lehrenden ist es im Rahmen des Schulunterrichtes überlassen, thematische Schwerpunkte zu setzen und den Unterricht didaktisch-methodisch zu gestalten. Als Akteur_innen kultureller Vermittlung kommt ihnen eine Schlüsselfunktion zu, die nur wenig durch externe Stellen wie Schulleitungen oder staatliche Stellen kontrolliert wird. Im Folgenden möchte ich insbesondere darauf eingehen, welche Bedeutung Kreativitätsdiskurse in diesem Zusammenhang in Verbindung mit dem Begriff der Kulturvermittlung haben und daran anknüpfend aufzeigen, welche Rolle der Beruf in der Identität von Lehrenden spielen kann.[3]

Die Erwartungen an die Arbeit von Lehrenden sind in den vergangenen Jahren immer weiter gestiegen, wie sich etwa am Schlagwort Pisa-Schock fest-

---

1 Zum Begriff vgl. Mauss 1994, aus Perspektive der Nachfolgedisziplinen der Volkskunde Hirschfelder 2001: 17.
2 Vgl. zusammenfassend zum Forschungsstand aus Fachperspektive Bendix et al. 2010, Bendix/Kraul 2015 und Fuchs 2010.
3 Die hier präsentierten Ergebnisse basieren auf meiner Dissertation „Kulturen des Lehrens. Akteure, Praxen und Ordnungen in der Schulbildung", die 2016 im Fach Vergleichende Kulturwissenschaft an der Universität Regensburg eingereicht wurde. Meinem Doktorvater Prof. Dr. Gunther Hirschfelder sowie Dr. Katrin Bauer, Dr. Lars Winterberg und Hannah Rotthaus, B.A. danke ich für hilfreiche Hinweise und Kommentare.

machen lässt. Schüler_innen werden zunehmend an ihren Leistungen gemessen, etwa durch die Einführung von zentralen Prüfungen. Dies setzt gleichzeitig ihre Lehrenden weiter unter Druck: Sie sollen im Schulunterricht nicht nur Wissen vermitteln, sondern Subjekte erziehen, die als unternehmerisches Selbst der Gesellschaft nutzen.[4] Mit nur wenig Unterrichtszeit in den einzelnen Klassen und bei niedrigem Einsatz öffentlicher Ressourcen sind Lehrende dafür verantwortlich, die Leistungsträger_innen der jungen Generation auszubilden. Wie gehen die Akteur_innen mit diesen divergenten Anforderungen und Voraussetzungen um, welche Strategien entwickeln sie in einer Unterrichtsgestaltung, die durchaus als Kulturprozess zu bezeichnen ist? Welche Handlungsspielräume haben sie, welche Unterschiede und Gemeinsamkeiten bestehen? Wo und wie arbeiten sie (un-)kreativ?

Eine genauere Analyse der Lehrpraxen hat bisher kaum stattgefunden. Zwar untersuchen die Erziehungswissenschaften einen Idealzustand von Unterricht, empirische Erhebungen zum tatsächlichen Schulalltag fehlen hier jedoch weitgehend.[5] Eine interdisziplinäre Schulbuchforschung fragt außerdem nach der Darstellung gesellschaftlicher Normen und Werte im Schulbuch als vermeintliches Leitmedium des Unterrichts; die praktische Nutzung im Lehralltag wurde bislang aber kaum umfassender erforscht.[6] Aus der Perspektive der Nachfolgedisziplinen der Volkskunde gilt es allerdings nicht zu analysieren, wie Unterricht oder Unterrichtsmedien künftig besser gestaltet werden könnten, sondern wie Schule alltäglich gestaltet wird. Dieser Schulalltag ist bisher in einzelnen Aspekten wie Raum und Ritual zumindest in einigen Pilotprojekten untersucht worden (vgl. Bendix et al. 2010; Fuchs 2010; Unterweger 2002; Keßler 2016). Hier setzt mein Promotionsprojekt an, aus dessen Quellen und Erkenntnissen ich im Folgenden schöpfe.[7] Dabei möchte ich anhand von exemplarischen Fallstudien zu Lehrenden aufzeigen, wie im Kontext von Ästhetisierung und Gouvernementalität Unterricht kreativ gestaltet wird.

Die im Unterricht behandelten Inhalte verstehe ich als eine Form des kulturellen Wissens (vgl. Koch 2006), die Art der Ausgestaltung des Unterrichts durch die Akteur_innen als Praxis der Kulturvermittlung (vgl. Gerndt 1990

---

4 Zum Begriff des unternehmerischen Selbst vgl. Bröckling 2007, zur Anwendung auf die Schule Lohmann 2010.
5 Vgl. zur Kritik daran etwa Schratz/Schrittesser 2011: 184.
6 Zum Forschungsstand zuletzt Fuchs/Niehaus/Stoletzki 2014.
7 Das Projekt fragt nach der Rolle von Lehrenden im Schulunterricht, die als Subjekte einen zentralen Einfluss darauf haben, was in welcher Form im Unterricht vermittelt wird. Dafür wurden Interviews mit Lehrenden in NRW geführt und die zugrunde liegenden Lehrpläne und Schulbücher ausgewertet. In der Darstellung werden zunächst die Ordnungen des Lehrens dargestellt, um danach die Akteur_innen in ihren Praxen des Lehrens zu beleuchten. Vgl. Franken 2017.

und 2002), Bericht und Reflexion des eigenen Handelns durch die Lehrenden als „Reden über Erfahrung" (Lehmann 2007). Diese werden in den Perspektiven der von außen wirkenden Ordnungen, der die Ordnungen ausgestaltenden Praxen und der dabei handelnden Akteur_innen sichtbar gemacht. Für die Frage, ob, wo und wie Lehrende kreativ arbeiten und welche Prozesse auch als Ästhetisierungspraktiken verstanden werden können, ist insbesondere die Praxis der Kulturvermittlung relevant.

Unterrichtsgestaltung als kreative Arbeit

Wenn Lehrende Unterricht vorbereiten und gestalten, so handeln sie nach ihrer eigenen, wenn auch gesellschaftlich und biographisch geformten Vorstellung von Bildungsqualität. Kreative Arbeit als das Arbeiten an ästhetisch Neuem und Singulärem (vgl. Reckwitz 2012: 10) ist auch Teil der Arbeit von Lehrenden. Sie produzieren keine materiellen Güter, sondern sie produzieren Informationen in Ordnungssystemen und somit gewissermaßen kulturelles Wissen.[8] Unterricht ist zwar von Ästhetisierung, mehr noch allerdings von Kreativität geprägt. Beide Konzepte können anhand des alltagspraktischen Umgangs mit dem Leitbild der Kreativität in der Arbeitswelt verbunden werden.

Zur von Richard Florida ausgerufenen „Creative Class" gehören „people in science and engineering, architecture and design, education, arts, music, and entertainment whose economic function is to create new ideas, new technology, and new creative content" (Florida 2014: 8). Lehrende sind keine Künstler_innen im engeren Sinne der „super-creative core", sondern vielmehr „creative professionals" – also kreativ Arbeitende (ebd., 38f.). Somit sind Lehrende als Teilgruppe der im Bildungsbereich Arbeitenden in diese Definition eingeschlossen, zumal Florida davon ausgeht, dass diese Klasse dafür bezahlt wird, ihren Kopf zu nutzen und etwas Neues zu schaffen – was auf Lehrende zutrifft, sobald sie Unterricht umsetzen. Doch obwohl diese Schnittmenge besteht, sind Lehrende nicht frei in ihrer Kreativität, sondern unterliegen dabei den staatlichen Normen.

Unterrichtsgestaltung ist als kreative Tätigkeit insofern potenziell als Effekt des Kreativitätsdispositivs nach Reckwitz (2012) zu verstehen: Kreativität kann als „neue Schlüsselressource" (Merkel 2012: 689) betrachtet werden. Sie wird nicht mehr nur einer elitären Gruppe von Kunst- und Kulturschaffenden zugestanden, sondern ist ubiquitär vorhanden. So müssen auch Lehrende stets

---

8   Zur Unterscheidung Koch 2006: 545 und AutorInnenkollektiv 2010: 12.

Neues hervorbringen, selbst wenn sie sich dessen im Alltag nicht immer bewusst sind. Kreativität ist unabdingbar, es besteht ein Zwang zur Kreativität. Doch noch ein weiterer, von Foucault geprägter Begriff spielt hier eine Rolle, der in den klassisch als kreativ bezeichneten Arbeitsfeldern – Design, Architektur oder auch Kunst – weniger bedeutsam ist: die Gouvernementalität (vgl. Foucault 1978). Denn anders als große Teile der Creative Class nach Richard Florida sind Lehrende an Machtinstanzen gebunden, die sich vor allem in der Institution Schule und in den Lehrplänen konkretisieren: die Lehrenden sind nicht frei in der Ausgestaltung, sondern an die entsprechenden normativen Vorgaben gebunden. Diese werden wiederum im Unterricht wirksam. In Bezug auf Schule ist jedoch zu bestätigen, dass „auch eine Organisation als ein kulturelles Feld betrachtet werden kann" (Götz 2007: 251). Sie bietet Strukturen, in denen kreative Arbeit geschehen kann – und muss. Der kreative Imperativ (vgl. Färber et al. 2008: 8) gilt gerade für Lehrende: sie sind gezwungen, kreativ zu handeln, denn in ihrer Unterrichtsgestaltung sind sie weitgehend auf sich selbst gestellt. Die Lehrenden können somit als „Kreateure" (Reckwitz 2012: 40) betrachtet werden, ihre Schüler_innen als Rezipient_innen oder Publikum, das selbst kreativ werden kann und dazu aktiviert werden soll.

In Abgrenzung des Konzepts der Kreativität zum Wissensbegriff kann wiederum Florida gefolgt werden, der zusammenfasst: „knowledge and information are merely the tools and the materials of creativity. Innovation […] is its product" (Florida 2014: 30). Vielleicht kann man diesen Ansatz sogar noch erweitern, da nicht jeder Wissensbestand Werkzeug zum kreativen Tun ist, sondern häufig für sich steht und in Routine angewendet wird. Als Gegensatz zur Kreativität kann somit die Routine gefasst werden. Eine Handlung wird dabei nicht reflektiert, sondern nach einem bekannten, schon vielfach vollzogenen Muster selbstverständlich umgesetzt. Dies ließe sich auch als praktisches Verfahren bezeichnen; so „bedarf es keiner Erläuterung, vielmehr ist es als praktisches Wissen der Akteure, als ‚Knowing How', verfügbar" (Krämer 2012: 118). Zwischen Routine und Kreativität spannt sich alltägliches Handeln auf. Wie verhandeln Lehrende den gerade aufgezeigten Kreativitätsimperativ im Arbeitsalltag, wann greifen sie auf Routinen zurück? Wie bringen sie beides im eigenen Anspruch mit hoher Arbeitsbelastung und teils disparaten Vorkenntnissen der Schüler_innen zusammen?

Unterrichtsvorbereitung als Anfangsphase der Kulturvermittlung

Für die Kulturvermittlung lassen sich Helge Gerndt zufolge drei Phasen differenzieren (vgl. Gerndt 1990: 6; Gerndt 2002: 242), die auf den Unterricht übertragen werden können. Was Gerndt als Anfangsphase des Kulturprozesses allgemein bezeichnet, stellt hier die Unterrichtsvorbereitung durch die Lehrenden dar. In dieser versuchen sie, den normativ in Stichpunkten vorgegebenen Lehrstoff zu kreieren, kreativ zu produzieren und innovativ einzuführen. Sie entscheiden, welche Themenbereiche sie in welcher Form und wie umfangreich behandeln. Auf diese kreativ gestaltete Anfangsphase folgt nach Gerndt die Mittlerphase, hier also der Unterricht im Klassenraum, mit dem wechselwirkenden Bewahren, Transportieren und Weitergeben des thematischen Komplexes. Schließlich werden in der Endphase Lehrende und ihre Schüler_innen je individuell aktiv, wenn sie den Unterrichtsinhalt rezipieren, aneignen und anpassen. Dabei können die „idealtypischen ‚horizontalen' und ‚vertikalen' Prozeßabfolgen auch vielfältig miteinander verknüpft sein" (Gerndt 1990: 6). Gerade für Lehrende ist dies der Fall, wenn sie etwa in der Endphase reflektierte Inhalte für die Anfangsphase der Vorbereitung anderer Unterrichtseinheiten wieder aufgreifen.

Entscheidend für eine kreative Arbeit in der Kulturvermittlung ist die Anfangsphase, in welcher die Lehrenden zentrale Akteur_innen sind. Die hier realisierte Unterrichtsvorbereitung wird individuell unterschiedlich gestaltet. Sie ist ein iterativer Prozess zwischen (1.) vorgegebenen Ordnungen und vorhandenem Material mit (2.) den eigenen Wissens- und Erfahrungsbeständen sowie (3.) den spezifischen Interessen und Gesellschaftsentwürfen der einzelnen Lehrenden. In diesem Prozess entstehen unterschiedliche kreative Praxen. Insbesondere die thematischen Schwerpunkte im Unterricht sind je nach Interesse der einzelnen Lehrenden ausschlaggebend für ihre Vorbereitung.

Die Unterrichtsvorbereitung der Lehrenden ist grundsätzlich nach Schulklassen und dort wiederum nach Themen strukturiert. Es gilt, die Reihenfolge und Intensität der vorgegebenen Bereiche in Rückbezug auf die Vorgaben zu bestimmen, die einzelne Themeneinheit zu strukturieren sowie die dabei verwendeten Materialien und Methoden festzulegen. Für diese Arbeitsschritte kann unterschiedlich viel Engagement und Kreativität eingebracht werden. Entscheidungen werden oft pragmatisch danach getroffen, welche Unterlagen bereits vorhanden sind und was in kurzer Zeit vorzubereiten ist. Offen berichtet hiervon beispielsweise eine junge Geschichtslehrerin, die reflektiert, dass sie im Schulalltag nicht dazu kommt, alle Stunden selbst und ausführlich vorzubereiten.[9]

Eine Strukturierung der Vorbereitung, an der sich einige Lehrende relativ eng orientieren, gibt bei eher geringem Aufwand zunächst das eingeführte Schulbuch vor. Ein stark normorientiert argumentierender Lehrer berichtet etwa für seinen Geschichtsunterricht, dass sein erster Blick ins Buch gehe. Erst im Verlauf der Themeneinheit entscheide er dann, einzelne Elemente wegzulassen oder vertiefende Inhalte einzubringen.[10] Die Orientierung der eigenen Arbeit am Buch ist nicht nur die am wenigsten aufwendige Vorbereitung – die jeweilige Themeneinheit ist dort bereits vorstrukturiert und mit unterschiedlichen Materialien unterfüttert –, sondern entspricht auch den staatlichen Vorgaben, da die Bücher ein Zulassungsverfahren durchlaufen.[11]

Das Engagement ist also abhängig von der jeweiligen Arbeitsbelastung, aber auch vom eigenen Interesse an dem behandelten Thema. Dies wird teilweise sehr offen angesprochen. So äußert sich ein anderer Lehrer:

> Nein, also, .. ich denke, dat is' äh .. der Realität geschuldet, ne, dass [...] wenn's einen überkommt, dass man .. was erstellt und wenn man .. auch 'nen Thema besonders interessant findet, da wahrscheinlich selber auch anders 'ran..herangeht, .. ähm dass es solche Feiertags..äh..stunden gibt, aber .. das ist eben doch eher die Ausnahme.[12]

Dass er „Feiertagsstunden" als jene bezeichnet, auf die er sich besonders gut vorbereitet und auch eigenes Material erstellt, macht deutlich, wie selten diese im Unterrichtsalltag sind. Ist das Interesse hoch, so steigt die Motivation der eigenen Beschäftigung mit den Zusammenhängen und einer entsprechenden Aufbereitung für den Unterricht.

Eine andere Lehrerin betont, dass Projektideen häufig erst kurzfristig entstehen: „[D]as muss mir einfallen, da muss ich in der richtigen Stimmung

---

9 Vgl. Interview mit Frau Schäfer, Gymnasiallehrerin für Geschichte und Deutsch im ländlichen Rheinland, Jahrgang 1979, am 21.06.2011. Hier Abs. 96. Sowohl die Namen aller Interviewpartner_innen als auch die Schulnamen wurden durch geläufige Nachnamen und Bezeichnungen aus dem deutschen Sprachraum ersetzt, um die Anonymität zu gewährleisten. Die Interviewtranskripte sowie ein Forschungstagebuch mit Beobachtungsprotokollen sind im Archiv der Autorin hinterlegt.
10 Vgl. Interview mit Herrn Hoffmann, Gymnasiallehrer für Geschichte und Deutsch im ländlichen Rheinland, Jahrgang 1981, am 21.06.2011. Hier Abs. 130.
11 Vgl. zum Zulassungsverfahren Brandenberg 2006; Stöber 2010.
12 Interview mit Herrn Weber, Gesamtschullehrer für Gesellschaftslehre (Geschichte) und Englisch im ländlichen Rheinland, Jahrgang 1978, am 01.07.2011. Hier Abs. 60.

zu sein."[13] Dies zeigt nicht nur die verschiedenen Vorgehensweisen, sondern auch ein unterschiedlich kreatives Arbeiten, das in den Strukturen individuell verschieden ist. Insbesondere in der Art und Weise der Zusammenstellung und Erstellung von Methoden und Materialien für den eigenen Unterricht werden die Lehrenden kreativ oder arbeiten stärker in Routinen. Ähnlich berichten auch weitere Befragte: Nicht in der konkreten Vorbereitung, sondern eher in ganz anderen Kontexten stoße ein weiterer Lehrer laut seinem Bericht auf interessante Sachverhalte, mit denen er sich gerne näher beschäftigen würde, sodass er in der Folge dann aus eigenem Interesse kreativ in seiner Unterrichtsgestaltung wird. Dieser erfahrene Lehrer, der auch Schulbücher verfasst, geht in der Vorbereitung nach seinen eigenen Vorlieben vor und ändert Routinen nur aus persönlichem Interesse.[14]

Unterrichtsmaterial und -methoden zwischen Norm und Kreativität

Um Inhalte zu vermitteln, bringen die Lehrenden in den Unterricht unterschiedliche Materialien und Textgattungen ein. Alle befragten Lehrenden sind sich darüber einig, dass zahlreiche Hilfsmittel notwendig sind, die sie nicht über die verwendeten Schulbücher oder andere von der Schule zur Verfügung gestellte Unterlagen ersetzen können. Vielmehr werden diese als Grundlagen- und Nachschlagewerke verwendet, wenn wenig Energie in die Vorbereitung investiert werden soll oder kann. Eine junge Lehrerin erzählt für ihren Unterricht allgemein: „[D]a hab' ich aber so viel aus dem Referendariat noch übrig, dass ich trotzdem immer meine Kopien rein reiche."[15] Obwohl sie das Buch als gut einschätzt, verwendet sie es kaum, denn „ich hab' da noch so viele nette Sachen zuhause"[16]. Bestehende Vorbereitungen können demnach dazu führen, dass das Buch nicht genutzt und eigenes, in kreativer Arbeit erstelltes Material bevorzugt wird. Die Buchinhalte werden kombiniert mit anderen Materialien immer wieder neu zusammengestellt, sodass eine jeweils spezifische Interpretation entsteht. Dabei geht es den befragten Lehrenden weniger um weitere, beispielsweise kopierte Texte, sondern vielmehr um andere Mate-

---

13 Interview mit Frau Schwarz, Realschullehrerin für Erdkunde, Geschichte und Textilgestaltung in einer rheinischen Großstadt, Jahrgang 1980, am 16.06.2011. Hier Abs. 150.
14 Vgl. Interview mit Herrn Fischer, Gesamtschullehrer für Gesellschaftslehre (Geschichte und Erdkunde) im ländlichen Rheinland, Jahrgang 1968, am 01.06.2011 und 08.07.2011. Hier Abs. 273.
15 Interview mit Frau Schröder, Gymnasiallehrerin für Erdkunde und Politik/Wirtschaft in einer rheinischen Großstadt, Jahrgang 1978, am 09.06.2011. Hier Abs. 30.
16 Ebd., Abs. 72.

rialien, wie zum Beispiel historische Quellen, Bilder, Karten und Karikaturen oder audiovisuelle Medien, Statistiken und Schaubilder. Zentral ist hier das Erfahrungswissen der einzelnen Lehrperson, nach dem sich bestimmte Materialien als besonders hilfreich für die Vermittlung von einzelnen Aspekten erwiesen haben.

Der Bestand an eigenen Materialien, die über diverse Informationskanäle gesammelt werden, findet immer wieder Einsatz, wenn das entsprechende Thema unterrichtet wird. Im Gegenzug werden Themen, die von den Lehrenden bisher nicht vorbereitet wurden, eher mit dem Buch umgesetzt. Vorhandene Bestände werden in eigenen Systematiken für die weitere Nutzung abgelegt und strukturiert gesammelt. Neben digitalen Sammlungen, von denen ausschließlich die jüngeren Lehrenden ab den Geburtsjahrgängen der 1970er Jahre berichten, werden noch immer eher klassisch Sammlungen von beispielsweise Zeitungsartikeln angelegt, die dann je nach Bedarf zum Thema passend im Unterricht eingesetzt werden. Eine junge Lehrerin hingegen sucht sich treffende Zeitungsartikel im Rahmen der konkreten Unterrichtsvorbereitung direkt online,[17] geht also umgekehrt vor: Hier wird nicht der zufällige Fund aufbewahrt, der später eventuell die Unterrichtsinhalte bestimmt und durch das Interesse der Lehrenden gesammelt wurde, sondern hier wird konkret für den Unterricht zu einem Thema nach Material gesucht.

Abschließend soll ein in doppelter Hinsicht kreatives Vorgehen zur Unterrichtsgestaltung exemplarisch aufgezeigt werden: Ein Geschichtslehrer berichtet von einer Projektarbeit in der elften Klasse. Hier hat er ein Spiel entwickelt, das er nun im Vertretungsunterricht in den unteren Jahrgangsstufen einsetzt. Ohne auf das inhaltliche Thema einzugehen, aber auch ohne die technische Umsetzung zu erläutern, berichtet er von der Entstehung des Projekts. Das Spiel besteht aus mehreren Recherche-Aufgaben im Internet, die mit einer grafischen Oberfläche auf dem PC beantwortet und direkt überprüft werden.[18] An diesem Beispiel ist nicht nur bemerkenswert, wie selbstverständlich eine technische Realisierung als reibungslos und nicht erwähnenswert dargestellt wird, sondern auch, dass er Schüler_innen dazu animiert, Material für andere, jüngere Schüler_innen zu gestalten. Allerdings ist dabei eine durch den Lehrenden vorgegebene Struktur vorhanden: Er selbst ist es, der kreativ Ideen einbringt und diese wiederum produktiv als Innovation in andere Unterrichtssituationen aufnimmt.

---

17 Vgl. Interview mit Frau Schröder, Abs. 66.
18 Vgl. Interview mit Herrn Wagner, Gymnasiallehrer für Geschichte und Deutsch in einer rheinischen Großstadt, Jahrgang 1971, am 19.07.2011. Hier Abs. 82–86.

Mit solchen Formen der Projekt- oder Gruppenarbeit als kreativer Arbeit in der zweiten Phase, der Unterrichtsumsetzung als Mittlerphase nach Gerndt, arbeiten nicht alle Lehrenden, auch weil diese ein hohes Maß an kreativer Vorbereitung und Sicherheit in der Durchführung erfordern. Vielmehr sind hier eher die positiven und auch sozial erwünschten Berichte gegenüber mir als Forscherin prägend, sodass von einem in der Breite eher geringerem Bewusstsein für entsprechende Unterrichtskonzepte ausgegangen werden muss.[19]

Mehr noch als bei der Schwerpunktsetzung hinsichtlich der Themenbereiche ist es allein den Lehrenden überlassen, wie sie methodisch vorgehen und welches Maß an Kreativität oder Routine sie dabei einsetzen. Davon machen sie ausgiebig Gebrauch: Es finden sich sowohl Berichte über nahezu ausschließlich im Gespräch entwickelten Unterricht als auch über Projektschwerpunkte. Die normativen Setzungen der Erziehungswissenschaft spielen dabei nur eine untergeordnete Rolle, denn obwohl in den Vorgaben auf Kompetenzen fokussiert wird und zahlreiche umfangreiche Methodensammlungen angeboten werden, konzentrieren sich die Befragten auf Ansätze, die als eher klassisch zu bezeichnen sind.

Lehrende und ihre Berufsidentität

Die Identifikation mit dem Lehrendenberuf wird durch den Beamtenstatus und die dadurch bestehende finanzielle Absicherung verstärkt. Lehrende entscheiden sich in der Regel für ihre gesamte berufliche Laufbahn, diese Tätigkeit auszuüben. Damit bildet der Lehrendenberuf einen relativ hohen Anteil ihrer personalen Identität. Einige Interviewte definierten sich dabei sehr stark über das Lehren und Erziehen, andere stellten fachliche Aspekte in den Vordergrund.

Lehrende sind nicht nur Teil der kreativen Klasse, sie verrichten auch immaterielle Arbeit in Form von intellektueller, sprachlicher Arbeit (vgl. Hardt/ Negri 2002: 304). Zwar ist die Arbeit von Lehrenden als entgrenzte und immaterielle Arbeit interpretierbar, der Arbeitsplatz in der Schule als solcher bleibt jedoch mit den zeitlichen und räumlichen Fixierungen des Schulablaufs bestehen. Es ist ihnen allerdings größtenteils freigestellt, wie viel Zeit sie für die unterschiedlichen Aufgaben verwenden (vgl. Rothland 2008: 498). Ihre Arbeitszeit ist nur hinsichtlich der zu unterrichtenden wöchentlichen Schulstunden geregelt und damit zu einem großen Teil entgrenzt. Die Zeiteintei-

---

19 Vgl. zur Methodenumsetzung aus der Erziehungswissenschaft im Überblick Petillon 2009 und in der Praxis noch immer grundlegend Meyer 1987.

lung von Lehrenden kann somit auch mit der Projektarbeit verglichen werden. In beiden Fällen steht weniger die konkrete tägliche Arbeitszeit im Mittelpunkt. Es zählen vielmehr die Ergebnisse zu bestimmten Terminen und die Fertigstellung von einzelnen Projektaspekten auch unter hoher Arbeitsbelastung – und damit einhergehend hohem Zeitaufwand (vgl. Sutter 2013: 43). Dennoch ist der Arbeitsalltag durch den anderen Status im Beschäftigungsverhältnis in der konkreten Ausformung verschieden, da weniger Erfolgsdruck besteht. Die Arbeitszeiten von Lehrenden sind nicht wie in anderen Berufsfeldern erst kürzlich entgrenzt worden, sondern ihre Entgrenzung ist essentieller Bestandteil dieses Berufsfeldes.

Im Falle immaterieller Arbeit ist die eigene Motivation und eine normativ empfundene Subjektivierung dafür entscheidend, wie die eigene Arbeit strukturiert und umgesetzt wird. Das Arbeitsverhältnis von Lehrenden ist auch in Zeiten zunehmend prekärer und teilweise damit einhergehender befristeter Beschäftigung weiterhin zum größten Teil auf Dauer und Kontinuität – und damit persönliche Absicherung – ausgelegt. Obwohl die Tendenz zur Prekarisierung von Lebensläufen und Arbeitsverhältnissen sich gesellschaftlich verstärkt[20], nehmen Lehrende nach ihrem Studium meist ohne längere Unterbrechung ein Referendariat auf, um danach – wenn auch teilweise erst nach einer Phase befristeter Beschäftigungen im Angestelltenverhältnis – in ein Beamt_innenverhältnis zu wechseln, mit dem sie bis zum Renteneintritt oft an einer Schule bleiben. Sie müssen sich damit weitaus weniger als Arbeitskraftunternehmer_in bewähren. Die Arbeit der Lehrenden ist also immateriell und postfordistisch, aber gleichzeitig abgesichert und kaum prekär. Sie interpretieren ihre Situation jedoch subjektiv unterschiedlich gewichtet. Dies zeigt sich besonders an der Erfahrung, welche Lehrende ihre immaterielle Arbeit individuell unterschiedlich gestalten lässt.

Die Erziehungswissenschaft geht ebenfalls davon aus, dass im Laufe der Berufsbiographie Anfänger_innen zu erfahrenen Praktiker_innen werden, die Entwicklungen durchlaufen und dadurch sicherer in ihrem Unterricht werden (vgl. Isler 2011: 42f.). Hier wird unterschieden zwischen „Wissenschaftlich fundierte[m] Wissen und Reden über Unterricht im Sinne von ‚Gewusst was' und praktisch fundierte[m] Wissen und Handeln im Unterricht im Sinne von ‚Gewusst wie'" (Berner 2011: 87). Das wissenschaftlich fundierte Unterrichten wird im Studium erlernt, das praktisch fundierte hingegen erst mit zunehmender subjektiver Erfahrung in der Schule selbst. David Berliner fasst diese Entwicklung in ein fünfstufiges Modell: Danach entwickeln sich Lehren-

---

20 Vgl. aus dem Fach grundlegend Sutter 2013; Götz/Lemberger 2009 sowie zur Anwendung der Begrifflichkeiten Seifert 2009.

de in den ersten Berufsjahren von (1.) Noviz_innen über (2.) fortgeschrittene Anfänger_innen zu (3.) kompetenten Lehrenden, was nach seiner Einschätzung in der Regel bereits nach einigen Jahren Berufserfahrung der Fall ist. Nur einige Lehrende entwickeln ihre Lehrkompetenz danach so weiter, dass sie nach Berliner als (4.) Meister_innen oder sogar als (5.) Expert_innen gelten können (vgl. Berliner 1988). Dieses Modell lässt sich in Teilen auf die Befragten anwenden, um die Unterschiede deutlich zu machen.

Die jüngeren Befragten bezogen sich gerade in ihren Berichten zu Unterrichtsmaterial auf ihr Referendariat, denn während dieser praxisbezogenen Ausbildung kann die Vorbereitungszeit intensiver gestaltet werden. Außerdem müssen einzelne Stunden für Prüfungen sehr detailliert vorbereitet werden. Hier wird in hohem Maße kreativ gearbeitet, auch um die eigene Prüfungsleistung möglichst positiv zu erbringen. Aus dem in dieser Zeit angelegten Fundus an vorbereiteten Materialien und Stundenkonzeptionen schöpfen die Lehrenden noch Jahre später. Deshalb wird vorhandenes, selbst erstelltes oder von Kolleg_innen übernommenes Material wiederverwendet und nachgesehen, „was so auf der Festplatte ist"[21]. Die jüngeren Lehrenden haben einzelne Routinen entwickelt, um den Unterrichtsalltag zu gestalten und können mit Berliner als fortgeschrittene Anfänger_innen gelten. Sie merken in verschiedenen Zusammenhängen unaufgefordert an, dass es ihnen an Erfahrung noch mangelt.

Gerade für die jüngeren Lehrenden ist es mit größerem Aufwand verbunden, sich ein neues Thema zu erschließen, bevor sie es erstmals mit Schüler_innen behandeln. Insbesondere in dieser Phase der Unterrichtsvorbereitung agieren sie kreativ und produzieren Neues. Die eigenen Bestände wachsen mit den Jahren und werden zunehmend routiniert verwendet, ergänzt und modifiziert. Erst allmählich wird strategisches Wissen gesammelt, „as context begins to guide behavior" (Berliner 1988: 3.). Exemplarisch fasst Frau Schröder, die nach ihrem Referendariat seit einem Jahr unterrichtet, ihren Arbeitsablauf bei der Vorbereitung zusammen:

> [M]an fängt natürlich mit dem an, wo man irgendwie was zu hat. .. Wo schon irgendwie entweder 'ne Unterrichtsreihe vorbereitet ist, ja, die ist schon mal im Referendariat gemacht, die läuft gut, die macht man, fertig, ne. [...] Ansonsten natürlich irgendwo auch das, .. was ich zur Verfügung habe, es ist einfach so, dass man immer wieder auf die Sachen zurückgreift, die man auch hat, .. weil's einfach einfach und schnell geht und äh man .. sich nicht noch erst in ein äh Thema .. aufwändig einarbeiten muss, das man noch überhaupt nicht gemacht hat, noch überhaupt nicht kennt.[22]

---

21 Interview mit Herrn Weber, Abs. 60.
22 Interview mit Frau Schröder, Abs. 169.

Dabei benennt sie offen, dass sie sich zunächst an Vorhandenem orientiert, also die bestehenden Materialien auch Schwerpunkte in der Themensetzung bedingen. Eine andere, ebenfalls als fortgeschrittene Anfängerin einzuordnende Lehrerin hingegen grenzt sich klar ab, wenn sie behauptet: „[A]lso ich würd' jetzt nie einfach .. 'nen Schrank aufmachen, Buch rausnehmen und da 'ne .. fertig konzipierte Stunde übernehmen, das .. entspricht eben immer nicht meinem persönlichen Anspruch."[23] Hier wird nicht nur eine Zielvorstellung berichtet, bei der unklar ist, ob sie wirklich täglich umgesetzt wird. Auch eine starke soziale Erwünschtheit wird in der Antwort deutlich, welche nicht auf die tatsächliche Praxis eingeht.

Auch mit zunehmender Erfahrung strukturieren bereits vorhandene Unterrichtsvorbereitungen aus der Vergangenheit neuen Unterricht, denn auf die eigenen Bestände wird immer wieder zurückgegriffen. So berichtet ein routinierter Lehrer: „Und ich schau' .. danach: .. was hab' ich schon mal gemacht, was kann ich noch mal einsetzen."[24] Er trifft Entscheidungen und setzt Prioritäten, was Berliner als für diese Stufe ausschlaggebend ansieht (vgl. Berliner 1988: 4), hält dabei seinen Aufwand jedoch gering.

Mit dem Alter wächst die Erfahrung, sodass weniger Zeit in die Unterrichtsvorbereitung investiert werden muss. Strukturen werden schneller erkannt, und mit zunehmender Erfahrung erreichen einige Lehrende die vierte von Berliner vorgeschlagene Kompetenzstufe, jene der Meister_innen. Für diese ist laut Berliner die Intuition zentral, mit der in konkreten Situationen über das jeweilige Vorgehen ohne größeres Nachdenken entschieden wird (vgl. Berliner 1988: 4f.). Es ist davon auszugehen, dass insbesondere hier wiederum die Kreativität zunimmt, wie sich am Beispiel der Unterrichtsmethoden von Frau Meyer zeigt, die immer wieder auf ihr Gefühl zu sprechen kommt und weniger einzelne konkrete Methoden nennt.[25] Der eigene Bestand an Vorbereitungen ist nun derart gesättigt, dass nach Intuition oder Interesse einzelne Inhalte stärker beleuchtet und kreativ aufbereitet werden können. Lehrende in Deutschland sind verhältnismäßig alt, fast die Hälfte von ihnen ist 50 Jahre oder älter (vgl. Autorengruppe Bildungsberichterstattung 2014: 81). Bei den älteren Lehrenden ist neben mehr Zeit für Kreativität vor allem

---

23 Interview mit Frau Klein, Gymnasiallehrerin für Geschichte und katholische Religion im ländlichen Rheinland, Jahrgang 1983, am 21.06.2011. Hier Abs. 38.
24 Interview mit Herrn Schulz, Gymnasiallehrer für Erdkunde und Deutsch in einer rheinischen Großstadt, Jahrgang 1972, am 21.07.2011. Hier Abs. 102.
25 Vgl. Interview mit Frau Meyer, Gesamtschullehrerin für Gesellschaftslehre (Geschichte) und Mathematik im ländlichen Rheinland, Jahrgang 1949, am 30.06.2011. Hier Abs. 12.

davon auszugehen, dass Routinen bestehen, die seltener hinterfragt und durch neue methodische Vorgehensweisen verändert werden.

In einer „operative[n] Routine" (Berner 2011: 90) kann die gesammelte Erfahrung im täglichen Unterricht immer selbstverständlicher angewendet werden. Nur einige Lehrende nehmen dabei den von Berliner beschriebenen Status eines Experten ein, der ausschließlich in krisenhaften Situationen reflektiert (vgl. Berliner 1988: 14f.). Erfahrungen und Routinen konnten bei den Befragten weniger hinsichtlich konkreter Unterrichtsinhalte als vielmehr grundsätzlich bezogen auf eine eigene *Art des Unterrichtens* benannt werden. Die nach Berliner angewendeten Stufen der Erfahrung sind ausschlaggebend für den notwendigen und auch tatsächlichen Zeiteinsatz.

Zusammenfassung und Ausblick

Unterricht als von Lehrenden gestaltet ist nicht permanent innovativ, wie dies in den *klassischen* kreativen Berufen der Fall ist (und sein muss). Er kann es aber sein, was von den jeweiligen Lehrenden abhängt. Ihnen kommt sogar eine doppelte Mittlerfunktion zu: Einerseits vermitteln sie normierte Inhalte, andererseits sind sie in unterschiedlichen Machtpositionen an der Normierung selbst beteiligt. Hier findet mit Kulturvermittlung eine gesellschaftliche Aufgabe statt. Den Schüler_innen werden Normen vermittelt, die übergreifend und unabhängig von thematischen Setzungen relevant sind; kulturelles Wissen soll gelernt werden. Gerade in diesem Prozess werden die Lehrenden weder begleitet noch kontrolliert.

Lehrende haben deshalb eine zentrale Bedeutung für Form und Inhalt der Schulbildung. Drei übergreifende Ebenen sind dafür zentral: Erstens sind die im Unterricht behandelten Inhalte in Form eines kulturellen Wissens in eine spezifische Schulkultur eingebunden. Zweitens ist die Art der Ausgestaltung des Unterrichts durch die Akteur_innen eine kreative Praxis der Kulturvermittlung. Drittens sind Bericht und Reflexion des eigenen Handelns durch die Lehrenden als Reden über Erfahrung zu verstehen. Die Lehrenden nehmen die Schlüsselrolle ein zwischen normativen Vorgaben – sowohl der staatlichen Instanzen als auch der Schulbuchverlage – als Ordnungen auf der einen Seite sowie den eigenen Ausgestaltungen von Themen und Methoden als kreative Praxen auf der anderen Seite. Dementsprechend ergeben sich je nach Normvorstellung und Identität der Individuen deutliche Unterschiede in der Ausgestaltung des Unterrichts und der darüber hinausgehenden Arbeit. Schwerpunkte werden vorrangig an der eigenen Interessenslage festgemacht.

Die Methoden als Art und Weise der Kulturvermittlung sind in Studium und Fortbildungen zwar lernbar, relevant für die Praxis sind jedoch vor allem subjektive Erfahrungen. Kreativität und Routinen im Umgang mit und Ausbau von den eigenen Wissensbeständen sind vor allem durch die individuellen Interessen, Bewertungen und Gesellschaftsentwürfe bestimmt. Eine externe Kontrolle findet auch hier nicht statt. Die für die Unterrichtsgestaltung genutzten Materialien werden in einem eigenen Bestand gesammelt und systematisiert, um dann je nach Kontext erstellt, genutzt und aktualisiert zu werden. Bei engagiertem Arbeiten wird dieser Bestand ständig erweitert, dies muss aber nicht der Fall sein. Wie Lehrende ihre Funktionen als Vermittler_innen kulturellen Wissens gestalten, ist ihnen ebenfalls weitgehend selbst überlassen. Sie nutzen diesen Handlungsspielraum teilweise bewusst, oft jedoch ohne Reflexion aus.

Lehrende mit ihren Motivationen und Vorbildfunktionen stehen mit ihrer persönlichen Identität für viel mehr als nur für die Weitergabe von Inhalten. Sie sind dabei immer selbst kulturell *Vermittelte* und befördern zugleich den Prozess der Kulturvermittlung. Die Ordnungssysteme der Lehrenden strukturieren auch ihre Kreativität. Normen geben Orientierung und stellen Handlungsmuster zur Verfügung, Kreativität bringt Neues hervor. Beide stehen sich im Unterrichtsalltag gegenüber. Damit haben Lehrende Spielräume zwischen Macht und Normen, welche ihre Arbeit in Ordnungen vorgeben, sowie Wissen und Kreativität, die innerhalb dieser Machtfelder die Praxen ausgestalten. Das heißt, sie befinden sich als Lehrer_innenpersönlichkeiten in ständiger Aushandlung und Aneignung zwischen Praxen und Ordnungen.

Literatur

Adorno, Theodor W. (1977). Tabus über den Lehrerberuf [Original: 1965]. In ders., *Kulturkritik und Gesellschaft II. Eingriffe. Stichworte* (Gesammelte Schriften, Bd. 10.2). (S. 656–673). Frankfurt am Main: Suhrkamp.

Autorengruppe Bildungsberichterstattung (2014). *Bildung in Deutschland 2014. Ein indikatorengestützter Bericht mit einer Analyse zur Bildung von Menschen mit Behinderungen.* Bielefeld: Bertelsmann.

AutorInnenkollektiv (2010). Wissen und soziale Ordnung. Eine Kritik der Wissensgesellschaft. *Working Papers des Sonderforschungsbereiches 640, 1,* 3–30. Verfügbar unter: http://edoc.hu-berlin.de/series/sfb-640-papers/2010-1/ [30.04.2017].

Bendix, Regina et al. (2010). Fenster in die Schulkultur. Organisation und Gestaltung ritueller Übergänge. *Zeitschrift für Volkskunde, 106,* 1–21.

Bendix, Regina/Kraul, Margret (2015). Die Konstituierung von Schulkulturen in Räumen und räumlichen Inszenierungen. *Zeitschrift für Pädagogik, 61,* 1–19.

Berner, Hans (2011). Lehrerinnen und Lehrer zwischen Theorie und Praxis – und zwischen Identität und Realität. In ders./Rudolf Isler (Hrsg.), *Lehrer-Identität, Lehrer-Rolle, Lehrer-Handeln* (Professionswissen für Lehrerinnen und Lehrer, Bd. 8). (S. 81–104). Baltmannsweiler/Zürich: Pestalozzianum.

Berliner, David (1988). The Development of Expertise in Pedagogy. Charles W. Hunt Memorial Lecture. *American Association of Colleges for Teacher Education, 1988*, 1–28.

Brandenberg, Verena (2006). *Rechtliche und wirtschaftliche Aspekte des Verlegens von Schulbüchern. Mit einer Fallstudie zum bayerischen Zulassungsverfahren* (Studien der Erlanger Buchwissenschaft, Bd. XVIII). Erlangen: Universität Erlangen-Nürnberg.

Bröckling, Ulrich (2007). *Das unternehmerische Selbst. Soziologie einer Subjektivierungsform*. Frankfurt am Main: Suhrkamp.

Färber, Alexa et al. (2008). Kreativität. Eine Rückrufaktion. *Zeitschrift für Kulturwissenschaften, 1*, 7–12.

Florida, Richard (2012). *The Rise of the Creative Class. Revisited*. New York: Basic Books.

Foucault, Michel (2005). Die Gouvernementalität [1978]. In Daniel Defert/Francois Ewald (Hrsg.), *Michel Foucault: Analytik der Macht. Auswahl und Nachwort von Thomas Lemke* (S. 148–174). Frankfurt am Main: Suhrkamp.

Franken, Lina (2017). *Unterrichten als Beruf. Akteure, Praxen und Ordnungen in der Schulbildung* (Arbeit und Alltag. Beiträge zur ethnografischen Arbeitskulturenforschung, Bd. 13). Frankfurt am Main/New York: Campus

Fuchs, Leonie (2010). *Räume, zurechtgemacht und zurechtgelebt. Eine empirische Studie zur schulischen Raumkultur* (Studien und Materialien des Ludwig-Uhland-Instituts der Universität Tübingen, Bd. 38). Tübingen: Tübinger Vereinigung für Volkskunde.

Fuchs, Eckhardt/Niehaus, Inga/Stoletzki, Almut (2014). *Das Schulbuch in der Forschung. Analysen und Empfehlungen für die Bildungspraxis* (Eckert. Expertise., Bd. 4). Göttingen: Vandenhoeck & Ruprecht.

Gerndt, Helge (1990). Kulturvermittlung. Modellüberlegungen zur Analyse eines Problemkomplexes am Beispiel des Atomunglücks von Tschernobyl. *Zeitschrift für Volkskunde, 86*, 1–13.

Gerndt, Helge (2002). *Kulturwissenschaft im Zeitalter der Globalisierung. Volkskundliche Markierungen*. Münster u.a.: Waxmann.

Götz, Irene (2007). Empirische Erhebungen in Industriebetrieben und bürokratischen Organisationen. In Silke Göttsch/Albrecht Lehmann (Hrsg.), *Methoden der Volkskunde. Positionen, Quellen, Arbeitsweisen der Europäischen Ethnologie* (2., überarbeitete und erweiterte Aufl.). (S. 249–269). Berlin: Reimer.

Götz, Irene/Lemberger, Barbara (Hrsg.). (2009). *Prekär arbeiten, prekär leben. Kulturwissenschaftliche Perspektiven auf ein gesellschaftliches Phänomen*. Frankfurt am Main/New York: Campus.

Hardt, Michael/Negri, Antonio (2002). *Empire. Die neue Weltordnung*. Frankfurt am Main: Campus.

Hirschfelder, Gunther (2001). *Europäische Esskultur. Geschichte der Ernährung von der Steinzeit bis heute.* Frankfurt am Main/New York: Campus.

Isler, Rudolf (2011). Verborgene Wurzeln aktueller Lehrer-Bilder. In Hans Berner/ders. (Hrsg.), *Lehrer-Identität, Lehrer-Rolle, Lehrer-Handeln* (Professionswissen für Lehrerinnen und Lehrer, Bd. 8). (S. 15–48). Baltmannsweiler/Zürich: Pestalozzianum.

Keßler, Catharina (2016). *Doing School. Ethnographie eines evangelischen Gymnasiums als Beitrag zur empirischen Schulkulturforschung.* (Bisher unveröffentlichte Diss. phil. Göttingen 2015). Wiesbaden [in Vorbereitung].

Koch, Gertraud (2006). Die Neuerfindung als Wissensgesellschaft. Inklusionen und Exklusionen eines kollektiven Selbstbildes. In Thomas Hengartner/Johannes Moser (Hrsg.), *Grenzen & Differenzen. Zur Macht sozialer und kultureller Grenzziehungen. 35. Kongress der Deutschen Gesellschaft für Volkskunde in Dresden 2005* (Schriften zur sächsischen Geschichte und Volkskunde, Bd. 17). (S. 545–559). Leipzig: Leipziger Universitätsverlag.

Krämer, Hannes (2012). Praktiken kreativen Arbeitens in den Creative Industries. In Udo Göttlich/Ronald Kurt (Hrsg.), *Kreativität und Improvisation. Soziologische Positionen* (S. 109–132). Wiesbaden: Springer VS.

Lehmann, Albrecht (2007). *Reden über Erfahrung. Kulturwissenschaftliche Bewusstseinsanalyse des Erzählens.* Berlin: Reimer.

Lohmann, Ingrid (2010). Schule im Prozess der Ökonomisierung. In Andrea Liesner/dies. (Hrsg.), *Gesellschaftliche Bedingungen von Bildung und Erziehung. Eine Einführung* (S. 231–244). Stuttgart: Kohlhammer.

Mauss, Marcel (1994). *Die Gabe. Form und Funktion des Austauschs in archaischen Gesellschaften* [Original 1923]. Frankfurt am Main: Suhrkamp.

Merkel, Janet (2012). Kreative Milieus. In Frank Eckardt (Hrsg.), *Handbuch Stadtsoziologie* (S. 689–710). Wiesbaden: Springer VS.

Meyer, Hilbert (1987). *Unterrichtsmethoden. Band 2: Praxisband.* Berlin: Cornelsen.

Petillon, Hanns (2009). Das Methodenrepertoire des Lehrers und Schülers. In Stephanie Hellekamps/Wilfried Plöger/Wilhelm Wittenbruch (Hrsg.), *Handbuch der Erziehungswissenschaft. Band II/I: Schule* (S. 367–380). Paderborn u.a.: Schöningh.

Reckwitz, Andreas (2012). *Die Erfindung der Kreativität. Zum Prozess gesellschaftlicher Ästhetisierung* [1995]. Frankfurt am Main: Suhrkamp.

Rothland, Martin (2008). Lehrerberuf und Lehrerrolle. In Sigrid Blömeke et al. (Hrsg.), *Handbuch Schule. Theorie – Organisation – Entwicklung* (S. 494–502). Bad Heilbrunn: Klinkhardt UTB.

Schratz, Michael/Schrittesser, Ilse (2011). Was müssen Lehrerinnen und Lehrer in Zukunft wissen und können? In Hans Berner/Rudolf Isler (Hrsg.), *Lehrer-Identität, Lehrer-Rolle, Lehrer-Handeln* (Professionswissen für Lehrerinnen und Lehrer, Bd. 8). (S. 177–198). Baltmannsweiler/Zürich: Pestalozzianum.

Seifert, Manfred (2009). Prekarisierung der Arbeits- und Lebenswelt. Kulturwissenschaftliche Reflexionen zu Karriere und Potential eines Interpretationsansatzes. In Irene Götz/Barbara Lemberger (Hrsg.), *Prekär arbeiten, prekär leben. Kul-*

turwissenschaftliche Perspektiven auf ein gesellschaftliches Phänomen (S. 31–53). Frankfurt am Main/New York: Campus.

Stöber, Georg (2010). Schulbuchzulassung in Deutschland. Grundlagen, Verfahrensweisen und Diskussionen. *Eckert.Beiträge, 3/2010*, 1–24.

Sutter, Ove (2013). *Erzählte Prekarität. Autobiographische Verhandlungen von Arbeit und Leben im Postfordismus* (Arbeit und Alltag. Beiträge zur ethnografischen Arbeitskulturenforschung, Bd. 7). Frankfurt am Main: Campus.

Unterweger, Gisela (2002). *Klasse und Kultur. Verhandelte Identitäten in der Schule* (Zürcher Beiträge zur Alltagskultur, Bd. 12). Zürich: Chronos.

Irene Götz
Stil und Stilisierung im *prekären Ruhestand* oder wie ältere Frauen ihr kulturelles Kapital ökonomisieren

Welche Funktionen erfüllen verschiedene Formen von Arbeit bei Frauen im Rentenalter? Formen des Tauschens, Selbermachens oder Schonens (von Kleidung und Ressourcen), die von älteren Frauen in München praktiziert werden, lassen sich als ästhetische Projekte am und mit dem eigenen Stil begreifen. Wie zu zeigen sein wird, geht es den untersuchten Frauen darum, etwa die vertraute Wohnung, das Reisen, die Welt der Bücher trotz knapper werdender ökonomischer, sozialer oder auch körperlicher Ressourcen im Rentenalter zu erhalten. Arbeit an der eigenen Lebensführung (vgl. Clemens 2004) im Sinne des Erhalts der Kontinuität des Lebens bedeutet, nachlassende Ressourcen zu kompensieren und Mangel unsichtbar halten zu müssen. Allerdings geht es in vielen Fällen, in denen Altersarmut droht, nicht nur um den Erhalt erworbener Standards, sondern bei vielen alleinstehenden Frauen mit kleinen Renten auch ganz basal um den Kampf für ein selbstbestimmtes (Über-)Leben. Im Rahmen dieses Kampfes werden die oben genannten Formen des Tätigseins und dafür notwendigen Ressourcen sowie ästhetische Materialien marktförmig gemacht.

Die im Folgenden vorgestellten Fallbeispiele entstammen dem von der Deutschen Forschungsgemeinschaft (DFG) geförderten Forschungsprojekt „Prekärer Ruhestand. Arbeit und Lebensführung von Frauen im Alter"[1]. Es widmet sich weiblichen Erwerbsbiographien, die besonders im Falle von älteren allein wirtschaftenden Frauen in der teuren Stadt München zu Vulnerabilitäten[2] und häufiger Altersarmut[3] führen. Es gilt, mikroskopische Einblicke

---

1 Laufzeit: 01.01.2015 bis 31.03.2018; Leitung: Irene Götz; wissenschaftliche Mitarbeiterinnen: Alex Rau, Petra Schweiger, Noémi Sebök-Polyfka, Kopperationspartnerin: Esther Gajek, Universität Regensburg. Zum Konzept i.e. vgl. http://www.volkskun de.uni-muenchen.de/forschung/forsch_projekte/prekaerer-ruhestand/index.html [14.06.2016].
2 Zu den strukturellen Ursachen der Prekarität von Frauen im Rentenalter (bes. Deutschland-West) seien hier nur Stichworte rekapituliert: fordistische Ein-Ernährer-Familie; relative Rentenlücken wegen Kindererziehungs- und Pflegezeiten; Teilzeitarbeit in oft hausarbeitsnahen Berufen; Frauen werden schlechter entlohnt; zunehmende Scheidungszahlen. Zu dem aus diesen Faktoren folgenden Gender Pension Gap siehe Götz/Lehnert 2016.
3 Legt man die übliche Berechnung von Armut an, dann bleiben nach den Zahlen des Bayerischen Rentenreports des Deutschen Gewerkschaftsbundes (DGB) von 2014 82,7 Prozent der Rentnerinnen mit ihrer Altersrente unter der „Armutsgefähr-

in die Lebens-, Arbeits- und Erfahrungswelten dieser Frauen im Rentenalter zu erlangen und mit sozialstrukturellen Rahmendaten, makroökonomischen Entwicklungen sowie gesellschaftlichen Diskursen in Zusammenhang zu bringen. Ziel ist es, die oft polarisierenden Altersbilder – Drohszenarien von Altersarmut einerseits und *Active Ageing* als neue Altersprogrammatik (vgl. Denninger et al. 2014) und ökonomische Ressource andererseits – zu ersetzen durch einen differenzierten Blick auf die im Alltag entwickelten Taktiken, Praktiken und Kompetenzen von Frauen der Generation *60 Plus*.

Es wird insbesondere herausgearbeitet, inwiefern sich geschlechtsspezifische Muster in den Biographien und damit einhergehende Positionierungen im sozialen Raum im letzten Lebensdrittel fortsetzen. Im Alter zeigt sich ein Phänomen, das die Soziolog_innen das „Gesetz der klassenspezifischen Verteilung von Risiken" nennen (BMFSFJ 2010: 59). Hier verstärken sich soziale und Geschlechtsunterschiede, Einkommens- und Bildungsunterschiede sowie Unterschiede in Quantität und Qualität der unterstützenden sozialen Netzwerke. In unserem Projekt interviewen wir, diesen Befunden Rechnung tragend, Frauen aus zwei verschiedenen Milieus. Differenziert nach den Lebensläufen abstiegsgefährdeter Frauen aus der Mittelschicht, die über spezifische soziale und kulturelle Kapitalien verfügen, und den Biographien unterprivilegierter Frauen, wird der Frage nachgegangen, inwiefern die milieuspezifische Zusammensetzung der ökonomischen, sozialen und kulturellen Kapitalien[4] jeweils unterschiedliche Voraussetzungen bietet, Prekarisierungserfahrungen im Alter zu bearbeiten.

Alle Interviewten zeichnen sich dadurch aus, dass sie entweder nicht selbstständig von ihrer Rente und ihren Ersparnissen leben können und daher auf staatliche Grundsicherung oder zusätzliche Tätigkeiten angewiesen sind und/oder den Übergang ins Rentenalter subjektiv als starken Einschnitt in materieller und sozialer Hinsicht erleben. Diese Kriterien treffen insbesondere auf einen Haushalt mit allein wirtschaftenden Frauen und solchen mit Migrationshintergrund zu: Nahezu 90 Prozent der Münchner Bezieher_innen von Grundsicherung im Alter leben in Einpersonenhaushalten[5], für allein lebende Frauen ab 65 Jahren ist die Armutsgefährdungsquote in Bayern mit 28,3 Prozent besonders hoch (vgl. BMFSFJ 2010: 348). Personen mit Migrati-

---

dungsschwelle" von 973 Euro. Siehe DGB-Bezirk Bayern (Hrsg.). (2014). *Rentenreport Bayern 2014*. Verfügbar unter: http://bayern.dgb.de/themen/++co++386e70b8-7c82-11e4-b737-52540023ef1a [26.06.2016].
4 Mit unserer Leitthese folgen wir Bourdieus Kapitalsorten (vgl. Bourdieu 2009).
5 Sozialreferat der Landeshauptstadt München (Hrsg.). (2012). *Münchner Armutsbericht 2011*, München, hier S. 83. Verfügbar unter: http://www.muenchen.info/soz/pub/pdf/461_armutsbericht2011_muenchen.pdf [26.06.2016].

onshintergrund, die 65 Jahre und älter sind, weisen in Bayern sogar eine Armutsgefährdungsquote von 33 Prozent auf (ebd.). Wie allerdings unsere qualitativen Erhebungen zeigten, sind zunehmend auch Frauen aus den mittleren Schichten betroffen, die jedoch über andere Strategien der Kompensation des Mangels verfügen.

Weiterarbeiten: Den milieukonformen Stil und die eigene Biographie verteidigen

Im Folgenden wird nun gezeigt, dass es neben den von Pierre Bourdieu beschriebenen Kapitalsorten auch eine Form von ästhetischem Kapital gibt, ein besonderes feldspezifisches kulturelles Kapital, das den Frauen der bürgerlichen Milieus in anderer Weise zur Verfügung steht als denen aus unterbürgerlichen Schichten.

Ästhetik meint hier eine bestimmte Disposition, die sich an spezifischen Werten und milieuspezifischen Vorstellungen von Gepflegtheit, Schönheit und Geschmack orientiert. Diese innere Haltung wird durch die Performanz des eigenen Auftritts praxeologisch wirksam. Ästhetik ist ein mentales Programm und eine Praxisform zugleich, die sich in distinktiven Stilen und Stilisierungen, das heißt symbolischen Arrangements zur Präsentation des Selbstbildes, ausdrücken. Die immer wieder neu zu leistende Herstellung dieses aus Elementen eines bestimmten Stils zusammengesetzten äußeren Auftritts (und die mentale Orientierung an Geschmacksdingen des eigenen Milieus) bezeichne ich als ästhetische Arbeit. Am eigenen Stil arbeiten heißt, bestimmte Elemente (Kleidung, Körpersprache, Wohnwelt et cetera) so zu arrangieren, dass sie den Werten einer bestimmten stilbildenden Gruppe „homolog" sind (Wills 1981). Die Voraussetzungen, diese ästhetische Arbeit verrichten zu können, sind je nach der spezifischen sozialen Position im sozialen Raum und den entsprechend zusammengesetzten Kapitalsorten (vgl. Bourdieu 2009) unterschiedliche. Ästhetische Arbeit leisten zu können, setzt ästhetisches kulturelles Kapital – feldspezifisches Wissen, entsprechende Körperdispositionen (zum Beispiel Gesundheit, Fitness) und inkorporierten Geschmack – sowie ökonomische Mittel und nicht zuletzt auch gewisse soziale Netzwerke voraus.

Das erste Fallbeispiel handelt von einer in unserem Sample vergleichsweise wohlhabenden ehemaligen Lektorin, die durch die Verrentung zunächst *nur* in ihrem gewohnten Lebensstil, genauer des Status quo der ästhetischen Komposition ihres alltäglichen Handlungsraums, gefährdet ist. Frau Wolter[6],

---

6 Alle Interviewten werden mit Pseudonymen benannt.

Lektorin, zum Zeitpunkt des Interviews[7] 73 Jahre alt, lebt in einer Wohnung, die die Insignien des früheren Berufs und Milieus widerspiegelt: ein Leben für Bücher und ein Leben mit Büchern. In ihrer Wohnung ist sie umgeben von Büchern – Bücher, die sie geerbt oder geschenkt bekommen hat, Bücher, die sie liebt, und auch sehr viele Bücher, die sie lektoriert hat. Nach einem abgebrochenen Studium hat Frau Wolter Vollzeit in Verlagen gearbeitet und gut verdient. Nach ihrer Verrentung will sie nicht auf ihre Dreizimmerwohnung in München, auf ihr kleines Auto und den jährlichen Urlaub verzichten.

Um sich diese Extras in ihrem Leben weiter leisten zu können, arbeitet sie weiter – freiberuflich. Die Kontakte aus ihren früheren Tätigkeiten hat sie behalten. Frau Wolter hat weder Partner, noch Kinder. Die Arbeit hat nach wie vor einen hohen Stellenwert in ihrem Leben, rhythmisiert den Tag. Das Immer-Weiterarbeiten sichert ihr auch die Kontinuität ihres Lebens, eines Lebens, das zumindest nach außen auch als ästhetisches Projekt dargeboten wird. Es ist ein milieukonformer Stil, den es mit Hilfe des Weiterarbeitens zu verteidigen gilt. Dabei ist die Arbeit auch Lust, Sinn und gibt Anerkennung. Im Alter kommt Frau Wolter entgegen, dass sie keine körperlich harte Arbeit verrichten muss. Dies ist das Privileg der Wissensarbeiterin. Die Arbeit selbst – das Lesen und Lektorieren – ist nicht nur Voraussetzung, sondern auch fundamentaler Teil – die Praxis – dieses Lebensprojektes, verkörpert in der Ästhetik der Wohnwelt aus Büchern.

Ein anderes Beispiel ist Frau Claus, die ebenfalls dem mittelschichtlichen Milieu entstammt, bei der genau dieser Erhalt eines repräsentablen Lebens im Alter nicht gelungen ist. Ihr Abstieg konnte nicht durch kulturelles Kapital in Form von Bildungstiteln oder erworbenem Berufswissen – das ermöglicht weiterzuarbeiten – aufgehalten werden. Auf den ersten Blick folgt ihre gewissermaßen „offizielle" (Gajek 2014) Biographie der bürgerlichen Logik und dem bürgerlichen Habitus ihrer Zeit: Geboren 1938, war Frau Claus mit 20 Jahren schwanger, heiratete einen Akademiker. Sie bekam drei Kinder, führte den Haushalt. Alle drei Kinder haben studiert, dann reichte der Mann die Scheidung ein. Auf den zweiten Blick bricht die Fassade auf und es findet sich, so Esther Gajek (2014), eine „inoffizielle" Biographie, die nur die Freunde von Frau Claus kennen. Die Hochzeit fand demnach wegen der Schwangerschaft eher gezwungenermaßen statt, die Ehe war unglücklich. Der Ehemann hatte Schulden, wechselte oft den Arbeitsplatz, war finanziell immer sehr knapp. Die Ehefrau durfte jedoch nicht arbeiten, die Kinder mussten sich ihr Studium selber finanzieren. Die Scheidung war für Frau Claus dann finan-

---

7 Das Interview wurde von meiner Projektkollegin Esther Gajek in der Wohnung der Interviewten am 17.02.2015 durchgeführt.

ziell sehr unvorteilhaft ausgegangen. Sie konnte sich und das jüngste Kind mit einer Halbtagsstelle als ungelernte Kraft kaum durchbringen.

Bei Frau Claus wirkten genau die Dilemmata einer spezifisch weiblichen Erwerbsbiographie des Fordismus und der in der Ein-Ernährer-Familie strukturell zementierten finanziellen Abhängigkeit vom Mann. Gemäß der im Bürgertum gängigen innerfamiliären Arbeitsteilung gab es für die Frau nur eine relativ kurze eigene Berufstätigkeit. Dieses Lebenskonzept, die Vorstellung gemeinsam in einem gewissen Wohlstand alt zu werden, erweist sich hier als Trugschluss.

Die gegenwärtige Wohnung, in die Frau Claus nach der Scheidung einzog, ist bestimmt von der Ästhetik der Armut. Es regiert nicht mehr der bürgerliche Stil, sondern der Notwendigkeitsgeschmack. So ist ihr Abstieg nach außen sichtbar: Sie hat eine geringe eigene Rente, braucht Grundsicherung, lebt allein, hat kein Wohneigentum mehr, keinen Bungalow wie zur Zeit der Ehe. Es ist eine kalte Erdgeschosswohnung in einem Arbeiter_innenhaus in einer Randlage, in dem seit Jahrzehnten nichts mehr renoviert wurde. Die Zimmer sind seit dem Einzug vor 20 Jahren nicht mehr gestrichen, kein Raum ist geheizt. Die Möbel wurden seit der Hochzeit nicht mehr erneuert, kaum etwas passt so richtig zusammen. Kein Stück hat einen besonderen Wert. Esther Gajek bemerkte beim Interviewbesuch ertragreiche Tomatenpflanzen in der Abstellkammer.

Dass Frau Claus sich aber durchaus noch am bürgerlichen Stil, der Ästhetik ihres früheren Familienlebens im Bungalow, orientiert, zeigt erstens ihr Verweis auf ihre Freundin. Deren Mann war früher in der gleichen beruflichen Position wie ihr Ex-Mann, was den eigenen sozialen Abstieg besonders bitter macht. Hier wird deutlich, dass Armut eine relational konzipierte Größe ist, die vom alltagsweltlichen Vergleich und den habituellen Möglichkeitsräumen lebt, die für einen adäquat und legitim erscheinen. Die Freundin von Frau Claus verfügt über die Insignien und Statussymbole sowie über die aufgrund ihrer soliden ökonomischen Basis gegebenen Freiheiten des bürgerlichen Lebens und führt der Geschiedenen die eigene Situation kontrastiv vor: Hier ist, dank des weiterhin vorhandenen Ehemannes, finanzielle Sicherheit und die Eigentumswohnung gegeben. Investitionen sind möglich, neue Möbel, neue Kleider, ein neues Auto und E-Bikes gehören zum selbstverständlichen Lebensstil. Frau Claus betonte, dass ihre Freundin den Kindern und Enkeln höhere Geldgeschenke mache und sich Hilfe durch Gärtner, Handwerker oder Putzfrau zukaufen könne. Auch aufwändigere Reisen sind dort üblich, das Finanzieren von Hobbies ist möglich.

Des Weiteren verdeutlicht auch die Scham, die Frau Claus empfindet, wie sie sich weiterhin an dem verlorenen Standard und der Ästhetik dieses bürgerlichen Lebens orientiert:

> Das ist halt furchtbar. Das ist einfach so furchtbar, man schämt sich so. Man hat halt sich bisher immer in einer bestimmten Lage aufgehalten, wo das gar nicht in Frage stand, dass man für den nächsten Tag noch sein Essen hat. Heute ist es so, dass ich ein paar Tage vor dem Letzten überleg, was machst du jetzt? Isst ein Spiegelei? Oder paar Kartoffeln, irgendwas, was unbedingt sein muss.[8]

Auch wenn sich Frau Claus wie manche unserer Interviewten ganz im Sinne des neoliberalen Leistungsimperativs auch noch selbst die Schuld an ihrer prekären Lage gibt und Schmerz über den Verlust des Gewohnten verspürt, bearbeitet sie ihre Lage aktiv. Sie hat sich Möbel, die ihr fehlten, als ausgemusterte Teile von Freund_innen oder Verwandten besorgt. Alles wird von ihr gepflegt, etwas Neues kann sie sich nicht leisten. Den Personal Computer bekam sie vom Schwiegersohn geschenkt, die Kleider, die sie trägt, bestehen aus Sonderangeboten, sind Geschenke oder aus dem Nachlass einer Freundin geerbt.

Hier zeigt sich, erstens, dass Arbeit als Bewältigungsform des prekären Alltags im Alter viele Formen annimmt. Zweitens werden die Formen und Praktiken auch milieuspezifisch vorgebildet: Frau Claus kann zwar aufgrund fehlender Ausbildung und nicht aufgebauter beruflicher Möglichkeiten nicht wie die Lektorin weiterarbeiten, doch versteht sie es, kulturelles und soziales Kapital nutzbar zu machen. Sie weiß, wie man spart und wirtschaftet. Sie weiß sich zu helfen, indem sie sich fehlende Alltagsdinge durch ihr gut situiertes familiäres Netzwerk besorgt. Hier wird das soziale Kapital zur entscheidenden kompensatorischen Ressource.

Die Interviews verweisen darauf, dass entsprechende Strategien des Sparens, Tauschens, Selbermachens, Haushaltens, aber auch die Abrufung der möglichen Hilfsleistungen der sozialen Netzwerke solche Tätigkeiten sind, mit denen die Frauen versuchen, ihren Stil, die Ästhetik der gewohnten Lebensführung, aufrechtzuerhalten und die materiellen Einbrüche soweit es geht unsichtbar oder wirkungslos zu halten. Gelingt dies wie bei Frau Claus nicht, ist die Erinnerung an bessere Zeiten der quälende Vergleichsmaßstab. Gleichzeitig spielt kulturelles Kapital – Wissen und erlernte Fertigkeiten – eine zentrale Rolle für den Umgang mit Mangel: Selbermachen und andere Techniken entstammen genau dem habituellen Kenntnis- und Möglichkeitsraum der bürgerlichen Frauen, die hier ihre hauswirtschaftlichen Fertigkeiten und da-

---

8 Das Interview wurde von Esther Gajek in der Wohnung der Interviewten am 02.10.2013 geführt.

mit auch Elemente ihres *Stils des Lebens* zum Werkzeug und in Arbeit konvertieren können. Dies unterscheidet sie oftmals von den unterbürgerlichen Schichten.

Zu diesem kulturellen Kapital gehören sowohl beruflich genutztes Wissen als auch die in dieser Frauengeneration stark ausgebildeten hausfraulichen Fertigkeiten sowie die Verfügungsmöglichkeit über Material. Für das Herstellen von Geschenken, die Frau Claus auch aus Kostengründen selber macht, oder zum Handwerken von Flohmarktartikeln sind entsprechend zum Beispiel Stoffe zum Nähen, qualitätsvolle Wolle, Gartenprodukte zum Einkochen und Blumen zum Sträuße Binden die Voraussetzung. Manche der bürgerlichen Frauen besitzen noch diese *Rohstoffe* oder können sich Zugang zu diesen Ressourcen verschaffen, sie lagern und pflegen. Eine Frau bringt als Gastgeschenke bei Einladungen Selbstgekochtes mit, eine andere näht Kleider für Bekannte, die sie mit dem Kauf von Bio-Lebensmitteln entschädigen. Eine weitere, eine 80-jährige Malerin, die Grundsicherung bezieht, entlohnt inzwischen sogar die Zugehfrau mit ihren Bildern. Diese Praktiken der Tauschwirtschaft stiften bis ins hohe Alter eine gewisse Autonomie und Kontinuität, soweit und sofern sie möglich sind.

Tauschökonomien: Netzwerke aus Menschen, Produkten und Techniken

Manche der Frauen haben über die Jahre sogar sehr ausgefeilte informelle Tauschökonomien aufgebaut. Das folgende Beispiel von Frau Kratzer zeigt exemplarisch, wie sich diese Frauen ein ausgeklügeltes Netzwerk an Menschen, Produkten und Techniken erarbeitet haben.

Frau Kratzer, zum Zeitpunkt unseres ersten Interviews[9] 72 Jahre alt und geschieden, war einige Jahrzehnte als Lektoratsassistentin in einem Münchner Verlag beschäftigt. Ihre beiden Kinder sind erwachsen, sie hat sie allein erzogen und bis auf kurze Unterbrechungen, als diese klein waren, in Teil- oder Vollzeit gearbeitet. Im Jahr 2007 musste sie einer Frühverrentung, die sie als *Rauskick* empfand, zustimmen. Bis 2015 arbeitete sie jedoch als Telefonistin in ihrem alten Verlag auf Basis eines Minijobs weiter.

Für Frau Kratzer bot die Arbeit neben dem materiellen und sozialen noch einen weiteren Vorteil: Sie besserte nicht nur ihre Rente auf – 1.050 Euro plus

---

9 Die beiden Interviews mit Frau Kratzer wurden im Abstand von eineinhalb Jahren im Dezember 2015 und April 2016 von Projektmitarbeiterin Petra Schweiger und mir in deren Wohnung geführt.

70 Euro *Mütterrente* – und traf viele alte Bekannte, sondern sie konnte auch im Verlag Zeitungen lesen und sparte so das Abo. Auch konnte sie aus einer Bücherkiste umsonst Bücher mitnehmen, die sie als Geschenke einsetzte. Frau Kratzer ist außerdem „Umschlagplatz" für die hochwertige Kleidung von reichen Bekannten, die sie über den Verlag oder die ehemalige Schule ihres Sohnes kennt. Sie nimmt sich hier für ihre Tochter und sich selbst gute Stücke heraus und reicht andere – mit Genugtuung über ihre Schlüsselfunktion in diesem Tauschsystem – an bedürftige Bekannte oder einen Handwerker weiter, der für sie wiederum Arbeiten in der Wohnung erledigt. „Ich bin die Zentralstelle hier!", wie sie sagt. Ihre kleine abgezahlte Eigentumswohnung ist ihr nicht nur Sicherheit und – nach der Aufgabe des Minijobs in Folge einer Erkrankung – zunehmend Rückzugsort, sondern auch die Basis für diese Tauschgeschäfte. Auf diese ist sie genauso angewiesen wie auf das gezielte Aufstöbern von Sonderangeboten oder die Befreiung von der Zuzahlung zu Arzneimitteln, die sie durch erworbenes Detailwissen erkämpfte. Denn auch wenn Frau Kratzers Rente vergleichsweise hoch ist, so ist sie finanziell ausgesprochen verwundbar: Einen Dispokredit von 3.400 Euro, den sie aufnehmen musste, um Reparaturen am Haus mittragen zu können, schleppte sie einige Jahre mit, bis sich ihre Kinder nach ihrem Schlaganfall entschieden, die Schulden für sie zu begleichen. Bei unserem letzten Gespräch war Frau Kratzer schuldenfrei, wusste aber nicht, wie lange sie dies wohl bleiben könne.

Auch andere Interviewte aus dem bürgerlichen Milieu waren in ähnliche Tauschformationen eingebunden. Eine diesbezüglich besonders rührige Interviewte, die einem Tauschring vorsteht, backt zu Weihnachten immer kiloweise Vanillekipferl, für die sie in der Währung der Tauschbörse Punkte sammelt, um dann einmal eine Fahrt zum Flughafen oder den Anstrich ihres Balkons als Gegenleistung einlösen zu können. Manche Frauen entwickeln hier einen regelrechten Sportsgeist. Doch auch dabei machen sich die sozialen Unterschiede bemerkbar.

Ein wichtiges Stichwort ist hier das der Wissensarbeit und damit verbunden das Internet: Wer hier über Zugang und Wissen verfügt, hat enorme Vorsprünge, denn diese neuen Formen des Teilens und des Tauschens werden zentral online etabliert und realisiert. Der *digital divide* wirkt im Alter besonders gravierend: Wer das Internet nicht für Einkäufe, E-Mails, Schnäppchen oder Umsonst-Angebote wie zum Beispiel Online-Zeitung anstatt Print-Abo nutzen kann, muss die gedruckten Versionen bezahlen und je nach Wohngegend weite Wege zur nächsten Post oder zum Kiosk zurücklegen, und dies nun in einer Lebensphase, in der dies schwerer fällt.

Frauen, die nicht aus dem bürgerlichen Milieu oder jedenfalls aus dem Berufsfeld der höher qualifizierten Wissensarbeit stammen oder wie im folgenden Beispiel einfach finanziell und hinsichtlich der sozialen Netzwerke schlechter ausgestattet sind, haben weniger Möglichkeiten, kulturelles Kapital für Tauschgeschäfte einzusetzen. Sie haben nicht die Mittel und Möglichkeiten, ästhetisches Kapital – etwa zum Herstellen von hochwertigen hauswirtschaftlichen Gütern oder Handarbeiten – zu mobilisieren. Sie leben beengter, verfügen nicht über eine repräsentable und mit genügend Raum ausgestattete Wohnung als *Warenumschlagplatz* wie bei Frau Kratzer. Ihnen fehlen oft zwar nicht die hausfraulichen und handwerklichen Kenntnisse, sehr wohl aber die Mittel, um aus hochwertigen Materialien, die sie nicht finanzieren können, vermarktbare Tauschprodukte herzustellen. Ebenso fehlen ihnen die Netzwerke, die diesen Tausch nutzbringend anwenden ließen.

Eine von Grundsicherung lebende Rentnerin, die ich während meiner Feldforschungen im Herbst und Winter 2014/15 in einem der Münchner Alten- und Servicezentren immerzu handarbeitend antraf, strickt Weihnachts- und Osterdekorationen oder auch Babykleidung für Bekannte. Dabei kostet die Wolle stets pro Knäuel nur einen Euro, es ist Synthetik, „echte Wolle" kann sie sich nicht leisten. Der Tauschwert ist gering. Meist geht es ihr ohnehin eher um eine Beschäftigung, über die sie ins Gespräch kommt. Wenn sie öffentlich strickt, ist sie sich Aufmerksamkeit oder auch bewundernder Nachfrage sicher. Bei dieser Tätigkeit unterscheidet sie zwischen den kleinen Geschenken, die auch ich während meiner Feldforschung zugesteckt bekam, und den größeren Auftragsarbeiten. Einmal erzählte sie mir wütend, dass eine Bekannte den gewünschten Preis für die diffizile und zeitaufwändige Handarbeit nicht bezahlen wollte. Da sie als Migrantin, die erst vor ein paar Jahren nach München zog, außerhalb der Familie wenig feste Beziehungen aufbauen konnte, bestehen offensichtlich auch keine Verbindlichkeiten für ihr informelles Geschäftsmodell. In losen Beziehungen kann die Gegengabe oder Entlohnung leicht wegfallen, ohne dass dies von der Geberin oder ihrem Netzwerk sanktioniert werden könnte.

Wirtschaften ohne vergleichsweise große Kapitalvolumina: Der Körper als ausgebeutete Ressource

Diejenigen Frauen unseres Samples, die ihr Leben lang harte körperliche Arbeit im Bereich der Pflege, als Bedienungen, Reinigungskräfte oder Kassiererinnen ausübten, müssen nun im Rentenalter, um in München leben zu können, weiterhin genau das kapitalisieren, was ihnen im wahrsten Sinne des Wortes in Folge ihrer harten Arbeit am schmerzhaftesten ist: den eigenen Körper.

„Man ist verbraucht", wie es eine ehemalige Krankenschwester ausdrückte, die aufgrund von multiplen berufsbedingten Beschwerden vorzeitig in Ruhestand gehen musste. Der Körper erlaubt es eigentlich nicht, weiterzuarbeiten. Manche unserer Interviewten verbrauchen ihn dennoch weiter: beim Flaschensammeln, als „ehrenamtliche" Köchin gegen eine Aufwandsentschädigung in einem Alten- und Servicezentrum, als Pflegekraft, mit Schwarzarbeit oder Minijob in einem Call Center wie im folgenden Fallbeispiel.

Frau Tegt ist zum Zeitpunkt unseres Interviews[10] 68 Jahre alt und lebt allein. Auch ihre Arbeitserfahrungen spiegeln die typisch weibliche „Normalerwerbsbiographie" ihrer Generation wider: Arbeit ein Leben lang, davon acht Jahre Kindererziehung und anschließende Teilzeitarbeit bis zur Rente. Hinzu kam die Scheidung vom Ehemann, dem sie Rentenpunkte abgeben musste. Ihre Lebenshaltungskosten könnte sie mit ihrer geringen Rente nach Arbeit als Sachbearbeiterin in einer Krankenkasse alleine nicht decken. Gerne hätte sie ihre Tätigkeit dort trotz Eintritt ins Rentenalter fortgesetzt, dies wurde ihr – gemäß der in Deutschland üblichen Pflichtverrentung – von Seiten des Unternehmens jedoch nicht gestattet. Nach mehreren Bewerbungen fand sie schließlich eine geringfügige Beschäftigung in einer Marktforschungsagentur. Dort arbeitet Frau Tegt zwei Abende die Woche im Bereich der Kundenakquise. Das ständige Telefonieren bereitet ihr zunehmende körperliche Beschwerden, weshalb sie versucht, eine andere Stelle zu finden:

> Ich schaue halt und suche. Aber du kriegst nichts mehr. Ich habe mich mittlerweile, glaube ich, drei oder vier Mal beworben. Ging aber nichts, keine Chance. [...] Weil die Jüngere wollen. Ja, klar. Ja, mit 68, da sagen die, die ist zu langsam, die kann das nicht, bis die einlernt, oder was weiß ich. [...] Ja, das ist mir klar. [...] Wenn da eine 50-jährige kommt, oder 45-jährige, dass sie die nehmen. [...] Also ich kann nur noch in der Telefonakquise. Mit dem Alter hast du keine Chance. Also in der Telefonakquise ist klar, da kriegst immer was, weil da sieht dich ja keiner in dem Sinne, musst halt stundenlang telefonieren. Aber das geht natürlich schon an die Substanz. Da gehe ich raus, da bin ich fertig.[11]

---

10 Das Interview wurde am 12.03.2015 von Petra Schweiger und mir in einem der Münchner Alten- und Servicezentren geführt, in das die Interviewte regelmäßig geht, um sich – etwa für den Antrag auf die Rente ergänzende Grundsicherung – beraten zu lassen.

11 Siehe Anm. 10.

Frau Tegt bemerkt die ungleiche Chancenverteilung von Zugängen zum Arbeitsmarkt. Dort wird dem alternden Körper einerseits – den üblichen Altersstereotypen entsprechend – eine geminderte Leistungsfähigkeit zugeschrieben, andererseits wird er aber nicht im Sinn eines „wohlverdienten Ruhestandes" entlastet, sondern aus vermeintlich ästhetischen Gründen lediglich ins „Hinterzimmer" verbannt.[12]

Dieses Fallbeispiel lässt auf intersektionale Exklusionsmechanismen und *ageism* schließen (vgl. van Dyk 2009). Die Kategorien „Geschlecht" und „Alter" wirken hier zusammen und produzieren Mehrfachdiskriminierungen (vgl. Backes 2004). Diese sind der betreffenden Person zwar bewusst, werden jedoch hier nicht öffentlich verhandelt, sondern vielmehr individuell ver- und bearbeitet. Durch die alltägliche Performanz – beispielsweise eine bestimmte Art und Weise sich zu kleiden oder das Ausüben einer Erwerbstätigkeit trotz Ruhestand – wird versucht, die eigene prekäre Situation zu bewältigen und gleichzeitig zu verheimlichen. Auch Frau Tegt tritt Petra Schweiger und mir als gut gekleidete, elegante Erscheinung gegenüber. Von Mangel ist ihr nichts anzumerken, auch ihren gut situierten Kindern gegenüber verheimlicht sie ihre Situation. Hier dient der ästhetische Auftritt auch dem Schutz. Hinter die Fassade zu schauen, wird nicht gestattet. Der Mangel an ausreichendem Kapitalvolumen wird hier durch die Kapitalisierung des Körpers kompensiert. Wenn sie mit dem Risiko ihres weiteren körperlichen Verschleißes Telefonakquise betreibt, wird der Körper zur letzten ausbeutbaren Ressource, zum „Austragungsort existenzbedrohter Lebenswelten" (Rau 2015). Noch gibt sich Frau Tegt, zumindest im Interview, optimistisch. Ihre ungewisse körperliche Verfassung und Zukunftsängste machen ihr jedoch enorm zu schaffen.

Die Aktivierung des Alters versus Sparen am Körper und Rückzug

Zum Schluss sollen nun diese Befunde in den Diskurs um die Aktivierung des Alters eingeordnet werden, ein Diskurs, der, wie die Dispositiv-Analysen von Denninger, van Dyk, Lessenich und Richter gezeigt haben, zunehmend auf die Selbstvorsorge eines als jugendlich und fit präsentierten Alters setzt

---

12 Dass diese Erfahrung von Ausschluss – *ageism* – keine individuelle ist, belegen die gängigen Vorurteile gegenüber älteren Beschäftigten: Sie seien weniger leistungsfähig, lernfähig und weniger flexibel, überdies öfter krank, womit die Ausstellung Älterer bzw. die Frühverrentungen der letzten Jahrzehnte immer wieder gerechtfertigt wurden. Vgl. Sozialreferat der Landeshauptstadt München (Hrsg.). (2012). *Münchner Armutsbericht 2011*, München, S. 31, 177–230. Verfügbar unter: http://www.muenchen.info/soz/pub/pdf/461_armutsbericht2011_muenchen.pdf [26.06.2016].

(vgl. Denninger et al. 2014). Dieses gewissermaßen an den jugendlichen Konsumentenstilen orientierte, ästhetisch anmutende Nicht-Alter muss man sich leisten können.

Die neuen Leitbilder der jungen fitten Alten in Medien, Politik und Wissenschaft benachteiligen jene Frauen doppelt, die mit Vulnerabilitäten im Alter zu kämpfen haben, und halten sie mit ihren alltäglichen Überlebenskämpfen unsichtbar. Erstens sind diese Frauen im Diskurs das nicht signifizierte Andere, weil sie oft *verbraucht* sind, weil ihnen die schwere Arbeit, die sie ein Leben lang leisteten, in den Körper eingeschrieben ist und sie diesem aktiven Habitus physisch und ästhetisch nicht entsprechen können. Zweitens fehlen ihnen die ökonomischen Mittel und oft auch die sozialen und kulturellen Kapitalien, um die bei ihnen besonders große Diskrepanz zwischen *Verbrauchtsein* und der Ästhetik der Jugendlichkeit – oder in den vorgestellten Fällen auch der Bürgerlichkeit – abzufedern. Dies ist dann besonders folgenreich und diskriminierend, wenn man mit berücksichtigt, dass das Profil der jungen aktiven Alten inzwischen zu einem moralisch aufgeladenen Imperativ des neoliberalen Staates geworden ist, der Rentenniveaus absenkt, auf private Vorsorge setzt und Sozialleistungen streicht (vgl. Denninger et al. 2014).

Hier zeigt sich auch ein generelles Paradox oder eine gesellschaftlich mitproduzierte Tragik des Alter(n)s: Die Maßnahmen zur Erhaltung der Arbeitsfähigkeit und der Stilisierungen des Körpers gemäß den jugendkulturellen Inszenierungs-Regimes oder des Habitus des gepflegten Mittelstandsauftritts werden aufwändiger, je mehr der Leib altert. Die ästhetisch-technischen Hilfsmittel, um physischen Abbau zu kompensieren, werden genau in jener Lebensphase besonders benötigt, in der die ökonomischen Möglichkeiten durch (kleine) Renten abnehmen. So erzählte eine Grundsicherungsempfängerin, wie sie aufwändig einen Antrag bei einer privaten Stiftung stellte, um ihre neue Brille zu erhalten. Bei den Ärmsten unseres Samples setzt die Frage des Erhalts des ästhetisch ansprechenden Körpers tatsächlich bei basalen körperlichen Funktionen an: Sehen, Hören, Kauen. Wenn man kein finanzielles Polster und nur 1.000 Euro Rente hat, ist die Zuzahlung für einen Zahnersatz nicht mehr drin, wie im Falle der Pflegekraft Frau Heller, die zuletzt vor der Verrentung und nach ihrer Scheidung in einem Büro arbeitete. Wie sie sich mit ihrer Zahnlücke, so findet eine ehemalige Reinigungskraft sich mit ihrer schlecht sitzenden Zahnprothese ab, die ihr beim Essen große Schmerzen bereitet.

Für manche unserer Interviewpartnerinnen bedeuten diese Einschränkungen auch Rückzug, selbst bei früher relativ gut situierten Frauen. Frau Heller, die kurze Zeit mit einem wohlhabenden Mann verheiratet war, muss sich nun nach der Scheidung mit ihren Schulden und der Rente von 1.000 Euro sogar im persönlichen Wohnraum die Heizung versagen:

> Oder jetzt mit dem Öffentlichen fahren, kann ich mir gar nicht leisten. Da überlege ich mir, was ich mache. Verstehen Sie? [...]. Ich heize ja im Winter nur einen Raum, kein Bad, kein Schlafzimmer, nichts. [...] Strom spare ich auch. Ich spüle einmal in der Woche, meine Spülmaschine mache ich voll. Einmal in der Woche wasche ich [...]. Also, und ansonsten wird das Licht ausgedreht.[13]

In anderen Fällen bedeuteten die Einschränkungen auch die Kündigung von Abonnements, die Aufgabe von Hobbies, die Reduzierung von Sozialkontakten, den Rückzug in die eigenen vier Wände; auch medizinische Eingriffe werden nicht mehr gemacht.

Fazit

Der Eintritt ins Rentenalter – neben anderen biographischen Krisen wie Arbeitslosigkeit oder Erwerbsunfähigkeit – begünstigt soziale Abstiegsgefährdungen, gerade bei Frauen, deren Erwerbsbiographien ohnehin nach der Logik des fordistischen Arbeitsregimes oft *brüchig* gewesen sind. *Mithalten können* mit der Ästhetik der jugendkulturellen Stile oder der weiterhin besser gestellten Freundin oder auch der Erhalt der bürgerlichen Wohn- und Lebenswelt – all das wird im Alter bei nachlassenden körperlichen Kräften, möglicherweise eingeschränkteren Bewegungsradien und weniger Chancen auf Erwerbsarbeit eine zunehmend schwer zu leistende Praxis. Dies ist insbesondere bei jenen Frauen der Fall, deren Vulnerabilität, die Alter mit sich bringen kann, durch eine spezifische Stellung im sozialen Raum und den damit einhergehenden weiteren Gefährdungen potenziert wird. Diese können etwa darin bestehen, dass keine Ersparnisse da sind, die Wohnung zu teuer wird, spezifische berufsbedingte und Kosten verursachende Erkrankungen vorliegen oder potente soziale Netzwerke fehlen.

In diesem Beitrag wurde beleuchtet, mit welchen Strategien und Praktiken Frauen aus unterschiedlichen Milieus mit ihren unterschiedlich verteilten Kapitalsorten finanzieller und sozialer Prekarität im Alter entgegenarbeiten. Die Abwendung von Armut in Form von Arbeit am Projekt *Leben as usal* ist ein tägliches Geschäft, bei dem die Frauen in habitualisierter Weise insbesondere ihr kulturelles Kapital – von Büchern und Handarbeiten als Geschenken oder

---

13 Dieses Interview wurde von Esther Gajek am 17.04.2015 geführt.

Tauschobjekten bis hin zu anderen Techniken des *Do it yourself* – marktförmig machen – sofern sie darüber verfügen. Diese informellen Formen ästhetischer Arbeit oder Arbeit mit dem Ästhetischen sind im „aktivierenden Sozialstaat" (Lessenich 2008) gewollt, sie werden von entsprechenden Diskursen propagiert und im Sinne der Umsetzung des autark bleibenden „Alterskraftunternehmertums" (Denninger et al. 2012) notwendig. Diese Ökonomisierung des Ästhetischen im Dienste des Erhalts des eigenen Wohn- und Kleidungsstils und des gepflegten sowie funktionierenden Körpers entspricht aus der Perspektive der Akteurinnen jedoch auch dem Wunsch, den eigenen Status zu erhalten.

Die Möglichkeiten zu dieser Arbeit mit kulturellen Ressourcen – etwa auch das Weiterarbeiten in einem vergleichsweise einträglichen und körperlich wenig belastenden Beruf – stellen zugleich ein Distinktionsmerkmal bürgerlicher Frauen gegenüber denjenigen aus sozial unterprivilegierten Milieus dar. Diese verfügen nicht über einen beruflichen Hintergrund, der nach der Rente noch weiter aktiviert bleiben kann, oder über einschlägiges Wissen und Ressourcen für den Aufbau einer informellen Tauschökonomie. So bleiben ihnen nur der mit Mangel und Einschränkungen verbundene Rückzug sowie die Arbeit am Erhalt der Existenzsicherung durch die weitere Vernutzung des Körpers. Die Praktiken der Ästhetisierung fungieren hier als Distinktionstechniken, als Strategien, um einen drohenden sozialen Abstieg abzuwenden oder zu verschleiern.

Das normative Leitbild des aktiven Alters mit seiner jugendkulturellen Ästhetik zu *erhalten* – im doppelten Wortsinne von Bewahren wie überhaupt Herstellen –, kostet mehr als nur ökonomisches Kapital und ästhetische Arbeit. Hier trennen sich Gewinnerinnen und Verliererinnen. Darüber hinaus verschleiert die Aktivierungsästhetik einschlägiger medialer Bilder von fitten, konsumfreudigen *Best-Agern* die Existenz derer, die weiter abends unsere Büroräume putzen oder Flaschen sammeln (vgl. Rau 2016). Doch auch sie bleiben in einem „aktivierten" Aggregatszustand, wobei dieser hier kein privilegierter ist, der dem Kreativitäts- und Aktivierungsdiskurs folgt (vgl. Lessenich 2009). Stattdessen orientiert er sich an der Logik des Notwendigkeitsgeschmacks, wie sie geschlechtsspezifische Erwerbsverlaufsmuster des Fordismus, prekäre Jobstrukturen des Postfordismus und nicht zuletzt der deregulierte Staat auf der weniger gern politisch beachteten Hinterbühne mit produzieren.

Literatur

Backes, Gertrud (2004). Alter(n): Ein kaum entdecktes Arbeitsfeld der Frauen- und Geschlechterforschung. In Ruth Becker/Beate Kortendiek (Hrsg.), *Handbuch Frauen- und Geschlechterforschung. Theorien, Methoden, Empirie* (S. 395–401). Wiesbaden: Westdeutscher Verlag.

Bundesministerium für Familie, Senioren, Frauen und Jugend (= BMFSFJ) (Hrsg.). (2010). *Sechster Bericht zur Lage der älteren Generation in der Bundesrepublik Deutschland. Altersbilder in der Gesellschaft*. Berlin, im Juni 2010. Verfügbar unter: http://www.bmfsfj.de/RedaktionBMFSFJ/Pressestelle/Pdf-Anlagen/sechster-altenbericht,property=pdf,bereich=bmfsfj,sprache=de,rwb=true.pdf [20.06.2016].

Bourdieu, Pierre (2009). Ökonomisches Kapital, kulturelles Kapital, soziales Kapital. In Heike Solga/Justin Powell/Peter A. Berger (Hrsg.), *Soziale Ungleichheit. Klassische Texte zur Sozialstrukturanalyse* (S. 111–125). Frankfurt am Main: Suhrkamp.

Castel, Robert/Dörre, Klaus (Hrsg.). (2009). *Prekarität, Abstieg, Ausgrenzung. Die soziale Frage am Beginn des 21. Jahrhunderts*. Frankfurt am Main: Transcript.

Clemens, Wolfgang (2004). Lebenslage und Lebensführung im Alter. Zwei Seiten einer Medaille? In Gertrud M. Backes/Harald Künemund (Hrsg.), *Lebensformen und Lebensführung im Alter* (S. 43–58). Wiesbaden: Verlag für Sozialwissenschaften.

Denninger, Tina et al. (2012). Vom „verdienten Ruhestand" zum „Alterskraftunternehmer"? Bilder des Alter(n)s im gesellschaftlichen Wandel nach dem Systemumbruch. In Heinrich Best/Everhard Holtmann (Hrsg.), *Aufbruch der entsicherten Gesellschaft. Deutschland nach der Wiedervereinigung* (S. 369–387). Frankfurt am Main: Campus.

Denninger, Tina et al. (2014). *Leben im Ruhestand. Zur Neuverhandlung des Alters in der Aktivgesellschaft*. Bielefeld: Transcript.

Dyk, Silke van (2009). ,Junge-Alte' im Spannungsfeld von liberaler Aktivierung, *ageism* und *anti-aging*-Strategien. In dies./Stephan Lessenich (Hrsg.), *Die jungen Alten. Analysen einer neuen Sozialfigur* (S. 316–339). Frankfurt am Main: Campus.

Gajek, Esther (2014). Gut versteckt. Beginnende Verarmung von älteren Frauen in den mittleren Schichten und Strategien der Bewältigung (ein Werkstattbericht). In Irene Götz/Katrin Lehnert (Hrsg.), *Prekärer Ruhestand. Arbeit und Lebensführung von Frauen im Alter. Workshop-Dokumentation* (S. 53–66). Verfügbar unter: http://www.volkskunde.uni-muenchen.de/vkee_download/doku_prekaerer-ruhestand.pdf [26.06.2016].

Götz, Irene/Lehnert, Katrin (Hrsg.). (2014). *Prekärer Ruhestand. Arbeit und Lebensführung von Frauen im Alter. Workshop-Dokumentation*. Verfügbar unter: http://www.volkskunde.uni-muenchen.de/vkee_download/doku_prekaerer-ruhestand.pdf [26.06.2016].

Götz, Irene/Lehnert, Katrin (2016). Präventive Vermeidung von Altersarmut. In Stefan Pohlmann (Hrsg.), *Alter und Prävention* (S. 85–106). Heidelberg: Springer.

Lessenich, Stephan (2008). *Die Neuerfindung des Sozialen. Der Sozialstaat im flexiblen Kapitalismus.* Bielefeld: Transcript.

Rau, Alexandra (2016). *Alltag Flaschensammeln. Ethnographie einer informellen Arbeitspraxis* (Münchner Ethnographische Schriften, Bd. 20). München: Utz.

Willis, Paul (1981). *Learning to Labor. How Working Class Kids Get Working Class Jobs.* New York: Columbia University Press.

Künstlerische Verhandlungen ästhetisierter Arbeit

Ildikó Szántó

Entästhetisierte Kunst, prekäre Arbeit
Eine soziologische und eine kunstfeldinterne Perspektive auf das Verhältnis von Kunst und Arbeit

Wird die zeitgenössische Kunst vom Ästhetischen bestimmt? Fungiert die Kunst als ein Strukturmodell der gesellschaftlichen Ästhetisierung? Überschneiden sich zeitgenössische Kunst und Arbeit, indem sie beide auf das sinnlich-affektiv Neue gerichtet sind? Der folgende Aufsatz diskutiert zwei – eine soziologische und eine aus dem zeitgenössischen Kunstfeld stammende – Antworten auf diese Fragen. Die erste, soziologische Antwort von Andreas Reckwitz behauptet, dass sich die Gesellschaft und darin die Arbeit von der Kunst ausgehend zunehmend ästhetisierte (vgl. Reckwitz 2012). Dabei definiert Reckwitz die Kunst als zentralen Ort des Ästhetischen, das heißt der selbstzweckhaften, auf das sinnlich-affektiv Neue gerichteten Erfahrung. Die zweite Antwort auf diese Fragen liefert das künstlerische Projekt *Work to do! Selbstorganisation in prekären Arbeitsbedingungen*, das 2007 bis 2008 durch die Kunstinstitution *Shedhalle* in Zürich realisiert wurde. Im Gegensatz zu Reckwitz wurde im Letzteren Kunst nicht als Schauplatz für selbstzweckhafte, sinnlich-affektive Erfahrungen verstanden, sondern als Ort, an dem Diskurse über und Auseinandersetzungen mit sozialen Fragen angestoßen werden können. Das Konzept von *Work to do!* nahm aber nicht nur von der Gleichsetzung von Kunst und Ästhetik Abstand. Darüber hinaus setzte es sich von denjenigen Gesellschaftsdiagnosen ab, die eine Angleichung von Arbeit an die künstlerische Tätigkeit verkündeten. Dem Spannungsverhältnis zwischen der Kunstauffassung von Reckwitz und dem Kunstprojekt *Work to do!* geht folgender Aufsatz nach.

Ästhetisierung der Gesellschaft

Reckwitz stellt in seinem Buch *Die Erfindung der Kreativität. Zum Prozess gesellschaftlicher Ästhetisierung* die These auf, dass die Gesellschaft[1] (und darin auch die Arbeit) im letzten Drittel des 20. Jahrhunderts einen Strukturwandel erfuhr, in dessen Rahmen sich das Ästhetische auf Kosten des Zweckra-

---

1 Reckwitz präzisiert nicht, um welche Gesellschaft es ihm geht, aber seine Beispiele stammen ausnahmslos aus Westeuropa und den Vereinigten Staaten von Amerika.

tionalen ausweitete (Reckwitz 2012). Dies nennt der Autor in dem Untertitel seines Buches den „Prozess gesellschaftlicher Ästhetisierung". Dabei versteht er unter dem Ästhetischen *„eigendynamische* Prozesse sinnlicher Wahrnehmung, die sich aus ihrer Einbettung in zweckrationales Handeln gelöst haben" und deren Spezifika „ihre Selbstzweckhaftigkeit und Selbstbezüglichkeit" sowie „Sinnlichkeit um der Sinnlichkeit willen" seien (ebd., 23, Hervorh. i.O.).[2] Des Weiteren sei das Ästhetische durch die Züge der Affektivität und der Orientierung am Neuen charakterisiert (ebd., 38–48). Diesen Begriff des Ästhetischen anwendend, geht Reckwitz davon aus, dass die Ästhetisierung der Gesellschaft durch ein Kreativitätsdispositiv bewerkstelligt werde, in dessen Zentrum die Produktion von und die Suche nach ästhetischen Reizen stehen. Dies schlage sich auch im Bereich der Arbeit nieder, in dem sich eine von der Ästhetisierung bestimmte Arbeitsweise ausbreite, die der Autor „ästhetische Arbeit" nennt. Die „ästhetische Arbeit" bringe ästhetische Güter und Dienste hervor und ihr Vollzug gehe ebenfalls mit ästhetischen Erfahrungen einher (ebd., 192f.).[3] Ihre idealtypischen Beispiele finde man in den Bereichen der Mode, der Werbung und des Designs (ebd., 165), aber sie verbreite sich über diese Bereiche hinaus.

In dieser Zeitdiagnose der Ästhetisierung der Gesellschaft spielt die Kunst eine zentrale Rolle. Sie sei das soziale Feld, in dem das Strukturmodell für das Kreativitätsdispositiv entwickelt wurde und aus dem heraus sich das Ästhetische während der Avantgarde und der Postmoderne in Richtung der Gesellschaft entgrenzte (ebd., 98). Die Kunst liefere das „exemplarische Format" einer „ästhetischen Sozialität", die als Modell für andere Bereiche der Gesellschaft diene (ebd., 55, 127). Die „ästhetische Sozialität" sei wie die ästhetische Erfahrung strukturiert und bestehe aus vier Elementen: den Künstler_innen, dem künstlerischen Objekt, dem Publikum und den die Aufmerksamkeit regulierenden Institutionen (ebd., 54f.). In Reckwitz' Deutung der Kunstgeschichte des 20. Jahrhunderts haben sich diese vier Elemente systematisch ausgedehnt und damit die Grenzen der Kunst ausgeweitet, was darin resultierte, dass eine Angleichung der Kunst und der Gesellschaft stattfand. Die Kunst verliere ihre Aura und ihre Exklusivität, während sich die anderen Felder ästhetisierten. In den Worten von Reckwitz: „Am Ende stellen sich Öko-

---

2   Dieses Konzept sei aus Kants „interesselosem Wohlgefallen" abgeleitet (vgl. Reckwitz 2012: 23).
3   Der Reckwitz'sche Begriff der „ästhetischen Arbeit" fußt auf einer Reihe gesellschaftstheoretischer Schriften, die seit Mitte der 1990er Jahre erschienen und je nachdem die Autonomisierung, das Immateriell-, Kognitiv- oder Affektiv-Werden der Arbeit diagnostizierten. Zu Reckwitz' Bezug auf diese Konzepte vgl. Szántó 2016: 341–348.

nomie, Massenmedien und psychologische Subjektdiskurse als ebenso ästhetisiert dar, wie das Kunstfeld und seine Künstler entauratisiert werden. Alle bilden dann gleichberechtigte, miteinander vernetzte Segmente des Kreativitätsdispositivs" (ebd., 89).[4]

Der letzte Satz zeigt an, welche Hierarchie in dieser Konzeption konstruiert wird: Zwar gleichen sich Kunst und andere gesellschaftliche Segmente einander an, doch das bestimmende Dispositiv, das unsere Zeit prägt, ist mit einem Attribut versehen, das mit der Kunst assoziiert wird, nämlich dem des Kreativen. Reckwitz hält an der Zentralität des Ästhetischen für die Kunst fest, wenn er erläutert, dass die Entgrenzung der postmodernen Kunst keine Auswirkungen auf den Kern der Kunst hatte, da sie weiterhin auf die Hervorbringung neuer, eigendynamischer, sinnlich-affektiver Reize abziele:

> Wir haben im Detail gesehen, wie im postmodernen, zentrifugalen Kunstfeld damit grundlegende Prozesse der Entgrenzung stattfinden. Den strukturellen Grundriss, den sich das soziale Feld der Kunst zu Beginn der Moderne gegeben hat, hat es im Zuge dieses Prozesses jedoch *nicht* verloren. Es hat ihn vielmehr reproduziert und radikalisiert. Die spezifische ästhetische Sozialität der Kunst beruht nach wie vor auf den genannten vier Säulen: der Produktion des ästhetisch Neuen durch den Künstler als kreatives Subjekt (nun teilweise erweitert zum kreativen Kollektiv); der Ausrichtung an spezifisch ästhetischen Objekten; einem ästhetisch orientierten Publikum und einem institutionalisierten Management der Aufmerksamkeit für diese Kunstobjekte und -ereignisse. Das zentrifugale Kunstfeld bildet wie sein bürgerliches Vorgängermodell nach wie vor eine Form des Sozialen, die in diesem Rahmen auf eine fortgesetzte Hervorbringung und Rezeption von ästhetisch Neuartigem ausgerichtet ist (ebd., 123f., Hervorh. i.O.).

In der Lesart von Reckwitz entgrenzte sich zwar die Kunst im 20. Jahrhundert zunehmend, doch den Kern des Kunstverständnisses berührte diese Entgrenzung nicht. Letztere scheint nach Auffassung des Autors seit Ende des 18. Jahrhunderts in einer Hinsicht unverändert geblieben: Unter Kunst verstehe man heute wie damals die Hervorbringung des Ästhetischen.[5] Diese vermeintlich unveränderte Essenz der Kunst, das Ästhetische, wird von Reckwitz zum Epizentrum eines gesellschaftlichen Strukturwandels erklärt.

---

4 Weiter im Zitat: „Das Kunstfeld wird schließlich zugleich verloren und gewonnen haben: Es wird seinen außeralltäglichen Status als Raum exklusiver ästhetischer Praktiken und Identifikationen abgeben müssen und in seiner entzauberten Version zugleich zum Modell der spätmodernen Gesellschaft und ihrer Kreativitätsorientierung insgesamt avancieren" (Reckwitz 2012: 89).
5 Zur Diskursgeschichte der Gleichsetzung von Kunst und Ästhetik und zu den Alternativen dazu vgl. Siegmund 2016 und Osborne 2013: 37–70.

Doch die Kunstgeschichte des 20. Jahrhunderts lässt sich auch anders deuten. Im folgenden Kapitel schildere ich eine Erzählung von der rezenten Geschichte der Kunst, die anstelle der zunehmenden Ästhetisierung der Gesellschaft aus der Kunst heraus die Entästhetisierung und das Diskursiv-Werden derselben hervorhebt. Unter Entästhetisierung verstehe ich die Aufkündigung der Vorstellung, Kunst sei da, um neue, selbstzweckhafte, sinnlich-affektive Erfahrungen zu generieren. Die Art der Kunstproduktion, die ich entästhetisiert nenne, zielt explizit nicht darauf ab, ihren Rezipient_innen eigendynamische ästhetische Erfahrungen zu bescheren, sondern bemüht sich darum, sie in eine Auseinandersetzung über soziale und politische Themen einzubeziehen.[6] Eine solche Geschichte der zeitgenössischen Kunst erzählen die Historiker_innen des Ausstellungsmachens und die Akteur_innen der neu etablierten *curatorial studies*.[7]

Entästhetisierung der Kunst

Der Ausstellungshistoriker Bruce Altshuler beschreibt in der Einleitung zum zweiten Band seines Werkes *Exhibitions That Made Art History* (Altshuler 2013) den Wandel des Ausstellungsmachens in der zweiten Hälfte des 20. Jahrhunderts. Während Gruppenausstellungen bis zur Mitte des Jahrhunderts mit dem Anspruch auftraten, über den aktuellen Stand der Kunst oder einer künstlerischen Bewegung zu berichten, kam ab Ende der 1960er Jahre eine neue Tendenz auf: Anstelle eines Berichtes boten Gruppenausstellungen nun eine von professionellen Kurator_innen erarbeitete konzeptuelle Interpretation der aktuellen Kunstszene an. Altshuler nennt als eines der ersten, paradigmatischen Beispiele für eine solche Herangehensweise die von Harald

---

6 Diese Veränderung des Kunstverständnisses ist zwar nicht für die Gesamtheit des Kunstfeldes gültig, doch sie ist auf keinen Fall marginal. Reckwitz deutet diese Veränderungen als „reflexiv-Werden" der Kunst (vgl. Reckwitz 2012: 130f.). Meiner Meinung nach gehen sie aber weiter und stellen den vermeintlichen „ästhetischen Kern" der Kunst infrage.

7 Ähnliche Beobachtungen über den postkonzeptuellen Charakter aller zeitgenössischen Kunst lassen sich in der philosophischen Ästhetik vorfinden, wie zum Beispiel bei Peter Osborne. Er schreibt: „The aesthetic concept of art mistakes one of art's many conditions for the whole. It mistakes art's necessary aesthetic appearance for the *ground* of its apparently autonomous, and hence infinite, production of meaning, which is in fact historically relational, rather than ‚positive' in an aesthetic sense" (Osborne 2013: 49, Hervorh. i.O.).

Szeemann kuratierte *documenta 5* im Jahr 1972 (ebd., 14).[8] Dem Autor zufolge fanden solche, einem kuratorischen Konzept folgende Ausstellungen erst ab den 1990er Jahren weite Verbreitung, als weltweit zahlreiche Biennalen gegründet wurden. Die Kurator_innen der neu etablierten Biennalen wendeten oft die künstlerischen Strategien der Konzeptkunst und der relationalen Ästhetik an, wenn sie Orte, menschliche Interaktionen und Diskurse zu integralen Bestandteilen eines Kunstereignisses deklarierten.[9]

Das Aufkommen professioneller Kurator_innen und das Konzeptuell-Werden der Ausstellungen gingen Hand in Hand mit dem Wandel der künstlerischen Arbeiten und Produktionsmodi. Den neuen, performativen und offenen Ausstellungskonzepten entsprechend, wurden die Werke für eine Ausstellung nicht aus einem bestehenden Œuvre ausgewählt, sondern im Auftrag der Kurator_innen gezielt für die Schau produziert.[10] Dabei entstanden oft partizipativ angelegte, ephemere Arbeiten, die ihre Rezipient_innen zur aktiven Teilnahme an einem Ereignis oder Gespräch einluden. Die Öffnung der Werke in Richtung der Betrachter_innen ging auch mit ihrer Öffnung in Richtung des Kontextes einher. Ab Ende der 1980er Jahre häuften sich die künstlerischen Arbeiten und ab den 1990er Jahren auch die Ausstellungen, die ihren Kontext, darunter (Kunst-)Institutionen, gesellschaftliche Verhältnisse und politische Ereignisse, thematisierten.[11] Dies ist für meine Argumentation insofern wichtig, als diese Arbeiten (und die Ausstellungen, in denen sie gezeigt wurden) nicht primär darauf abzielten, ästhetisch genossen zu werden, sondern Wissen und Diskurse generieren wollten. Ihre Rezeptionsvorgaben wären ungenügend mit dem Streben nach neuen, eigendynamischen, sinnlich-affektiven Reizen beschrieben. Sie setzten sinnlich-affektive Reize nicht als Selbstzweck ein, sondern als Mittel, die zu einer sozialen Auseinandersetzung anregen

---

8 Altshuler interpretiert die *documenta 5* sowohl als ein Moment des Konzeptuell-Werdens vom Ausstellungsmachen als auch als ein Moment der Aneignung der Künstlerrolle durch den Kurator (vgl. Altshuler 2013: 13–15). Reckwitz fokussiert in seiner Deutung derselben Ausstellung auf die Kreativität des Kurators, der sich in diesem Fall als Arrangeur und damit als ein postmoderner Künstler zweiter Ordnung verhält (vgl. Reckwitz 2012: 116f.).
9 Die Genealogien dieser Art von Ausstellung sind sich darin einig, dass sie die hier verwendeten Strategien als Anlehnungen an die entästhetisierte Arbeitsweise der konzeptuellen Kunst und der späteren relationalen Kunst deuten (vgl. dazu Altshuler 2013: 15, 17; Ferguson/Hoegsberg 2010: 364f.; Lázár o.J., o.S.; Wilson 2007: 205f.).
10 Das führte zu einem neuen, entästhetisierten Selbstverständnis der Künstler_innen als Dienstleister_innen der Kunstinstitutionen (vgl. dazu Draxler/Fraser 1996).
11 Siehe dazu Peter Weibels Label „Kontextkunst" in Weibel 1994. Reckwitz bezieht sich auf Weibel und dessen Beschreibung des postmodernen Künstlers als „soziokultureller Arrangeur" (vgl. Reckwitz 2012: 116).

sollten. Alle vier Elemente, die Reckwitz als die wesentlichen Bestandteile der ästhetischen Sozialität aufzählt, also die Künstler_innen, die Werke, die Rezipient_innen und die Institutionen, wurden in diesen künstlerischen Arbeiten und Ausstellungen nicht nur entauratisiert, sondern einer tief greifenden Veränderung unterworfen und einer Neuverhandlung jenseits des Ästhetischen ausgesetzt.

Die seit den 1990er Jahren populär gewordene Ausstellungsart, die sich weniger auf die Deutung existenter Kunstwerke fokussiert als vielmehr versucht, die künstlerischen Arbeiten und die Rezipient_innen an der Hervorbringung eines komplexen und vielstimmigen Diskurses zu beteiligen, wird in den jüngeren Publikationen zur Geschichte der Ausstellungen und des Kuratierens als „diskursive Ausstellung"[12] bezeichnet (vgl. Altshuler 2013; Ferguson/Hoegsberg 2010; Lázár o.J.; O'Neill 2007; Sheikh 2012; Wilson 2007). Neben den oben geschilderten Merkmalen erkennt man diskursive Ausstellungen daran, dass sie ein mit der Ausstellung gleichwertiges, sorgsam kuratiertes, aufwendiges Begleitprogramm anbieten, das unter anderem aus Performances, Filmscreenings, Tagungen, Gesprächen und Vermittlungsterminen bestehen kann. Ebenso gehen sie oft mit ehrgeizigen Publikationsprojekten einher, in denen Essays, theoretische Schriften und soziologische oder ethnologische Untersuchungen veröffentlicht werden, die nicht die gezeigten künstlerischen Positionen behandeln, sondern Beiträge zum von der Ausstellung thematisierten übergeordneten Diskurs sind.[13] In den diskursiven Ausstellungen avancieren diese früher als nebensächlich aufgefassten Begleiter zu einem essenziellen, unverzichtbaren Teil des Kunstereignisses.

Dabei ist es wichtig zu bemerken, dass die Zuwendung zur Diskursivität im Kunstfeld keine Randerscheinung ist. Dies weist die empirische Studie von Sophia Prinz und Ulf Wuggenig nach, die mithilfe von Besucher_innenbefragungen in Wien, Hamburg, Paris und Zürich zwischen 1993 und 2010 zu dem Ergebnis kommt, dass „neben der Kommerzialisierung des Kunstfeldes auch

---

12 Der Begriff der Diskursivität wird in diesem Kontext oft unscharf verwendet. Wilson und Sheikh beziehen sich dabei explizit auf Michel Foucault (Wilson 2007: 202; Sheikh 2012: 54); Ferguson/Hoegsberg nennen keine Quellen, aber sie erklären, dass Wissensproduktion und das Einbeziehen des Publikums notwendige Merkmale einer „diskursiven Ausstellung" sind (Ferguson/Hoegsberg 2010: 361). Ein gemeinsamer Zug dieser Diskursivitätsverständnisse ist, dass sie kognitive Prozesse und die Anwendung der Sprache implizieren.

13 Als Beispiele für „diskursive Ausstellungen" werden in der Literatur wiederholt die von Catherin David kuratierte *documenta X* im Jahr 1997 mit ihrem Begleitprogramm *100 Tage 100 Gäste* und ihrem extensiven Katalog, aber auch die von Okwui Enwezor geleitete *Documenta11* mit ihren multiplen Standorten und dem hoch reflektierten Vermittlungsprogramm angeführt. Zu weniger bekannten, peripheren diskursiven Ausstellungen s. Ferguson/Hoegsberg 2010.

dessen Theoretisierung bzw. Intellektualisierung vorangeschritten ist – ablesbar an der gewachsenen Akzeptanz einer diskursiv-theoretischen Einbettung zeitgenössischer Kunst" (Prinz/Wuggenig 2012: 211). Laut den Autor_innen sind der Umgang mit Diskursen und die Kenntnis aktueller Theorieansätze nicht nur zu einem unerlässlichen Teil der professionellen Tätigkeit im Zentrum des autonomen, intellektuellen Subfeldes der zeitgenössischen Kunst geworden. Sie werden mittlerweile auch von einem großen Teil des Laienpublikums der Ausstellungen zeitgenössischer Kunst als notwendiger Teil der Kunstrezeption anerkannt. Das Kunstpublikum verlor anscheinend seinen Glauben daran, dass Kunst für sich spreche und ohne diskursive Rahmung zu verstehen sei (vgl. ebd.).

Auf die zunehmende Diskursivität der Ausstellungen ist es zurückzuführen, dass Maria Lind – eine der Kurator_innen, die eine wichtige Rolle in der Verbreitung des Formates der diskursiven Ausstellung spielten – bemerkt, dass das Thema „Arbeit" im Kunstfeld nicht durch einzelne Werke, sondern durch „kuratierte Projekte" an die breitere Öffentlichkeit gelangte (Lind 2012: 254).[14] Im Einklang mit dieser Beobachtung werde ich im Folgenden ein diskursives Kunstprojekt zum Thema Arbeit unter dem Gesichtspunkt untersuchen, wie es das Verhältnis von Ästhetik, Kunst und Arbeit thematisiert. Aus dem diskursiven Charakter des Projektes resultiert, dass es mit denjenigen von Reckwitz vergleichbare Aussagen über die Gesellschaft und darin die Arbeitswelt hervorbrachte. Dies sind Aussagen, die unter anderem durch das Ausstellungskonzept, die kuratorische Auswahl der künstlerischen Arbeiten sowie durch die Textauslese des Ausstellungskataloges artikuliert werden.

Ein entästhetisiertes Kunstprojekt über prekäre Arbeit

Das Projekt *Work to do! Selbstorganisation in prekären Arbeitsbedingungen* fand in den Jahren 2007 und 2008 im institutionellen Rahmen des Vereins *Shedhalle* in Zürich statt. Der Verein *Shedhalle* ist Ende der 1980er Jahre aus einem selbst organisierten Künstler_innenprojekt erwachsen und beschreibt sich heute als ein „Ort für die Erprobung und Produktion neuer Formen künstlerischer und kultureller Praxis, die auf gesellschaftspolitische Fragen

---

14 „Even if, over the past two decades, individual artworks and practitioners have focused on and elaborated work in general, and neoliberal working conditions in particular – artists like Andrea Fraser, Liam Gillick and Marion von Osten – it is curated projects that have exposed this discussion to a larger public" (Lind 2012: 254).

Bezug nehmen".[15] Dieser Schwerpunktsetzung entsprechend zielte *Work to do!* nicht mehr darauf ab, künstlerische Arbeiten zu präsentieren, geschweige denn selbstzweckhafte, sinnlich-affektive Erfahrungen zu erzeugen. Vielmehr wollte das Projekt in einem dialogischen Prozess gemeinsam mit sozialen Akteur_innen außerhalb der Kunst Wissen generieren (Gau/Schlieben 2009b: 21) und dabei „Recherche basierte, partizipative, gesellschaftsrelevante und kontextbezogene" Kunst hervorbringen (Gau/Schlieben 2009c: 218).

Ausgangspunkt des Projektes waren die Veränderung der Arbeitswelt und die Auseinandersetzung mit selbstorganisierten Gruppen in der Stadt Zürich (Gau/Schlieben 2009a: 11). Statt sich mit einer allgemeinen Angleichung der Arbeit an die Tätigkeit der Künstler_innen zu beschäftigen, setzten die beiden Kuratierenden Sønke Gau und Katharina Schlieben andere Akzente, indem sie sich mit der Segmentierung der Arbeitswelt und den Widersprüchen der Forderung nach Selbstorganisation beschäftigten. Ihrem kuratorischen Statement zufolge war Prekarität in der Arbeitswelt schon längst präsent, aber die Diskussion um sie setzte erst dann ein, als die unsicheren Arbeitsverhältnisse auch „die privilegierten, urbanen Mittelschichten" erreicht hatten (ebd.). Während die Mittelschichten aus den neuen, flexiblen Arbeitsmodi trotz ihrer Unsicherheit den Vorteil der Selbstbestimmung bei der Arbeit ziehen konnten, bliebe unterprivilegierten Gruppen dieser Vorteil verwehrt (ebd.). Zusätzlich sei Prekarität in der Gesellschaft ungleich verteilt, da einige Gruppen ihr eher ausgesetzt seien als andere:

> Von prekären Lebensbedingungen sind in den ‚westlichen' Gesellschaften neben Menschen mit schlechter (Aus-)Bildung in besonderem Masse Frauen, Jugendliche und ältere Generationen, MigrantInnen und Sozialschwächere betroffen, da Lohnhöhe und Arbeitsbedingungen an geschlechtliche und ethnische Rollenzuweisungen bzw. Einschluss- und Ausschlussmechanismen gekoppelt sind, die teilweise massive Benachteiligungen nach sich ziehen (ebd.).

Das kuratorische Konzept weist neben den Ungleichheiten in der Arbeitswelt auf die Instrumentalisierbarkeit der Selbstorganisation für gegensätzliche Zwecke hin, da sowohl Unternehmen als auch emanzipatorische Initiativen auf diese setzen. Selbstorganisation werde ebenso im Dienste des ökonomischen Gewinns in die Arbeitsabläufe der Unternehmen integriert, wie sie eine Bedingung des politischen Aktivismus sei (ebd., 12). Der spezielle Bereich der Kunst- und Kulturproduktion, die für Reckwitz die zentrale Stellung eines Schrittmachers für die Gesellschaft hat, ist für Gau und Schlieben nur in-

---

15 O.A. (O.J.). Die Shedhalle. *shedhalle.ch*, ohne Datum. Verfügbar unter: http://www.shedhalle.ch/2015/de/71/ [20.01.2017].

sofern von Bedeutung, als dort besonders viele Erfahrungen mit Selbstorganisation gesammelt wurden (ebd.). Die Kunst ist in dieser Konzeption *nur einer* der Bereiche, in denen solche Erfahrungen angehäuft wurden und mit denen während des Projektes ein gleichberechtigter Dialog initiiert wird. Sie hat in der Konzeption keinerlei Vorrangstellung oder Modellfunktion.

Aber wie schlugen sich diese Gedanken auf die Umsetzung von *Work to do!* nieder? Das Ausstellungsprojekt hatte drei aufeinanderfolgenden Etappen, in welche die Realisierung sieben einzelner künstlerischer Arbeiten integriert wurde.[16] Zwei der drei Etappen bestanden im Wesentlichen nur aus Diskussionen zu sozialen Themen. Die dritte Etappe lehnte sich zwar an das traditionelle Format an, innerhalb dessen Kunst genossen wird, nämlich die Ausstellung in einer Kunstinstitution, doch das Display unterschied sich grundsätzlich von einer herkömmlichen Kunstschau.

Die erste Etappe setzte sich aus sogenannten „öffentlichen Recherchen" zusammen, in denen die beiden Kuratierenden Gespräche mit selbstorganisierten Initiativen von Frauen und Migrant_innen sowie mit einem selbstorganisierten politischen Zeitschriftenprojekt arrangierten. Die Gespräche fanden in den Räumlichkeiten der jeweiligen Organisation statt, waren aber für Besucher_innen offen. Sie wurden aufgezeichnet und später in dem Ausstellungsraum der *Shedhalle* präsentiert. In der zweiten Etappe fand eine „dialogische Gesprächsreihe" statt, in der Theoretiker_innen und Aktivist_innen, die zu Feminismus und Migration arbeiten, unter anderem über die Arbeitswelt miteinander diskutierten. Die meisten Veranstaltungen dieser Etappe fanden in dem vom Künstlerduo Folke Köbberling und Martin Kaltwasser als künstlerischer Beitrag realisierten temporären Bau, dem *Werdplatzpalais*, statt. Dieser temporäre Bau definierte sich als emphemerer Versammlungsort, der während seines Bestehens auch von den kooperierenden Organisationen für ihre jeweiligen Projekte zur Verfügung stand.

Die dritte Etappe nahm die Form einer Quasi-Ausstellung in der Shedhalle an, die den Titel *Skype Meetings* trug. Der Ausstellungsraum wurde, einem Internetcafé oder einem Großraumbüro ähnlich, mit Computertischen eingerichtet, die durch kleine Wände voneinander getrennt waren. Besucher_innen, die sich an die Tische setzten, konnten unter anderem die Dokumentationen der Gespräche anhören oder sichten, welche die Teilnehmer_innen der bisherigen Etappen des Projektes mit von ihnen ausgewählten Gesprächspartner_innen von Malmö bis New Delhi per *Skype* führten. Zentrale Themen dieser Dialoge waren die künstlerischen Verfahren, die im Sozialen agieren, die Medien, durch die man emanzipatorischen Inhalten zu einer größeren Öf-

---

16 Die Informationen über die drei Etappen stammen aus Gau/Schlieben 2009b.

Abb. 1: Das Werdplatzpalais von Folke Köbberling und Martin Kaltwasser.
(Quelle: Folke Köbberling und Martin Kaltwasser)

Abb. 2: Skype Meeting, dritte Etappe des Projektes Work to do!, Ausstellungsansicht
(Quelle: Shedhalle-Archiv, Zürich)

fentlichkeit verhelfen kann, sowie die Selbstorganisation und prekäre Arbeitsbedingungen (vgl. O.A. 2009).[17]

Die drei Etappen und ihre Ergebnisse wurden in einer nach Abschluss des Projektes erschienenen Publikation dokumentiert, die neben Angaben zu den sieben, zum größten Teil ephemeren künstlerischen Arbeiten die Protokolle der Gespräche und der Veranstaltungen beinhaltet (vgl. Gau/Schlieben 2009). In dieser Publikation wird die Akzentverschiebung von der herkömmlichen Kunst-Schau und von dem dazugehörigen Ausstellungskatalog zur Auseinandersetzung mit einem konkreten sozialen Kontext deutlich erkennbar. Alle veröffentlichten Essays, die nicht von den Kurator_innen oder den teilnehmenden Künstler_innen verfasst wurden, sind sozialwissenschaftlichen Analysen gewidmet, welche die Organisation der Arbeit, die Selbstorganisation von Migrant_innen in der Schweiz sowie die Verflechtung von Gender, sozialer Lage und postkolonialen Bedingungen thematisieren (Dhawan/Mar Castro Varela 2009; Hoskyns 2009; Riaño 2009; Sappelt 2009). Auf die kunsthistorische Analyse der gezeigten künstlerischen Arbeiten wird im Katalog gänzlich verzichtet.

Auch zeigte sich die Verschiebung von der herkömmlichen Ausstellung zum diskursiven Projekt darin, dass der eigentliche Ausstellungsort des Vereins *Shedhalle* für die Präsentation künstlerischer Arbeiten nur wenige Male benutzt wurde. Aber auch diese seltenen Präsentationen setzten sich klar erkennbar von gewöhnlichen Kunstausstellungen ab. So konnten die Besucher_innen im Ausstellungsraum eine gut sortierte Sammlung von recycelten Bauelementen als künstlerischen Beitrag von Folke Köbberling und Martin Kaltwasser vorfinden, die später als Baumaterial für das *Werdplatzpalais* verwendet wurden. Oder sie trafen dort auf einen fürs Nichtstun vorgesehenen Raum der Künstler_innengruppe *RELAX chiarenza & hauser & co*, neben dem die Utensilien einer pseudosoziologischen Besucher_innenbefragung (Tisch, Fragebogen, Stift) unter dem Titel *ICH HABE ICH BIN. Eine Selbsteinschätzung* von derselben Künstler_innengruppe platziert waren. Aber es kam oft vor, dass dort gar nichts ausgestellt wurde, sondern gerade ein Symposium, ein Filmabend oder eine Probe für das Puppenspiel *Zürich rührt sich* von Andrea Knobloch stattfand. Die Endergebnisse von vier der sieben realisierten

---

17 Gau und Schlieben fassen die zentralen Fragen von *Skype Meetings* wie folgt zusammen: „Vor dem Hintergrund der Beschäftigung mit Selbstorganisation in prekären Arbeitsbedingungen stellen die Beteiligten die Frage, welche Arbeitsformen es sind, die Modelle emanzipativer Arbeits- und Lebensbedingungen schaffen. An welchen Schnittstellen intervenieren sie? Wie werden sie wahrgenommen? Wie können selbst organisierte Netzwerke mit jeweils spezifischen Anliegen Öffentlichkeit herstellen?" (Gau/Schlieben 2009b: 23).

Kunstprojekte waren in ihrer endgültigen Form außerhalb der Kunstinstitution im öffentlichen Raum zu besichtigen.[18]

Aber welches Verhältnis zwischen Kunst, Ästhetik und Arbeit lässt sich aus diesem Projekt herauslesen? *Work to do!* bietet das Beispiel *par excellence* für ein entästhetisiertes, diskursives Ausstellungsprojekt, dessen primäres Ziel nicht die Erzeugung sinnlich-affektiver neuer Erfahrungen ist, sondern die Generierung von Wissen, Dialogen und gesellschaftlicher Praxis. Der künstlerische Umgang mit dem Sinnlich-Affektiven, aber auch die Generierung des Neuen ist hier einer sozialen Wirksamkeit untergeordnet worden und weit entfernt davon, selbstzweckhaft oder rein selbstreflexiv zu sein. Die Vorstellung einer Kunst, deren Wesensmerkmal das Ästhetische ist, spielte für dieses Projekt keine Rolle mehr. Ebenso blieb in *Work to do!* die Reflexion der Kunst auf die Gesellschaft als eine von der Vorherrschaft der Kreativität bestimmte – wie sie Reckwitz als eine Strategie der „zentrifugalen Kunst" beschreibt (vgl. Reckwitz 2012: 132) – aus. Entsprechend der Zweitrangigkeit der selbstzweckhaften, sinnlich-affektiven Erfahrung wurde das Thema Arbeit in diesem Projekt nicht auf seine Konvergenz mit dem Ästhetischen hin untersucht – wie dies bei Reckwitz der Fall ist. In der Konzeption von *Work to do!* wurde der Akzent auf die Prekarität und die Segmentierung der Arbeit nach den Faktoren von Gender und Migration gelegt. *Work to do!* hatte vor, aktiv und für die teilnehmenden Gruppierungen gewinnbringend die Möglichkeiten der Selbstorganisation unter den Bedingungen der Prekarität zu erforschen. Es zeigt sich eine Parallele zwischen der entästhetisierten Ausrichtung des Projektes und seiner Perspektive auf die Arbeitswelt: In diesem Projekt wurden sowohl das ästhetische Paradigma der Kunst infrage gestellt, als auch die Untersuchung ästhetischer Momente in der Arbeitswelt außer Acht gelassen. Arbeit wurde hier weder als ästhetisch noch als primär selbstbestimmt charakterisiert, sondern von herkömmlichen Mustern der Ungleichheit durchzogen und prekär dargestellt.

---

18 Die vier Arbeiten, die teilweise oder ausschließlich im öffentlichen Raum gezeigt wurden, sind das schon erwähnte *Werdplatzpalais* von Folke Köbberling und Martin Kaltwasser, die Kampagne *1 SFR = 1 STIMME* von Andreja Kuluncic, das Puppenspiel *Zürich rührt sich* von Andrea Knobloch und das selbstorganisierte Künstler_innenhaus *Flash Institut* in Vilnius. Zwei der drei Werke, die nicht im öffentlichen Raum platziert waren, sind Videos: *Internship in Private* von Saskia Holmkvist und *Lenas Gespenster* von bankleer.

Fazit und Ausblick

Was folgt aus dieser Analyse? Erstens eine alternative Lesart der Kunstgeschichte des 20. Jahrhunderts zu jener von Reckwitz. Er stellt fest, dass die zentrifugal gewordene Kunst sich entgrenzte, während sie ihren ästhetischen Kern beibehielt. Es zeigt sich allerdings, dass genau in der Kunst, die sich am meisten *entgrenzte*, indem sie sich ihrem Kontext zuwendete, auch diskursive Ansprüche erhoben wurden und das Ästhetische als zweckfreie, sinnlich-affektive Erfahrung vernachlässigt oder außen vor gelassen wurde. Bemerkenswerterweise lässt sich genau in der entästhetisierten Kunstpraxis eine Affinität zu Zeitdiagnosen beobachten, die anstelle einer umfassenden Ästhetisierung das Fortbestehen sozialer Ungleichheiten in Augenschein nehmen. Als ein solches Kunstprojekt ist *Work to do!* zu deuten, in dem die Arbeit im Postfordismus nicht als ästhetisiert oder an das Modell der selbstbestimmten Tätigkeit der Künstler_innen angeglichen verstanden wurde.

Zweitens eröffnen die obigen Erörterungen neue Fragen: Ist es zwangsläufig, dass entästhetisierte künstlerische Projekte immer auf Distanz gehen zu den Thesen der Ästhetisierung oder der Modellrolle eines Künstlers, einer Künstlerin für die Arbeitswelt? Impliziert die Anwendung diskursiver Formate in einer Ausstellung oder in einer künstlerischen Arbeit, dass sie sich eher mit sozialer Ungleichheit auseinandersetzt? Ob eine solche Korrelation zwischen diskursiven Formaten in der Kunst und ihrer konzeptionellen Distanz zu Fragen der Ästhetisierung der Gesellschaft besteht, kann hier nicht geklärt werden. Auf jeden Fall gibt es Beispiele für im höchsten Maße diskursive Ausstellungen, die sich mit der Modellrolle der Kunst für die zeitgenössische Arbeitswelt beschäftigen.[19] Wie diese Ausstellungen das Verhältnis von Kunst, Ästhetik und Arbeit darstellen und wie sich ihre jeweiligen inhaltlichen Schwerpunkte zu ihren diskursiven Formaten verhalten, müsste aber Gegenstand einer anderen Analyse sein.

Judith Siegmund gilt mein Dank für die kritische Lektüre einer früheren Fassung dieses Textes.

---

19 Eine solche Ausstellung war *Be creative! Der kreative Imperativ* im Museum für Gestaltung Zürich im Jahre 2003 mit der mit ihr im Zusammenhang herausgegebenen Publikation von Marion von Osten (Osten 2003).

Literatur

Altshuler, Bruce (2013). Introduction. In ders., *Biennials and Beyond. Exhibitions That Made Art History 1962 – 2013* (S. 11–24). London/New York: Phaidon.

Dhawan, Nikita/Mar Castro Varela, María do (2009). Prekarität und Subalternität – Zusammenhänge und Differenzen. In Sønke Gau/Katharina Schlieben (Hrsg.), *Work to do! Selbstorganisation in prekären Arbeitsbedingungen* (S. 119–121). Nürnberg: Verlag für moderne Kunst.

Draxler, Helmut/Fraser, Andrea (1996). Services – Ein Vorschlag für eine Ausstellung und ein Diskussionsthema. In Beatrice von Bismarck/Diethelm Stoller/Ulf Wuggenig (Hrsg.), *Games, Fights, Collaborations. Das Spiel von Grenze und Überschreitung, Kunst und Cultural Studies in den 90er Jahren* (S. 72–73). Ostfildern-Ruit: Hatje Cantz.

Ferguson, Bruce W./Hoegsberg, Milena M. (2010). Talking and Thinking about Biennials: The Potential of Discursivity. In Elena Filipovic/Marieke van Hal/Solveig Øvstebø (Hrsg.), *The Biennial Reader* (S. 360–375). Ostfildern: Hatje Cantz.

Gau, Sønke/Schlieben, Katharina (Hrsg.). (2009). *Work to do! Selbstorganisation in prekären Arbeitsbedingungen.* Nürnberg: Verlag für moderne Kunst.

Gau, Sønke/Schlieben, Katharina (2009a). Arbeitsskizze: Work to do! Selbstorganisation in prekären Arbeitsbedingungen. In dies. (Hrsg.), *Work to do! Selbstorganisation in prekären Arbeitsbedingungen* (S. 11–14). Nürnberg: Verlag für moderne Kunst.

Gau, Sønke/Schlieben, Katharina (2009b). Geschprächsformate/Öffentliche Recherche und die Notwendigkeit von Dialog. In dies. (Hrsg.), *Work to do! Selbstorganisation in prekären Arbeitsbedingungen* (S. 21–27). Nürnberg: Verlag für moderne Kunst.

Gau, Sønke/Schlieben, Katharina (2009c). Zwischen den Stühlen – oder über die Notwendigkeit über neue Ansätze von Kulturförderung nachzudenken (Ein nicht geforderter Abschlussbericht). In dies. (Hrsg.), *Work to do! Selbstorganisation in prekären Arbeitsbedingungen* (S. 219–228). Nürnberg: Verlag für moderne Kunst.

Hoskyns, Catherine (2009). Die Verbindung von Gender- und Handelspolitik. In Sønke Gau/Katharina Schlieben (Hrsg.), *Work to do! Selbstorganisation in prekären Arbeitsbedingungen* (S. 152–155). Nürnberg: Verlag für moderne Kunst.

Lázár, Eszter (o.J.). Discursivity. In *Curatorial Dictionary.* Verfügbar unter: http://tranzit.org/curatorialdictionary/index.php/dictionary/discursivity/#_ftn1 [16.09.2015].

Lind, Maria (2012). A Midsummer Night's Dream. In Jonatan Habib Engqvist et al. (Hrsg.), *Work, Work, Work. A Reader on Art and Labour* (S. 252–262). Berlin: Sternberg Press.

O.A. (2009). Skype Meetings. In Sønke Gau/Katharina Schlieben (Hrsg.), *Work to do! Selbstorganisation in prekären Arbeitsbedingungen* (S. 197–203). Nürnberg: Verlag für moderne Kunst.

O'Neill, Paul (2007). The Curatorial Turn: From Practice to Discourse. In Judith Rugg/Michèle Sedgwick (Hrsg.), *Issues in Curating Contemporary Art and Performance* (S. 13–28). Bristol u.a.: Intellect.
Osten, Marion von (2003). *Norm der Abweichung*. Wien/New York: Springer.
Osborne, Peter (2013). *Anywhere or Not at All. Philosophy of Contemporary Art.* London/New York: Verso.
Prinz, Sophia/Wuggenig, Ulf (2012). Charismatische Disposition und Intellektualisierung. In Heike Munder/Ulf Wuggenig (Hrsg.), *Das Kunstfeld. Eine Studie über Akteure und Institutionen der zeitgenössischen Kunst am Beispiel von Zürich, Wien, Hamburg und Paris* (S. 205–230). Zürich: JRP/Ringier.
Reckwitz, Andreas (2012). *Die Erfindung der Kreativität. Zum Prozess gesellschaftlicher Ästhetisierung*. Berlin: Suhrkamp.
Riaño, Yvonne (2009). Die Selbstorganisation von Immigrantinnen hin zu einer vollständigen Teilnahme an der schweizerscher Gesellschaft. In Sønke Gau/Katharina Schlieben (Hrsg.), *Work to do! Selbstorganisation in prekären Arbeitsbedingungen* (S. 66–69). Nürnberg: Verlag für moderne Kunst.
Sappelt, Sven (2009). Organisation der Vielfalt – Zur (Re)Integration informeller Arbeitsformen in die alltägliche Lebensführung. In Sønke Gau/Katharina Schlieben (Hrsg.), *Work to do! Selbstorganisation in prekären Arbeitsbedingungen* (S. 50–52). Nürnberg: Verlag für moderne Kunst.
Sheikh, Simon (2012). *Exhibition-Making and the Political Imaginary. On Modalities and Potentialities of Curatorial Practice*. Verfügbar unter: http://lup.lub.lu.se/luur/download?func=downloadFile&recordOId=2520477&fileOId=2520478 [25.03.2016].
Siegmund, Judith (2016). L'art pour l'art und Zweckfreiheit. Zum Verhältnis von soziologischem und philosophischem Autonomiebegriff. In Uta Karstein/Nina Tessa Zahner (Hrsg.), *Autonomie der Kunst? Zur Aktualität eines gesellschaftlichen Leitbildes* (S. 87–104). Wiesbaden: VS-Verlag für Sozialwissenschaften.
Szántó, Ildikó (2016). Die Grenzen der Entgrenzung. Immaterielle, kognitive und ästhetische Arbeit und eine Kritik der Entgrenzungsthese. In Michael Kaupert/Heidrun Eberl (Hrsg.), *Ästhetische Praxis* (S. 329–354). Wiesbaden: Springer VS.
Weibel, Peter (1994). Kontextkunst – zur sozialen Konstruktion von Kunst. In ders. (Hrsg.), *Kontext Kunst – Kunst der 90er Jahre* (S. 1–68). Köln: DuMont.
Wilson, Mick (2007). Curatorial Moments and Discursive Turns. In Paul O'Neill (Hrsg.), *Curating Subjects* (S. 201–216). London/Amsterdam: Open Editions & De Appel.

Jonas Tinius
Prekarität und Ästhetisierung
Reflexionen zu postfordistischer Arbeit in der freien Theaterszene

Aufbauend auf der Beobachtung, dass die postfordistische Arbeitswelt und deren arbeitende Subjekte durch ästhetisierte Kreativitätsdispositive gekennzeichnet sind (siehe dazu Boltanski/Chiapello 2007 [1999]; Reckwitz 2012 [1995]), skizziert dieser Beitrag eine weitere Dimension postfordistischer Arbeitsverhältnisse, die leider häufig bloß anekdotisch erwähnt wird: die Beziehung von Künstler_innen zu ihrer Arbeit. Genauer gesagt geht es im Folgenden um die Beziehung von Künstler_innen zu Aspekten ihrer Arbeit, die als *prototypisch* für das kreative „unternehmerische Selbst" (Bröckling 2007) stehen. Zum Prototypischen dieser Form von Arbeit zählt vor allem die authentische und selbstbestimmte Organisation, Flexibilität, sowie die Projektarbeit.

In diesem Beitrag diskutiere ich unter anderem, inwiefern solche Formen von Arbeit in künstlerischen Prozessen reflektiert, aber auch kritisiert und neu entworfen werden. Ich setze mich als Forschungsgegenstand mit einem Netzwerk aus der sogenannten *Freien Szene* der darstellenden Künstler_innen in Deutschland auseinander, da in diesem Milieu zentrale Aspekte der postfordistischen Arbeitsweise nicht nur arbeitsbestimmend sind, sondern auch auf eine komplexe Weise ambivalent. Praktiken wie zum Beispiel Selbstorganisation, Autonomie, Flexibilität und Projektarbeit stellen politische und soziale Errungenschaften künstlerischer Arbeit in dieser Szene dar, da sie sich damit im Diskurs ihres professionellen Milieus zum Beispiel gegen als zu stark bürokratisiert empfundene Stadttheater positionieren. Eine *freiere*, da sich mit jedem Projekt neu erfindende, Arbeitsweise wird hier in vielen Fachpublikationen und in öffentlichen Diskussionen als treibende Kraft für neue ästhetische Formen, soziale Organisationsweisen und institutionelle Kritik wahrgenommen. Nicht in starren Produktionsformen zu arbeiten, wird immer wieder als positives Attribut der freien Arbeit in der zeitgenössischen darstellenden Kunst beschrieben. Dennoch stellt die Arbeit in projektbezogenen, flexiblen und selbstorganisierten künstlerischen Prozessen zugleich Hürden und Barrieren dar. Diese Arbeitsform wird sogar auch als unreflektierter Beitrag und sogar Idealisierung der Prekarisierung von künstlerischer Arbeit kritisiert. Die prominenten Intendanten Thomas Ostermeier (Schaubühne) und Thomas Oberender (Berliner Festspiele) standen sich beispielsweise in dieser

Debatte öffentlichkeitswirksam in der Fachzeitschrift *Theater der Zeit* unter dem Titel „Die Systemfrage: Stadttheater oder freies Arbeiten. Ein Streitgespräch" (2013) gegenüber.

Ausgehend von ethnographischer Forschung zu einem freien darstellenden Künstler_innennetzwerk namens *cobratheater.cobra*, genauer gesagt einem spezifischen Arbeitstreffen dieses Netzwerkes, analysiert dieser Beitrag Formen der Reflexion *in* künstlerischen Arbeitsprozessen *über* künstlerische Arbeit.[1] Die Mitglieder des hier besprochenen Netzwerkes befanden sich zum Zeitpunkt der Forschung im Jahre 2015 überwiegend in einer Phase der Professionalisierung zwischen Hobby, Studium oder Ausbildung einerseits und professionell-prekärer Subsistenz andererseits. Das *cobra*-Netzwerk ist 2009 als Versuch entstanden, künstlerisch und kollektiv organisierte Arbeit dem Trend der individualisierten Selbstunternehmung gegenüberzustellen, um neue Formen der Arbeit reflektieren und umsetzen zu können. Auf diese Weise dringt die flexible, autonome und prekäre Arbeit nicht bloß in die Kunst ein, als postfordistisches Feindbild sozusagen, sondern wird selbst Anlass, neue Rahmenbedingungen für künstlerische Arbeitsweisen zu reflektieren und zu entwerfen. Das Netzwerk reflektiert somit die Beziehung zwischen Ästhetisierung und Gesellschaft. Indem ich den Begriff der Ästhetisierung in den Kontext der Kunst setze, beziehe ich mich jedoch nicht auf die von Andreas Reckwitz kritisierte Äquivalenz von Ästhetik „mit dem Schönen und/ oder mit der Kunst" (2015: 21), sondern weise auf die kollektive Beobachtung, Wahrnehmung und mögliche Veränderung von Arbeitsmodalitäten in der immateriellen Arbeitswelt hin. Dabei geht es also nicht um die „gesamtgesellschaftliche Ausbreitung ästhetischer Inszenierungsformen von Subjekten, Dingen und Ereignissen" (Prinz/Reckwitz/Schäfer 2015: 9), sondern, wenn man so will, um einen zweiten Schritt: die Rückkehr dieses aus der Kunstpraxis heraus entstandenen Dispositivs in die Reflexion der Arbeit in der zeitgenössischen Kunst.

Meine Beobachtungen zum *cobra*-Netzwerk basieren auf mehrjähriger künstlerisch-forschender Zusammenarbeit, berufen sich aber in diesem Falle insbesondere auf eine dreitägige Veranstaltung, zu deren ethnographischer Begleitung ich eingeladen wurde. Sie fand als sogenanntes *Arbeitstreffen* im Frühjahr 2015 in Hamburg statt und hatte zum Ziel, die Arbeitsweise

---

[1] Diese Arbeit hat im Rahmen meiner Dissertationsforschung an der Division of Social Anthropology der University of Cambridge (2012–2016) stattgefunden. Die Erforschung der Prekarität und Selbstorganisation freier darstellender Kunstorganisationen stellte nicht den Hauptfokus meiner Promotionsarbeit dar, aber ich habe dazu in englischer Sprache und an anderer Stelle ausführlicher geschrieben (siehe Tinius 2015).

des Netzwerkes durch dessen Mitglieder zu reflektieren. Es fanden über dieses Wochenende hinweg verschiedene Expert_innen-Vorträge zu Themen wie Rechtsform, Marketing und Mitgliedschaft statt, die in Arbeitsgruppen weiter vertieft und diskutiert wurden. Ziel dieses dreitägigen Treffens war das Erarbeiten von Strategien der solidarischen Professionalisierung, was auch zur Leitfrage meiner ethnographischen Forschungen mit dieser Gruppe führte: Wie reflektieren und wie beeinflussen *professionalisierende* Künstler_innen in kollektiven Arbeitsverhältnissen ihre eigene Prekarität? Dieses selbstorganisierte Seminar diente mir einerseits als Einblick in die häufig in der Forschungsliteratur übersehene *Schwellenphase* der Professionalisierung zeitgenössischer Künstler_innen, nicht nur in Deutschland und den darstellenden Künsten, stellte jedoch auch methodisch ein ethnographisches Experiment dar, da ich als Beobachter eingeladen wurde, meine Mitschriften und Reflexionen am Ende des Treffens zur Diskussion zu stellen.

Ich gehe im Folgenden auf einige der Idiosynkrasien der freien darstellenden Szene in Deutschland ein, die bereits zu Beginn programmatisch die Verbindung von universitärer und institutioneller Rahmung mit ästhetischen und theoretischen Paradigmen innerhalb der künstlerischen Produktion darstellt. Der Hauptteil meines Beitrags setzt sich jedoch vor allem mit einer Beschreibung und Analyse des Netzwerkes in seinem institutionellen Kontext der angewandten Theaterinstitute in Deutschland auseinander und präsentiert Beobachtungen zum Arbeitstreffen der Theatergruppe hinsichtlich der Reflexion von künstlerischer Arbeit. In einer abschließenden Diskussion dieses Beitrags entwerfe ich einige Möglichkeiten, durch Analysen von künstlerischen Arbeits- und Organisationsformen, die Beziehung zwischen Ästhetisierung und Gesellschaft weiterzudenken.

Arbeitsmodalitäten der Kunst

Die Frage nach der Ästhetisierung der Arbeit, so beschreibt es Andreas Reckwitz in seinem Aufsatz „Ästhetik und Gesellschaft" (2015) im gleichnamigen Sammelband, lasse sich nicht auf die Künste beschränken, sondern sie erfahre vielmehr eine radikale Entgrenzung und soziale Diffusion in andere Bereiche des Lebens. Sophia Prinz, Andreas Reckwitz und Hilmar Schäfer formulieren es im Vorwort wie folgt:

> Vor dem Hintergrund einer solchen Expansion des Ästhetischen über das künstlerische Feld hinaus erhält die Frage nach dem kritischen Potenzial ästhetischer Praktiken eine neue Aktualität: Ob es um die Zukunft der

,Künstlerkritik' (Boltanski/Chiapello) oder des ästhetischen Regimes der Kunst (Rancière) geht – vielerorts steht das politische Problem zur Debatte, inwiefern ästhetische Praktiken, die in der Vergangenheit mit dem Anspruch einer emanzipatorischen Alternative zur ‚instrumentellen Vernunft' verbunden waren, unter gegenwärtigen Bedingungen dazu in der Lage sind, das Potenzial einer praktischen Gesellschafts- und Kulturkritik zu entfalten (Prinz/Reckwitz/Schäfer 2015: 9).

Die Frage jedoch, wie solche über die Kunst hinausgehenden Kreativitätsdispositive und ästhetischen Vergesellschaftungsprozesse *in die Kunst zurückkehren*, soll uns hier beschäftigen. Dies erscheint mir insbesondere deshalb wichtig, da eben gerade die Betrachtung der Kunst bei Reckwitz bewusst nicht im Vordergrund steht. Verständlicherweise kritisiert er, dass die Auseinandersetzung mit ästhetischen Praktiken vorrangig in Bezug zur Kunst stattfand. Die Beobachtung jedoch, dass sich die Soziologie der Kunst, die sicherlich nicht das letzte Wort in diesem Feld hat, vor allem unter dem Begriff der ästhetischen Praxis mit den „Restbeständen bürgerlicher Hochkultur befasst" (Reckwitz 2015: 13), erscheint mir nicht nur falsch. Vielmehr ist sie auch problematisch, da solche Formulierungen eurozentrische und normative Umschreibungen von zeitgenössischer Kunstproduktion und ästhetischer Praxis grob vereinfachen und das Forschungsfeld weiter marginalisieren. Dies ist ein Problem, da künstlerische Praxis nicht nur die Kunst und damit sich selbst reflektiert, sondern auch das Verhältnis von Ästhetik und Gesellschaft *jenseits* des künstlerischen Feldes. Auf diese Weise betrachtet, reflektiert und bricht die Kunst den Blick der Beobachter_innen und wirft diesen über sich hinaus auf die Gesellschaftsverhältnisse, zu denen sie sich positioniert, zurück. Zeitgenössische und moderne Kunstpraxis ist eben gerade durch die Reflexion der eigenen Produktionsweisen bereits seit frühen poetologischen Schriften von Dichter_innen oder Literaturtheoretiker_innen, aber vor allem im modernen Theater durch die Rolle von Dramaturg_innen theoretisch und institutionell-akademisch mit der gesamtgesellschaftlichen Theoriebildung in den Sozialwissenschaften verbunden gewesen.[2]

Die Vermarktung prekärer und kreativer Arbeit wird im Falle der zeitgenössischen Theater- und Kunstpraxis allerdings nicht bloß als Thema in der Kunst als Kunst selbst thematisiert.[3] Der Kritiker und Dramaturg Bernd Ste-

---

2 Mary Luckhursts Studie zur Dramaturgie im Theater (2006) sei hier erwähnt, ebenso Georgina Borns Studie zur Rolle von Sozialtheorien und kritischer Ästhetik in der modernen Computer-Musik-Produktion des späten 20. Jahrhunderts (1995).
3 Solche Thematisierungen finden im zeitgenössischen Theater und bezogen auf Ästhetisierungsprozesse beispielsweise in den Arbeiten des die *Freie Szene* prägenden und aus der Schule des angewandten Theaters in Gießen kommenden Regisseurs

gemann hat diese Verbindung zwischen postdramatischem Theater und postfordistischer Arbeit in seinen Werken „Kritik des Theaters" (2013) und „Lob des Realismus" (2015) mit Hinblick auf das deutsche Theater detailliert, wenngleich nicht ohne Probleme, beschrieben (vgl. dazu Tinius 2016). Weit über die freiwillige Thematisierung von flexibler Arbeit und Postfordismus hinaus, ist die Reflexion von Selbstorganisation, Flexibilität und Projektarbeit ein notwendiger Bestandteil der Arbeitsweisen in der freien darstellenden Kunstszene in Deutschland. Diese Thesen werde ich im Folgenden erläutern.

Ich baue hierbei theoretisch unter anderem auf den Schriften der angewandten Theaterwissenschaftlerin Annemarie Matzke auf, die beispielsweise mit ihrer Habilitationsschrift „Arbeit am Theater" (2012a) Grundlagen für die Einbeziehung ethnographischer Methoden in die Erforschung kreativer Arbeit am Theater geschaffen hat. Von besonderer Bedeutung ist in dieser Hinsicht ihr Fokus auf die Rolle von Arbeitsprozessen in der Kunst, die häufig bereits Aspekte der teilnehmenden Beobachtung (zum Beispiel während der Theaterproben) beinhalten und mitgedacht haben. Matzkes Arbeit dient hierbei in doppelter Hinsicht nicht nur als theoretische Sekundärliteratur, sondern auch als Teil meines empirischen Forschungsgegenstands, da sie als Mitglied des Performance-Kollektivs *She She Pop* auch ihre eigenen Arbeitsmodalitäten in der *Freien Szene* reflektiert.[4]

„Das Freie Theater gibt es nicht"

Auf der bekannten Theater- und Kunstplattform *nachtkritik.de* erschienen 2012 und 2013 eine Reihe der sogenannten „Hildesheimer Thesen", die im Kontext einer Ringvorlesung an der Universität Hildesheim entstanden waren und sich der Krise und Zukunft der Darstellenden Künste widmeten. In der fünften dieser Thesen, „Das Freie Theater gibt es nicht. Jenseits des Freien Theaters", beschäftigt sich die in Hildesheim lehrende Professorin Annemarie Matzke mit den Produktionsbedingungen der freien darstellenden Kunstszene in Deutschland (siehe Matzke 2012b). Mit dem provokanten Titel ihres Beitrags weist Matzke hier auf ein Definitionsproblem und ein zentrales Span-

---

René Pollesch statt. Genannt seien hier zum Beispiel sein Theaterstück „Ich schau Dir in die Augen, gesellschaftlicher Verblendungsprozess" (Premiere 2010 in Berlin) oder sein Buch „Liebe ist kälter als das Kapital" (2009), deren Titel bereits auf diese Reflexion in der Kunst hinweisen.
4 Ebenso baue ich auf Néstor García Canclinis „Art Beyond Itself" (2014) sowie „Art, Anthropology and the Gift" von Roger Sansi (2015), die beide die Beziehung von Autonomie, Kunst und Anthropologie wegweisend besprechen.

nungsverhältnis dieses professionellen Feldes hin: Ist die sogenannte *Freie Szene* ein klar definiertes künstlerisches Milieu mit spezifischen ästhetischen Positionen, oder lassen sich mit dem Begriff der *Freien Szene* eher künstlerische Projekte beschreiben, die bestimmte Arbeitsmodalitäten teilen?

Matzke weist in ihrem Beitrag darauf hin, dass die *Freie Szene* eine solch komplexe Vielzahl an diversen, teils mehr teils weniger institutionalisierten Organisationsformen und ästhetischen Produktionsweisen umfasst, dass sie sich nur durch einen gemeinsamen Nenner auszeichnen lässt. Dieser sei, dass in der *Freien Szene*, im Gegensatz zu festen Häusern wie Stadttheatern, jenseits vorher festgelegter Strukturen gearbeitet wird. Matzke selbst beschreibt dies wie folgt:

> Die Bedingungen des Produzierens werden selbst entworfen – soweit es die ökonomischen Zwänge erlauben. Gearbeitet wird damit im besten Falle immer auf zwei Ebenen: An den Inszenierungen *und zugleich an der eigenen Institutionalisierung und deren Reflexion*. Die Theatergruppen sind nicht von der Politik an ein Haus berufen worden, sondern haben sich selbst Ort und Mittel gesucht. Sicher unterliegen sie im besonderen Maße auch den Vorgaben der Förderstrukturen, den Voten von Jurys, aber *wie, mit wem und an welchem Ort produziert wird, gehört zu den Fragen, denen sich jedes Projekt der Freien Szene immer wieder stellen muss* (Matzke 2012b, Hervorh. JT).

Diese Notwendigkeit der Selbstorganisation in der *Freien Szene* führt laut Matzke zu einem weiteren Trend, und zwar zu flexibilisierten Arbeitsformen, die sich in institutionellen Neugründungen reflektieren. Während sich in den 1970er und 1980er Jahren viele Vertreter_innen der *Freien Szene* institutionalisiert haben, teils durch Übergang in feste Häuser, teils durch die Gründung eigener Institutionen, sind in den späten 1990er Jahren freie Spielstätten wie das *Hebbel am Ufer* (HAU) in Berlin, *Kampnagel* in Hamburg, *Ringlokschuppen* in Mühlheim an der Ruhr oder das *Forum Freies Theater* (FFT) in Düsseldorf entstanden, welche die flexible Arbeit von freien darstellenden Künstler_innen unterstützen und die Prominenz diese Szene erst ermöglicht haben.

Laut Matzke haben solche Kooperationen mit immer neuen Geldgeber_innen und Koproduktionspartner_innen in wechselnden Städten das Projekt – „sprich, einen zeitlich und organisatorisch limitierten Arbeitskontext" – als „vorherrschende Arbeitsform" in der *Freien Szene* etabliert (Matzke 2012b; vgl. auch Kunst 2015). Solch „temporäre Projektarbeit" fordere von den einzelnen Künstler_innen, sich immer wieder neu Arbeit zu suchen und sich beständig selbst zu vermarkten, um neue Fördergelder und Arbeitsmöglichkeiten zu erschließen.[5]

Es hat in der sogenannten freien darstellenden Kunstszene verschiedene Reaktionen auf dieses Problem der prekären und flexiblen Projektarbeit gegeben. Matzkes eigene Performance-Gruppe *She She Pop* hat beispielsweise praktisch und theoretisch das Kollektiv als eine kritische Form der Zusammenarbeit aufgearbeitet (siehe auch van Eikels 2013). „Anders als in zeitlich begrenzten Organisationsformen", so schreibt Matzke (2012b), „eröffne das kollektive Arbeiten einen Raum, um kontinuierlich die eigenen Bedingungen und Möglichkeiten des Produzierens zu verhandeln und zu verändern."

Während Matzkes Kollektiv *She She Pop* im Kontext bereits professioneller Akademiker_innen entstanden ist und mittlerweile zu einer etablierten und regelmäßig geförderten und prämierten freien Gruppe gehört, befinden sich viele Künstler_innen in Umständen, die weitaus weniger abgesichert sind.

Cobratheater.cobra

Das *cobra*-Netzwerk wurde von Graduierten des Instituts für Medien, Theater und Populäre Kultur an der Universität Hildesheim gegründet, an dem auch Annemarie Matzke lehrt. Dieser akademische Rahmen ist mit der Entwicklung der freien darstellenden Kunstszene auf enge und komplexe Weise verknüpft. Besagtes Institut in Hildesheim erlaubt es Studierenden während ihres Studiums, szenische Praxis mit deren theoretischer Aufarbeitung zu verbinden. Theorie und Praxis der darstellenden Kunst, hier vor allem auch der zeitgenössischen Szene in Deutschland, werden als komplementär verstanden. Dies geht jedoch weit über eine Theoriepraxis, wie man sie beispielsweise von Kunsthochschulen kennt, hinaus, da die angewandte Theaterwissenschaft in Hildesheim intensiv die eigene Arbeitsweise und die Prozesse der Professionalisierung von Künstler_innen mit reflektiert. Die Arbeit von Jens Roselt zur historischen Entwicklung und Arbeit von Regisseur_innen (2009) zeitgenössischen Schauspieler_innen (Roselt/Weiler 2011) und über Freud und Leid beim Lesen von Projektanträgen der *Freien Szene* (2017) oder die bereits besprochenen Ansätze von Annemarie Matzke gelten hier als programmatische Beispiele. Das Institut nimmt somit gemeinsam mit dem Institut für Angewandte Theaterwissenschaften der Universität Gießen eine Vorreiterrolle ein

---

5 Es lassen sich hier weitere Parallelen zur akademischen Lebens- und Arbeitswelt ziehen, wie sie beispielsweise von Marilyn Strathern (2000) und Dominic Boyer (2016) anthropologisch aufgearbeitet wurden.

in der Reflexion ästhetischer Arbeit als professioneller Praxis. Dieser komplementäre Fokus auf Theorie und Praxis an beiden Instituten war entscheidend für die Entwicklung und Formierung einer professionellen und akademisch-reflektierten freien darstellenden Kunstszene in Deutschland seit den 1980er Jahren (siehe dazu Matzke/Wortelkamp/Weiler 2012). Die traditionelle Aufteilung in Theatertheorie und -geschichte an theaterwissenschaftlichen Instituten einerseits und Theaterpraxis und -schulung an Akademien und Schulen andererseits wurde durch die angewandte Theaterwissenschaft durchbrochen.

Der ambivalente Charakter von Prozessen der Ästhetisierung in der freien darstellenden Kunst wird somit bereits in den Fokus der Ausbildung und universitären Praxis gerückt. Einerseits werden die als positiv zu verstehenden Ermöglichungspraktiken der Autonomie, Flexibilität oder Selbstkultivierung zugleich *ausprobiert* und durch Praxis und Probenarbeit untersucht. Andererseits wird theoretisch reflektiert, inwiefern Ästhetisierungsprozesse und flexible Arbeitsstrukturen in der Kunstarbeit zu Prekarisierung führen. Durch diese Form der kritischen akademischen Arbeit an einer neuen Generation von Künstler_innen, unterstützt durch institutionelle Neugründungen oder Synthesen wie dem *HAU*, *Kampnagel* oder dem *Ringlokschuppen*, verändert sich nicht nur die Universität, sondern auch das Theater und die Möglichkeiten zur Aufführung und professionellen Vernetzung von Theaterschaffenden selbst. Die Reflexion der Ästhetisierungsprozesse in der Kunst wird somit durch institutionelle Veränderungen im darstellenden sowie im akademischen Bereich mit verantwortet. In ihrem Band zur angewandten Theaterwissenschaft formulieren es Matzke, Isa Wortelkamp und Christel Weiler (2012) dazu folgendermaßen:

> Indem die theatrale Praxis theoretisiert und die Theaterwissenschaft an die Praxis gebunden wird, werden nicht nur theatrale Mittel und Techniken reflektiert, sondern das Studium als ein Ort des Denkens *und* Machens Ernst genommen: als Arbeit an einem zukünftigen Theater (Matze/Wortelkamp/Weiler 2012: 8, Hervorh. i.O.).

Aus dieser besonderen Zusammenkunft von universitärer wissenschaftlicher Produktion und künstlerischer Praxis sind über die letzten beiden Jahrzehnte hinweg sichtbare ästhetische Schulen und Richtungen entstanden. Einige ehemalige Absolvent_innen der angewandten Theaterwissenschaft in Gießen und Hildesheim gehören mittlerweile zu den bekanntesten und bestgeförderten Kollektiven und Künstler_innen, darunter zum Beispiel *She She Pop*, *Rimini Protokoll* und René Pollesch, was unter anderem zur Beschreibung eines der Institute als „ästhetische Kaderschmiede des deutschen Theaters" (Klett 2003) führte.

Entstanden im Jahre 2008, versteht sich *cobratheater.cobra* bewusst nicht als Kollektiv, sondern als Netzwerk. Eines der Gründungsmitglieder reflektierte diese Differenzierung in einem Gespräch mit mir folgendermaßen:

> Wir sind kein Kollektiv, da wir nicht alle gemeinsam an einem Projekt arbeiten. Wir sind vielmehr ein Netzwerk aus verschiedenen Projekten, die sich immer wieder gegenseitig betrachten. Nur so bleiben wir autonom und kritisch (persönlicher Kommentar, Februar 2015).

Cobratheater.cobra ist ein in Deutschland in dieser Weise einzigartiges Netzwerk, das 2008 mit einer kleinen Gruppe aus Künstler_innen begann, mittlerweile aber über 50 freie darstellende Künstler_innen aus Hamburg, Hannover, Hildesheim, Berlin, Duisburg und München verbindet (siehe hierzu auch Hahn 2013). Was das Netzwerk einzigartig macht, ist, dass es nicht alle Künstler_innen an einem Projekt beteiligt, sondern wie eine Art *Label* in der Musikindustrie funktioniert. Das Netzwerk teilt keine gemeinsame ästhetische Linie und es umfasst auch andere Sparten wie Oper oder Musik, trotz des *Theaters* im Namen. *Cobratheater.cobra* ist daher weder eine kohärente Künstler_innengruppe noch ein Interessenverband. Stattdessen funktioniert das Label *cobra* wie eine offene Klammer nach dem von den Künstler_innen sogenannten *Prinzip der Ansteckung*. Das Netzwerk beschreibt dies auf deren Webseite unter dem Titel „Selbstdefinition" folgendermaßen selbst: „Die Cobra fungiert als Klammer für die kommenden künstlerischen Arbeiten, für das, was getan werden muss. Wer einmal an einem Projekt unter diesem Label beteiligt war, kann eigene Projekte als cobra[…].cobra betiteln"[6].

Auf diese Art und Weise hat es das Netzwerk geschafft, eine Reihe an verschiedenen Kollektiven in sich aufzunehmen und durch die Klammer beziehungsweise das Label erkennbar zu machen und zu reflektieren. Entscheidender Vorteil dieses Klammer- oder genauer Label-Systems ist hierbei, dass das Netzwerk wie eine Form von *Ressourcen-Pooling* oder Jobbörse fungieren kann. Da nicht immer klar ist, wer in welcher Form zu welchem Kollektiv innerhalb des Netzwerkes gehört, haben die Künstler_innen für das Netzwerk produktive und nützliche Formen der gegenseitigen Arbeitsbeschaffung kreieren können. Die Form des Netzwerkes wurde so zu einem bewusst genutzten professionellen Rahmen, der vorherrschende Formen der traditionellen und individualisierten Arbeitsweise der darstellenden Kunst subversiv entgrenzt.

In einem Fall erhielt beispielsweise ein Kollektiv, das Teil des Netzwerkes ist, eine mehrjährige Förderung durch das sogenannte Doppelpass-För-

---

6 Cobratheater.Cobra (O.J.). Selbstdefinition. *cobratheatercobra.com*, ohne Datum. Verfügbar unter: http://www.cobratheatercobra.com/die-cobra/ [27.01.2017].

derungssystem, welches freie Künstler_innen für eine gewisse Zeit an feste Häuser bindet. Dieses Kollektiv holte sich durch eine solche Anbindung, hier an das Düsseldorfer Schauspielhaus, immer wieder weitere Gruppen ans Haus, die nicht strenggenommen Teil der ursprünglichen Bewerbung waren, aber durch das Label *cobra...cobra* angebunden werden konnten. So wurden die Ressourcen und das kulturelle Kapital der prestigeträchtigen Förderung an verschiedene Teilnehmer_innen verteilt, während das Schauspielhaus nicht nur von einer, sondern von mehreren Gruppen gleichzeitig profitierte.

Im Frühjahr 2015, nach sechs Jahren *cobratheater.cobra*, waren die Mitglieder des Netzwerkes jedoch an einem Punkt angelangt, an dem sich die Frage nach dem expliziten Übergang in ein *professionelles* Netzwerk dringend stellte. Der Großteil der Mitglieder war zu dem Zeitpunkt bereits aus dem relativ abgesicherten Umfeld des Studiums in Hildesheim ausgetreten und begann sich andere Fragen zu stellen: Wie können wir das Netzwerk effektiver nutzen, um an Fördermittel zu kommen, Anträge zu stellen, Festivals zu veranstalten, und für die Kulturpolitik und neue Zuschauer_innen sichtbarer zu werden?

cobratheater.cobra Arbeitstreffen

Ausgehend von der per E-Mail an angemeldete Teilnehmer_innen übermittelten Frage *Wie lässt sich ein Netzwerk solidarisch professionalisieren?* berief das Netzwerk deshalb das sogenannte Arbeitstreffen *cobraSTRUKTUR.cobra* ein. Vom 20. bis 22. Februar 2015 wurden alle Mitglieder des Netzwerkes in das *Fundustheater* in Hamburg-Eilbeck eingeladen, um dieser Frage nachzugehen. Gemeinsam, so schrieben es die Veranstalter_innen in einer Rundmail an alle Mitglieder, wolle man „über zukünftige und kollektive Lebens- und Arbeitsformen nachdenken, über das Potenzial und das Prinzip des Netzwerks cobratheater.cobra" (Zitat aus der E-Mail-Einladung). Man wolle zudem in:

> dezentralen Gesprächsanordnungen der Frage nachgehen, was cobratheater.cobra sein: Interessensverband für Kunst und Kulturschaffende? Eine informelle Universität nach der Universität? Ein Verein? Ein Unternehmen? Eine Kommune? Eine Sharingplattform für Konzeptideen? Eine solidarische Arbeitsplattform für alternative Kunst und Kultur? Soziokulturelles Zentrum? Eine Anlaufstelle für Refugees? Eine Partei? Ein Hobby? Von allem etwas? (ebd.).

Kurzum, das Arbeitstreffen sollte das Netzwerk allgemein in Frage stellen, um eine neue solidarische und professionelle Basis der Organisation und Zusammenarbeit zu entwerfen.

Die Veranstaltung wurde insofern auch für mich interessant, als ich von den Organisator_innen als externer Beobachter eingeladen wurde mit der Bitte, meine Beobachtungen dem Netzwerk zu kommunizieren. Somit wurde die Funktion und *Expertise* des Anthropologen als Teil der Selbstreflexion des Netzwerkes eingeplant – Aspekte, die im Zuge einer sich entwickelnden Anthropologie der Expertise (Boyer 2008) als Methodenansatz für ethnographische Arbeit *auf Augenhöhe* immer akuter werden. Man sei daran interessiert, wurde mir mitgeteilt, das eigene Arbeitstreffen von außen reflektiert zu sehen. Die Gruppe war sich selbst noch nicht ganz sicher, welche Früchte eine solche Beobachtung tragen könnte, aber man nahm die Möglichkeit einer Zusammenarbeit ernst. Mir wurde eine Unterkunft durch das Netzwerk bei Mitgliedern organisiert und ein Interview im Voraus geführt, um Diskussionen anzuregen und den Mitgliedern die Möglichkeit zu bieten, mich zu erkennen und anzusprechen. Dass ich als Anthropologe eingeladen wurde, um die Arbeitsprozesse dieses Netzwerkes teilnehmend zu beobachten, charakterisiert die selbstbewusste Verortung dieser Künstler_innen zwischen universitärer und künstlerischer Arbeit. Zudem wurde im Zuge der Veranstaltung deutlich, dass die beobachtende Funktion, die mir zuteilwurde und die ich einzunehmen eingeladen wurde, auch die kritische Auseinandersetzung in der Gruppe mit postfordistischem Vokabular wie *Selbstvermarktung* und Begriffen aus der Semantik der Ökonomie wie *Produktivität* in Frage stellen sollte.[7]

Über das Wochenende hinweg fanden sich in den Räumlichkeiten des Hamburger Forschungstheaters diverse Arbeitsgruppen zusammen, die sich anhand von Powerpoint-Vorträgen und mit eingeladenen Expert_innen mit Themen wie *Rechtsform und Verein, Internet und Marketing, Kritik und Mitgliedschaft* auseinandersetzten. Ziel des dreitägigen Treffens war es, Vorschläge zu erarbeiten, wie sich das Netzwerk solidarisch professionalisieren kann, um über diese am Sonntag in gemeinsamer Runde abzustimmen und weitere Schritte einzuleiten. Es handelte sich hierbei durchaus nicht um belanglose Schritte, sondern um Entscheidungen, die beispielsweise die rechtliche Form des Netzwerkes beeinflussten. Diskussionen entstanden daher zum Beispiel über die Vorteile eines Vereins im Gegensatz zu einer Gesellschaft mit

---

7 Im September 2016 fand ein Folgetreffen zur Struktur und Arbeitsweise von *cobratheater.cobra* in den *Uferstudios* in Berlin-Wedding statt, zu dem ich einen Workshop zum ethnographischen Forschen anbot, der die Verbindung von Ethnographie und künstlerischer Forschung noch deutlicher unterstrich.

beschränkter Haftung (GmbH), oder zu Fragen der Mitgliedervernetzung und Kommunikation in einem flachen und dezentralisierten Intranet.

Eine Reihe von Diskussionen, die die zentrale Rolle der projektbezogenen Arbeitsweise der *Freien Szene* deutlich machten, fanden in und um die sogenannte *AG Treffen/Festival* statt. Diese Arbeitsgruppe (AG) setzte sich mit der Ausarbeitung regelmäßiger Formen des Austausches auseinander und thematisierte somit für die meisten Teilnehmer_innen eine der größten Hürden zur Professionalisierung: Sichtbarkeit und Vernetzung. Die Möglichkeit, auf Festivals darzustellen oder eigene Organisationsformen zu entwerfen, die künstlerische Arbeiten der eigenen Szene oder einem breiteren Publikum zugänglich machen, sind enorm wichtige Bestandteile der Arbeitsweise in der *Freien Szene*. Dies ist insbesondere deshalb der Fall, da es neben den bereits erwähnten Aufführungsstätten *HAU*, *Ringlokschuppen*, *Kampnagel* nur wenig kontinuierliche Möglichkeiten des Darstellens gibt. Aufgrund der schieren Anzahl an Mitgliedern bot sich dem *cobra*-Netzwerk allerdings bereits früh die Möglichkeit, eigene Festivals zu organisieren. Oftmals werden Produktionen sogar eigens für solche Festivals konzipiert; sie dienen der Bekanntmachung von Gruppen, der Vernetzung und der Vermarktung. Aus diesem Grund wurde auch beispielsweise ein Zeitstrahl, auf dem alle Projekte und Festivals, sowie Deadlines für Projektbewerbungen eingetragen werden sollten, zu einem wichtigen Anlaufpunkt für gemeinsames und projektbezogenes Planen (siehe Abb. 1).

Maria Lilith Umbach, eine der Mitbegründerinnen des Netzwerkes und Leiterin der *AG Treffen/Festival*, stellte an diesem Wochenende deren Resultate vor. Neben diversen Festivalformaten, die allen Gruppen des Netzwerkes Möglichkeiten der Darstellung geben würden, schlug die AG auch weitere interne Vernetzungsmöglichkeiten vor, die programmatisch für die notwendige Selbstorganisation und Autonomie des Netzwerkes stehen.

Wie auf Abbildung 2 zu sehen ist, wurden neben dem *COBRA FESTIVAL* und der regelmäßigen Wiederholung des *COBRA STRUKTUR ARBEITSTREFFENS* noch zwei weitere Formate vorgeschlagen: das *COBRA LAB* und das *COBRA HOST* System. Der Vorschlag des *COBRA LABS* reagierte auf den Wunsch, innerhalb des Netzwerkes Formen der internen Fortbildung zu entwickeln und anbieten zu können. Diese *LABS* oder *LABORA* sollten als Workshops, beispielsweise zum *Internetdesign*, zum *Antragsschreiben*, oder zur Diskussion neuer ästhetischer Formen fungieren, die in unregelmäßigen Abständen und dezentral von Mitgliedern organisiert werden könnten.

Der zweite neue Vorschlag, das *COBRA-HOST-System*, auf der Abbildung etwas deutlicher zu erkennen, beschreibt den Vorschlag, eine Art *Couchsur-*

Prekarität und Ästhetisierung 151

Abb. 1: Foto einiger Teilnehmer_innen vor dem Zeitstrahl.
(Quelle: Cobratheater.cobra)

Abb. 2: *Cobra*-Mitbegründerin Maria stellt die verschiedenen Festivalformate dar.
(Quelle: Cobratheater.cobra)

fing und Mitfahrgelegenheit-Plattform für Mitglieder des *cobra*-Netzwerkes zu entwerfen. Mitglieder könnten je nach Möglichkeit Schlafplätze inserieren oder nach Mitfahrgelegenheiten schauen können, wenn sie auf Reisen durch Deutschland wären. Auf diese Art und Weise, so argumentierte die AG, könne man die Verteilung der Mitglieder und die Notwendigkeit des flexiblen Reisens als Potenzial betrachten, um Geld zu sparen und Mitglieder zu vernetzen.

Abschließende Diskussion

Dieser Beitrag bietet einen Einblick in die Arbeitsweisen und Arbeitsreflexionen eines Netzwerkes freischaffend produzierender Künstler_innen, deren Entstehung und Arbeitsweise stellvertretend für zentrale Aspekte der projektbezogenen und die eigene Organisationsform reflektierenden *Freien Szene* darstellender Künstler_innen steht. Meine Darstellung künstlerischer Arbeitsprozesse in der freien darstellenden Szene sollte unter anderem darauf hinweisen, dass die Modalitäten künstlerischer Arbeit von institutionellen Entwicklungen an Universitäten beeinflusst und von theoretischen Analysen inspiriert sind. Es lassen sich also hier keine klaren Grenzen zwischen künstlerischer, soziologischer und kulturpolitischer Theoriebildung und Reflexion postfordistischer Arbeit ziehen, was nicht die Verwischung der Felder betonen, sondern die Entgrenzung des Diskurses zur Ästhetisierung der Arbeit darstellen soll. Zudem weist dieser Beitrag darauf hin, dass die vorherrschende Arbeitsform der freien darstellenden Kunstszene – das heißt, die der temporären Projektarbeit mit wechselnden institutionellen Produktionspartner_innen – zugleich eingrenzende Bedingung sowie kreativer Impuls für neue ästhetische und theoretische Entwicklungen sein kann. Meine Diskussion von Matzkes Anmerkungen zur Projektarbeit der *Freien Szene* diente als Beispiel für die aus der Kunstproduktion heraus entstehenden Selbstbeobachtungen freier Künstler_innen. Diese Perspektive mag auch einen neuen Blick auf „das politische Problem" werfen,

> inwiefern ästhetische Praktiken, die in der Vergangenheit mit dem Anspruch einer emanzipatorischen Alternative zur ‚instrumentellen Vernunft' verbunden waren, unter gegenwärtigen Bedingungen dazu in der Lage sind, das Potenzial einer praktischen Gesellschafts- und Kulturkritik zu entfalten (Prinz/Reckwitz/Schäfer 2015: 9).

Und zwar insofern, als dass die veränderten Rahmenbedingungen der künstlerischen Arbeit durch die „Kulturalisierung der Ökonomie" (ebd.) nicht von der Ästhetisierung der Gesellschaft zu trennen sind, diese aber eben auch zum Anlass neuer künstlerischer Produktion nehmen. Aus diesem Grund ist es zwar verständlich, aber nicht sinnvoll, „das enge Feld einer Soziologie der Kunst und des künstlerischen Feldes" (ebd.) in einer Diskussion von Ästhetisierung und Arbeit auszuklammern.

Cobrathater.cobra ist ein kollektives künstlerisches Netzwerk, das zugleich ästhetisch wahrnehmbare Praktiken produziert und diese jenseits von sich selbst reflektiert. Die Kunst ist somit weder marginal noch dem Schönen oder Guten zuzuordnen, sondern als Feld zu betrachten, das normative ästhetische Ordnungen möglicherweise selbst ablehnt oder nicht als gemeinsamen Nenner des professionellen Milieus ansieht. Das in diesem Beitrag beschriebene Arbeitstreffen eines sich professionalisierenden Netzwerkes dient als Beispiel für die der freien Kunstarbeit immanente und notwendige Reflexion der eigenen Arbeitsmodalitäten. Dabei wird Entgrenzung der Kunst durch gesamtgesellschaftliche Ästhetisierungsprozesse theoretisch eingeholt und in ihren praktischen Konsequenzen reflektiert. Prekarität und postfordistische Arbeitsweisen werden hier ambivalent wahrgenommen, kritisiert und zum Teil sogar als produktive Flexibilität umgestaltet. Ästhetische Praktiken sind hier also weder „ubiquitär" noch „marginal" (Reckwitz 2015: 13), sondern eng mit dem reflexiven Neudenken eines professionellen Milieus verbunden. Dessen Erforschung kann nicht nur zu einem besseren Verständnis zeitgenössischer Kunst führen, sondern neue interdisziplinäre Perspektiven auf die produktive Selbstreferenzialität kreativer Praktiken in der postfordistischen Gesellschaft entwerfen.

Literatur

Boltanski, Luc/Chiapello, Ève (2007 [1999]). *The New Spirit of Capitalism.* Trans. Gregory Elliott. London/New York: Verso.

Born, Georgina (1995). *Rationalizing Culture: IRCAM, Boulez, and the Institutionalization of the Musical Avant-Garde.* Berkeley/Los Angeles/London: University of California Press.

Boyer, Dominic (2008). Thinking through the Anthropology of Experts. *Anthropology in Action,* 15 (2), 38–46.

Boyer, Dominic (2016). The Necessity of Being a Writer in Anthropology Today. In Helena Wulff (Hrsg.), *The Anthropologist as Writer. Genres and Contexts in the Twenty-First Century* (S. 21–32). New York/Oxford: Berghahn.

Bröckling, Ulrich (2007). *Das unternehmerische Selbst. Soziologie einer Subjektivierungsform.* Frankfurt am Main: Suhrkamp.
García Canclini, Néstor (2014). *Art beyond Itself. Anthropology for a Society without a Storyline.* Durham, NC: Duke University Press.
Hahn, J. (2013). *Die Organisation Freier Theaterarbeit – Kollektiv und – Netzwerk: Eine Vergleichende Analyse der Organisationsformen von She She Pop, die Geheimagentur und cobratheater.cobra.* Unveröffentliche Diplomarbeit im Studiengang Szenische Künste. Eingereicht an der Stiftung Universität Hildesheim am 15. August 2013.
Klett, Renate (2003). Theater. Alle machen mit. Die meisten wissen's nicht. *DIE ZEIT*, 03.01.2003.
Kunst, Bojana (2015). *Artist at Work. Proximity of Art and Capitalism.* Washington/Winchester: Zero Books.
Luckhurst, Mary (2006). *Dramaturgy: A Revolution in Theatre.* Cambridge: Cambridge University Press.
Matzke, Annemarie (2012a). *Arbeit am Theater. Eine Diskursgeschichte der Probe.* Bielefeld: Transcript.
Matzke, Annemarie (2012b). Hildesheimer Thesen V – Das Freie Theater gibt es nicht. Jenseits des Freien Theaters. *Nachtkritik.de* [Online Rezensionsforum]. Verfügbar unter: http://nachtkritik.de/index.php?view=article&id=7472:hildesheimer-thesen-v-n&option=com_content&Itemid=84 [13.06.2016].
Matzke, Annemarie/Wortelkamp, Isa/Weiler, Christel (Hrsg.). (2012). *Das Buch der Angewandten Theaterwissenschaft.* Berlin: Alexander Verlag.
Oberender, Thomas/Ostermeier, Thomas (2013). Die Systemfrage. Stadttheater oder freies Arbeiten? Ein Streitgespräch. *Theater der Zeit*, 12/2013.
Pollesch, René (2009). *Liebe ist kälter als das Kapital.* Berlin: Rowohlt.
Prinz, Sophia/Reckwitz, Andreas/Schäfer, Hilmar (2015). Vorwort. In dies. (Hrsg.), *Ästhetik und Gesellschaft. Grundlagentexte aus Soziologie und Kulturwissenschaften* (S. 9–12). Berlin: Suhrkamp.
Reckwitz, Andreas (2012 [1995]). *Die Erfindung der Kreativität.* Berlin: Suhrkamp.
Reckwitz, Andreas (2015). Ästhetik und Gesellschaft – ein analytischer Bezugsrahmen. In ders./Sophia Prinz/Hilmar Schäfer (Hrsg.), *Ästhetik und Gesellschaft. Grundlagentexte aus Soziologie und Kulturwissenschaften* (S. 13–54). Berlin: Suhrkamp.
Roselt, Jens (2009). Vom Diener zum Despoten. Zur Vorgeschichte der modernen Theaterregie im 19. Jahrhundert. In Nicole Gronemeyer/Bernd Stegemann (Hrsg.), *Regie. Lektionen 2* (S. 23–37). Berlin: Theater der Zeit.
Roselt, Jens (2017). „Es geht, wie gesagt, um mich". Über Freud und Leid beim Lesen von Projektanträgen der freien Szene. In Wolfgang Schneider/Julia Speckmann (Hrsg.), *Theatermachen als Beruf. Hildesheimer Wege* (S. 193-201). Berlin: Theater der Zeit.
Roselt, Jens/Weiler, Christel (Hrsg.). (2011). *Schauspielen heute. Die Bildung des Menschen in den performativen Künsten.* Bielefeld: Transcript.
Sansi, Roger (2015). *Art, Anthropology and the Gift.* London: Bloomsbury.
Stegemann, Bernd (2013). *Kritik des Theaters.* Berlin: Theater der Zeit.

Stegemann, Bernd (2015). *Lob des Realismus.* Berlin: Theater der Zeit.
Strathern, Marilyn (Hrsg.). (2000). *Audit Cultures. Anthropological Studies in Accountability, Ethics and the Academy.* London/New York: Routledge.
Tinius, Jonas (2015). Between professional precariousness and creative self-organisation: the free performing arts scene in Germany. In Pascal Gielen/ Nico Dockx (Hrsg.), *Mobile Autonomy: Organizing Ourselves as Artists Today* (S. 159–181). Amsterdam: Valiz.
Tinius, Jonas (2016). Rezension: B. Stegemann (2015), Lob des Realismus. *Theatre Research International, 41 (1),* 86f.
van Eikels, Kai (2013). *Die Kunst des Kollektiven. Performance zwischen Theater, Politik und Sozio-Ökonomie.* München: Wilhelm Fink.

Fabian Ziemer

Über den Umgang mit Musikproduktionssoftware
Postfordistische Arbeits- und Lebensführungsparadigmen im REMIX

Im Zentrum dieses Artikels stehen die Handlungs- und Aushandlungsoptionen, die von aktueller Musikproduktionssoftware über das Technische hinaus bereitgestellt werden.[1] Dieser Beitrag nähert sich den *Selbstbildern kreativer Arbeit* von einem Ausgangspunkt jenseits der Erwerbsarbeit an, indem er thematisiert, ob, wann und inwiefern bestimmte Akteur_innen versuchen, ihren alltäglichen Umgang mit (Musik)Technik zu professionalisieren und welche Motive, Ansprüche und Verortungen des Selbst sie darüber aufwerfen sowie verfestigen. Über diese Perspektive lässt sich erschließen, wie sich Entgrenzung und Subjektivierung von Arbeit bereits in *prima facie* vermeintlicher Freizeitaktivität sedimentiert haben. Ferner erscheint dieser Umgang mit Musikproduktionssoftware nicht nur in verschiedentliche Prozesse der Ästhetisierung eingebunden – wie etwa in den Live-Auftritt und in die Gestaltung des Wohnraumes als *Bedroom-Studio* – oder gar als archetypisch für eine im Postfordismus zunehmend reklamierte Ästhetisierung der Arbeit, vielmehr rückt eine *Arbeit an der Ästhetisierung (des Selbst)* sukzessive in den Vordergrund.

Der Text fragt daher – dicht am empirischen Material – nach dem daraus entstehenden Verständnis von Arbeit, nach dem Umgang mit Entgrenzungserfahrungen sowie nach den Spannungen, Verzerrungen und Neuordnungen der postfordistischen Leitlinien für die Arbeit- und Lebensführung.

Musikproduktionssoftware: Alltagsphänomen sowie Möglichkeitsraum für neue Formen der Erwerbsarbeit und der Selbstverortung

Seit circa zehn Jahren kann jeder handelsübliche Computer durch die Installation einer *Digital-Audio-Workstation*-Software (DAW-Software) in einer hal-

---

1 Der Artikel fußt auf den Ergebnissen zu den Forschungen meiner Magisterarbeit „Zur Digitalisierung der (Musik)Produktionsmittel. Diffraktionen, Interferenzen und Rekombinationen postfordistischer Arbeits- und Lebensparadigmen am Beispiel der DAW-Software Ableton Live".

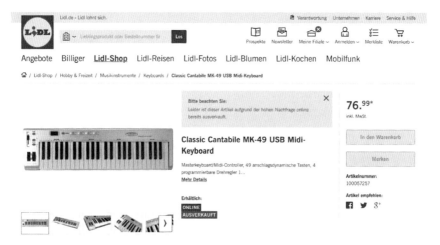

Abb. 1: Im *Lidl*-Webshop wird ein Masterkeyboard zur Steuerung von DAW-Software angeboten (Screenshot: Fabian Ziemer)

ben Stunde zu einem kompletten Tonstudio aufgerüstet werden, wodurch erhebliche Kosten für Instrumente, Effektgeräte oder Mischpulte weggefallen sind. Die Musikproduktion ist so von einem professionalisierten Nischen- zu einem breiten Alltagsphänomen geworden, dem sich sogar der Discounter *Lidl* angenommen hat (siehe Abb. 1). Die Nivellierung der ökonomisch-technologischen Grenze zwischen Laien- und Profianwendung hat besonders das Feld der elektronischen Musik für eine Vielzahl von Akteur_innen geöffnet (vgl. Bürkner 2013). Über die Musikproduktionsmittel hinaus sind auch die Disk Jockey (DJ)- und Performance-Techniken sowie die Distribution und der Verkauf von elektronischer Musik weitestgehend digitalisiert worden. Die eigene Musik wird auf dem Rechner komponiert und dann über Socialmedia-Kanäle wie *SoundCloud, YouTube, Bandcamp* und *Facebook* präsentiert. Über Downloadportale lässt sich die selbstproduzierte Musik auch ohne Plattenfirma weltweit anbieten. Eine hohe Resonanz in den sozialen Netzwerken und Portalen sorgt für eine steigende Bekanntheit bei Labels, Booking- und Veranstaltungsagenturen und zieht bezahlte Auftritte auf Festivals oder in Clubs nach sich. „In kürzester Zeit verdient der Musiker so bis zu 1500 Euro pro Auftritt" (Waltz 2014: 48). Der Umgang mit Musikproduktionssoftware ist daher bei vielen Akteur_innen mit dem Wunsch verzahnt, sich durch selbstbestimmte und kreative Arbeit finanzieren zu können (vgl. ebd.; Kim 2013: 25). Die Digitalisierung der Produktions- und Distributionswege eröffnet somit nicht nur neue Formen der „Wertschöpfung" (Bürkner 2013: 48)[2], basaler erweitert sie zunächst den Kanon für neue Handlungs- und Selbstverortungsmöglichkeiten, wie beispielsweise die als Musikproduzent_in oder DJ.

Klaus Schönberger bekräftigt in diesem Zusammenhang, dass neue Technik unter der Prämisse ihres „Enabling-Potenzials" (Schönberger 2015: 206) betrachten werden sollte, das heißt, dass Technik nicht *eine* bestimmte Folge hat, sondern verschiedenen Formen von Handlungs- und Aushandlungsmöglichkeiten bereithält (vgl. Schönberger 2010: 30) und dass deshalb die spezifischen Formen der Technikaneignung zu untersuchen sind.

Vor diesem Hintergrund fasse ich zunächst die Biographien und die daran geknüpften Motivlagen der zentralen Personen meiner Forschung schlaglichtartig zusammen, um eine bessere Einordnung der Interviewpassagen in Bezug auf ihren Umgang mit der Technik sowie auf die jeweiligen Erwerbsarbeits- und Selbstverortungsperspektiven zu gewährleisten. Francis ist Anfang 50, geschieden, lebt in Hamburg und arbeitet als selbstständiger Musik- und Schlagzeuglehrer mit der Ausrichtung auf traditionelle Kubanische Musik. Er betreibt zusammen mit seinem Freund Esteban ein Techno-Folklore-Projekt, mit dem sie bereits einige Auftritte auf überregionalen *Goa-Trance*[3]-Festivals absolvieren konnten.

Ernesto ist Mitte 40, verheiratet, wohnt in einem Vorort von Hamburg und hat einen Sohn aus einer früheren Beziehung. Er hat an der *Hochschule für Bildende Künste* (HFBK) in Hamburg Visuelle Kommunikation studiert und danach als Programmierer gearbeitet, bis er aufgrund eines chronischen Krankheitsverlaufes frühverrentet wurde. Ernesto setzt sich seit den 1970er Jahren intensiv mit elektronischer Musik auseinander und möchte seine Songs zukünftig auch auf Veranstaltungen live performen.

Peter ist Anfang 30 und wohnt zusammen mit seiner Freundin in einer Wohngemeinschaft in Hamburg. Er hat zur Zeit unseres Gesprächs gerade einen Diplom-Studiengang abgeschlossen und lebt von Arbeitslosengeld II. Aufgrund seiner langer Studienzeiten und nicht vorhandener Praktika rechnet er sich nur geringe Chancen auf eine Festanstellung aus. Peter hat seinen musikalischen Fokus darauf ausgerichtet, nach Jahren als Veranstalter im besetzen Kulturzentrum *Rote Flora* (vgl. Hoffmann 2011) zukünftig mit seiner eigenen Musik als Live-Act aufzutreten.

---

2 Hans-Joachim Bürkner stellt heraus, dass die Digitalisierung in der elektronischen Musik zu einer Diffusion der ehemals vorherrschenden Wertschöpfungsprozesse von Produktion, Distribution und Konsumtion geführt hat (vgl. 2013: passim).

3 In der westindischen Provinz Goa entstand Anfang der 1990er Jahre die gleichnamige musikalische Stilrichtung der elektronischen Tanzmusik (vgl. Ferchhoff 2013: 76).

Hinsichtlich ihrer DAW-Softwarenutzung verstehen sie sich als „Prosumer" (Toffler 1980: 272ff.), die ihre Musikbegeisterung mit der Ambition verknüpfen, am Geschehen einer bestimmten Szene zu partizipieren:

> Als Percussionist spielt man für Leute, die schon einmal auf Kuba waren oder kubaaffin sind, das ist diese folklore Trommel-Szene. Man spielt dann in dieser Szene und für diese Szene (Francis).

> Wir sind ja so eine kleine Szene und wir waren auf dem *Forms of Hands* [Musik-Festival, F.Z.] und da ist jeder Zweite oder Dritte selber Musiker. Dann sind die Bands, die da auftreten auch noch im Publikum, weil sie sich gegenseitig feiern (Ernesto).

> Nicht nur durch *Ableton Live*, auch sonst ist mein ganzes Leben so ausgelegt, dass ich mich in bestimmten Szenen bewege. Wichtig ist schon dieses *aktiver* dabei-sein-zu-können (Peter).

Francis, Ernesto und Peter verbinden ihre Programmanwendung daher grundsätzlich mit der Ambition, aus dem „Wohnzimmer" heraus „in die Öffentlichkeit" einer bestimmten Szene zu treten, um „etwas von sich" zu zeigen und um „gehört zu werden":

> Ich habe schon ein bisschen mehr vorgehabt. Ich möchte nicht nur im Wohnzimmer sitzen und schrauben. Ich möchte nach wie vor, dass die Leute das hören und dass die Tänzer bei meinen Auftritten das gleiche empfinden wie ich (Francis).

> Und es ist was Schönes, wenn die eigene Musik beim Clubabend aus dem Wohnzimmer rausgeholt wird. So kann man dann etwas von sich zeigen, was man sonst nicht könnte (Ernesto).

> Man macht ja Musik, um gehört zu werden. Man macht ja nicht Musik, um sie dann nur alleine zu hören (Peter).

In ihren Ausführungen wird ersichtlich, inwieweit sich die Ansprüche an einen gelungenen Programmgebrauch mit Anforderungen an sich selbst verwoben haben: Die negative Reaktion des Publikums, die Kritik eines Songs bei *SoundCloud* oder die Überforderung beim Produktionsprozess wird von ihnen wiederholt als Scheitern beschrieben. Francis, Ernesto und Peter stellen so demnach nicht nur das Gelingen einer Reihe praktischer Handlungen, sondern immer wieder auch das eigene Selbst über den Programmgebrauch zur Disposition:

> Also, wenn das Publikum einen auflaufen lässt, dann fühlt man sich schon ziemlich scheiße! (Francis).

Was ist, wenn es dann nicht klappt mit dem Traum vom gelungen Auftritt? Was ist, wenn die Tanzfläche dann leer ist. Das sind so die Ängste vor dem Unbekannten (Peter).

Aber man möchte natürlich seinen eigenen Ansprüchen gerecht werden. Ein *SoundCloud*-Account, wo ich mich traue an die Öffentlichkeit zu gehen. Und wo ich mich dann auch der Kritik aussetze (Peter).

Was ist das heute für ein Anspruch! Wenn heute jemand klingen wollen würde wie Depeche Mode auf dem ersten Album, das kriegt wahrscheinlich jeder sogar beim Start von *Ableton Live* hin. Aber das Geheimnis liegt ja auch darin zu wissen, wie man das macht. Und da sind auch so viele Sachen, die zu beachten sind […] Wer ist der Fehler in dem Programm? Das ist man selber! (Ernesto).

Im Lichte der Ansprüche, die Francis, Ernesto und Peter für ihren Umgang mit der Musikproduktionssoftware *Ableton Live* reklamieren, wirkt sich das „Enabling-Potenzial" (Schönberger 2015: 206) – neue Formen von Erwerbsarbeit sowie neue Selbstverortungen bereitzustellen – besonders hinsichtlich ihrer Bewertungen von Arbeit, Freizeit und Lebensführung aus.

Umgang mit Musikproduktionssoftware: Entgrenzung von Arbeit, Freizeit und Lebensführung

Francis, Ernesto und Peter haben *Arbeit* als Deutungsfolie um die Praktiken, Anforderungen und Zielsetzungen ihres Umgangs mit der DAW-Software gespannt. Alle unsere Gespräche durchzog daher eine Spannung zwischen Ermöglichung und Unmöglichkeit, hinsichtlich ihrer Vorstellungen von *Arbeit* im Allgemeinen und kreativer *Erwerbsarbeit* im Besonderen.

Im Verlauf der Interviews bekräftigen sie, sich nun ernsthaft mit der Produktion von elektronischer Musik auseinandersetzen zu wollen. Zwischen den Zeilen tritt bei allen der Wunsch hervor, ihre ästhetischen Praktiken in Zukunft über Auftritte eventuell sogar zu kommerzialisieren:

Ich möchte mehr spielen und eine Platte wäre schon mal cool. Oder zumindest ein Label haben, das ist ja gerade wichtig, um dann in Clubs zu spielen. Es ist ja auch leichter, wenn man sagt, wir sind bei dem und dem Label (Francis).

Also ich hätte schon Lust auf eine Tournee, zum Beispiel mal mit einem Bus durchs Land fahren. […] Ich meine, wenn es gut läuft und man soviel verdient, dass es wieder irgendwie angenehm wird (Francis).

> Der Anspruch daran ist schon professionell. Das ist eher nur so, dass ich sage, ich weiß nicht, wie weit ich damit komme (Ernesto).
>
> Es ist wie bei jedem 14-Jährigen oder 16-Jährigen, der sich seinen ersten Plattenspieler kauft. Natürlich existiert dann dieser Traum im Hintergrund ein großer DJ zu werden (Peter).
>
> Von dieser Musik dann leben zu können, ja das wäre toll! […] Heute ist es ja klar, dass man im Musik-Business nicht die Chance hat von Releases zu leben. Man müsste dann Musiker sein der auftritt (Peter).

Daran anschließend betonen sie wiederholt, wie wichtig ihnen die wechselseitigen Selbst- und Fremdwahrnehmungen der Live-Performances sind. Diese besondere ästhetische Erfahrung des Auftrittes – die Erzeugung von Affekten, Atmosphären und Situationen – rückt in allen Interviews immer wieder in den Mittelpunkt der Auseinandersetzung und lässt gleichzeitig das Publikum als Resonanz- und Rezeptionsraum der eigenen Ansprüche erscheinen:

> Das ist mein unbedingtes Ziel, dafür mache ich das. Ich achte darauf, dass ich live performen kann. Ich möchte diese kubanischen Grooves, mit denen ich mich seit 15 Jahren beschäftige für die Leute hier konsumierbar machen. Die sollen tanzen! Die Deutschen sollen tanzen zu diesen Grooves! Ich will, dass unser Land tanzt, genau! (Francis).
>
> Und live spielen ist auch eine Belohnung für den Künstler, wenn man weiß, wie das ist, wenn man da oben auf der Bühne steht und sich freut, wenn das Publikum mitgeht. Deswegen muss das auch live sein, damit man auch erfährt, was man da so abliefert, das ist es ja gerade (Ernesto).
>
> Man will ja, dass die Leute das hören, was man musikalisch so gemacht hat! Am besten ist es, wenn die Leute dazu tanzen, die Musik feiern und richtig zelebrieren (Peter).

Andreas Reckwitz (vgl. 2013: 195f.) und Michael Hardt (vgl. 2003) stellen genau dieses ambivalente Spannungsverhältnis aus Selbst- und Fremderfahrung sowie die Erzeugung von Affekten, Atmosphären und Situationen als Grundstruktur der ästhetisch „affektive[n] Arbeit" (Hardt/Negri 2002: 304f.) heraus.[4] Diese Form der immateriellen Arbeit ist gleichermaßen auf Körper und Psyche ausgelegt. Ihre Aufgabe besteht darin, Freude, Behagen, Trost, Erregung, Befriedigung und Leidenschaft zu erzeugen und zu steuern. Die Bran-

---

4 „Produzieren heißt immer auch Konsumieren, nämlich die sinnlich-affektiven Reize des Herstellungsprozesses selbst, Konsumieren heißt immer auch Produzieren, nämlich die aktive Herstellung von Erlebnissen und Stilen" (Reckwitz 2013: 196). Der Begriff des „Prosumers" (Toffler 1980: 272ff.) erscheint aus dieser Perspektive als Doublette aus Produktion und Konsumtion sowie als Vexierbild aus ästhetischer Selbst- und Fremderfahrung.

chen Dienstleistung, Fürsorgearbeit und Teile der Unterhaltungsindustrie fallen in diese Kategorie. Das zentrale Motiv ihres Umgangs mit der DAW-Technik erscheint so in Gestalt einer immateriellen und ästhetisierten Form der Arbeit. Mittels Musikproduktionssoftware werden demgemäß nicht nur neue Formen ästhetisch-kreativer Erwerbsarbeit möglich, vielmehr spiegeln sich Modi und Imperative postfordistischer Arbeit in ihrem Umgang mit der Software wider.

So stellen Francis, Ernesto und Peter ihre Programmnutzung auf der einen Seite sogar explizit als Form der *Arbeit* heraus:

> Klar. Es ist schon richtige Arbeit. [...] Ich finde schon, ich arbeite. Wenn ich mich hinsetze, arbeite ich. Wenn meine Freundin anruft und fragt, was machst du, dann sage ich: ‚Ich arbeite noch ein bisschen' (Francis).

> Und für mich ist es in dem Sinne eine kreative Arbeit. [...] Das ist mehr als ein Hobby. Das ist so was wie eine Berufung das zu machen (Ernesto).

> Das ist dann auch Arbeit. Also, es ist schon so, auch wenn ich zwei Stunden hinter *Ableton* sitze, dann bin ich fertig und dann tun mir die Augen weh (Peter).

Auf der anderen Seite rudern sie jedoch bei der direkten Nachfrage, ob sie es tatsächlich für möglich erachten, ihre Ansprüche auf Professionalisierung und Kommerzialisierung auch umsetzen können, erst einmal wieder zurück:

> Auf keinen Fall! Nie, nein, nein. Das ist es nicht, überhaupt nicht. Ich lebe vom Unterrichten. Davon lebe ich. Vom Spielen nicht (Francis).

> Nee, nee, nee. Also, sagen wir mal so: Diese Sachen mit ersten Auftritten im Club, das ist schon ziemlich de luxe wie es ist (Ernesto).

> Dass ich aber damit nun kommerziell meinen Lebensunterhalt bestreiten werde, das glaube ich nicht. Das kann ich mir nicht vorstellen (Peter).

Francis und Ernesto haben wiederum einer Zuordnung ihres Programmgebrauchs als Freizeit oder Hobby vehement widersprochen und für sich reklamiert, dass ihre Auseinandersetzungen über diese Bereiche weit hinausgehen. Entgegen der Vorstellung einer vornehmlich spaßgeleiteten Hobby- oder Freizeitbetätigung heben sie vielmehr den Ernst ihrer Beschäftigung heraus; und stehen mit dieser Drehung wieder im erweiterten Bedeutungsfeld von *Arbeit*:

> Freizeit, nee! Das würde ich nicht sagen. Also ich nehme das schon ziemlich ernst! [...] Nee, Hobby höre ich nicht gerne! Hobby ist irgendwie so wie Surfen, ja Surfen ist ein Hobby oder Motorradfahren oder ich weiß nicht... (Francis).

> Also, mit dem Ganzen, ich glaube, wenn man das jetzt nur als Hobby betrachten würde, dann würde man ja ausschließlich viel mehr Wert auf Spaß legen (Ernesto).

Der entscheidende Aspekt ist jedoch, dass ihre Schilderungen durchgehend ambivalent bis paradox blieben. Sie beschreiben ihre Softwareanwendungen synchron, changierend und in Mehrfachbesetzung als Arbeit, Freizeit und Lebensführung. Dadurch formulieren sie zugleich eine gewisse Dissonanz der Zuordnungsbereiche Arbeit, Freizeit und Lebensführung mit aus, was darauf hindeutet, dass Arbeit, Freizeit und Lebensführung für sie entweder *nicht mehr* oder zumindest *nicht mehr genau genug* zu bestimmen zu sein scheinen:

> Ah ja, ich würde sagen, es ist ein Hobby. Aber es ist ein Hobby mit Ambitionen, mit einer Perspektive. Aber es ist für mich auf keinen Fall eine professionelle Tätigkeit oder ein Lebens… [hält inne, F.Z.] ein Lebensinhalt schon irgendwie auch schon ein Stück weit (Peter).

> Die Vokabel weiß ich nicht, die ich da nehmen muss. Aber es ist auf jeden Fall kein Hobby. Das ist schon ein zentraler Punkt meines Lebens. Ich meine, das ist ein Hobby auch, aber es verbindet sich mit meinem Beruf. Ich bin Musiker und arbeite damit, um zu versuchen, damit einen Ausdruck zu finden (Francis).

> Manchmal ist so ein professioneller Rahmen neben der Arbeit schon ganz schön gut. […] Jetzt ist es noch richtige Arbeit. Und mit *Arbeit* meine ich, dass da noch keine direkten Ergebnisse bei rauskommen, denn für *Arbeit* müsste man seinen Job besser können (Ernesto).

Arbeit wird von ihnen unisono als etwas skizziert, das auch außerhalb von Berufstätigkeit angesiedelt sein kann, sich aber wiederum an den gängigen Zuschreibungen von *Arbeit* – besonders im Sinne von Berufstätigkeit – als ernsthaft, anstrengend, zielführend, anspruchsgeleitet und selbstoptimierend orientiert. In ihrem Wunsch nach Professionalisierung wird darüber hinaus ein Umschlagen ins ökonomisch Verwertbare immer mitverbalisiert; worüber eine „Ausrichtung des eigenen Lebens an betriebswirtschaftlichen Effizienzkriterien und unternehmerischen Kalkülen" (Lemke/Krasmann/Bröckling 2000: 30) beständig eingeflochten wird. Demgemäß sind die Sphären Arbeit, Freizeit und Lebensführung bei Francis, Ernesto und Peter weitestgehend entgrenzt.

Um die diskursive Ebene ihrer Sinnkonstruktionen um einen materiell-ästhetischen Blickwinkel zu erweitern, hatte ich meine Gesprächspartner gebeten, mir Fotos von den Dingen zu schicken, die sie zur Auseinandersetzung mit dem Programm gebrauchen. Analog zu den Interviews sollen die Fotos

Über den Umgang mit Musikproduktionssoftware 165

Abb. 2: Francis nutzt einen Teil seines Wohnzimmers zur Produktion von elektronischer Musik (Foto: Francis)

zusätzlich darüber Aufschluss geben, „wie Personen gesehen werden möchten oder sich selbst sehen" (Schmidt-Lauber 2007: 172). Thomas Overdick bekräftigt in diesem Zusammenhang, dass die Fotografie „zwangsläufig immer Gestaltung und damit Subjektivität, Auswahl und persönliche Blickwinkel" (Overdick 2002: 32) miteinschließt. Dinge und ihre Anordnungen zueinander besitzen immer „einen ‚Zeichenwert'" (Wuggenig 1994: 207).

Francis (Abb. 2), Ernesto (Abb. 3) und Peter (Abb. 4) haben die Rechner, Audioboxen und Controller an einem zentralen Platz in ihren Wohnungen in Form von sogenannten *Bedroom-Studios* angeordnet, die wiederum seit Ende der 1980er Jahre als popkultureller Topos mit dem Bild des Aufstiegs vom begeisterten Laien zur_zum erfolgreichen Musikproduzent_in aufgeladen sind (vgl. Poschardt 2001: 373).

Auf allen drei Bildern sind jeweils zwei Bildschirme mit laufenden Projekten zu sehen. Die Hintergrund- und Tastenbeleuchtungen vermitteln den Eindruck, die Protagonisten waren bis vor kurzem in Interaktion mit ihren Dingen und sind nur eben kurz aus dem Blickfeld getreten, um schnell ein Bild zu knipsen. Ihre Fotos spiegeln damit die Arbeitsatmosphäre und die Professionalisierungsambitionen, die sie in ihren Interviews selbst immer wieder beschworen haben, wider. Die Aufnahmen halten daher auch fest, inwieweit sich nicht nur die Dinge sondern auch die Praktiken, Ansprüche und Vorstel-

Abb. 3: Ernesto hat einen Raum der Wohnung als Musikzimmer eingerichtet (Foto: Ernesto)

Abb. 4: Peter hat einen Schreibtisch in seinem WG-Zimmer als Bedroom-Studio umfunktioniert (Foto: Peter)

lungen in den Alltag, die Wohnräume und die Lebensführungen eingeschrieben und diese neu konfiguriert haben. Die Ästhetisierungen ihrer musikalischen Praktiken schlagen sich somit buchstäblich in den Ästhetisierungen der Wohnräume nieder und vertiefen den Eindruck einer Entgrenzung von Arbeit, Freizeit und Lebensführung nachhaltig.

Umgang mit Entgrenzung: *Arbeit am Selbst* als innere Land*rück*nahme

Die Ambivalenzen und Diffusionen, die sich in den Aussagen und Bildern wiederfinden, lassen sich jedoch vor dem gouvernementalen Hintergrund des sich konsolidierenden Postfordismus konturieren. Die Einordnungen, die Francis, Ernesto und Peter in Bezug auf Arbeit, Freizeit sowie Lebensführung hier herausstellen, rekurrieren auf eine Transformationsoffenheit, die in Form von Subjektivierung, Flexibilisierung und Entgrenzung längst Teil des gesellschaftlichen Anforderungskataloges ist und sich stark mit den Selbstbeschreibungen der Individuen verwickelt hat (vgl. Seifert 2007; Sutter 2013). Hinzu kommt, dass über die Normative der Humankapitalisierung ein lebenslanges Lernen (vgl. Tuschling 2004), der produktive Einsatz sowie die umfassende Erweiterung der eigenen Kreativität (vgl. Reckwitz 2013) und somit die ständige Veränderung und Optimierung der Lebensweisen sowie des Selbst (vgl. Bröckling 2007: passim), propagiert werden. Jedoch sollte dieses postfordistische Konvolut an Imperativen nicht so verstanden werden, dass die Individuen diesem monokausal unterworfen sind. Vielmehr illustriert der hier herausgestellte Umgang mit der Entgrenzung, dass Francis, Ernesto und Peter, die alle über keine erfolgreiche Erwerbsbiographie verfügen, mit genau dieser Transformationsoffenheit des postfordistischen Anforderungskataloges handelnd sowie aushandelnd umgehen. In der durch den Postfordismus lancierten Verquickung der eigenen Persönlichkeit mit der Arbeit (vgl. Krohn 2013: 22) wird nicht nur die Lebensführung stärker ins Zentrum der Arbeit (vgl. Sutter 2013: 40) gerückt, sondern ebenso die Arbeit als gesellschaftliche und biographische Bezugs- und Anerkennungsgröße (vgl. Nierling 2009) ins Zentrum der Lebensführung und des Selbst verschoben. Durch diese Verschmelzung von *Arbeit und Lebensführung* sowie von *Arbeit und Selbst* erscheint nicht nur *Arbeit* als zentraler Verortungsparameter des Selbst sowie der Lebensführung; die Lebensführung und das Selbst werden vielmehr in Form *von* und damit *als Arbeit* begreifbar. Indem Francis, Ernesto und Peter ihr Selbst beständig mit den ästhetischen Praktiken rückkoppeln, kann diese ins Zentrum der Lebensführung gerückte Ästhetisierung von ihnen gleichzeitig als Form der Arbeit verstanden werden. In dieser Betrachtung von Arbeit, die – auch abseits von Erwerbsarbeit – auf die Lebensführung und das Selbst ausgerichtet bleibt, wenden sie den Topos einer „Subjektivierung von Arbeit" (Kleemann/Matuschek/Voß 2003) hin zu einer *Arbeit an der Subjektivierung* beziehungsweise einer *Arbeit am Selbst*. Ihre Ästhetisierung des Selbst durch die Nutzung von *Ableton Live* ist als *Arbeit am Selbst* immer auch als eine *Arbeit des Selbst* zu verstehen. Francis, Ernesto und Peter stellen entlang sowie entgegen den Verwerfungen des Postfordismus der sprichwörtlich gewordenen „inneren Landnahme" (Hirsch 2005: 174ff.), die die Subjektivität der Individuen als Ressource der Erwerbsarbeit in den Blick nimmt, eine „innere Landrücknahme" gegenüber, in der die *Arbeit am Selbst* als Ressource der Subjektivität ausgebaut wird. *Arbeit am Selbst* verzahnt die *Verortung*, die *Veränderung* und die (optionale) *Inwertsetzung des Selbst*.

Somit ist der Umgang mit der DAW-Software für Francis, Peter und Ernesto konstitutiv für ihre *Verortungen des Selbst*. Peter, der sich seit seiner Jugend besonders der Techno-Szene verbunden fühlt, erklärt, dass er über die ästhetischen Praktiken des Programms eine Intensivierung seiner Zugehörigkeit zur Hamburger Techno-Szene verspürt, da er nun die Möglichkeit hat aktiver als zuvor an dieser zu partizipieren. *Ableton Live* ist für ihn zu einem zentralen Baustein seiner Selbstverortung als Szeneaktivist geworden: „Ja, doch das sind alles so Sachen, die einen doch aktiver teilhaben lassen. Aber man ist zwar nicht ein aktiver Teil *der* globalen Technogeschichte. Aber man ist für sich doch ein aktiver Teil."

Francis stellt in unserem Gespräch direkt heraus, dass er sich – seit er *Ableton Live* intensiv nutzt – als Künstler und Musiker versteht: „Seitdem ich das Programm hab, fühle ich mich auch wieder als Künstler. Vorher habe ich immer gesagt: ,Ich bin Musiklehrer.' Jetzt sage ich auch mal wieder: ,Ich bin Künstler! Ich bin Musiker!'"

Ernesto hingegen hat sich an verschiedenen Stellen indirekt als Künstler beschrieben und sich in einem späteren *Facebook*-Chat bezüglich meiner Analyseergebnisse unserer Gespräche jedoch explizit als „Künstler" verstanden: „Oha… das ist viel geisteswissenschaftliches Gebilde. Ich bleib dann doch lieber Künstler, der die Sachen aus sich heraus entwickelt, ohne es erklären zu müssen."[5] Über ihre Verortungen als Künstler_in, Musiker_in und/ oder Szeneaktivist_in erschaffen Francis, Ernesto und Peter für sich einen Ort, der sozial verstehbar ist und von dem aus sie agieren sowie sinnvoll über sich sprechen können.

---

5 *Facebook*-Chat mit Ernesto am 21.10.2015, 16:40 Uhr.

In der *Arbeit am Selbst* wird über die ästhetischen Praktiken auch eine iterative *Veränderung des Selbst* mitherbeigeführt, die sich nicht vordergründig als *Aktivierung des Selbst in der* oder *für die* Erwerbsarbeit legitimiert, jedoch als *self growth* (vgl. Reckwitz 2006: 589) oder als Entwicklung des Selbst angesehen werden können muss. Künstler_in, Musiker_in und/oder Szeneaktivist_in sind als Verortungen des Selbst somit nicht nur sozial verstehbar, sondern als Gegenentwürfe und auch als alternative Selbstbeschreibungen hinsichtlich ihrer prekären Arbeits- und Lebensverhältnisse als Musiklehrer_in, Frührentner_in und Transferleistungsempfänger_in zu verstehen. Somit ist – mit Michel Foucault gesprochen – „[d]as wichtigste im Leben und in der Arbeit [...], etwas zu werden, das man am Anfang nicht war" (2005a: 960).

In der *Arbeit am Selbst* eröffnen sich gerade aus Sicht von prekären Erwerbsarbeitsbiographien zusätzlich neue Perspektiven einer *Inwertsetzung des Selbst*, zumal das Selbst die entscheidende Ressource ist, die es weiterzuentwickeln gilt, um ökonomisches Kapital jenseits fordistisch-standardisierter Arbeitsverhältnisse generieren zu können. Künstler_in, Musiker_in oder Szeneaktivist_in sind daher nicht nur sozial verstehbare, alternative Selbstbeschreibungen, sie entsprechen gleichzeitig auch einem postfordistischen Idealtypus der affektiv-kreativen Arbeit. Das heißt mit ihren Verortungen jenseits aktuell-konkreter Erwerbsarbeit bauen sie gleichsam auch immer Brücken zu zukünftigen möglichen Formen der Erwerbsarbeit, die im „Enabling-Potenzial" (Schönberger 2007: 212; 2015: 206) der DAW-Software bereits angelegt sind. Über die angestrebte Professionalisierung ihrer Praktiken und die damit auch einhergehenden vagen Vorstellungen von zukünftig bezahlten Auftritten entfalten Francis, Ernesto und Peter Formen einer *Arbeit am Selbst*, die letztlich tentativ mit der Erwerbsarbeit verschaltet bleibt.

An dieser Stelle möchte ich noch auf folgendes verweisen: Ein anderer Forschungsschwerpunkt, der sich vornehmlich mit den Ausbildungs- und Erwerbsbiographien von Francis, Ernesto und Peter auseinandergesetzt hätte und in dem die musikalische Sozialisation der Akteure und die Nutzung und Deutung von Musikproduktionssoftware ausgeklammert oder nur sekundär behandelt worden wären, hätte zu einem nahezu archetypischen Text über prekäre Lebens- und Arbeitsbedingungen im sich konstituierenden Postfordismus führen können. Die entscheidende Klammer ist hier der Technikgebrauch und die daraus resultierende „innere Technisierung" (Hengartner 2012: 123).

Postfordistische Arbeits- und Lebensführungsparadigmen im REMIX: Eine Ästhetik der Existenz

Die postfordistischen Arbeits- und Lebensführungsparadigmen werden in der hier dargelegten *Arbeit am Selbst* von Francis, Ernesto und Peter immanent umgelenkt, verändert und neu kombiniert. Oder sie befinden sich – um hier einen Begriff aus der Musikproduktion aufzugreifen – im REMIX. Sie haben ihre ästhetischen Praktiken daher im Sinne einer „Ästhetik der Existenz" (Foucault 2005) auf das Leben ausgeweitet, um „sich selber zu transformieren, [...] und aus ihrem Leben ein Werk zu machen [...], das gewisse ästhetische Werte trägt und gewissen Stilkriterien entspricht" (Foucault 1997: 18). Ästhetisierung tritt sodann in einer Doppelrolle als Mittel sowie als Zweck der hier nachgezeichneten *Arbeit am Selbst* auf und stellt sich demnach nicht nur als besonderer sozialer Kontext dar, in dem zum Beispiel der Aufritt oder die Produktion von Musik ästhetisiert werden. Ästhetisierung wird von Francis, Ernesto und Peter als zentrales Moment starkgemacht, wodurch ihr immanentes *Arbeiten an der Ästhetisierung* (des Selbst) eine Ästhetisierung der Arbeit in den Hintergrund rücken lässt.

Eine solche Ästhetik der Existenz zu entwerfen und beständig fortzuführen, bedeutet jedoch nicht, die gesellschaftlichen Verhältnisse über Bord zu werfen, sondern ihnen zuerst einmal etwas im persönlichen Rahmen auf der Mikroebene entgegenzusetzen (vgl. Foucault 2004: 313), um zu schauen, welche Formen des Umgangs (vgl. Schroer 1996: 158) die hegemonialen Narrative, Normative und Imperative in Bewegung setzen und letztendlich dadurch auch versetzen können.

Kaspar Maase hat sich mit dem Begriff kognitiver Ehrgeiz dafür ausgesprochen, die ethnographisch erschlossenen Lebenswelten der Akteur_innen stets mit den „großen Linien" (2010: 12) der gesellschaftlichen Prozesse zusammenzudenken, um die zu untersuchenden Phänomene einer umfassenderen Betrachtung unterziehen zu können. Dieser Beitrag legt demgemäß dar, dass eine Verschaltung der beiden Ebenen Individuum und Gesellschaft diese im Forschungsprozess nicht nur inhaltlich oszillieren lässt, sondern auch zum Schwingen bringt. Hierdurch lassen sich bereits minimale Verschiebungen sowie kleinste Haarrisse in der Tektonik des Postfordismus markieren und analysieren, bevor diese eventuell zukünftig in Form von Erschütterungen oder Spalten wahrnehmbar werden.

Francis, Ernesto und Peter setzen die Musikproduktionstechnik ein, um sich selbst jenseits von Prekaritätserfahrungen zu verorten. In den ästhetischen Praktiken stellen sie ihre Betätigungen, die zwischen sinnlicher Erfahrung und lebensweltlicher Bedeutung oszillieren, – im Sinne Ernst Cassirers (2010) – als „Versinnlichung von Sinn" (Recki 2009: 61) und damit als sinnvolle *Arbeit am Selbst* her(aus), die „sich in den unterschiedlichen Materialien oder Medien abspielt; im artikuliertem Laut, in Bildern, materiellen Dingen, Ritualen, Zeremonien und Techniken, überhaupt in Handlungen aller Art" (ebd.):

> Wichtig für mich ist eine Sinnhaftigkeit im Leben, eine Sinngebung, auch in dem, was man beruflich macht. Aber die könnte ich auch in anderen Bereichen finden. […] Aber ohne Sinngebung könnte ich mir das Leben nicht vorstellen. […] Im Bio-Laden an der Kasse stehen. Das ist auch okay. Und dann eben abends mit Leidenschaft Musik machen. Das ist auch in Ordnung (Peter).

Ihr Umgang mit der Musikproduktionssoftware zeigt ein emanzipatorisches Potenzial von individuellem Alltagshandeln auf, das es ihnen erlaubt, in ein kritisches Verhältnis zu den vorherrschenden Arbeits- und Lebensparadigmen zu treten.

Literatur

Bröckling, Ulrich (2007). *Das unternehmerische Selbst. Soziologie einer Subjektivierungsform.* Frankfurt am Main: Suhrkamp.

Bürkner, Hans Joachim (2013). Trackproduktion als *Trial and error?* Wertschöpfungsvarianten in der elektronischen Clubmusik zwischen Digitalisierung, Internet und lokalen Szenen. In Bastian Lange/Hans-Joachim Bürkner/Elke Schüßler (Hrsg.), *Akustisches Kapital. Wertschöpfung in der Musikwirtschaft* (S. 45–98). Bielefeld: Transcript.

Cassirer, Ernst (2010). *Philosophie der symbolischen Formen.* Hamburg: Meiner.

Ferchhoff, Wilfried (2013). Musikalische Jugendkulturen in den letzten 65 Jahren: 1945–2010. In Robert Heyer/Sebastian Wachs/Christian Palentien (Hrsg.), *Handbuch Jugend – Musik – Sozialisation* (S. 157–186). Wiesbaden: Springer.

Foucault, Michel (1997). *Der Gebrauch der Lüste. Sexualität und Wahrheit 2.* Frankfurt am Main: Suhrkamp [zuerst Paris 1984].

Foucault, Michel (2004). *Hermeneutik des Subjekts. Vorlesungen am Collège de France (1981/82).* Frankfurt am Main: Suhrkamp [zuerst Paris 2001].

Foucault, Michel (2005). Eine Ästhetik der Existenz: In ders., *Dits et Ecrits. Schriften IV* (S. 902–909). Frankfurt am Main: Suhrkamp [zuerst Paris 1994].

Foucault, Michel (2005a). Wahrheit, Macht, Selbst. Ein Gespräch zwischen Rux Martin und Michel Foucault. In ders., *Dits et Ecrits. Schriften IV* (S. 959–966). Frankfurt am Main: Suhrkamp [zuerst Paris 1994].

Hardt, Michel (2003). Affektive Arbeit. In Marion von Osten (Hrsg.), *Norm der Abweichung* (S. 211–224). Zürich: Edition Voldemeer.

Hardt, Michel/Negri, Antonio (2002). *Empire. Die neue Weltordnung.* Frankfurt am Main: Campus [zuerst Cambridge 2000].

Hengartner, Thomas (2012). Technik – Kultur – Alltag. Technikforschung als Alltagskulturforschung. *Schweizerisches Archiv für Volkskunde, 108,* 117–139.

Hirsch, Joachim (2005). *Materialistische Staatstheorie. Transformationsprozesse des kapitalistischen Staatensystems.* Hamburg: VSA.

Hoffmann, Karsten Dustin (2011). *„Rote Flora". Ziele, Mittel und Wirkungen eines linksautonomen Zentrums in Hamburg.* Baden Baden: Nomos.

Kleemann, Frank/Matuschek, Ingo/Voß, G. Günter (2003). Subjektivierung von Arbeit. Ein Überblick zum Stand der Diskussion. In Manfred Moldaschl/G. Günter Voß (Hrsg.), *Subjektivierung von Arbeit* (Arbeit, Innovation und Nachhaltigkeit, Bd. 2). (S. 57–114). München/Mering: Rainer Hampp [zuerst 1999].

Kim, Ji-Hun (2013). Ableton Larger than Live. *DE:BUG, 169,* 24–29.

Krohn, Judith (2013). *Subjektivierung in einer Bundesbehörde. Verwaltungsmodernisierung am Beispiel des Bundesministeriums für Arbeit und Soziales.* Frankfurt am Main: Campus.

Lemke, Thomas/Krasmann, Susanne/Bröckling, Ulrich (2000). Gouvernementalität, Neoliberalismus und Selbsttechnologien. Eine Einleitung. In dies. (Hrsg.), *Gouvernementalität der Gegenwart. Studien zur Ökonomisierung des Sozialen* (S. 7–40). Frankfurt am Main: Suhrkamp.

Maase, Kaspar (2010). *Was macht Populärkultur politisch.* Wiesbaden: Springer.

Nierling, Linda (2009). Die Anerkennung von „Arbeit" in der Erwerbsarbeit und in der Nicht-Erwerbsarbeit. In Gerrit Herlyn et al. (Hrsg.), *Arbeit und Nicht-Arbeit. Entgrenzungen und Begrenzungen von Lebensbereichen und Praxen* (Arbeit und Alltag. Beiträge zur ethnografischen Arbeitskulturenforschung, Bd. 1). (S. 283–297). München: Rainer Hampp.

Overdick, Thomas (2002). Der volkskundliche „Klick". Überlegungen zu einer visuellen Ethnographie. *VOKUS., 12,* 20–43.

Poschardt, Ulf (2001). *DJ Culture. Diskjockeys und Popkultur.* Reinbek: Rowohlt.

Recki, Birgit (2009). Kultur und Freiheit. Ernst Cassirer in Hamburg 1919–1933 und die Hamburger Ausgabe. In Jörg Dierken (Hrsg.), *Geisteswissenschaften in der Offensive. Hamburger Standortbestimmungen* (S. 49–66). Hamburg: Europäische Verlagsanstalt.

Reckwitz, Andreas (2006). *Das hybride Subjekt. Eine Theorie der Subjektkulturen von der bürgerlichen Moderne zur Postmoderne.* Göttingen: Velbrück.

Reckwitz, Andreas (2013). *Die Erfindung der Kreativität. Zum Prozess gesellschaftlicher Ästhetisierung.* Berlin: Suhrkamp [zuerst 2012].

Schmidt-Lauber, Brigitta (2007). Das qualitative Interview oder: Die Kunst des Reden-Lassens. In Silke Göttsch/Albrecht Lehmann (Hrsg.), *Methoden der Volkskunde. Positionen, Quellen, Arbeitsweisen der Europäischen Ethnologie* (S. 169–189). Berlin: Reimer [zuerst 2001].

Schönberger, Klaus (2007). Technik als Querschnittsdimension. Kulturwissenschaftliche Technikforschung am Beispiel von Weblog-Nutzung in Frankreich und Deutschland. *Zeitschrift für Volkskunde, 103,* 197–221.

Schönberger, Klaus (2010). *Wie das Alte neu wird. Soziokultureller Wandel und Praktiken und Praxen der Internetnutzung.* Wien. [unveröffentlichtes Manuskript. Habilitationsschrift, im Erscheinen].

Schönberger, Klaus (2015). Digitale Kommunikation: Persistenz und Rekombination als Modus des soziokulturellen Wandels. *Zeitschrift für Volkskunde, 111,* 201–213.

Schroer, Markus (1996). Ethos des Widerstands. Michel Foucaults postmoderne Utopie der Lebenskunst. In Rolf Eickelpasch/Armin Nassehi (Hrsg.), *Utopie und Moderne* (S. 136–169). Frankfurt am Main: Suhrkamp.

Seifert, Manfred (2007). Arbeitswelten in biografischer Dimension. Zur Einführung. In ders./Irene Götz/Birgit Huber (Hrsg.), *Flexible Biografien? Horizonte und Brüche im Arbeitsleben der Gegenwart* (S. 9–18). Frankfurt/New York: Campus.

Sutter, Ove (2013). *Erzählte Prekarität. Autobiographische Verhandlungen von Arbeit und Leben im Postfordismus* (Arbeit und Alltag. Beiträge zur ethnografischen Arbeitskulturenforschung, Bd. 7). Frankfurt/New York: Campus.

Toffler, Alvin (1980). *Die Dritte Welle. Zukunftschance. Perspektiven für die Gesellschaft des 21. Jahrhunderts.* München: Wilhelm Goldmann.

Tuschling, Anna (2004). Lebenslanges Lernen. In Ulrich Bröckling/Susanne Krasmann/Thomas Lemke (Hrsg.), *Glossar der Gegenwart* (S. 152–158). Frankfurt am Main: Suhrkamp.

Waltz, Alexis (2014). Techno-Kapitalismus. So funktioniert der Tanz ums große Geld. *Groove. Elektronische Musik und Clubkultur, 149,* 40–49.

Wuggenig, Ulf (1994). Soziale Strukturierung der häuslichen Objektwelt. Ergebnisse einer Photobefragung. In Ingo Mörth/Gerhard Fröhlich (Hrsg.), *Das symbolische Kapital der Lebensstile. Zur Kultursoziologie der Moderne nach Pierre Bourdieu* (S. 207–228). Frankfurt/New York: Campus.

Ästhetisierende Repräsentationen von Arbeit

Lars Winterberg

„Ich bin Genussmensch. Deshalb Fairtrade."
Zur Ästhetisierung des Alternativen Handels – eine Spurensuche

Befasst man sich mit Fragen zur Konstruktion und Wirkung von Kulturen sozialer Ungleichheit, so mag dies zunächst wenig mit Ästhetisierung oder Genuss zu tun haben.[1] Andere Aspekte erscheinen naheliegender, abweichende Theorieimporte fruchtbarer. So lässt sich beispielsweise die Geschichte des Fairen Handels recht überzeugend als Genese, Ausdifferenzierung und schließlich Pluralisierung einer Neuen Sozialen Bewegung verstehen.[2] Und doch könnte eine Revision dieser Entwicklungen in Anlehnung an Thesen zum Prozess gesellschaftlicher Ästhetisierung (Reckwitz 2012)[3] Facetten des Kulturphänomens Fairer Handel sichtbar und nachvollziehbar machen, die bislang kaum Beachtung fanden. Im Folgenden soll daher jener „Unvermeidlichkeit des Kreativen" (ebd., 9), wie Andreas Reckwitz es formuliert, im Feld des Fairen Handels nachgespürt werden.[4] Im Fokus stehen dabei Repräsentationen von Arbeit, die für die Aushandlung alternativer beziehungsweise fairer Wirtschaftsweisen zentral sind.

Ästhetisierung und Fairer Handel

Spätestens seit den 1970er Jahren lasse sich die Verdichtung eines langfristigen Ästhetisierungsprozesses nachvollziehen, die Reckwitz als Kreativitätsdispositiv fasst (ebd., 38ff.). Es dürfte Zufall sein, dass diese zeitlich zusam-

---

1 Der vorliegende Beitrag entstand vor dem Hintergrund des Dissertationsprojekts „Die Not der Anderen? Kulturwissenschaftliche Perspektiven auf Aushandlungen globaler Armut am Beispiel des Fairen Handels. Bausteine zu einer Ethnografie". Einzelne Darstellungen, Argumente und Formulierungen sind Texten des Autors entnommen, die auf diesem Projekt basieren. Aus redaktionellen Gründen sind jedoch nur längere, wörtlich übernommene Passagen als Selbstzitate kenntlich gemacht. Vgl. insb. Winterberg 2017; ders. 2015.
2 Vgl. zur Spezifik Neuer Sozialer Bewegungen exemplarisch Rucht/Neidhardt 2001.
3 Vgl. bspw. auch Reckwitz 2015; Schulze 1992; Bubner 1989.
4 Die empirische Datenbasis reicht von mehrstündigen qualitativen Interviews mit Akteur_innen des Fairen Handels, über Beobachtungsprotokolle und Fotodokumentationen, bis hin zu schriftlichen institutionellen Interna sowie heterogenem Diskursmaterial, hier insbesondere mediale Berichterstattung, Informations- und Kampagnenunterlagen.

menfällt mit der Ausprägung der *Aktion Dritte Welt Handel* (A3WH) – dem historischen Auftakt des Fairen Handels in Deutschland (Schmied 1977). Als weniger zufällig gilt es hingegen die spezifische Weiterentwicklung der A3WH zu verstehen – zumindest, wenn man Reckwitz' Thesen und Argumentation folgt:

> Das Kreativitätsdispositiv heftet sich an eine besondere Ästhetisierungsweise, koppelt sie an bestimmte nichtästhetische Formate (Ökonomisierungen, Rationalisierungen, Medialisierungen) und bringt sie damit in eine sehr spezifische, einseitig gesteigerte Struktur (ebd., 20).

Insofern also auch die Entwicklung des Fairen Handels einer spezifischen Ästhetisierungsweise unterliegt, wäre zu fragen, wie sich dieses Dispositiv tatsächlich „anheftet" und welche Effekte eine „Kopplung" beispielsweise an jene nichtästhetischen Formate hat, die zweifellos auch die Ausdifferenzierung des Fairen Handels prägen. Um Fairtrade nun mit Reckwitz als zunehmend „ästhetisch orientierte" oder zumindest „ästhetisch imprägnierte Praktik" zu deuten (ebd., 29f.), sprich ihn entlang eines gesellschaftlichen Strukturwandels der Ästhetisierung zu lesen, seien zunächst einige theoretische Impulse hervorgehoben.

So meine Kreativität nicht die „ontologische Ebene des Werdens und Vergehens, die ständige Entstehung des Neuen in der Welt per se", sondern ein „sehr viel spezifischeres kulturelles Phänomen" (ebd., 16). Dieses habe uns Kreativität zunehmend begehren und einüben lassen – und das kreative Subjekt so überhaupt erst hervorgebracht (vgl. Foucault 2005; Reckwitz 2006). Das Kreativitätsdispositiv forme „verschiedenste gesellschaftliche Sektoren und ihre Praktiken [um] – von der Erziehung bis zum Konsum, vom Sport bis zum Beruf und zur Sexualität" (Reckwitz 2012: 15). So richte sich „das Ästhetische am Neuen und das Regime des Neuen am Ästhetischen aus. Es markiert eine Schnittmenge zwischen Ästhetisierungen und den sozialen Regimen des Neuen" und es entstehe ein „Doppel von Kreativitätswunsch und Kreativitätsimperativ" (ebd., 12, 20). Für *DIE ZEIT* brachte Thomas Assheuer es auf den Punkt: „Soziale Erwartung und subjektives Begehren fallen zusammen. ‚Man will kreativ sein – und man soll es sein.'"[5]

Im Folgenden wird nun ein kurzer Überblick über die Entstehung der A3WH in den 1970er Jahren, seine Weiterentwicklung zum Alternativen Handel und schließlich die Entgrenzung des Massenphänomens Fairtrade

---

5 Assheuer, Thomas (2013). Wollen sollen. Über die eindrucksvolle Studie von Andreas Reckwitz: „Die Erfindung der Kreativität". *ZEIT Online*, veröffentlicht am 07.02.2013. Verfügbar unter: http://www.zeit.de/2013/07/Andreas-Reckwitz-Die-Erfindung-der-Kreativitaet/seite-2 [17.11.2016].

im frühen 21. Jahrhundert gegeben.[6] Darauf aufbauend ist schließlich zu fragen, inwieweit sich dieser Prozess vor der Folie eines sich potenziell entfaltenden und möglicherweise machtvoll wirksamen Kreativitätsdispositivs (ebd., 313ff.) vollzog. Dazu gilt es Repräsentationen von Arbeit in den Blick zu nehmen, also zu analysieren, inwieweit sich Bilder, Produkte oder Formen von (auch politischer) Arbeit in der Entwicklung des Fairen Handels veränderten, also gewissermaßen kreativ restrukturiert wurden. Es stellt sich also erstens die Frage, ob sich Effekte des Ästhetisierungsdiskurses – möchte man sie auf abweichende Mikrobeispiele übertragen oder insgesamt generalisieren – auch im Datenmaterial zum Fairen Handel spiegeln, und zweitens, welcher Erkenntnisgewinn sich daraus ableiten ließe.

Aspekte der Genese eines komplexen Kulturphänomens Fairer Handel

Der Faire Handel verfügt – je nach Lesart (Raschke 2009: 37ff.) – über eine etwa 70-jährige Geschichte und lässt sich zunächst als spezifische Ausprägung einer übergeordneten Drittweltbewegung nachvollziehen (Olejniczak 1999: 122ff.). Diese war kein genuin deutsches Phänomen. Ganz im Sinne jüngerer Globalgeschichtsschreibung (Osterhammel 2009; Bayly 2006) finden sich vielmehr voneinander scheinbar unabhängige, aber letztlich doch der Erfahrung übergeordneter Strukturprozesse geschuldete, lokale Formen eines vergleichbaren zivilgesellschaftlichen Engagements.

So begann die US-Aktionsgruppe *Ten Thousand Villages* um 1946 mit dem Vertrieb puerto-ricanischer Näharbeiten und *Oxfam UK* verkaufte Ende der 1950er Jahre Kunsthandwerk chinesischer Flüchtlinge. Eine kleine Gruppe holländischer Privatpersonen begann zeitgleich mit dem Aufbau einer Stiftung, die zunächst entwicklungspolitische Spendenaktionen durchführte und sich ab Mitte der 1960er Jahre dann rasch in eine Organisation für „ehrlichen Handel" transformierte. Diese hatte ihren Sitz in Kerkrade, nahegelegen dem deutschen Aachen, und wurde so schon bald grenzüberschreitend bedeutsam.[7]

In Deutschland bereitete das politische Klima der späten Nachkriegszeit den Nährboden – sprich, die kollektive Erfahrung von Wiederaufbau und Mangel, von Wirtschaftswunder und Neuer Sozialer Frage, Kaltem Krieg und

---
6 Vgl. dazu grundlegend Quaas 2015a; Raschke 2009; Schmied 1977.
7 Dieser Absatz ist wörtlich einer früheren Veröffentlichung entnommen (Winterberg 2015: 240). Vgl. weiterführend auch Quaas 2015a: 54ff. sowie van der Stelt 2009; Schmied 1977: 43ff.

globaler Dekolonisierung (Hein 2005: 301ff.). Ab den 1970er Jahren und ausgehend von Aachen entwickelte sich die A3WH im Schnittfeld kirchlicher Jugendorganisationen und linker Solidaritätsgruppen rasch zu einer eigenständigen Sozialen Bewegung (Raschke 2009: 50ff., 154ff.; Schmied 1977: 57ff.). Diese bezog ihre Impulse zunächst aus den großen christlichen Hungermärschen um 1970 und einer heftigen Kritik am sogenannten *Pearson-Bericht*, also jenem offiziellen Dokument, das die erste Dekade der Entwicklungszusammenarbeit – damals noch -hilfe – überaus kritisch bilanzierte (Quaas 2015a: 67ff.). Die frühen Akteure orientierten sich praktisch am niederländischen Vorbild und setzten auf bewusstseinsbildende Verkaufsaktionen zunächst mit Kunsthandwerk, bald aber zunehmend mit sogenannten *politischen Waren*, das heißt vor allem ehemaligen Kolonialwaren wie Kaffee, Tee oder Bananen (Kleinert 2000: 23; Quaas 2011). So wollte man auf Asymmetrien im Welthandel aufmerksam machen. Eine intensive Debatte um die Auswahl des fairen Warensortiments wird indes bis heute geführt, wie ein ehemaliger Referent eines kirchlichen Hilfswerks betont, der den Fairen Handel über Jahrzehnte begleitet hat:

> [D]as ist ein ganz heißes Thema, welche Produkte gehandelt werden. Das hängt einmal mit der Kolonialgeschichte natürlich zusammen. Dann hängt das damit zusammen, für welche Produkte hat eigentlich die traditionelle Dritte Welt ein Alleinstellungsmerkmal.[8]

In den 1970er Jahren prägte die A3WH bald eigenständige wirtschaftliche und politische Infrastrukturen aus (Raschke 2009: 50ff.; Schmied 1977: 78ff.). Es entstanden zunehmend lokale Arbeitsgruppen und Weltläden, Importorganisationen, regionale Vertriebswege und nationale Dachorganisationen. In den 1980er Jahren kamen transnationale Netzwerke hinzu und die A3WH firmierte zunehmend als Alternativer Handel. Erst in den 1990er Jahren erreichte der Alternative dann schließlich den konventionellen Handel, wobei dies hauptsächlich über die Siegelinitiative *Transfair* möglich wurde (vgl. Quaas 2015a: 351ff.). Diese importiert nicht selbst, sondern vergibt nach bestimmten Kriterien Siegel an konventionelle Unternehmen. Eine Umbenennung in Fairen Handel war die logische Schlussfolgerung, denn jetzt mussten vermeintlich gerechtere Wirtschaftsweisen ja auch innerhalb des dominanten Wirtschaftssystems erstritten werden.

Im frühen 21. Jahrhundert erregt Fairtrade angesichts gigantischer Wachstumsraten immer wieder mediale Aufmerksamkeit, wenngleich sein Anteil am deutschen Warenumsatz bei eher unbedeutenden zwei bis drei Prozent

---

8 Interview mit Herrn G. am 05.05.2011, S. 8, Z. 357–360.

stagniert. Der Faire Handel findet sich im kirchlichen Basar, im Weltladen, im Supermarkt und Discounter, in Kantinen und Restaurants, online und in Boutiquen, in Verwaltungen und Universitäten. Es gibt faire Nahrungsmittel, faire Bekleidung, faire Informationstechnologie, faires Gold und faire Kondome. Der Faire Handel präsentiert sich somit nicht nur als vermeintlich durchgängig gesiegelte Warenwelt, als Konsumgut mit *Charity-Topping*. In diachroner Perspektive entsteht das umfassendere Bild einer sich allmählich entfaltenden alternativen Wirtschaftsweise, initialisiert und stabilisiert von einer Neuen Sozialen Bewegung. Inzwischen hat sich das Feld des Fairen Handels entlang zahlreicher innerer Konflikte deutlich pluralisiert. Von einer geschlossenen Sozialen Bewegung mit einheitlicher Zielsetzung kann keine Rede mehr sein. Die Konstruktion des Fairen Handels als weitaus umfassenderes *Kulturphänomen* eröffnet zusätzliche Perspektiven. In den Fokus rücken dann heterogene Akteur_innen, ihre Handlungspraxen, die ideellen Voraussetzungen individuellen wie kollektiven Verhaltens, also einschließlich immer auch partikularer Zielsetzungen, und schließlich vielfältige kultureller Artefakte, welche – auch abseits der eigentlichen Waren – durch den Fairen Handel hervorgebracht werden.

Folgt man dann den Verbindungen und Arrangements dieser heterogenen kulturellen Elemente, so lassen sich einerseits eingangs erwähnte Aushandlungen sozialer Ungleichheit sichtbar machen, andererseits aber im Sinne der Ästhetisierungsthese auch Spuren eines Kreativitätsdispositivs entdecken. In beiden Fällen lohnt jedenfalls eine Betrachtung der Repräsentationen von Arbeit. Sie werden von Akteur_innen im Feld des Fairen Handels als Wissenspotenziale aktiv erzeugt und bereitgestellt, spiegeln sich aber auch implizit im vorgenannten Material.

Repräsentationen von Arbeit im Fairen Handel

In Abgrenzung zu tradierten Praktiken der Barmherzigkeit macht die Fairhandelsbewegung seit ihren Anfängen globale Produktionsprozesse und damit im Kern den Arbeits- und Lebensalltag marginalisierter Bevölkerungsgruppen des sogenannten globalen Südens öffentlich. Bereits die Akteur_innen der A3WH verurteilten ein hinsichtlich gerechter Ressourcenverteilung dysfunktionales Weltwirtschaftssystem. Globale soziale Ungleichheit und ihre Folgen deutete man als „Symptome neokolonialer Abhängigkeit in den Beziehungen zwischen Industrie- und Entwicklungsländern" (Schmied 1977: 23), welche durch „Monokulturen und die Verschlechterung der Terms of Trade" bedingt seien (ebd., 15). Dies galt es im Rahmen öffentlichkeitswirksamer (Verkaufs-) Aktionen produktbasiert, also über das Medium der Ware, transparent zu machen.

Konstruktionen entsprechender Arbeitsformen und -bedingungen sowie daran gekoppelter Lebensperspektiven sind daher im Rahmen von Bewusstseinsbildung, Vermittlung und Vermarktung des Fairen Handels von Beginn an zentral. Sie werden vor allem durch die Materialitäten des Fairen Handels abgebildet, also auf Produktverpackungen, in Werbe- und Kampagnenmaterialien, Fachpublikationen wie Periodika oder Newslettern sowie im Rahmen medialer Berichterstattung. Vor allem in ihren visuellen Repräsentationen erscheinen die Produzent_innen Lateinamerikas, Afrikas und Südostasiens mehrheitlich als genossenschaftlich organisierte, ansonsten aber wirtschaftlich und politisch marginalisierte Kleinbauern[9] – beziehungsweise inzwischen auch als abhängige Arbeiter_innen in Fabriken oder auf Plantagen. Ihre Lebenswelt ist demnach geprägt von harter körperlicher Arbeit – primär Landarbeit –, Bildungsarmut, fehlender medizinischer Infrastruktur und einfachster materieller Ausstattung. Ihre Arbeitswelten stehen somit in deutlichem Kontrast zu jenen des hier debattierten kognitiven Kapitalismus (vgl. Koch/Warneken 2012: 11) und erinnern vielmehr an eine europäische Sattelzeit im Übergang von der Agrar- zur Industriegesellschaft. Arbeit erscheint dominiert von natürlichen Rhythmen, handwerkliche Tätigkeiten werden häufig im familiären oder dörflichen Verbund ausgeführt, technische Ausstattung ist allenfalls rudimentär und die Infrastruktur problematisch.

Die Vielfalt der Repräsentationen von Arbeit lässt sich dabei um einige Aspekte gruppieren, die sich am Beispiel eines für die Bewegung zentralen Grundlagenpapiers der internationalen Fairhandel-Dachorganisation *FINE*[10] aufzeigen lassen. Es bildet ein Kerndokument der Bewegung, liefert es doch eine weitgehend geteilte Definition von Fairtrade:

> Fairer Handel ist eine Handelspartnerschaft, die auf Dialog, Transparenz und Respekt beruht und nach mehr Gerechtigkeit im internationalen Handel strebt. Durch bessere Handelsbedingungen und die Sicherung sozialer Rechte für benachteiligte ProduzentInnen und ArbeiterInnen – insbesondere in den Ländern des Südens – leistet der Faire Handel einen Beitrag zu nachhaltiger Entwicklung. Fair-Handels-Organisationen engagieren sich (gemeinsam mit VerbraucherInnen) für die Unterstützung der Produzen-

---

9 Vgl. zum Motiv der Kleinbauern exemplarisch Quaas 2015a: 117–180, insb. 125ff.
10 Das Akronym FINE verweist auf die beteiligten internationalen Institutionen des Fairen Handels.

tInnen, die Bewusstseinsbildung sowie die Kampagnenarbeit zur Veränderung der Regeln und der Praxis des konventionellen Welthandels.[11]

Bereits die populäre Definition sowie eine anschließende „strategische Zielsetzung"[12] verweisen auf das dem Fairen Handel immanente Bild ungerechter Arbeits- und Lebensbedingungen in einem als abhängig gedachten globalen Süden. Welthandel wird demnach als – zumindest in Teilen – intransparent, respektlos und ungerecht verstanden; soziale Rechte seien ungesichert, Produzent_innen sowie Arbeiter_innen benachteiligt. Als dafür ursächlich werden die Strukturen und Effekte des konventionellen Welthandels ausgewiesen, die einer nachhaltigen Entwicklung betroffener Regionen und Menschen entgegenstünden. Ziel müsse es daher sein, zu mehr „wirtschaftlicher Sicherheit und Unabhängigkeit"[13] zu gelangen und marginalisierte Weltmarktteilnehmer_innen in ihrer Interessensvertretung zu unterstützen. Nicht zuletzt den Konsumweisen im globalen Norden komme somit eine besondere politische Bedeutung zu.

Neben Definition und Zielsetzung konturiert das *FINE*-Dokument ferner zentrale politische Grundsätze des Fairen Handels, die implizite Vorstellungen vom Leben und Arbeiten im globalen Süden weiterführend differenzieren. Demnach erscheinen die Akteur_innen dort als finanziell, technisch und organisatorisch unterstützungswürdig; ihr Marktzugang sei problematisch und ihre Handelsbeziehungen von unfairer Preisgestaltung gekennzeichnet, insofern eine nicht nur kostendeckende, sondern „sozial und ökologisch verantwortliche Produktion"[14] kaum möglich ist. Es bedürfe der „Vorfinanzierungen"[15] von Ernte und Produktion um Verschuldungen vorzubeugen, der „Bereitstellung sozial verantwortbarer, sicherer und gesunder Arbeitsplätze"[16], welche nicht nur die nationale Rechtslage zu berücksichtigen habe, sondern auch die Kernarbeitsnormen der *Internationalen Arbeitsorganisation* (ILO) sowie die Menschenrechte der *Vereinten Nationen*.

Soviel zunächst einmal zur Arbeit in den Produktionsländern, genauer ihren Repräsentationen im Kulturphänomen Fairer Handel. Denn soziale Realitäten jener Arbeitswelten lassen sich über die Materialitäten in der Tat nur begrenzt erschließen. Von Kreativität kann jedenfalls kaum eine Rede sein –

---

11 *FINE-Grundlagenpapier zum Fairen Handel* (o.J.). Verfügbar unter: https://www.forum-fairer-handel.de/fileadmin/user_upload/dateien/grundsatzpapiere_des_fh/fine-grundlagenpapier_zum_fh_.pdf [02.12.2016].
12 Ebd.
13 Ebd.
14 Ebd.
15 Ebd.
16 Ebd.

zumindest nicht im Sinne der Ästhetisierungsthesen. Die Darstellungen erinnern zuweilen eher an eine „Ökonomie" beziehungsweise „Kreativität des Notbehelfs", wie sie etwa Norbert Schindler (1985: 210f.) oder Gottfried Korff (1983: 15) beschrieben haben. Dieser Negativbefund müsste auch eigentlich kaum weiter irritieren, bezogen sich die Thesen doch auf unsere eigene Arbeitswelt, nicht jene von marginalisierten Kleinbauern im globalen Süden. Jedoch sind eben diese Welten durch Produktion und Konsumtion – also die Pole unseres Wirtschaftslebens – untrennbar verbunden. „Ökonomisierung und Rationalisierung liefern Rahmenbedingungen, die die soziale Diffusion des Kreativdispositivs erleichtern – und zugleich die Einschränkung ästhetischer Praktiken auf die sehr spezifische Form des Kreativdispositivs bestärken" (Reckwitz 2012: 48). Zumindest als zu konsumierende Ware müsste das Fairhandel-Produkt somit eine Verheißung von „Neuem als ästhetisches Ereignis" (ebd., 17) tragen, dessen Produktion *und Rezeption* im Sog der Ästhetisierung systematisch gefördert wird.

Fairer Handel und die Repräsentationen kreativer Waren

Das Dispositiv, so Reckwitz, arrangiere in dynamischen Aufmerksamkeitsregimen immer neue „Produzenten-Rezipienten-Konstellation" (ebd., 40). Im Falle sogenannter *Non-Food-Crops* und ihrer Stilisierung, beispielsweise in jüngeren *Contigo*-Shops[17], ist dies durchaus naheliegend. Hier werden Mode-Accessoires, Deko- und Geschenkartikel offeriert, die deutlich sichtbar kreativen Produktionsprozessen entstammen, in deren Verlauf etwa Plastikmüll zu urbaner Streetwear verarbeitet wird. Die ästhetische Verheißung müsste aber eben auch für das Päckchen Kaffee oder die faire Schokolade gelten. Hier ist naheliegend, dass die politische Information, die im Fairen Handel auf multiple Weise dem eigentlichen Produkt eingeschrieben ist, traditionell einen entsprechenden Mehrwert bildet (Quaas 2015b) – und, wenn man so will, ein besonderes (Konsum-)Erlebnis begründet, das faire Waren aus der breiten Masse konventioneller Produkte heraushebt. Dies mag insbesondere für die Zeit bis Mitte der 1990er Jahre zutreffen, als faire Produkte noch nicht die Supermärkte erreicht hatten, faire Einkäufe also vornehmlich auf Weltläden und (kirchliche) Basare, also alternative Konsumorte beschränkt blieben. Mit der Siegelung fairer Produkte durch *Transfair* und einem breitflächigen Angebot

---

17 *Contigo* ist ein seit 1994 agierender, eigenständiger Importeur fairer Produkte, mit seit der Jahrtausendwende wachsender Infrastruktur auf Basis zugehöriger Shops und eigener Zertifizierungsweise. Vgl. Website der *CONTIGO Fairtrade GmbH*. Verfügbar unter: http://www.contigo.de/ [02.12.2016].

über die Stätten des konventionellen Handels referenziert das Erlebnishafte jedoch möglicherweise nur noch untergeordnet den informativen, politischen Mehrwert der Produkte. Selbst wenig innovative und kaum variierte Verbrauchsgüter wie Kaffee, Tee, Orangensaft, Schokolade und Bananen, also die eigentlichen Verkaufsschlager des Fairen Handels, kommen inzwischen eher als *Fair-Suchungen* daher, die gutes Gewissen und Genuss vermeintlich kombiniert erfahrbar machen.[18] So betrachtet wundert es nicht, dass sich die Kundenansprache verändert. Dies lässt sich beispielhaft an der populären *Botschafter-Kampagne* von *Transfair* nachvollziehen. Zwischen 2010 und 2012 portraitierte der bekannte deutsche Fotograf Jim Rakete Prominente in individuellen Settings mit fairen Produkten. Die Bilder wurden dann – ergänzt durch eine passende Headline und ein im Farbzusammenspiel deutlich hervorgehobenes Fairtrade-Siegel – in diversen deutschen Städten auf Plakatwände gedruckt. Die prominente Musikerin Annett Louisan etwa sitzt in einer Badewanne am Berliner Potsdamer Platz und isst faire Schokolade. Kernaussage hier: „Ich bin Genussmensch. Deshalb Fairtrade."[19] Genuss, Handarbeit und mithin hohe Qualität bilden nicht nur in diesem Beispiel die (neue) Headline eines siegelbasierten, absatzorientierten Fairen Handels, während der politische Ansatz zunehmend in den Hintergrund tritt – und im Falle der Kampagnenplakate sogar im eigentlichen Wortsinne zum Subtext wird. So finden sich in einer textstärkeren Variation des Plakats zwar kurze Erläuterungen zum entwicklungspolitischen Ansatz des Fairen Handels, allerdings in vergleichsweise kleiner Schriftgröße am unteren Plakatrand. Größer und besser abgesetzt liest der potenzielle Kunde hingegen ein weiteres, Louisan zugeschriebenes Zitat: „Ich genieße, ohne anderen zu schaden – im Gegenteil. Der Genuss von fair gehandelten Produkten tut Gutes." Dass man sich auch selbst etwas Gutes tut, war bis weit in die 1980er Jahre hinein – zumindest in dieser Konnotation – für die Bewegung bestenfalls völlig nebensächlich. So hält sich doch beispielsweise das Narrativ eines quasi ungenießbaren Kaffees aus Nicaragua („Nica-Dröhnung") bis heute sehr vital – Alternativer Handel erscheint vor diesem Hintergrund als politische Überzeugungsarbeit, nicht als vorrangig hedonistischer Akt mit altruistischem Beigeschmack.

---

18 Zum Beispiel wird im rheinischen Straßenkarneval der Faire Handel als Erlebnis inszeniert und mittels *Kamelle* (Süßigkeiten) und *Strüssjer* (Blumen) brauchkompatibel als *Jecke Fairsuchung* ausgewiesen. Vgl. Kampagnen-Website „Jecke Fairsuchung". Verfügbar unter: http://www.jeckefairsuchung.net/ [02.12.2016].
19 Vgl. TransFair e.V. (O.J.). Prominente Unterstützung – Annett Louisan. *fairtrade-deutschland.de*, ohne Datum. Verfügbar unter: https://www.fairtrade-deutschland.de/service/ueber-transfair-ev/prominente-unterstuetzung/annett-louisan.html [02.12.2016].

Wie in der klassischen Werbung des konventionellen Handels wird inzwischen die Identitätskonstruktion der Konsument_innen adressiert, die sich entlang eines fairen Konsums beispielsweise als Genussmensch, Querdenkerin oder Teamplayer erfahren dürfen.[20] Richtete sich der Alternative Handel beziehungsweise auch die A3WH in den Anfängen also noch auf die Subjekte des globalen Südens aus, so erklärt der Faire Handel möglicherweise zunehmend die Konsument_innen im globalen Norden zu den Subjekten seines Engagements. Die Produzent_innen erscheinen hingegen eher als Objekt,[21] sind selbst Teil der Informationsware, werden inszeniert. Es stellt sich somit die Frage, inwieweit die Produzent_innen und Arbeiter_innen vor allem als europäische beziehungsweise bildungsbürgerliche „Projektionen" (Quaas 2015a: 24) repräsentiert sind. Im vermeintlich partnerschaftlichen Handel treten sie zumindest nur sehr eingeschränkt selbstbestimmt auf. Die Konstruktion ihrer Repräsentationen wird vielmehr durch Akte suggestiver Transparenz verschleiert. Produktmargen lassen sich beispielsweise via Bar-Code-Scanning kundenfreundlich zurückverfolgen, verlinken aber letztlich doch eher Webauftritte des institutionalisierten Fairen Handels in Deutschland.[22] Produktionskontexte werden so narrativ dargeboten und das Konsumerlebnis durch die Aura des Authentischen angereichert. Die Akteur_innen des globalen Südens bleiben somit potenziell Imaginationen der Akteur_innen des Nordens. Dies gilt auch im Falle populärer Promotionevents, in denen Gäste aus involvierten Kooperativen auftreten, um den Fairen Handel öffentlichkeitswirksam zu authentifizieren und als Erlebnis für Kund_innen (und vielleicht auch Mitarbeiter_innen) zu gestalten.

Jene Projektionen weisen nicht selten exotistische oder primitivistische Kolorierungen auf, so dass repräsentierte Arbeits- und Lebenswelten teils mit Rassismen einhergehen können.[23] Zum Vergleich sei in diesem Zusammenhang erinnert an Bernd Jürgen Warnekens (2006: 102ff.) Kritik am Konzept der Kreativität des Notbehelfs und dem ihm eingeschriebenen bürgerlichen

---

20 Die *Botschafter-Kampagne* ist nur noch eingeschränkt im Netz verfügbar. Allerdings gibt es ein kurzer Video-Clip zum Auftakt der Kampagne 2010 einen geeigneten Überblick über die verschiedenen Motive. Vgl. FairtradeDeutschland: *Fairtrade-Botschafter Kampagne – der Auftakt*. Hochgeladen am 25.08.2010, Dauer 2:27 min. Verfügbar unter: https://www.youtube.com/watch?v=YGHLpOgsBOQ [02.12.2016].
21 Dies mag an die mittelalterliche Armenfürsorge erinnern. Sie zielte nicht etwa auf die Bedürftigen, sondern auf die Subjekte der Gebenden. Bedürftige fungierten vielmehr als Objekte, welche zur Einlösung des kirchlichen Heilsversprechens dienten. Vgl. exemplarisch Sievers 2000: 93.
22 Vgl. TransFair e.V. (O.J.). *Informationen zum Fairtrade-Code*. Ohne Datum. Verfügbar unter: https://www.fairtrade-code.de/ [02.12.2016].
23 Vgl. zu Stereotypen eines „positiven Rassismus" exemplarisch Ege 2007: 112.

Blick auf unterbürgerliche Schichten. So betrachtet, fallen bereits die populären Muster und Verzierungen des Fairen Handels auf, die im Forschungsverlauf von einer Gesprächspartnerin recht treffend als „Ethno-Kitsch" bezeichnet wurden.[24] Gemeint ist aber grundsätzlich eine große Bandbreite von Darstellungen, welche die Akteur_innen des Südens als einfach, naturnah, in jedem Falle aber unterlegen konstruieren. Diese fallen bereits bei kursorischer Betrachtung ins Auge. Sie sind eingeschrieben in Produktverpackungen und Informationsmaterialien, in Textbausteine und Bilder. Und sie werden auch in der öffentlichen Berichterstattung zu Fairem Handel (re-)produziert.[25]

Vielleicht wird das faire Produkt zuweilen erst durch den Informationsschatten seiner anachronistisch wirkenden Produktion zum marktfähigen Konsumgut des kognitiven Kapitalismus. Etwa, wenn rudimentäre technische Ausstattung, ein Warentransport mit Eseln oder dörfliche Gemeinschaftsarbeit auf nacktem Lehmboden – zweifelsohne mitunter soziale Realität – bewusst und in Hochglanz inszeniert werden. Einer postmodernen Gesellschaft, der ästhetisierte Arbeitspraxen offenbar längst als Wunsch eingepflanzt sind (Reckwitz 2012: 9), mögen frühe Formen des Industriekapitalismus als Fallhöhe erscheinen, die emotional gleichermaßen Hilfeparadigmen bedient und als Selbstvergewisserung fungieren kann.

Wandel politischer Arbeit im Alternativen und Fairen Handel

Die Betrachtung der Rezeption als Komplementäraspekt ästhetisierter Arbeitswelten bietet schließlich auch eine weitere Brücke zu Reckwitz: So finden sich Spuren des Kreativitätsdispositivs, welche sich in nicht „intendierten" (ebd., 30) Repräsentationen von Arbeit im Fairen Handel offenbaren. So möchte ich abschließend auf die politische Arbeit der Bewegung zu sprechen kommen, die meines Erachtens recht deutlich im Rahmen eines fortschreitenden Ästhetisierungsprozesses restrukturiert wurde.

Seit den frühen 1970er Jahren bilden Bewusstseinsbildung und Handel die zentralen Säulen der Bewegung. Während die erste Dekade jedoch unter dem Motto „Lernen durch Handel" steht und damit den Handelsaspekt eher zum Modus der Bildungsarbeit erklärt, schlägt das Pendel in den 1980er Jahren um; nun lautet das Motto „Wandel durch Handel" (Raschke 2009: 17f.). Um also die Lebensbedingungen möglichst vieler Kleinbauern rasch zu ver-

---
24 Gespräch mit Frau F. am 27.11.2012.
25 Elisabeth Vogt hat die Kommodifizierung fremder Kultur und die ihren Darstellungen mitunter eingeschriebene Exotik exemplarisch an (auch fairer) Kaffeewerbung in Printmedien herausgearbeitet. Vgl. entsprechend weiterführend Vogt 2012.

bessern, richtete sich spätestens zu dieser Zeit die Bewegung zunehmend auf eine Produktionssteigerung aus, die natürlich nur durch eine Konsumtionssteigerung gelingen konnte. Nicht mehr die politische Agitation, sondern der Warenabsatz wurde zentral. Das hieß mittelfristig auch: hinein in den konventionellen Handel, hinein in die Supermärkte (ebd., 96ff., 148ff.; Quaas 2015a: 357ff.). Dieser Warenabsatz erforderte eine Ausweitung und Veränderung der Produktpalette, ihrer Qualität, der Produktkommunikation und der Warendarbietung. In der Szene selbst wird dieser Prozess mit dem Begriff „Professionalisierung" gefasst (Raschke 2009: 117ff.) und spätestens seit den 1990er Jahren von machtvollen Akteur_innen des Fairen Handels vorangetrieben: mitunter von der Importorganisation *GEPA*, der Siegelorganisation *Transfair* und dem *Weltladen-Dachverband*. Das angestaubte Image von Alt-68ern, Ökos oder Birkenstockträger_innen sollte den Weltläden und Aktionsgruppen augenscheinlich ausgetrieben werden. Mit Musterweltläden, Corporate Designs und ebenso zentralisiert wie professionell konzipierten Informations-, Kampagnen- und Werbematerialien regierte man in die weitgehend ehrenamtlich getragene Basis der Bewegung hinein. Natürlich, es gibt ihn noch, den improvisierten Kirchenbasar mit Tapeziertischen und bemalten Bettlaken. Aber die Wahrnehmung des Fairen Handels wird längst dominiert von finanzstarken Public-Relation-Abteilungen *Transfairs*, verschiedener Dachverbände oder zum Beispiel kirchlicher Kooperationspartner_innen – welche die Zeit der Tapeziertische und Bettlaken, wie im Falle der *40-Jahre-Kampagne* von *Misereor* und dem *Bund der Deutschen Katholischen Jugend* (BDKJ), nun gleichermaßen professionell ästhetisch reproduzieren.[26] An der Bewusstseinsbildung des Fairen Handels sind ehrenamtliche Akteur_innen der Basisbewegung insofern eher indirekt beteiligt. Sie wird immer häufiger professionell koordiniert. Nur so lassen sich vermutlich notwendige Ressourcen – Finanzen, Personen, Wissen – effizient nutzen, um beispielsweise Fördermittel vom *Bundesministerium für wirtschaftliche Zusammenarbeit und Entwicklung* (BMZ) einzuwerben. Ohne solche Ressourcen dürfte es kaum möglich sein, in einer mediatisierten, digitalisierten und informationsgesättigten Gesellschaft öffentlichkeitswirksame Kampagnen umzusetzen. Entsprechend werden Expert_innen aus Marketing-Agenturen beauftragt – Agen-

---

26 Im Falle der genannten Kampagne wurden unter anderem verschiedene Plakate und auch ein kurzer Video-Clip erstellt. Vgl. exemplarisch BDKJ Bundesverband: *40 Jahre Fairer Handel sind nicht genug!* Hochgeladen am 11.06.2010, Dauer 3:15 min. Verfügbar unter: https://www.youtube.com/watch?v=bT5OLdbzU9Q [02.12.2016].

turen, die im Übrigen nicht selten hoch spezialisiert sind, beispielsweise auf Themen wie Nachhaltigkeit oder gar Fairen Handel selbst.²⁷

Meines Erachtens offenbaren sich gerade in der Kommodifizierung der politischen Arbeit die Ästhetisierung und kognitive Kapitalisierung des Fairen Handels – aber auch ihre Widersprüche. So erscheint die Zeit der Institutionalisierung und Ausdifferenzierung des Alternativen Handels auch geprägt von abwechslungsreichem Engagement, welches beispielsweise Bildungsarbeit und Verkauf, aber auch Logistik und vieles weitere verband. Der vielfältige und teils recht intensive persönliche Einsatz erzeugte ein erhöhtes Identifikationspotenzial, wie in Gesprächen mit Akteur_innen der 1970er und 1980er Jahre deutlich wird:

> Also ich selber bin über die Autobahn nach Würzburg gedüst, da waren hinten drin 500 Kilo Honig, laden durfte ich 300. Ähm, so, wenn man das gemacht hatte, mal eben 'ne halbe Tonne Honig von der Gepa holen, dann hatte man ein sehr konkretes Gefühl nach dem Ausladen. Man brauchte ja nur den Fernseher anmachen und einmal Weltnachrichten gucken, dann hatte ich wieder das Bedürfnis, was zu machen. Und diese Konkretheit der ganzen Geschichte, das war immer die Stärke.²⁸

Die zivilgesellschaftliche Basis, welche die A3WH als Protest, vor allem aber auch als kreativen Akt, als in multipler Hinsicht sinnliche politische Arbeit etabliert hat, erscheint heute zunehmend zurückgeworfen auf die Rezeption und Nutzung vorgefertigter *Kampagnenware*, auf den Verkauf von Produkten oder – überspitzt formuliert – das Auftischen eines lokalen Fairen Frühstücks. „Die Praxis der Kreativität" (Krämer 2014) erfährt insofern also vielleicht zunehmend eine Auslagerung in jene Bereiche der Kreativwirtschaft, die nach Reckwitz (2012: 47f.) als „ästhetische Apparate" Keimzellen des Kreativitätsdispositivs bilden. Sie ist dort jedoch nur eingeschränkt mit politischem Idealismus, im Sinne einer „Entgrenzung von Arbeits- und Lebenswelt" (Huber 2013), hingegen potenziell mit Formen der (Selbst-)Prekarisierung verbunden (vgl. Sutter 2013).

Manche Facette des Fairen Handels lässt sich über den Ansatz einer Ästhetisierung der Arbeit gewinnbringend konturieren. Inwieweit vieles auch über die theoretischen Steinbrüche der Neoliberalisierung, der Gouvernementali-

---

27 Vgl. exemplarisch die über einen Video-Clip kommunizierte Guerilla-Aktion „Agraprofit", welche ausführlicher beschrieben wird in: Winterberg 2015. Vgl. auch die Website der zuständigen Agentur, https://www.yool.de/agraprofit [02.12.2016], sowie die übergeordnete Kampagnenwebsite „Öko plus Fair – ernährt mehr!", http://www.oekoplusfair.de/ [02.12.2016].
28 Interview mit Herrn S., einem Akteur der 2. Generation der Bewegung, am 05.05.2011.

tät oder Ähnlichem zu fassen wäre, ließe sich diskutieren. Es ist aber doch bemerkenswert, dass eine Restrukturierung politischer Arbeit im Projekt des Alternativen Handels, einschließlich genutzter Bilder und Produkte, nicht zuletzt über die Komplementärebene der Rezeption, also des Konsums erfolgt sein dürfte. Dies legt zumindest eine an den Ästhetisierungsdiskurs angelehnte Revision meiner Quellen nahe.

Literatur

Bayly, Christopher (2006). *Die Geburt der modernen Welt. Eine Globalgeschichte 1780–1914*. Frankfurt am Main: Campus.
Bubner, Rüdiger (1989). *Ästhetische Erfahrung*. Frankfurt am Main: Suhrkamp.
Ege, Moritz (2007). *Schwarz werden. „Afroamerikanophilie" in den 1960er und 1970er Jahren*. Bielefeld: Transcript.
Foucault, Michel (2005). Subjekt und Macht. In ders., *Analytik der Macht* (S. 240–264). Frankfurt am Main: Suhrkamp.
Hein, Bastian (2005). *Die Westdeutschen und die Dritte Welt: Entwicklungspolitik und Entwicklungsdienste zwischen Reform und Revolte 1959–1974*. München: Oldenbourg.
Huber, Birgit (2013). *Arbeiten in der Kreativindustrie. Eine multilokale Ethnografie der Entgrenzung von Arbeits- und Lebenswelt*. Frankfurt am Main: Campus.
Kleinert, Uwe (2000). Inlandswirkungen des Fairen Handels. In Misereor/Brot für die Welt/Friedrich-Ebert-Stiftung (Hrsg.), *Entwicklungspolitische Wirkungen des Fairen Handels. Beiträge zur Diskussion* (S. 19–110). Aachen: Misereor Medienproduktion und Vertriebsgesellschaft mbH.
Koch, Gertraud/Warneken, Bernd Jürgen (2012). Wissensarbeit und Arbeitswissen. Zur Ethnografie des kognitiven Kapitalismus. Eine Einleitung. In dies. (Hrsg.), *Wissensarbeit und Arbeitswissen. Zur Ethnografie des kognitiven Kapitalismus* (S. 11–26). Frankfurt am Main: Campus.
Korff, Gottfried (1983). Reparieren: Kreativität des Notbehelfs? In Ludwig-Uhland-Institut Tübingen/Württembergischen Landesmuseum Stuttgart (Hrsg.), *Flick-Werk. Reparieren und Umnutzen in der Alltagskultur* (S. 13–16). Stuttgart: Württembergisches Landesmuseum.
Krämer, Hannes (2014). *Die Praxis der Kreativität. Eine Ethnografie kreativer Arbeit*. Bielefeld: Transcript.
Olejniczak, Claudia (1999). *Die Dritte-Welt-Bewegung in Deutschland. Konzeptionelle und organisatorische Strukturmerkmale einer neuen sozialen Bewegung*. Wiesbaden: Springer.
Osterhammel, Jürgen (2009). *Die Verwandlung der Welt. Eine Geschichte des 19. Jahrhunderts*. München: C.H: Beck.
Quaas, Ruben (2015a). *Fair Trade. Eine global-lokale Geschichte am Beispiel des Kaffees*. Köln u.a.: Böhlau.

Quaas, Ruben (2015b). Der Kaffee der Gerechtigkeit. Wertzuschreibungen des fair gehandelten Kaffees zwischen 1973 und 1992. In Christiane Berth/Dorothee Wierling/Volker Wünderich (Hrsg.), *Kaffeewelten. Historische Perspektiven auf eine globale Ware im 20. Jahrhundert* (S. 249–266). Göttingen: Vandenhoeck & Ruprecht.

Quaas, Ruben (2011). Selling Coffee to Raise Awareness for Development Policy. The Emerging Fair Trade Market in Western Germany in the 1970s. *Historical Social Research, 36*, 164–181.

Raschke, Markus (2009). *Fairer Handel. Engagement für eine gerechte Weltwirtschaft.* Ostfildern: Matthias-Grünewald.

Reckwitz, Andreas (2006). *Das hybride Subjekt. Eine Theorie der Subjektkulturen von der bürgerlichen Moderne zur Postmoderne.* Weilerswist: Velbrück Wissenschaft.

Reckwitz, Andreas (2012). *Die Erfindung der Kreativität. Zum Prozess gesellschaftlicher Ästhetisierung.* Berlin: Suhrkamp.

Reckwitz, Andreas (2015). Ästhetik und Gesellschaft – ein analytischer Bezugsrahmen. In ders./Sophia Prinz/Hilmar Schäfer (Hrsg.), *Ästhetik und Gesellschaft. Grundlagentexte aus Soziologie und Kulturwissenschaften.* Berlin: Suhrkamp.

Rucht, Dieter/Neidhardt, Friedhelm (2001). Soziale Bewegungen und kollektive Aktionen. In Hans Joas (Hrsg.), *Lehrbuch der Soziologie* (S. 533–556). Frankfurt am Main: Campus.

Schindler, Norbert (1985). Jenseits des Zwangs? Zur Ökonomie des Kulturellen inner- und außerhalb der bürgerlichen Gesellschaft. *Zeitschrift für Volkskunde, 81,* 192–218.

Schmied, Ernst (1977). *Die „Aktion Dritte Welt Handel" als Versuch der Bewußtseinsbildung. Ein Beitrag zur Diskussion über Handlungsmodelle für politisches Lernen.* Aachen: Aktuell Verlagsgesellschaft.

Schulze, Gerhard (1992). *Die Erlebnisgesellschaft. Kultursoziologie der Gegenwart.* Frankfurt am Main: Campus.

Sievers, Kai Detlev (2000). Armut und Moderne. In Hermann Bausinger/Konrad Bedal/Klaus Beitl (Hrsg.), *Volkskultur und Moderne. Europäische Ethnologie zur Jahrtausendwende* (S. 91–104). Wien: Universitätsverlag.

Stelt, Judith van der (2009). *Since 59. 50 Jaar Fair Trade Original.* Culemborg: Fair Trade Original.

Sutter, Ove (2013). *Erzählte Prekarität: Autobiographische Verhandlungen von Arbeit und Leben im Postfordismus* (Arbeit und Alltag. Beiträge zur ethnografischen Arbeitskulturenforschung, Bd. 7). Frankfurt am Main: Campus.

Vogt, Elisabeth (2012). *Inszenierung und Konsum von „Kultur". Nationale und kulturelle Stereotype in den Printmedienanzeigen der Kaffeewerbung.* München: unveröffentlichte Magisterarbeit.

Warneken, Bernd Jürgen (2006). *Die Ethnographie populärer Kulturen. Eine Einführung.* Stuttgart: UTB.

Winterberg, Lars (2015). Wachstum – Ressourcen – Grenzen. Prolegomena zur Ethnografie von Kulturen sozialer Ungleichheit. In Markus Tauschek/Maria Grewe (Hrsg.), *Knappheit, Mangel, Überfluss. Kulturwissenschaftliche Positionen zum Umgang mit begrenzten Ressourcen* (S. 227–248). Frankfurt am Main: Campus.

Winterberg, Lars (2017). *Die Not der Anderen? Kulturwissenschaftliche Perspektiven auf Aushandlungen globaler Armut am Beispiel des Fairen Handels. Bausteine einer Ethnografie.* Münster u.a.: Waxmann.

Petra Schmidt
Blog – Ästhetik – Arbeit
Ästhetisierungspraxen in einem Mütter-Lifestyleblog

Die folgende Forschung[1] beschäftigt sich am Beispiel des in Deutschland populärsten Mütter-Lifestyleblogs „Hauptstadtmutti"[2] mit dem Gegenstand der Ästhetisierung von Arbeit.[3] Das Anliegen dieses Beitrags ist es, ästhetische Praxen in Arbeitsprozessen von Blogger_innen zu verdeutlichen und den Erwerbscharakter ästhetischer Praxen zu beleuchten. Während noch vor wenigen Jahren Bloggen nach gängiger Meinung eher eine reine Freizeitbeschäftigung darstellte,[4] muss man davon ausgehen, dass diese Tätigkeit heute auch zunehmend kommerziellen und erwerbsorientierten Interessen folgt. Erste Untersuchungen zu Lifestyleblogs im Netz zeigen, dass es neben der großen Anzahl sogenannter Freizeitblogs, die vorrangig eine Ratgeberfunktion besitzen, eine weitere Funktion von Blogs gibt. Bloggen kann demnach auch in kommerzielle Zusammenhänge eingebunden sein – nicht zuletzt dadurch, dass erfolgreiche, das heißt oft geklickte Blogs als Werbeflächen von Firmen angefragt werden.[5] Aus kulturwissenschaftlicher, insbesondere arbeitsethno-

---

1 Die explorative Pilotstudie entstand im Rahmen meines laufenden Promotionsprojektes „Lifestyleblogs – Bloggen als Arbeit" (Betreuung: Prof. Dr. Irene Götz, Institut für Volkskunde/Europäische Ethnologie an der Ludwig-Maximilians-Universität München).
2 Der Begriff *Hauptstadtmutti* wird nicht primär durch den Wohnort, sondern durch seinen Lebensstil definiert. Dem Lebensstil zufolge, der aus den Bildern und Texten des Blogs geschlossen wurde, lässt sich die *Hauptstadtmutti* sozial im expeditiven, performativen oder liberalen Milieu verorten (vgl. zur genaueren Erläuterung der Milieus: Sinus Milieu Studie 2016. Verfügbar unter: http://www.sinus-institut.de/sinus-loesungen/ %20sinus-milieus-deutschland/ [31.05.2016]).
3 Arbeit wird hier nicht nur als eine entlohnte Tätigkeit in der Erwerbssphäre betrachtet, sondern schließt auch solche Tätigkeiten mit ein, die jenseits der Erwerbssphäre praktiziert werden (zum Beispiel Hausarbeit, Fürsorgearbeit).
4 Die kulturwissenschaftliche Studie „Wie ich blogge?" fasste folgende Motive für das Bloggen zusammen: der Spaß (74 %) und die Lust am Schreiben (68 %) sowie der Wunsch, eigene Erlebnisse und Gedanken für sich selbst festzuhalten (66 %). Die Umfrage ergab, dass das Bloggen kaum als eine kommerzielle Tätigkeit begriffen wird (vgl. Schmidt/Paetzhold/Wilbers 2006).
5 Das Einkommen von Blogger_innen setzt sich aus folgenden Einnahmequellen zusammen: 1. durch erfolgreiche Produktempfehlungen erhalten Blogger_innen eine Provision (Affilated Marketing), 2. durch *Pay-per-Click*-Werbung, bei der die Entlohnung sich nach den Klicks richtet, die Leser_innen auf einer Werbetafel anklicken (vgl. Töpper, Verena (2014). Bloggen als Beruf. Geld verdienen im Netz? Ja, klappt! *Spiegel Online*, veröffentlicht am 28.07.2014. Verfügbar unter: http://

graphischer Sicht ist Bloggen insofern aufschlussreich, als hier fordistische Grenzen zwischen Hobby und Arbeit, kommerziellen Interessen und rein persönlichen, freizeitlichen Formen der Selbstverwirklichung einmal mehr verwischt werden. Blogger_innen, die kommerzielle Werbeverträge durch Unternehmenskooperationen erhalten, besitzen in der Regel einen hohen Bekanntheitsgrad.[6] Zudem ist Bloggen eine Publikationsmöglichkeit, die zunehmend auch dem herkömmlichen Journalismus Konkurrenz macht; es ist eine neue Form der sozialen Netzwerkbildung und ein Ausdruck dafür, dass sich die Kultur des Arbeitens verändert hat. Dies zeigt sich an neuen Berufsfeldern und Arbeitsweisen, die immer mehr auf Dienstleistungen und damit immaterieller Arbeit fußen. Derartige Transformationsprozesse, die im Folgenden am Beispiel des Lifestyleblogs „Hauptstadtmutti" betrachtet werden sollen, weisen auf die „diskursiv-symbolische[n] Überformungen sowie die praktische und [im-]materielle Figuration von Arbeit" (Krämer 2014: 24; vgl. Reckwitz 2006) hin. Anhand von zwei ausgesuchten Beispielen – der verschriftlichten „Gründungsidee" des Blogs und einem Videofilm („Tutorial") – soll exemplarisch den Fragen nachgegangen werden, mit welchen Praxen Blogger_innen ästhetische Produkte herstellen, welche *Gegenstände* ästhetisch bearbeitet werden und welche Kompetenzen beziehungsweise welches (Arbeits-)Wissen dafür notwendig sind.[7] Aus einer kulturanthropologischen Perspektive ist das The-

---

www.spiegel.de/karriere/geld-verdienen-im-internet-wie-man-bloggen-zum-job-macht-a-982928.html [03.04.2017]), 3. durch Direktkooperationen, bei denen Blogger_innen Produkte von Unternehmen posten (vgl. Luísa Lión: Luisas Laberstunde #10: Wie verdienen Blogger Geld (und wie viel)? Mit Tipps von ANNA LAURA KUMMER. Hochgeladen am 26.02.2016, Dauer 1:00:42. Verfügbar unter: https://www.youtube.com/watch?v=7puEbInB8D4 [03.04.2017]) sowie 4. durch Backlinks, Links, die Nutzer_innen auf eine andere Webseite leiten und *Google Adsenses*, Werbeflächen von Unternehmen, die über *Google* vertrieben und provisioniert werden (vgl. Wandiger, Peer: Einnahmen von 17 deutschsprachigen Bloggern im Mai 2014. *Selbstständigkeit im Netz*, verfügbar unter: http://www.selbstaendig-im-netz.de/2014/06/18/blogs/einnahmen-von-17-deutschsprachigen-bloggern-im-mai-2014/ [30.03.2016]). Insgesamt gilt die Faustregel: je mehr Follower, desto höher die Preise für Werbeschaltungen beziehungsweise -flächen, Posts und Links, die auf dem Blog geschaltet werden (vgl. das bereits genannte Video von Luísa Lión).

6   Einige Blogger_innen aus der Modeszene sind regelrechte Berühmtheiten. Vgl. Susan (2013). Top 10 Fashion Blogger. *Grazia*, veröffentlicht am 20.06.2013. Verfügbar unter: http://www.grazia-magazin.de/fashion/we-love-das-sind-unsere-top-10-fashion-blogger-international-5064.html [20.02.2017].

7   Diese erste Etappe der Untersuchung ist eine virtuelle Blogethnographie und wurde aus der Position des *Lurkers* (Position der anonymen Leser_innen in Diskussionsforen, Chaträumen, News-Groups oder Mailinglisten) vorgenommen (vgl. Klaas/Lange 2011). Darauf aufbauende Interviews sind in Planung. Die Auswahl des Blogs erfolgte aufgrund seiner hohen Reichweitenstärke. Das analysierte Datenmaterial wie Fotos, Texte, Filme, Blogberichte und Interviews stammt aus dem Blog. Dazu wurden Verfahren der Bildanalyse, nach der Bilder „symbolisch codierte Aussage-

ma Ästhetisierung von Arbeit und die damit verbundenen ästhetischen Praxen von Bedeutung, da so mikroperspektivisch Transformationsprozesse der Arbeitsgesellschaft, veränderte Machtstrukturen und Hierarchien sowie ökonomische Vereinnahmungen beziehungsweise Positionierungen von Akteur_innen im alltäglichen (Arbeits-)Handeln untersucht werden können.

Der Aufbau des Beitrags gliedert sich wie folgt: In einem ersten Schritt wird zunächst die Struktur des Blogs erläutert, worauf dann die theoretische Einbettung der Fragestellung folgt. Im Anschluss befasse ich mich mit der Beschreibung der Beispiele und gehe auf die Fragestellung ein, wie Blogger_innen ästhetische Praxen produzieren und welche Gegenstände im vorliegenden Fallbeispiel ästhetisiert werden. Abschließend behandle ich die Frage, welches Arbeitswissen relevant für die Produktion von ästhetischem Wissen ist.

Konzeption eines Mütter-Lifestyleblogs

Recherchen zu Lifestyleblogs im Netz zeigen, dass Mutterschaft, Vaterschaft, Elternschaft sowie Kindheit zunehmend auch in diesem neueren, internetbasierten Format in vielerlei Hinsicht Thema sind.[8] Das war Berichten der Markenforschung zufolge nicht immer so.[9] Die Popularität digitaler Lifestyleformate, in die sich die hier genannten Familienblogs einreihen, bekam ihren Anschub unter anderem mit Jessica Weiss, *dem* Paradebeispiel der erfolgreichen Modebloggerin, der unzählige Nachahmer_innen folgten. Mit dem *Blog-Auftakt* von Weiss Anfang der 2000er Jahre wuchs die Stilisierung unterschiedlichster Lebensbereiche im Netz zu einem attraktiven Erwerbs- und In-

---

formen sind" (vgl. Panofsky 1932; Geertz 1987; Barthes 1981) angewendet. Die gestalterische Konzeption des Blogs wurde dahingehend untersucht, inwieweit durch Bild- und Textbotschaften Neuartiges produziert wird (vgl. Leimgruber/Andris/Bischof 2013: 252).

8 Während meiner Blogrecherche wurde der *Boom* von Mütter- und Eltern-Lifestyleblogs erkennbar (vgl. z.B. *Sanvie*, verfügbar unter: https://www.sanvie-mini.de [24.05.2016], *Little Years*, verfügbar unter: http://www.littleyears.de [24.05.2016], *Mummy Mag*, verfügbar unter: http://mummy-mag.de [24.05.2016], *Bleubird*, verfügbar unter: http://bleubirdblog.com [17.02.2017], *Romy and the Bunnys*, verfügbar unter: http://romyandthebunnies.com [24.05.2016], *Mother*, verfügbar unter: http://www.mothermag.com [24.05.2016]).

9 Markenzeichen Gruppe (2014). Die Markenmacht der Blogger: Das Paradebeispiel der Lifestyle-Blogger Szene. *markenzeichen*, veröffentlicht am 09.05.2014. Verfügbar unter: http://www.markenzeichen.eu/de/blog/detail/die-markenmacht-der-blogger-das-paradebeispiel-der-lifestyle-blogger-szene [09.01.2017].

szenierungsfeld aus. Mittlerweile gibt es mehrere hundert Blogs, die das Thema Lebensstil von Familie stilistisch bearbeiten.[10]

In dieser Zeit wurde auch der Blog „Hauptstadtmutti" von den zwei Müttern Isa Grütering und Claudia Kahnt 2011 gegründet.[11] Als es nach der Geburt ihrer Kinder galt, Erwerbstätigkeit und Familie miteinander zu vereinbaren, beschlossen die beiden, sich mit einem Mütterblog selbstständig zu machen, und sich auch „in beruflichen Wegen Müttern zu widmen", wie sie in einem Interview berichten.[12] Dabei geht es insbesondere der Bloggerin Isa Grütering neben dem Blog „Hauptstadtmutti" mit ihren weiteren Initiativen (Buchpublikation „Mama muss die Welt retten", Karriereportal „Momlinks", Karriereportal „Mompreneurs")[13] darum, solche Mütter zu portraitieren, „die trotz mehrerer Kinder von zu Hause aus – ohne teure Kindermädchen – Karriere gemacht haben"[14].

Vor ihrer Mutterschaft arbeiteten die zwei Bloggerinnen viele Jahre in der Kreativbranche als Produkt- und Marketingmanagerin sowie Art-Direktorin im Online- und Printbereich von Werbeagenturen und Verlagen.[15] Die künstlerische Leistung von Artdirektor_innen ist, in leitender Funktion kreative, individuelle Potenziale mehrerer Mitarbeiter_innen zu einer stilistischen Einheit zu vereinen.[16] Diese vorhandenen Kompetenzen der beiden Bloggerin-

---

10 „Ungefähr 2000 registrierte Elternblogger sind im Netz. Fast alle sind weiblich, bloggende Väter sind eher die Ausnahme" (Jährling, Ulrike/Grampes, Timo (2016). Elternblogs: Mehr als „backe, backe Kuchen". *Deutschlandradio Kultur*, Sendung *Zeitfragen* vom 14.11.2016, 19:30 Uhr. Verfügbar unter: http://www.deutschland radiokultur.de/zeitfragen-feature-vom-14-11-2016-sendungsmanuskript-alspdf.me dia.dfb87f17e9c7c28ecaa0c0aaa51abb0d.pdf [17.02.2017]). Generell werden Blogs in drei Arten eingeteilt: 1. Persönliche Tagebücher, 2. Nicht-persönliche Themenblogs und 3. Corporate Blogs, die von Akteuren_innen in Wirtschaftsunternehmen und politischen Organisationen betrieben werden (vgl. Beck 2008).
11 Grütering, Isa/Kahnt, Claudia (2011). Hauptstadtmutti. Verfügbar unter: http://hauptstadtmutti.de/de/uber-hauptstadtmutti [24.05.2016]. – Anm. d. Verf.: Diese Internetadresse führt mittlerweile auf eine Seite mit der Meldung „Fehler 404 – Seite nicht gefunden" [30.03.2017].
12 Siehe Fußnote 11.
13 Isa Grütering hat eine abgeschlossene Ausbildung zur Multi Media Producerin. 2012 gründete sie neben dem Blog *Hauptstadtmutti* die Netzwerkgemeinschaft *Mompreneurs* (Mutter + Unternehmerin, vgl. Xing (2017). Stichwort „Isa Grütering". Verfügbar unter: https://www.xing.com/profile/Isa_Grueteting [30.03.2016]). 2013 publizierte Grütering das Buch „Mama muss die Welt retten" (Grütering/Rosales 2013).
14 Luberichs, Stefanie (2013). 7 Fragen an… Isa Grütering. *Himbeer Magazin*, verfügbar unter: http://himbeer-magazin.de/leben-mit-kindern/7-fragen-an/isa-grutering-hauptstadtmutti-bloggerin/ [25.04.2017].
15 Vgl. ebd.
16 Expertengespräch mit Professor Gerwin Schmidt, Akademie der Bildenden Künste Stuttgart, Fachbereich Grafikdesign, am 30.03.2017.

nen im Medien- und Kreativsektor bilden den professionellen Hintergrund für den Lifestyleblog für Mütter.[17] Mit bis zu 1.600 täglichen Besucher_innen und fast 10.000 User_innen aus Kanälen Sozialer Medien ordnet sich „Hauptstadtmutti" im Blog-Ranking erfolgreich als reichweitenstärkster „Mamablog" ein.[18] Dabei sind die Inspirationsquellen für Ideen, Themen oder Bilder für den Blog primär die eigene Mutterschaft und das eigene Milieu, betonen Grütering und Kahnt.[19] Dreh- und Angelpunkt des Blogs sind Fotoporträts sogenannter *Berliner Mütter* und deren Lebensstil,[20] wo sie arbeiten, wie sie sich kleiden, welche Einkaufs- oder Wickeltasche sie tragen, welchen Kinderwagen sie fahren oder auch in welchem Café der *Kater* von der Party am Vorabend auskuriert wird. Informationen über den Lebensstil, Konsum, Einstellungen und Werte erfahren die Leser_innen über Interviews, die unter dem jeweiligen Foto abgebildet werden und während des *Fotoshootings* mit den Müttern entstehen. Insgesamt gliedern sich die Rubriken mit ihren stilistischen Tipps in Mode, Beauty, Schwangerschaft, Working Mum und Lifestyle.[21] Beim Aufrufen der Webseite wird den Rubriken übergeordnet immer ein Leitthema auf der Hauptseite eingeblendet, das familiale Ereignisse wie die Einschulung, den ersten Kindergartentag, Geburtstagsfeiern oder den Valentinstag aufgreift und entsprechende Konsumtipps gibt.[22] Zum Thema Einschulung beispielsweise schlagen die beiden Bloggerinnen ihrer Stilgemeinschaft solche Dinge und Marken vor, die nicht jede_r kennt und die nicht von einer breiten Masse

---

17 Isa Grütering ist darüber hinaus Mitbegründerin der Organisation *Mompreneurs*. *Mompreneurs* ist ein Frauennetzwerk, das Müttern dazu verhilft ihre Potenziale zu entdecken und diese produktiv (vor allem) im Bereich Neuer Medien einzusetzen, um damit Karriere zu machen (vgl. https://mompreneurs.de/angebot/ [11.03.2017]).
18 Vgl. Cision Media Research (2015). Mütter – Die Top 10 Blogs in Deutschland. *CISION*, veröffentlicht am 20.05.2015. Verfügbar unter: http://www.cision.de/media-updates/muetter-die-top-10-blogs-in-deutschland/ [04.04.2017]. Vgl. auch *Wolfram Alpha*, Stichwort: „Hauptstadtmutti", verfügbar unter: https://www.wolframalpha.com/input/?i=http:%2F%2Fhauptstadtmutti.de [13.02.2017].
19 Siehe Fußnote 11.
20 Unter Lebensstil wird ein expressives, auf Distinktion abzielendes Handeln verstanden, das eine spezifische Pflege erfordert. Es wird daher häufig mit Konsumakten in Verbindung gebracht. „Lebensstil ist eine aktive ‚Stilisierung' (der Lebensführung) mit der Funktion einer expressiven Distinktion zur Stabilisierung einer exklusiven Gemeinschaft, in der Regel von Statusgruppen" (Voß 1991: 155).
21 Siehe Fußnote 11.
22 Das Blogdesign hat sich im Laufe der Forschung (2015–2017) bereits dreimal geändert. Daran zeigen sich auch der Anspruch und die Herausforderung der Kreativbranche, kontinuierlich neue Produkte und Designs zu generieren. Zur Einschulung vgl. auch: Grütering, Isa (2015a). Unser erster Schultag oder Mutti wird's schon packen. *Hauptstadtmutti*, veröffentlicht am 09.09.2015. Verfügbar unter: http://hauptstadtmutti.de/de/news/unser-erster-schultag-oder-mutti-wirds-schon-packen [09.06.2016].

konsumiert werden: zum Beispiel Schulranzen vom Berliner Label *Kundschafter*, ein Kurzvideo[23], das zum Selberbasteln einer Schultüte inspiriert, oder eine Kette mit kleinen Schultütenanhängern für die Mütter der ABC-Schützen.[24] Zusammenfassend wird der Blog als ein kommerzieller Blog eingestuft. Der Kommerz lässt sich auf unterschiedlichen Ebenen feststellen. Zum einen bei der Gründungsidee, in der die Vereinbarung von Berufsleben (Karriere) und Mutterschaft durch den Blog formuliert wird.[25] Des Weiteren zeigt sich eine Gewinnorientierung des Blogs aber auch ganz konkret an den zahlreichen Verlinkungen zu anderen Webseiten sowie der Vielzahl vorzufindender Advertorials[26], die auf geschäftliche Kooperationen mit namenhaften Markenfirmen aus der Mode-, Kosmetik- und Kinderartikelbranche zurückzuführen sind und, je nach Reichweitenstärke des Blogs, die in diesem Fall sehr hoch ist, auf Profit abzielen.[27]

Kreativ Arbeiten als Bloggerin – Theoretische Rahmung

Die Untersuchung der (Arbeits-)Praxen von Lifestylebloggerinnen konzentriert sich in diesem Beitrag auf den Aspekt der Gestaltungs- und Konzeptionsleistung. Welche Anforderungen müssen die Bloggerinnen erfüllen, um erfolgreich mit ihrem Blog zu sein? Mit welchen Methoden werden kreative Produkte hergestellt und welches (geschlechtsspezifische) informelle und vor allem auch professionelle Wissen ist dafür notwendig? Nachdem Interviews mit den Bloggerinnen im Rahmen dieser Pilotstudie noch nicht möglich waren, wird dieses Wissen als primär professionelles Wissen der Graphikbranche werkimmanent aus den präsentierten Inszenierungen des Blogs erschlossen und bedarf im Laufe der hier in einer ersten Skizze vorgestellten Dissertation einer genaueren Verifizierung durch eine stärker biographische, akteurszentrierte Perspektivierung.

---

23 Grütering, Isa/Kahnt, Claudia (2015). Hauptstadtmutti bewegt. *Hauptstadtmutti*, veröffentlicht am 01.07.2015. Verfügbar unter: http://hauptstadtmutti.de/de/news/hauptstadtmutti-bewegt-unser-brandneuer-youtube-channel [24.05.2016].
24 „Praxis ist immer symbolisch strukturierte, signifikant stilisierte Praxis und damit ‚Lebensstil', um systematisch andere soziale Gruppen aus- oder einzugrenzen" (Voß 1991: 160). In Blogs werden demnach durch Praxen Stilgemeinschaften erzeugt, deren gemeinsame Basis auf übereinstimmenden ästhetischen Orientierungen fußt.
25 Siehe Fußnote 11.
26 Ein Advertorial ist eine redaktionell aufgemachte Werbung, die meist nicht unmittelbar als Werbung zu erkennen ist.
27 Bzgl. der Einnahmequellen von Blogs vgl. Fußnote 5.

Ausgangspunkt bei der Betrachtung der Arbeitsweise der Bloggerinnen ist zunächst die umfassende Ästhetisierung der Lebens- und Arbeitswelt. Diagnosen bezüglich Transformationsprozessen der Arbeitswelt zeigen, dass immaterielle und kognitive Arbeitsleistungen zunehmend wichtig für die Existenzbestreitung und den Arbeitsalltag werden (vgl. Lazzarato 1998). Wissensarbeit beziehungsweise der „Knowledge Worker" wird „zur zentralen Ressource des Wirtschaftens im Allgemeinen und dem Inhalt der Tätigkeit im Besonderen" (Drucker 1993: 18). Kopfarbeit und Kreativität lösen scheinbar „standardisierte und routinierte Angestellten- und Arbeitertätigkeiten sowie einen versachlichten Umgang mit Objekten und Subjekten" (Reckwitz 2012: 11) ab, so der Soziologe Andreas Reckwitz. Hierbei wird die Produktion von Zeichen und Symbolen (Texten, Bildern, Kommunikation, Verfahrensweisen, ästhetischen Objekten, Körpermodifizierungen) zu einer der wichtigsten Anforderungen für Arbeitssubjekte im ästhetischen Kapitalismus (vgl. Reckwitz 2012: 11). Dies lässt sich vor allem in Berufen „die im Bereich kultureller und künstlerischer Normen operieren, die auf Moden, Geschmack und Konsumgewohnheiten Einfluss nehmen und die, strategisch gesprochen, die öffentliche Meinung bearbeiten" (Lazzarato 1998: 39f.) beobachten. Die Erbringung immaterieller oder ästhetischer Arbeit beziehungsweise eines ästhetischen Produkts erfolgt nach Reckwitz, indem kontinuierlich „assoziative Bedeutungen und attraktive Zeichen, die an materielle Träger (z.B. Wörter, Bilder, Verhaltensweisen, Alltagsgegenstände, Körper) und an sinnliche Bedeutungen und Emotionen gekoppelt sind" (Reckwitz 2012: 142), hervorgebracht werden – mit dem Ziel Aufmerksamkeit zu erzeugen. Ähnlich argumentierend verweist der Philosoph Gernot Böhme in diesem Zusammenhang auf die Bedeutung der Ästhetisierung des Alltags in Form der Produktion von Atmosphären und Imaginationen beispielsweise durch die „Präsentation von Materialität" (vgl. Böhme 2013: 51). Diese Hervorbringung beziehungsweise Inszenierung einer bestimmten Materialität (hier ästhetisierter Mutterschaft als Stil) ist nach der Theaterwissenschaftlerin und Philosophin Erika Fischer-Lichte ein intensionaler Prozess, in dem „allmählich die Strategien entwickelt und erprobt werden, nach denen was, wann, wo vor den Zuschauern in Erscheinung treten soll" (Fischer-Lichte 2014: 325). Vor dem Hintergrund, dass permanent Neuartiges zu produzieren ist und Inszenierungsstrategien zu erproben sind um ästhetische Produkte oder ästhetische Atmosphären zu erzeugen, möchte die Bloganalyse die spezifischen Arbeitsweisen der Bloggerinnen untersuchen. Hierzu sollen ihre sprachlichen und bildlichen Stilmittel und Materialien analysiert werden. Darüber hinaus soll die immaterielle Dimension von Arbeit, deren kommunikativ-symbolische Kompetenzen, die einfließenden professionellen und informellen Wissensformate und die Subjektivität der Arbeitenden (vgl. Krämer 2014: 49), die für kreatives Arbeiten scheinbar notwendig sind, sichtbar gemacht werden. Letztere, die kreativen professionellen Wissensformate, können hier bislang nur auf der Basis einer Werkanalyse, also werkimmanent, rekonstruiert werden, was zugegebenermaßen eine methodische Engführung darstellt, die über die ergänzenden Interviews noch geprüft, ergänzt und modifiziert werden muss.

Lifestyleblogs sind Teil einer stetig wachsenden Kreativ- und Kulturindustrie, die sich mit der Produktion, Verteilung und Verbreitung kreativer Güter und Dienstleistungen befasst.[28] Dabei stellt sich auch die Frage, wie und was heute kreativ bearbeitet wird, wenn Bereiche, Ereignisse oder Gegenstände, die bisher jenseits einer ökonomischen Logik standen, zunehmend für ökonomische Wertschöpfung vereinnahmt werden (vgl. Boltanski/Chiapello 2003: 237). Für die Bloganalyse steht in diesem Zusammenhang auch im Fokus, wie die Bloggerinnen das Thema Mutterschaft zur basalen Geschäftsidee machen.

Eine Spezifik des Bloggens, als eine Form des Arbeitens im Netz, ist aber auch der hohe Grad der Flexibilisierung und Entgrenzung, was vielen Frauen scheinbar entgegenkommt.[29] Dabei wurden nicht nur zeitliche und räumliche Entgrenzungen in Untersuchungen zu sogenannten *Webworker_innen* festgestellt, sondern auch die Vernutzung subjektiver Wissensressourcen sowie persönlicher Netzwerke ist besonders charakteristisch für Internetarbeiter_innen (vgl. Manske 2005: 269). Hierbei spielt das (geschlechts-)spezifisch subjektive Arbeitswissen[30] als Ressource (vgl. Krämer 2014: 30), um die Anforderungen eines kognitiven Kapitalismus, wie „die Professionalisierung von handwerk-

---

28 Vgl. Schlussbericht der Enquete-Kommission „Kultur in Deutschland" (2007). Bundestagsdrucksache 16/7000, 11.12.2007. Verfügbar unter: https://dip21.bundestag.de/dip21/btd/16/070/1607000.pdf [30.03.2017].

29 Bloggen (beziehungsweise allgemein eine Erwerbstätigkeit im Onlinebereich) ermöglicht Müttern einerseits, ihre strukturelle Benachteiligung in der Erwerbssphäre – aufgrund eingeschränkter Mobilität, geringer Flexibilität, mangelnder Zeitkapazitäten oder Betreuungsproblemen – zu kompensieren, da Familienarbeit und Erwerbsarbeit an einem Ort ausgeübt werden können. Gleichzeitig ist kritisch zu betrachten, dass insbesondere Frauen die „Entgrenzung der Sphären ‚Arbeit' und ‚Leben'" (vgl. Voss/Moldaschl 2002) beziehungsweise Grenzen der Privat- und Berufssphäre permanent neu verhandeln müssen, da sie nach wie vor die Hauptverantwortung für die Fürsorgearbeit in der Familie tragen (vgl. Koppetsch/Burkart 1999; Schmidt 2010). Dadurch, dass Familienarbeit und Erwerbsarbeit räumlich, zeitlich und wissensbezogen beim Bloggen ineinanderfallen können, sind die hier vorgestellten Bloggerinnen besonders gefordert Grenzen zu ziehen. Denn sie sind sowohl Produzenten_innen als auch Produkt ihres eigenen Blogs, da die eigene Mutterschaft zur Quelle ästhetischer Produkte wird.

30 Hier zum Beispiel mütterliches Tätigsein innerhalb milieuspezifischer Geschmacksstile.

lichen und intellektuellen Fähigkeiten in sozialen Netzwerken und Kooperationen" (Lazzarato 1998: 46) zu vereinen, eine hervorgehobene Rolle.[31] Recherchen zu weiteren Blogs bekräftigen diesen Befund: Basteln, Handarbeiten, Nähen oder das Dekorieren der Wohnung werden vorrangig von weiblichen Personen[32] durchgeführt. Und Statistiken zum *Do-It-Yourself*-Markt geben an, dass immer häufiger Frauen *Do-It-Yourself*-Praktiken als Nebenjob ausführen und darin vor allem eine Tätigkeit sehen, die ihre Individualität fördert.[33] Bloggen bietet demnach gerade, oder auch für Frauen die Möglichkeit, Kreativitäts- und Subjektivierungsansprüche und damit den Wunsch nach Selbstverwirklichung im Erwerbsleben (vgl. Baethge 1991) zu befriedigen. Diese zunehmende Ästhetisierung des Alltags hat für das Subjekt jedoch auch einen hohen Preis, darauf verweist die „Kritik der Kreativität" (vgl. Raunig/Wuggenig 2007). Denn Kreativität geht auch einher mit einem erhöhten Druck des Subjektes, kontinuierlich „Neuheiten produzieren zu wollen und sollen" (vgl. Reckwitz 2012) – einem „Kreativen-Imperativ" (vgl. Spillmann/von Osten 2002; Reckwitz 2012), der die „kontinuierliche Erzeugung der Abweichung von der Norm" (Reckwitz 2012: 47) als Regelanforderung beinhaltet.

Ästhetisch Bloggen: zur Produktion von Bild- und Bedeutungswelten

Wie bereits verdeutlicht, sind ästhetische Praxen mit dem Erzeugen von neuen Zeichen und Bedeutungen verbunden, die Aufmerksamkeit produzieren sollen (Reckwitz 2012: 142). Doch wie stellt sich die Produktion des Neuen und damit Ästhetischen im Blog „Hauptstadtmutti" genau dar? Mit welchen Techniken wird *das Neue* hergestellt? Und welcher Fähigkeiten bedarf es

---

31 Die Arbeits-und Industriesoziologie hat in Bezug auf weibliche Entgrenzung festgestellt, dass „Familienarbeiterinnen eine Avantgarde in Bezug auf Prozesse der postfordistischen Flexibilisierung von Arbeit im Sinne der Selbstrationalisierung und Selbstorganisation komplexer Mischformen von Wissens-, Organisations-, Dienstleistungs- und handwerklicher Arbeit darstellen" (Frey 2004: 62ff.; vgl. Götz 2015). Vergleiche dazu, wie Mütter eines liberal-bürgerlichen Milieus zu Wissensarbeiterinnen in der Familiensphäre werden, auch Schmidt 2010.
32 Mütter-Lifestyleblogs wie zum Beispiel *Mummy Mag*, verfügbar unter: http://mummy-mag.de [24.05.2016], *Little Years*, verfügbar unter: http://www.littleyears.de [24.05.2016], *Stadt/Land/Mama*, verfügbar unter: http://www.stadtlandmama.de [20.02.2017], *MamaBerlin*, verfügbar unter: http://www.mamaberlin.org/inspirationfriends/ [24.05.2016] und viele andere werden durchgängig von Müttern betrieben.
33 Vgl. Tomorrow Fokus Media (2014). Social Trends. Do It Yourself (6ff.). Verfügbar unter: http://www.tomorrow-focus-media.de/fileadmin/customer_files/public_files/downloads/studien/TFM_SocialTrends_DoItYourself.pdf [09.06.2016].

dazu? Um diese Fragen zu diskutieren, möchte ich exemplarisch auf zwei aus dem Blog herausgegriffene Beispiele eingehen: zum einen auf das Gründungsmotiv der beiden Bloggerinnen und zum anderen auf ein *Do-It-Yourself*-Tutorial für eine Schultüte. In dem Gründungstext heißt es unter anderem wie folgt:

> Hauptstadtmuttis sind freaky. Hauptstadtmuttis sind elegant. Hauptstadtmuttis sind sexy, stylisch, interessant, cool, anders und etwas zum Herzeigen. Genau das machen wir mit unserem Blog. Nur weil sich plötzlich viel um Kinder, Haushalt und Familie dreht, geht das Stilbewusstsein und die Lust auf Mode nicht verloren. Auf den Straßen Berlins sind scharenweise Mütter unterwegs, deren Style bestimmt nicht nur uns inspirieren. Wir stellen sie ins Blitzlicht.[34]

Dieses Zitat wurde ausgesucht, da sich in ihm der essentielle Gründungsgedanke des Blogkonzeptes widerspiegelt: die Idee, Mutterschaft und damit verbundene Tätigkeiten (vor allem aufgrund ihrer Stilpraxen) als etwas Beeindruckendes und Bewunderungswürdiges – als Stars des (Familien-)Alltags – zu inszenieren. Dazu werden die sogenannten „Hauptstadtmuttis" ins „Blitzlicht" gestellt, wie es in dem oben genannten Zitat wortwörtlich heißt. Dieser von den Bloggerinnen produzierte Konnex zwischen Blitzlicht und Mutterschaft stellt eine Verbindung zu Begrifflichkeiten wie Berühmtheit, Ansehen oder Besonderheit und Mutterschaft her – denn ins Blitzlicht werden einem allgemeinen gesellschaftlichen Verständnis nach vor allem solche Menschen gestellt, die es *Wert* sind Beachtung zu bekommen. Diese Aufwertung von Mutterschaft (insbesondere der *Berliner Mutter*) und ihren Tätigkeiten nehmen die Bloggerinnen vor, indem die portraitierten Mütter zur Inspirationsquelle erklärt werden. Hierfür wird der *gute Geschmack*, der spezifische Style der Mütter in den Fokus gerückt. Der Blog übernimmt die Funktion einer Bühne, auf der der Stil und die Lebensart der Mütter einem Publikum präsentiert werden kann. Bildlich gesprochen rollen die Bloggerinnen einen „roten Teppich" (Blog) für die „Hauptstadtmutti" aus und definieren sie als „cool", „sexy", „stylisch" und „anders".

Dem Zitat zufolge besitzen die dargestellten Mütter ein außergewöhnliches Styling, einen Geschmack, den sie scheinbar bereits vor ihrer Mutterschaft schon besessen haben und, das ist *das Neue* an diesen Müttern, der auch nach der Geburt der Kinder nicht verloren geht. Hier wird ein Bild der geschmacksbewussten, stilvollen und sich inszenierenden Mutter gezeichnet, die sich physisch und psychisch – modisch grundiert – trotz Familie nicht

---

34 Siehe Fußnote 11.

Abb. 1:
Ein auf dem Blog
veröffentlichtes Mutter-Portrait
(Quelle: hauptstadtmutti.de)

vernachlässigt und aus sich etwas Besonderes macht. Dieses ästhetisch aufgewertete Bild von Mutterschaft widerspricht dabei einem traditionellen, fordistischen Mutterbild, nach dem Mütter aufopferungsvoll auf ihre Familie zentriert sind (vgl. Vinken 2007; Schütze 1986: 35ff.). Es geht um die Darstellung und Popularisierung eines Mutterbildes, das das Muttersein auch als ein ästhetisches Projekt aufwertet. Das ist insofern bedeutsam, da – selbst in einem liberal-bürgerlichen Milieu, wie es hier beschrieben wird – das Deutungsmuster zu traditioneller Mutterschaft eins zu sein scheint, auf das man immer noch rekurriert beziehungsweise von dem es gilt, sich auf ästhetische Weise abzugrenzen.[35]

Dennoch erweist sich die sprachliche und visuelle Inszenierung der *Berliner Mutterschaft* auf dem Blog nach dem Zeitgeist und dem gewandelten Mutterbild nicht mehr so ungewöhnlich. In der Inszenierungsarbeit der Blog-

---

35 Ein Deutungsmuster (Meuser/Sackmann 1992: 19) zu traditioneller Mutterschaft ist zum Beispiel das Leitbild der „hingebungsvollen Mutter", die sich für Kinder und Familie aufopfert (Schütz 1986: 35ff.), das besonders in Deutschland hartnäckig bestehen bleibt (vgl. Schmidt 2010; Vinken 2007).

gerinnen artikuliert sich die ästhetische Arbeitspraxis (vgl. Reckwitz 2012: 142) zum einen in der Praxis, Muttersein, und damit etwas ganz Alltägliches, überhaupt als etwas zu erkennen, das ästhetisierungswürdig und inszenierbar ist und zum anderen mit dem *Gegenstand Mutterschaft*[36] etwas Neuartiges, Beachtenswertes zu erzeugen – hier, indem sie sprachlich sowie visuell in einem neuen Lichte erscheint.[37] Dabei stellt die Gründungsidee exemplarisch *ein* Beispiel unter einer Vielzahl in dem Blog vorzufindender Verfahren dar, wie mit narrativen und stilistischen Mitteln ein ungewöhnliches, neuartiges Bild von Mutterschaft zur Aufführung gebracht wird, beziehungsweise „affektive Bild- und Bedeutungswelten evoziert" (Krämer 2014: 384) werden.[38]

Ein weiteres, kurzes Beispiel kreativer und ästhetischer (Arbeits-)Praxis aus dem Blog illustriert ein Videofilm („Tutorial") zum Thema Einschulung. Das Thema wurde aufgegriffen, weil der Sohn einer der Bloggerinnen im Herbst 2015 in die Schule kam. In dem Video geht es um die Herstellung und Gestaltung einer Schultüte, die die zwei Bloggerinnen anfertigen. Dazu haben die Bloggerinnen sich, wie sie berichten, schon lange Gedanken gemacht, denn der Einschulungstag soll „so ‚schön' wie möglich" gestaltet werden:

> Es geht um Schulanfang! Zuckertüten, Schulranzen, Outfits zur Einschulung, Schultüten, DIY. Wir zeigen Euch heute einmal die Schultüte, die wir als Muttis eigentlich haben möchten: schön, schlicht, mit gesunden Inhalten und mit ganz schönen Süßigkeiten.[39]

In dem Film steht das Styling für dieses besondere Ereignis, die Kleidung der Mütter und Kinder, der richtige Schulranzen und die Schultüte, im Vordergrund. Dafür basteln die Bloggerinnen die Schultüte in dem Film zunächst in schnellen, mit Musik unterlegten Sequenzen vor. Dabei wird deutlich, dass die Anleitung nicht die einzelnen Arbeitsschritte für das Basteln einer Schultüte erklären soll. Im Mittelpunkt der Darstellung steht die Inspiration, die gestalterische Idee – den Bloggerinnen geht es um die Präsentation ihrer genau komponierten Design-Schultüte, aus der die Süßigkeiten in einem graphisch

---

36 Ästhetische Praxis bedeutet insbesondere auch, dass Alltagsdinge (hier Mutterschaft) aus ihrem gewohnten Kontext herausgenommen (de-kontextualisiert) werden und in einen fremden, irritierenden Kontext wiedereingesetzt (re-kontextualisiert) werden. Diese Praxis scheint der Konzeptkunst der Moderne entlehnt zu sein und ist grundlegend für die Arbeit heutiger Kreativschaffender (vgl. Reckwitz 2012: 111).
37 Siehe Fußnote 11.
38 Das oben genannte Zitat wird dabei auch in den Kontext der Bildmotive, der Bildsprache, des Sprachstils, der Themen sowie Interviews des Blogs eingebettet.
39 Grütering Isa/Kahnt Claudia (2015). Hauptstadtmutti bewegt. *Hauptstadtmutti*, veröffentlicht am 01.07.2015. Verfügbar unter: http://hauptstadtmutti.de/de/news/hauptstadtmutti-bewegt-unser-brandneuer-youtube-channel [24.05.2016].

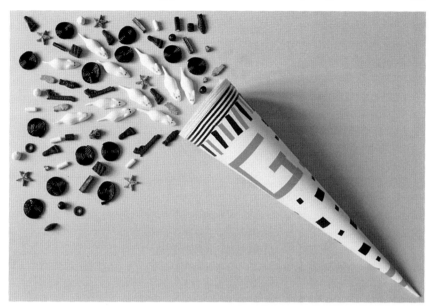

Abb. 2: Design-Schultüte in schwarz-weiß-pink mit Süßigkeiten (Quelle: hauptstadtmutti.de)

strukturierten Bild als gestalterische Elemente angeordnet werden (vgl. Abb. 2). Für dieses Arrangement wurde ein Bogen weißen Fotokartons zu einer Tütenform gedreht und mit schwarzen und neon-pinken Klebestreifen der Anfangsbuchstabe des Kindernamens groß auf die Zuckertüte geklebt. Hinzu kommen eine abstrakte Phantasieverzierung um die Öffnung der Tüte sowie schwarze Quadrate und Zahlen. Passend zum Tütendesign haben die Bloggerinnen Süßigkeiten ausgewählt, die farblich genauestens auf das Tütendesign abgestimmt wurden.

Im Vergleich zu den Schultüten der anderen Erstklässler_innen, die auf dem Blog bei der Einschulung auf einem Foto zu sehen sind, sticht das Modell der Bloggerinnen durch seinen nach ästhetischen Prinzipien durchdachten Charakter und seine konzeptionelle Gestaltungweise hervor, die jenseits einer Schultüte aus einem Kaufhaus zu verorten ist. Auch hier zeigt sich die ästhetische (Arbeits-)Leistung, wie in dem vorhergehenden Beispiel, in der Inszenierung des Besonderen. Die Inszenierung ist die Gesamtheit der Elemente, von der Praxis des Selbermachens über die ungewöhnliche farbliche und inhaltliche Komposition bis zum Entwurf eines auffallenden abstrakten Motivs. Alle Elemente sind eingebettet in den Kontext des Films, in die schnelle Musik, die lustigen Anmerkungen der Bloggerinnen und den raschen Bild- und Szenenwechsel. Das ästhetische Arrangement schafft eine kreative Sphäre, in der

Abb. 3:
Verschiedene Schultüten
am Einschulungstag
(Quelle: hauptstadtmutti.de)

Neuartiges produziert wird. Die Bloggerinnen treten dabei als Kreativproduzentinnen auf und „zielen im Kern auf Zeichen, Wahrnehmungs- und Affektreaktionen durch eine ästhetische Innovation ab" (Reckwitz 2012: 142). An dem Beispiel lassen sich auch die bereits erwähnten medienbasierten, gestalterischen, konzeptionellen und künstlerischen Grundkenntnisse der Bloggerinnen ablesen, auf deren Grundlage Inszenierungen und neuartige Produkte produziert werden, indem Effekte durch Verfremdung hergestellt werden.

Verschränkung von beruflichem und subjektivem Wissen

Wie anfangs erwähnt wurde, waren die Bloggerinnen vor ihrer Mutterschaft beide in einem kreativen Berufsfeld tätig. Mit Beginn ihrer Mutterschaft wurde das Arbeitswissen aus der Kreativarbeit mit dem Erfahrungswissen aus der Mutterschaft gekoppelt und zu einer Erwerbstätigkeit, dem Blog, formiert.

Diese Vereinbarkeitsstrategie betonen die *Macherinnen* des Blogs mehrfach in Interviews und ihrer Buchpublikation, wonach die Vernutzung beruflicher und subjektiver (mütterlicher) Vorkenntnisse und Qualifikationen die Selbstverwirklichung vom Wickeltisch aus[40] proklamiert wird. Durch ihre vorherige Tätigkeit im Kreativsektor bringen die Bloggerinnen soziales und kulturelles Kapital, gestalterische Kompetenzen, Kenntnisse über Trends im kreativen Milieu sowie die Generierung von Ideen und die technikbasierte Fähigkeit, ästhetische Produkte auf einem professionellem Niveau herzustellen, mit. Die vorhandenen Qualifikationen aus der Zeit der Arbeit in der Kreativbranche sind insofern eine Ressource[41], da die beiden Bloggerinnen dort gelernt haben, wie man routiniert ästhetische Objekte und daran gebundene ästhetische Wahrnehmungen hervorbringt (vgl. Reckwitz 2012: 25; Krämer 2014: 383) und sie vor allem auch in den Sequenzen eines Blogs passend inszeniert. Dazu setzen die Bloggerinnen auch ihr subjektives Wissen – ihre Erfahrungen vor und während der Mutterschaft – ein. Welche Fragen und Themen interessieren *Berliner Mütter*, mit welchen Problemen sind sie konfrontiert, was weckt das Interesse dieser Frauen? Um zu wissen, was Nutzer_innen des Blogs interessiert, durch welche Beiträge oder Gestaltung Aufmerksamkeit erzeugt werden kann, sind spezifische Insiderkenntnisse, ein milieuspezifisches Wissen erforderlich, das nicht jedem zugänglich und verständlich ist. Ein Thema wie „Kokos-Smoothie gegen Muskelkrämpfe in der Schwangerschaft"[42] tangiert vermutlich nicht jede Mutter und verdeutlicht, wie relevant für das Gelingen des Projektes „Mütter-Lifestyleblog" Kenntnisse über den Lebensstil des Zielpublikums sind.[43] In weiteren Forschungsetappen ist genauer zu verfolgen, welches Wissen über Stile, Trends oder *Schönheit* notwendig ist und wie mit diesem (subjektiven) Wissen operiert wird. Orientieren sich die Bloggerinnen beispielsweise an einer Ästhetik der klassischen Kunst mit ihren Vorstellungen einer bestimmten Gesetzmäßigkeit der Schönheit, Harmonie oder Ausgewogenheit, oder ist das Schöne, wie Reckwitz feststellt, zum

---

40 Vgl. Luberichs, Stefanie (2013). 7 Fragen an… Isa Grütering. *Himbeer Magazin*, verfügbar unter: http://himbeer-magazin.de/leben-mit-kindern/7-fragen-an/isa-grutering-hauptstadtmutti-bloggerin/ [25.04.2017].
41 Meine Untersuchungen haben gezeigt, dass Frauen, die Lebensstilblogs führen, bis auf wenige Ausnahmen vorher im Kreativsektor gearbeitet haben.
42 Grütering, Isa/Koch, Theresia (2017). Kokos-Smoothie gegen Muskelkrämpfe in der Schwangerschaft. *Hauptstadtmutti*, veröffentlicht am 30.03.2017. Verfügbar unter: https://hauptstadtmutti.de/kokos-smoothie-gegen-muskelkraempfe-in-der-schwangerschaft/ [04.04.2017].
43 Eine Kompetenz, die vor allem bei Frau Grütering aufgrund ihrer beruflichen Erfahrung als Artdirektorin vorhanden sein dürfte (Eine Befragung dazu ist in Planung).

Beispiel auch etwas Hässliches und wichtig ist in erster Linie sein Beachtungswert (vgl. Reckwitz 2012: 25)? Was wird als *alt* und was als *neu* eingestuft? Wie *daten* sich die Bloggerinnen diesbezüglich *up*? Wissensgrundlage der ästhetischen (Arbeits-)Praxis der Bloggerinnen scheint jedenfalls zu sein, innerhalb des Geschmacksspektrums der adressierten Stilgemeinschaft neue, überraschende Produkte herzustellen. Dass die Schultüte, die bei der Einschulung zwischen allen anderen Tüten an einer Leiter aufgehängt wurde, als schön in einem normativen Sinn empfunden wird, ist fraglich – dass sie auffällt hingegen, ist wohl anzunehmen.

Fazit

Der Blog „Hauptstadtmutti" ist eine selbsterzeugte Plattform und stellt die Arbeitsgrundlage dar, auf der die kreativen Praxen der Bloggerinnen inszeniert werden. Sämtliche Gegenstände, Menschen und Ereignisse werden an diesem virtuellen Ort *ausgestellt* und in den ästhetischen Rahmen des Blogs eingebettet. Diese ästhetische Rahmung bildet sich durch das Corporate Design, das gestalterische Gesamtkonzept des Blogs, „das die Persönlichkeit eines Unternehmens [hier des Blogs, Anm. PS] mit einem von innen nach außen heraustretenden Selbstverständnis, basierend auf einem Handlungskonzept für ein sichtbar gelebtes Wertesystem, kennzeichnet" (Stankowski 2002: 290). Der Blog ist demnach das Fundament der Bloggerinnen, um ästhetische Arbeitsleistungen sowie Inszenierungen durchzuführen.

Am Beispiel des Gründungstextes und der Schultüte sollte veranschaulicht werden, wie ästhetische Produktionsweisen der Bloggerinnen durchgeführt werden, inwieweit dabei auch von Arbeit oder Erwerbsmäßigkeit gesprochen werden kann und welches Wissen hierfür erforderlich ist. Folgende Ergebnisse lassen sich hierzu festhalten: Die ästhetische Praxis verdeutlicht sich exemplarisch dadurch, dass die Bloggerinnen im Kontext von Mutterschaft einen ungewöhnlichen Sprachstil benutzen – *Sexiness* und *Styling* als Zuschreibungen werden nicht in allen Kontexten mit Mutterschaft verbunden. Gemäß den analysierten Fallbeispielen liegt die kreative Praxis der Bloggerinnen darin, überkommene Vorstellungen von Mutterschaft zu exkludieren, indem mütterliches Tun in einen neuen, ungewohnten (Sprach-Bild-)Kontext gestellt wird. Nicht nur Gegenstände, wie die selbst gebastelte Schultüte, sondern auch Körper, Sprache, Bilder oder Ereignisse werden durch das Verfahren des Verfremdens ästhetisch bearbeitet und erfahren dadurch eine Inszenierung. Die spezifische Arbeitsleistung der Bloggerinnen ist dabei, „semiotische, affektorientierte, intellektuelle und mediale Kompetenzen zu vereinen" (vgl. Reckwitz

2013: 115) und dadurch neue Bild- und Bedeutungswelten zu produzieren. Charakteristisch für den Blog ist, dass kommerzielle Absichten und professionelle Kompetenzen der Bloggerinnen weitestgehend verschleiert werden (wie beispielsweise in den *Advertorials*). Im Vordergrund steht der persönliche, auf eigenen Erfahrungen basierende Rat von Müttern an Mütter, von der Wahl des Kinderwagens bis zum Styling für die Einschulung. Die Inszenierungsarbeit am *Gegenstand Mutterschaft* lohnt sich den Erkenntnissen zufolge jedoch, wie nicht zuletzt die vielen Werbespots und Verlinkungen zu Firmen auf diesem Blog zeigen. Prädestiniert für die Ausübung derartiger Praxen sind Menschen, die in Bezug zur Kreativindustrie stehen, die künstlerische Arbeitsweisen kennen und gelernt haben, routiniert Neues zu produzieren. Wie im Falle der Bloggerinnen lässt sich hier ein aus designbasierten Berufen herrührendes milieuspezifisches Wissen für die Kommodifizierung der eigenen Mutterschaft und deren Reinszenierung als hippe Lifestyle-Erfahrung nutzbar anwenden. Notwendig bei der Ausübung dieser Praxis ist die Generierung eines Publikums (Blogakteur_innen), das den ästhetischen Produzent_innen folgen kann und dem „künstlerischen Tun" des „spätmodernen" Künstlersubjekts (Reckwitz 2012: 115) Aufmerksamkeit schenkt.

Dass Mütter und Frauen Lifestyleblogs gründen und ihr subjektives Wissen in diesem Format in einen Erwerbskontext stellen, liegt wohl daran, dass der Anspruch der Vereinbarkeit von Arbeits- und Lebenszusammenhang sowie Reproduktionsinteressen große Relevanz (Nickel/Hüning/Frey 2008: 48) bei Frauen besitzen können. Lifestyleblogs bieten diesbezüglich die Möglichkeit, die eigene Subjektivität innerhalb der Arbeit auszudrücken, indem der zentrale Lebenszusammenhang zur Produktionsstätte gemacht wird. Für gewisse Mütter scheint Bloggen somit eine interessante Option zu sein, die Anforderung der Vereinbarkeit der Subjektivierung von Arbeit und Familie auszubalancieren. Hier wird meine weitere Analyse, auch auf der Basis biographischer Interviews mit den bloggenden Akteurinnen, ansetzen. Die Untersuchung soll weiter verfolgen, wie weit die Zurschaustellung des familialen Alltags den Logiken ästhetischer Praxen und eines ästhetischen Kapitalismus folgt, in dem die Vereinnahmung und Kommodifizierung subjektiven Wissens über Mutterschaft und vor allem auch professionelles Wissen aus den künstlerischen Berufen enthalten ist.

Literatur

Baethge, Martin (1991). Arbeit, Vergesellschaftung, Identität. Zur zunehmenden Subjektivierung der Arbeit. *Soziale Welt, 42,* 9–14.
Barthes, Roland (1981). *Das Reich der Zeichen.* Frankfurt am Main: Suhrkamp.
Beck, Klaus (2008). Neue Medien – alte Probleme? Blogs aus medien- und kommunikationsethischer Sicht. In Ansgar Zerfaß/Martin Welker/Jan Schmidt (Hrsg.), *Kommunikation, Partizipation und Wirkung im Social Web* (S. 62–77). Köln: Von Halem.
Böhme, Gernot (2013). *Atmosphäre. Essays zur neuen Ästhetik.* Berlin: Suhrkamp
Boltanski, Luc/Chiapello, Ève (2006). *Der neue Geist des Kapitalismus.* Konstanz: UVK.
Drucker, Peter F. (1993). *Die postkapitalistische Gesellschaft.* Düsseldorf u.a.: Econ.
Frey, Michael (2004). Ist der Arbeitskraftunternehmer weiblich? Subjektivierte Erwerbsorientierungen von Frauen in Prozessen betrieblicher Diskontinuität. *Arbeit, 13 (1),* 62–77.
Fischer-Lichte, Erika (2014). *Ästhetik des Performativen.* Frankfurt am Main: Suhrkamp
Geertz, Clifford (1987). *Dichte Beschreibung. Beiträge zum Verstehen kultureller Systeme.* Frankfurt am Main: Suhrkamp.
Götz, Irene (2015). Fordismus und Postfordismus als Leitvokabeln gesellschaftlichen Wandels. Zur Begriffsbildung in der sozial- und kulturwissenschaftlichen Arbeitsforschung. In dies. et al. (Hrsg.), *Europäische Ethnologie in München. Ein kulturwissenschaftlicher Reader* (Beiträge zur Volkskunde, Bd. 42). (S. 25–52). Münster u.a.: Waxmann.
Grütering, Isa/Rosales, Caroline (2013). *Mama muss die Welt retten. Wie Mütter vom Wickeltisch aus Karriere machen.* Berlin: Aufbau Verlag.
Krämer, Hannes (2014). *Die Praxis der Kreativität. Eine Ethnographie kreativer Arbeit.* Bielefeld: Transcript.
Koppetsch, Cornelia/Burkart, Günter (1999). *Die Illusion der Emanzipation. Zur Wirksamkeit latenter Geschlechtsnormen im Mileuvergleich.* Konstanz: Univ.-Verl. Konstanz.
Lazzarato, Maurizio (1998). *Umherschweifende Produzenten: immaterielle Arbeit und Subversion.* Berlin: ID-Verlag.
Leimgruber, Walter/Andris, Silke/Bischoff, Christine (2013). Visuelle Anthropologie: Bilder machen, analysieren, deuten und präsentieren. In Sabine Hess/Johannes Moser/Maria Schwertl (Hrsg.), *Europäisch-ethnologisches Forschen. Neue Methoden und Konzepte* (S. 247–283). Berlin: Reimer.
Manske, Alexandra (2005). WebWorker. Arrangements der Sphären im Spannungsfeld von Vereinnahmung und Ergänzung. In Karin Gottschall/G. Günter Voß (Hrsg.), *Entgrenzung von Arbeit und Leben. Zum Wandel der Beziehung von Erwerbstätigkeit und Privatsphäre im Alltag* (2. Aufl.). (S. 261–285). Mering/München: Rainer Hampp.
Meuser, Michael/Sackmann, Reinhold (1992). Zur Einführung: Deutungsmusteransatz und empirische Wissenssoziologie. In dies. (Hrsg.), *Analyse sozialer Deu-*

tungsmuster. Beiträge zur empirischen Wissenssoziologie (S. 9–37). Pfaffenweiler: Centaurus.

Nickel, Hildegard Maria/Hüning, Hasko/Frey, Michael (Hrsg.). (2008). *Subjektivierung, Verunsicherung, Eigensinn. Auf der Suche nach Gestaltungspotenzialen für eine neue Arbeits- und Geschlechterpolitik.* Berlin: Edition Sigma.

Panofsky, Erwin (1932). Zum Problem der Beschreibung und Inhaltsdeutung von Werken der Bildenden Kunst. *Logos, XXI,* 103ff.

Reckwitz, Andreas (2006). *Das hybride Subjekt. Eine Theorie der Subjektkulturen von der bürgerlichen Moderne zur Postmoderne.* Weilerswist: Velbrück.

Reckwitz, Andreas (2012). *Die Erfindung der Kreativität. Zum Prozess gesellschaftlicher Ästhetisierung.* Berlin: Suhrkamp.

Raunig, Gerald/Wuggenig, Ulf (Hrsg.). (2007). *Kritik der Kreativität.* Wien: Turia + Kant.

Spillmann, Peter/von Osten, Marion (2002). *Be Creative! – Der kreative Imperativ. Museum für Gestaltung.* Ausstellungskatalog. Zürich: Edition Museum für Gestaltung.

Schmidt, Jan/Paetzhold, Matthias/Wilbers, Martin (2006). *Stabilität und Dynamik von Webblog-Praktiken: Ergebnisse einer Nachbefragung zur „Wie ich blogge?!"-Umfrage.* Verfügbar unter: http://www.ssoar.info/ssoar/bitstream/handle/document/991/ssoar-2006-schmidt_et_al-stabilitat_und_dynamik_von_weblogpraktiken.pdf?sequence=1 [20.02.2017].

Schmidt, Petra (2010). *Total Quality Mutter. Mutterschaft aus der Perspektive Arbeit.* München: Utz.

Schütze, Yvonne (1986). *Die gute Mutter. Zur Geschichte des normativen Musters „Mutterliebe".* Bielefeld: Kleine.

Stankowski, Anton (2002). Das visuelle Erscheinungsbild der Corporate Identity. In Klaus Birkigt/Marinus M. Stadler/Hans Joachim Funck (Hrsg.), *Corporate Identity. Grundlagen, Funktionen, Fallbeispiele* (S. 191–224). Landsberg/Lech: Moderne Industrie.

Vinken, Barbara (2002). *Die deutsche Mutter. Der lange Schatten eines Mythos.* München: Pieper.

Voß, G. Günter (1991). *Lebensführung als Arbeit. Über die Autonomie der Person im Alltag der Gesellschaft.* Stuttgart: Enke.

Ästhetisierung der Arbeit im Museum

Lars K. Christensen
Arbeitsleben ausstellen
Ein Beispiel von musealer Inszenierung der Industriearbeit

Ästhetisierung der Arbeit ist ein Begriff, der die veränderten Arbeitsbedingungen in den westlichen Industriegesellschaften in den letzten Jahrzehnten bezeichnet. Stichworte zu diesen Veränderungen sind neue Formen von immateriellen Produkten, neue Formen der kreativen Arbeit, aber auch eine allgemeine Nachfrage nach ständiger Innovation in nahezu allen Bereichen der Produktion. Im soziologischen Diskurs wird von Kulturalisierung der Wirtschaft und des Alltags gesprochen. Demzufolge kommt die Ästhetik als analytisches Konzept nicht länger nur primär im Bereich der Kunst zum Einsatz, sondern auch in der Sozial- und Kulturwissenschaft im Allgemeinen (Reckwitz 2015).

Der Ausgangspunkt dieses Beitrags ist aber nicht die kulturelle Analyse der heutigen Arbeit, sondern wie wir als Kulturforscher_innen die Arbeit der Vergangenheit in der Gegenwart darstellen. Es geht zwar um Ästhetisierung der Arbeit, aber in erster Linie nicht in der spezifischen Bedeutung, wie sie oben beschrieben ist. Es geht vielmehr um Ästhetisierung im allgemeinen Sinn: die Bewertung von Objekten nach Konzepten von Schönheit und Hässlichkeit. Meist wird hierbei das Kunstmuseum als Beispiel für Ästhetisierung hervorgehoben.[1] Aber so wie Ästhetisierung in der Gesellschaft nicht nur dem Bereich der Kunst vorbehalten ist, so ist sie auch in der Museumswelt nicht nur den Kunstmuseen vorbehalten. Wenn ein kulturhistorisches Museum eine Ausstellung gestaltet, zum Beispiel über die Arbeit, wird auch eine im- oder explizite Ästhetisierung praktiziert, und zwar durch die genaue Auswahl von Objekten, ihre Inszenierung, die Bewertung in Texten und so weiter. Wie wird zum Beispiel die Praxis der Arbeit dargestellt? Als eine Aktivität, bei der man mit feinem Handwerkszeug in einer gemütlichen Werkstatt sorgfältig produziert? Oder rackert man sich mit riesigen Maschinen in dunklen Fabriken sinnlos ab? Bietet die museale Inszenierung den Besucher_innen ein nostalgisches Bild von schönem, altem Handwerk an – oder ein abstoßendes Bild von hässlicher, moderner Industriearbeit?

Das Museum hat gewiss kaum direkten Einfluss auf die wirtschaftlichen und strukturellen Ursachen, die zur Ästhetisierung der gegenwärtigen Arbeit

---

1 Vgl. zum Beispiel das Stichwort „Ästhetisierung" in Wikipedia. Verfügbar unter: https://de.wikipedia.org/wiki/ästhetisierung [31.01.2017].

führen. Aber so wie die Kunstmuseen die öffentliche Bewertung der Kunst ganz stark beeinflussen, so haben die kulturhistorischen Museen gewiss das Potenzial, die öffentliche Bewertung der Arbeit zu beeinflussen. Gerade vor dem Hintergrund der Kulturalisierung der Wirtschaft und der Ästhetisierung der Arbeit ist es wichtiger als je zuvor, dass die Museen sich mit der Kulturgeschichte von Arbeit und Produktion beschäftigen und dass sie diese Geschichte in bewusster Weise inszenieren.

Im Folgenden wird diese Herausforderung auf der Grundlage eines spezifischen Beispiels erläutert. Das Beispiel ist die Dauerausstellung *Ein Tag im Betrieb*, die einen Teil des Museums *Brede Werke – Museum Industriekultur* des Dänischen Nationalmuseums bildet. Erstens werden die Überlegungen der Kurator_innen, welches Bild von Industriearbeit man in der Ausstellung darstellen wollte, präsentiert. Zweitens geht es um die Mittel, zu denen man, auf der Grundlage dieser Überlegungen, bei der Inszenierung gegriffen hat. Und schließlich wird als drittes der Erfolg der Ausstellung, in sich selbst und in Relation zum aktuellen museologischen Diskurs, diskutiert.

Kulturgeschichte der Industriearbeit

Das moderne Museum gründet sich auf die Hoffnung, dass wir beim Umgang mit Objekten der Vergangenheit ein Verständnis von Kulturen bekommen können, von denen wir in Raum und Zeit getrennt sind. Aber eine andere, ebenso wichtige Triebkraft für die theoretische Grundlage moderner Museen war die Hoffnung, dass wenn wir in Relation zu dem Objekt treten – egal ob es in uns ein Gefühl von Identifikation oder von Entfremdung auslöst – wir auch an unserem Selbstbild arbeiten. Die Rolle des Museums ist eine doppelte: Es ist auf der einen Seite für das Verständnis der Vergangenheit geschaffen, aber auch für die Einschätzung unseres eigenen Lebens, in der Gegenwart und in der potenziellen Zukunft. Daher steht das Museum mit den Worten von Krzystof Pomian „an der Verwerfungslinie zwischen politischer Macht, Wissen und kollektiven Überzeugungen" (Pomian 1993: 18). Als Kurator_in muss man sich nicht nur über den Charakter der Vergangenheit, über die man sprechen will, im Klaren sein, sondern auch den Charakter der Gegenwart, in der man spricht, im Blick behalten.

Heute gibt es in der Öffentlichkeit zahlreiche Diskussionen über die Zukunft der Arbeit. Diskussionen, die häufig Aussagen über die Arbeit der Vergangenheit implizieren. Wenn zum Beispiel Begriffe wie post-industrielle oder post-fordistische Gesellschaft verwendet werden – entweder als Programm für die Zukunft oder als Feststellung einer Entwicklung, die angeblich schon stattgefunden hat –, dann werden auch Bilder von der bisherigen Arbeit produziert oder reproduziert. Bilder, die man eine Art von Re-ästhetisierung der Arbeit der Vergangenheit im Interesse einer Agenda für die Zukunft nennen kann.

Ein ganz buchstäbliches Beispiel ist das Bild, das wir alle aus „Moderne Zeiten" kennen, dem berühmten Film von Charlie Chaplin, in dem der Hauptcharakter als Industriearbeiter in den riesigen Zahnrädern einer Maschine gefangen ist. Hier wird die industrielle Arbeit als mechanisiert, eintönig und inhaltsleer dargestellt, und die Arbeiter_innen als Anhängsel der Maschine präsentiert, ganz entwöhnt von selbstständigem Denken und Handeln. „Moderne Zeiten" ist eine geniale Parodie auf die Fließbandarbeit, wie sie bei der *Ford Motor Company* in Detroit entwickelt und in den 1920er und 1930er Jahren praktiziert wurde (Nye 2013: 113). Doch wenn man dies als vollständiges und repräsentatives Bild der industriellen Arbeit versteht, dann irrt man sich.

Auch in Dänemark gab es in den 1920er Jahren Fließbänder in den Montagewerken von *Ford Motor Company* und *General Motors* in Kopenhagen. Aber selbst als die Rationalisierung in der dänischen Industrie sich in den 1930er Jahren ausbreitete und in den 1950er Jahren Alltag wurde, konnte man niemals die industrielle Arbeit als völlig taylorisiert oder fordistisch bezeichnen (Christensen 2014).

Einer der Gründe dafür ist wahrscheinlich strukturell bedingt: Es gibt relativ wenige große Unternehmen mit ausgeprägter Massenproduktion in Dänemark. Aber ein zweiter und ebenso wichtiger Grund ist, dass die dänischen Arbeiter_innen sich bereits sehr früh und – im internationalen Vergleich – in großer Zahl gewerkschaftlich organisierten. Durch Tarifverhandlungen und Kollektivverträge konnten die Industriearbeiter_innen in Dänemark einen relativ hohen formalen Einfluss auf ihre Arbeitssituation ausüben.

Hinzu kommt der informelle Einfluss. Im deutschen Kontext hat zum Beispiel Alf Lüdtke mit dem Begriff „Eigensinn" analysiert, wie die Fabrikarbeiter_innen sich ihren eigenen, informellen Raum für Selbstbestimmung in der Arbeit schaffen konnten (vgl. Lüdtke 1985). Andere haben darüber hinaus darauf hingewiesen, dass es im Arbeiter_innenkollektiv oft informelle Normen gibt, zum Beispiel darüber, welche Intensität der Arbeit als angemessen betrachtet wird.

In Skandinavien hat sich die Forschung zur Geschichte der industriellen Arbeit in den letzten zwanzig Jahren zunehmend auf kulturelle Aspekte kon-

Abb. 1: Textilarbeiterinnen in Ruben's Dampfweberei, Copenhagen 1890. Aquarell von Rasmus Christiansen (Das Dänische Nationalmuseum)

zentriert, um die Menschen als aktive Subjekte und nicht nur als passive Objekte der Produktionsverhältnisse darzustellen.²

Subjekte im eigenen Arbeitsleben

Einer dieser Menschen war Henriette Hansen. Henriette war Textilarbeiterin, und eine von mehr als zweitausend Personen, die mit ihren Erinnerungen an das eigene Arbeitsleben zur Sammlung von Industrie-, Handwerker- und Arbeiter_innenerinnerungen des Nationalmuseums Dänemarks beigetragen haben.

Sie wurde 1884 geboren und arbeitete schon in jungen Jahren als Dienstmädchen auf dem Land. Es war ein schweres und mühsames Leben und sie wünschte sich brennend etwas anderes. Im Jahr 1900 wurde sie dann in einer Textilfabrik beschäftigt. Das Anlernen war nicht umfassend, aber Henri-

---

2 Leider fehlt bisher, soweit mir bekannt ist, eine Übersicht in Deutsch oder Englisch über diese Forschung, die meist nur in einer skandinavischen Sprache publiziert wurde.

ette war ehrgeizig, und in ihren Memoiren beschreibt sie mit Stolz ihre Fortschritte:

> Die zwei Webstühle, bei denen ich arbeitete, waren die primitivsten, aber ich beobachtete den komplizierteren, denjenigen, mit dem man karierte und gemusterte Stoffe macht. Eines schönen Tages waren dann so ein paar Maschinen zur Verfügung, und ich fragte den Meister, ob ich bei ihnen arbeite könnte, um einen besseren Akkordlohn zu bekommen. Das durfte ich und so ging es vorwärts, bis ich gegenüber keiner Maschine in meinem Beruf fremd war.[3]

Der Bericht ist ein Hinweis darauf, dass eben eine ungelernte Textilarbeiterin, die sich ganz unten in der Hierarchie der industriellen Arbeit befand, nicht nur eine entfremdete Trägerin eines Arbeitsvermögens war. Im Gegenteil: Menschen wie sie waren engagiert in ihrem Beruf, sie hatten Träume und Ambitionen, persönlich und – wie an späterer Stelle in ihrem Bericht deutlich wird – auch im Hinblick auf ihre Klasse. Mit anderen Worten: Sie waren nicht nur Objekt der kapitalistischen Logik, sondern auch Subjekt im eigenen Arbeitsleben.

Auffällig in dem Bericht von Henriette Hansen ist, wie in den Berichten von vielen anderen Textilarbeiter_innen, dass der Weg in die Fabrik für sie ein Weg zu mehr Freiheit war. Industrielle Arbeit war nicht leicht und die Arbeitsbedingungen waren oft ungerecht. Aber es war besser bezahlt und unabhängiger als die Alternative: zum Beispiel das Leben als Landarbeiter_in oder Dienstmädchen. Vor allem für Frauen bot die Arbeit in der Textilindustrie eine Chance, finanzielle Unabhängigkeit von einem Mann zu erreichen.

Gewiss ist das Ziel der Arbeit in der kapitalistischen Produktionsweise in letzter Instanz Mehrwert zu produzieren. So war es für die Spinner_innen und Weber_innen in der Textilindustrie zu Anfang des 20. Jahrhunderts. So ist es übrigens auch für die Mitglieder der kreativen Klasse zu Anfang des 21. Jahrhunderts. Aus diesem Grund gibt es einen prinzipiellen Antagonismus zwischen Arbeiter_innen und Unternehmer_innen, der auch in der täglichen Praxis zu Konflikten führt. Aber damit ist längst nicht alles über die industrielle Arbeit gesagt. Denn gleichzeitig gibt es ein gemeinsames Interesse zwischen Arbeiter_in und Unternehmer_in an der Kontinuität der Produktion, die Grundlage für ihren Lebensunterhalt ist. Darum besteht die alltägliche Arbeit nicht nur aus Konflikten, sondern auch zum großen Teil aus Kooperation (Burawoy 1979: 77ff.).

---

3 Sammlung von Industrie-, Handwerker- und Arbeitererinnerungen des Nationalmuseums Dänemark (NIHA), acc. nr. 1507. Übersetzt aus dem Dänischen vom Autor.

Auch innerhalb der Kollektive der Arbeiter_innen gibt es komplexe soziale Beziehungen: auf der einen Seite eine von gemeinsamen Interessen geschaffene Solidarität zwischen Arbeitskolleg_innen, im Gegensatz zum Management. Auf der anderen Seite kommt es auch zu einer Identifikation mit dem Kollektiv, das oft die gesamte Produktion umfasst und nicht selten den Betrieb an sich darstellt. Diese und ähnliche Fragen haben wir als Kurator_innen des Nationalmuseums abgewogen und diskutiert, als wir die Planung des neuen Museums *Brede Werke* begonnen haben.

Ein Museum wird geplant

Brede Werke war ursprünglich eine Tuchfabrik, die 1831 gegründet wurde, 15 Kilometer nördlich von Kopenhagen. Rund um diesen Betrieb entstand eine kleine Gemeinde mit Wohnungen, Geschäften, Schule und Kindergarten – so wie man es in Deutschland als *Arbeitersiedlung* kennt. Die Textilfabrik wurde im Jahr 1956 geschlossen und – zusammen mit einigen der umliegenden Gebäude – von dem Nationalmuseum erworben (Tønsberg 2004).

Im Jahr 2009 wurde hier ein neues Museum zum Thema Industriekultur eröffnet. Das Museum besteht aus mehreren Ausstellungen, die verschiedene Aspekte des Themas darstellen und damit ein Museum in sich selbst bilden. Darum trägt es den Namen *Brede Werke – Museum für Industriekultur*. Die Schwerpunkte des Museums sind das tägliche Leben und die Arbeitswelt, aber auch Gesellschaft und Politik im Industriezeitalter.

Eine der Ausstellungen bietet eine Übersicht über Industriekultur in fünf Themen an: die Industrialisierung, die Fabrik, die Menschen, die Gesellschaft und die Zukunft. Dies ist im Grunde eine traditionelle Ausstellung mit Objekten, von denen die meisten in Vitrinen präsentiert werden, aber erweitert um eine digitale Ergänzung, mithilfe derer Besucher_innen ihre eigenen Positionen gegenüber der Industriegesellschaft interaktiv ausarbeiten und überprüfen können (Christensen 2015). Ein anderer Teil des Museums ist eine Installation von zwei Fließbändern, wobei die Besucher_innen die Arbeit in der Montageindustrie körperlich erleben können.

Dazwischen findet man unter dem Titel *Ein Tag im Betrieb* eine Ausstellung, die spezifisch dem sozialen und kulturellen Leben eines industriellen Arbeitsplatzes gewidmet ist. Diese Ausstellung dient also als Beispiel für die folgende Diskussion über Inszenierung der Industriearbeit im Rahmen eines Museums.

Abb. 2: Teil der Ausstellung „Ein Tag im Betrieb" (Foto: Lars K. Christensen. Das Dänische Nationalmuseum)

Bei der Planung jeder Ausstellung müssen natürlich die zukünftigen Benutzer_innen des Museums Ausgangspunkt und Ziel der Vermittlung sein. Diese besuchen die Ausstellung mit vielen heterogenen Ausgangspunkten und benutzen die Ausstellung in individueller, oft nicht vorherzusehender Weise. Das Paradoxe ist daher, dass gerade dann, wenn man etwas Kompliziertes vermitteln möchte, es oftmals nötig ist, die Darstellung zu vereinfachen und die Hauptpunkte ganz klar zu machen, um die Aufmerksamkeit der Besucher_innen zu gewinnen.

Deshalb hatten wir als Kurator_innen unser Verständnis von der Kulturgeschichte der Industriearbeit in drei allgemeinen Punkten oder Thesen formuliert – Punkte, die als Leitfaden für die Konzeption und Ausarbeitung der Ausstellung fungiert haben:
- Industriearbeit ist vielfältig. (Das heißt zum Beispiel: Ein Begriff wie Fordismus beschreibt nur einen Teil dieser Vielfältigkeit.)
- Die alltägliche Arbeit besteht aus Kooperation und aus Konflikt (und das eine schließt das andere nicht aus.)
- Menschen sind Subjekte in der Arbeit. (Dies wendet sich gegen die Auffassung von Industriearbeiter_innen als inaktiver Anhang der Maschine.)

Zusätzlich war es unser Ziel, die Ausstellung als eine offene, nicht lineare Erzählung zu präsentieren, die den Benutzer_innen die Möglichkeit gibt, ihre eigenen besonderen Interessen zu verfolgen und selbstständige Interpretationen anzustellen.

Da die Ausstellung in einer ehemaligen Tuchfabrik aufgebaut ist, und da Objekte aus der Textilindustrie in der Sammlung des Industriezeitalters im Nationalmuseum einen Schwerpunkt bilden, war es von Anfang an klar, dass das konkrete Objekt der Ausstellung die Arbeit in der Textilindustrie sein sollte. Die Exponate der Ausstellung sind daher eine Kardiermaschine, eine riesige Spinnmaschine, ein paar Webstühle und eine Rauhmaschine – alle übrigens in Deutschland hergestellt. Aber auch kleine Interieure wie der Konferenzraum der Direktion, das Büro der Webemeister, ein Teil der Kantine und kleine, informelle sogenannte *Puusen-Ecken* fanden ihren Weg in die Ausstellung. Die Maschinen und Interieurs stammen aus verschiedenen Quellen; sie bilden zusammen zwar keine konkrete Tuchfabrik, vermitteln aber einen guten Eindruck von einem typischen Betrieb der 1930er Jahre.

Die großen Maschinen mit ihren Triebriemen und Zahnrädern und den Gerüchen von Öl und Wolle sind faszinierende Objekte, aber sie sind still und stumm. Und was wir den Besucher_innen eigentlich zeigen wollen, sind ja nicht die Maschinen an sich, sondern all das, was rund um und zwischen den Maschinen vor sich ging – im sozialen und kulturellen Leben der Industriearbeiter_innen. Dazu bedienten wir uns aus unserer Sammlung an Erinnerungen von Industriearbeiter_innen, sowie ähnlichem Material aus anderen Sammlungen. Dadurch konnten wir einen direkten Eindruck vom textilindustriellen Alltag in der ersten Hälfte des vorigen Jahrhunderts vermitteln. Ausgehend von diesen Quellen haben wir dann beschlossen, als Schlüsselelement der Ausstellung eine filmische Inszenierung der Arbeit zu produzieren.

Film als Medium

Bei der Verwendung von Film als Medium in einer Museumsausstellung sind spezifische dramaturgische Bedingungen zu beachten. Die Benutzer_innen einer Ausstellung stehen nicht längere Zeit am gleichen Ort still, wie zum Beispiel im Kino. Die Filme müssen darum kurz sein und die Charaktere und die Erzählung schnell erfassbar. Wie konnte das mit unserem Wunsch, die Mannigfaltigkeit und Komplexität der industriellen Arbeit zu vermitteln, kombiniert werden?

Abb. 3: Szene aus dem interaktiven Film. Im Vordergrund das Spinnereimädchen, im Hintergrund der Meister (Bildschirmaufnahme: Oncotype)

Die Antwort war für uns, die ganze Geschichte sozusagen in eine Reihe von kurzen Filmen zu zerstreuen und dann die Benutzer_innen selbst wählen zu lassen, welche Filme, wie viele und in welcher Reihenfolge sie diese sehen wollen. Aus der Quantität der kurzen, unkomplizierten Filme soll eine neue Qualität in der Form eines vielfältigen Eindrucks der Geschichte bei den Benutzer_innen erstehen.

Um dies zu erreichen, brauchten wir professionelle dramaturgische Hilfe. In Zusammenarbeit mit einem Produktionsunternehmen, das Erfahrungen mit interaktiven Medien hat, entwickelten wir sechs Charaktere für unsere Filme. Sechs Personen, die nicht nur in Alter, Geschlecht und ihrem Platz in der Hierarchie des Betriebes, sondern auch in ihrer Persönlichkeit verschieden sind: von dem jungen Mädchen in der Spinnerei, das ambitioniert ist und gern etwas Neues probieren will, bis zum Direktor, der ambivalent dasteht zwischen den Anforderungen des Marktes nach steigender Produktivität und seiner eigenen Abneigung gegenüber Veränderung.

Diese Charaktere werden von professionellen Schauspieler_innen gespielt, die einem Drehbuch folgen, das von einem Dramaturgen geschrieben wurde und in das die Wünsche und Ideen des Kurators eingeflossen sind. Die Filme sind in kurzen Ausschnitten von ein bis zwei Minuten auf großen Bildschirmen an sechs verschiedenen Orten in der Ausstellung zu sehen. Am Eingang der Ausstellung wählen die Benutzer_innen erst mit Hilfe der Eintrittskarte – die man auch für interaktive Funktionen in den anderen Ausstellungen verwenden kann – einen der sechs Charaktere aus, dem sie durch die Ausstellung folgen möchten.

Wenn die Benutzer_innen zum Beispiel den Weber wählen, dann treffen sie natürlich den Weber an den Webstühlen, wo er über seine Arbeit und seine Gedanken dazu spricht. Aber an den fünf anderen Orten im Betrieb, wo die anderen Charaktere sozusagen *wohnen*, interagiert der Weber mit ihnen: mit dem Mädchen in der Spinnerei, mit dem Meister in seinem Büro, und so weiter. Wie diese Installation in der Praxis funktioniert, kann man in einem kurzen *YouTube*-Video sehen, das auch Beispiele aus den Filmen zeigt.[4]

Mit sechs verschiedenen Charakteren und sechs verschiedenen Film-Punkten in der Ausstellung sowie mit Intro- und Ausgangsstücken für jeden Punkt gibt es alles in allem 48 Filme von ein bis zwei Minuten, die zusammen also mehr als eine Stunde dauern. Davon wählen die Benutzer_innen durchschnittlich vielleicht acht bis zehn Minuten. Die Auswahl und die Reihenfolge von Abschnitten wählen sie, wie bereits beschrieben, ganz frei.

Auf diese Weise bekommen alle Benutzer_innen auch verschiedene Eindrücke von jedem Charakter im Film. Wir hoffen natürlich, dass die Benutzer_innen, die das Museum mit anderen besuchen, aber ihren eigenen individuellen Rundgang durch die Ausstellung durchlaufen, anschließend auch ihre Eindrücke miteinander diskutieren werden.

Vergangenheit in der Gegenwart

Die meisten Benutzer_innen, mit denen wir gesprochen haben, oder die in unser Gästebuch geschrieben haben, sind im Allgemeinen mit dieser Ausstellung zufrieden – nicht wenige sind sogar begeistert. Die Mehrheit bringt zum Ausdruck, dass sie die Themen interessant findet und dass die interaktiven Filme die Ausstellung lebendiger machen. Besonders wichtig ist doch, dass viele Besucher_innen sich auch Gedanken über den Inhalt gemacht haben. Allerdings gibt es noch ungenutztes Potenzial im Bereich der Museumspädagogik, zum Beispiel mit einem Programm für ältere Schüler_innen, in dem diese – mit Inspiration aus der Ausstellung – ihre eigenen Visionen über ein gutes Arbeitsleben artikulieren können.

---

4 Lone Jacoby: *Brede Værk* – „*En dag på fabrikken*" (mit englischen Untertiteln). Hochgeladen am 04.10.2012, Dauer 10:09 min. Verfügbar unter: https://www.youtube.com/watch?v=-qwOCzeJOMI [06.03.2016].

Es gibt auf der anderen Seite auch diejenigen, die nicht ganz zufrieden und zum Beispiel enttäuscht darüber sind, dass es nicht mehr Informationen zur Technik und zu den Maschinen gibt. Die unmittelbare Antwort darauf ist, dass dies nicht eine Ausstellung über Technologie ist, sondern über das soziale und kulturelle Leben eines Arbeitsplatzes. Und zuletzt gibt es auch Besucher_innen – meistens Kolleg_innen aus anderen Museen – die finden, dass wir die Objekte zu Requisiten in einer multimedialen Installation reduziert haben.

Allerdings sollte man sich daran erinnern, dass Inszenierung in der Welt der Museen kaum eine Neuheit ist. Dioramen, rekonstruierte Milieus und andere *natürliche* Ausstellungen haben eine Geschichte von mehr als einem Jahrhundert in der Museologie (Hein 1996: 276–279). Das erste Beispiel in Dänemark war die Bauernstube, die für die Kopenhagener Ausstellung von Kunst und Industrie im Jahre 1879 rekonstruiert worden war, von wo aus sie später im Nationalmuseum eingebunden wurde (Rasmussen 1979: 30–42). Viel später, ab 1966, war das Nationalmuseum bekannt für seine großen, hoch inszenierten Sonderausstellungen in Brede, genau an dem Standort der heutigen Ausstellung zur Industriekultur.

Ab etwa 1980 forderte die sogenannte „neue Museologie", dass die Museen mit sozialer Verantwortung für ihre Umwelt agieren sollten (McCall/Gray 2014). Etwa gleichzeitig entstanden die *Science Centers*, welche die Besucher_innen durch den Einsatz von *Hands-on-Displays* begeisterten, und damit auch die Museen beeinflussten. Und heute ist einer der präsentesten aktuellen museologischen Trends die Suche nach dem „participatory museum" (Simon 2010).

Aber die heutige Museumslandschaft ist – erfreulicherweise – nicht eindeutig. Es gibt manche Museen, die sich entweder durch Indifferenz oder ganz absichtlich auf traditionellere Ausstellungsformen konzentrieren. Und es gibt auch in der neueren Museologie diejenigen, die für eine erneute Aufmerksamkeit gegenüber dem Objekt per se argumentieren. Zum Beispiel gibt es den Ansatz eines phänomenologisch inspirierten Fokus auf die materiellen Charakteristika des Objekts, als Grundlage für seinen *Sinn* und seine ästhetische Wirkung (Dudley 2010: 2).

Ein enger Fokus auf das Objekt, im Zuge dessen man seine stofflichen und visuellen Besonderheiten hervorhebt, ist jedoch auch eine Form von Ästhetisierung – nur eben eine andere. Ob man als Kurator_in das Objekt in sich selbst darstellt oder als Teil einer Inszenierung – zum Beispiel mit Filmen – muss letztlich davon abhängen, welche Geschichte man erzählen möchte. Es ist schwer vorstellbar, wie man zum Beispiel die Gefühle und Bewertungen, die Henriette Hansen und ihre Kolleg_innen gegenüber ihrer Arbeit formuliert haben, allein durch Objekte darstellen kann.

Jede Museumsausstellung muss auf einer Analyse von Schwerpunkten der Vergangenheit, über die sie erzählen will, gegründet sein. Aber auch auf einem Verständnis davon, welche Auswirkungen diese Geschichte für die Gegenwart hat. Dies gilt insbesondere, wenn das Thema so aktuell ist, wie die Arbeit und ihre Zukunft. Insofern der Weg, den wir für die Inszenierung des Themas in dieser Ausstellung gewählt haben, zu einem reflektierten und nuancierten Bild der Industriearbeit bei den Besucher_innen beiträgt, haben wir unser Ziel erreicht.

Der Autor dankt Annette Allerheiligen für die sprachliche Revision dieses Textes.

Literatur

Burawoy, Michael (1979). *Manufacturing Consent: Changes in the Labor Process Under Monopoly Capitalism*. Chicago: University of Chicago Press.

Christensen, Lars Kjølhede (2015). „So who do you think you are?" Besucher im Dilemma. In Leo von Stieglitz/Thomas Brune (Hrsg.), *Hin und her – Dialoge in Museen zur Alltagskultur* (S. 73–84). Bielefeld: Transcript Verlag.

Christensen, Lars Kjølhede (2014). Between Denmark and Detroit: Unionized Labour at Ford Motor Company, Copenhagen, 1919–1939. *Labor History, 55 (3)*, 326–345.

Dudley, Sarah H. (2010). Museum Materialities: Objects, Sense and Feeling. In dies. (Hrsg.), *Museum Materialities: Objects, Engagements, Interpretations* (S. 1–18). London: Routledge.

Hein, Hilde (1996). The Art of Displaying Science: Museum Exhibitions. In Alfred I. Tauber (Hrsg.), *The Elusive Synthesis: Aesthetics and Science* (S. 267–288). Dordrecht: Kluwer Academic Publishers.

Lüdtke, Alf (1985). Organizational Order or „Eigensinn"? Workers' Privacy and Workers' Politics in Imperial Germany. In Sean Wilentz (Hrsg.), *Rites of Power: Symbolism, Ritual and Politics since The Middle Ages* (S. 303–333). Philadelphia: Penn Press.

McCall, Vikki/Gray, Clive (2014). Museums and the ‚New Museology': Theory, Practice and Organisational Change. *Museum Management and Curatorship, 29 (1)*, 19–35.

Nye, David E. (2013). *America's Assembly Line*. Cambridge, MA: MIT Press.

Pomian, Krzystof (1993). Museet: Europas kvintessens. *Den jyske Historiker, 64*, 11–18.

Reckwitz, Andreas (2015). Ästhetik und Gesellschaft – ein Analytischer Bezugsrahmen. In ders./Sophia Prinz/Hilmar Schäfer (Hrsg), *Ästhetik und Gesellschaft*.

Grundlagentexte aus Soziologie und Kulturwissenschaften (S. 13-52). Berlin: Suhrkamp.
Rasmussen, Holger (1979). *Bernhard Olsen: Virke og Værker* (mit deutscher Zusammenfassung). København: Nationalmuseet.
Simon, Nina (2010). *The Participatory Museum*. Santa Cruz, CA: Museum 2.0.
Tønsberg, Jeppe (2004). *Brede Klædefabrik. I.C. Modeweg & Søn A/S 1810-1956. Den danske klædeindustri i international belysning*. Århus: Erhvervsarkivets Forskningsfond.

Bernd Holtwick
Annäherung durch Verfremdung
Ästhetisierung der Arbeitswelt als Mittel kritischer Reflexion in der DASA Arbeitswelt Ausstellung

Zu einer angemessenen Analyse der Ästhetisierung der Arbeitswelt gehört es, solche Ästhetisierungsprozesse zu untersuchen, die sich nicht direkt auf die Arbeitswelt beziehen, aber damit in Wechselwirkung stehen. Das gilt für das Ausstellungswesen ganz allgemein, das sich als „ästhetischer Apparat" begreifen lässt, der „auf die Hervorbringung und Rezeption ästhetischer Ereignisse ausgerichtet" ist (Reckwitz 2012: 47f.). Das Ausstellungswesen ist sowohl treibende Kraft „großflächiger Ästhetisierungsprozesse" (Reckwitz 2012: 47) als auch selber diesen Prozessen unterworfen, da die Besucher_innen ständig neue ästhetische Eindrücke erwarten und die Ausstellungen an den eigenen – ständig wachsenden – ästhetischen Erfahrungen messen. In einer Gesellschaft, in der „die dynamische Produktion und die Rezeption von Neuem, und zwar von Neuem als ästhetisches Ereignis" (Reckwitz 2012: 17) zum Kreativitätsdispositiv geronnen sind, sind diesem auch Ausstellungen ausgesetzt.

Da der Besuch einer Ausstellung in der Regel auf Freiwilligkeit beruht, muss sie besondere Anreize bieten, denn es kostet Zeit und Geld, sie sich anzusehen. Die Museen stehen so einerseits unter dem Druck, ständig neue ästhetische Reize zu liefern, andererseits setzen sie damit wiederum Maßstäbe, an denen sich die Ästhetisierung der Arbeitswelt orientiert.

Die Produktion von „ästhetischen Ereignissen" ist sicherlich nicht völlig zu trennen von den jeweiligen musealen Exponaten – Kunstwerke werden von den Besucher_innen eher im Hinblick auf ihre ästhetische Dimension betrachtet als Überreste von Industriebetrieben. Außerdem pflegen Museen unterschiedliche Stile in ihren Ausstellungen, bei denen mehr oder weniger Wert auf ästhetische Wirkung gelegt wird.

Aber ganz unabhängig von beidem, dem Exponatbestand und dem Ausstellungsstil, ist der reine Akt des Ausstellens, das Arrangements von Objekten im Raum zum Zweck der Besichtigung, immer schon ein Akt der Ästhetisierung. Gottfried Korff formuliert prägnant: „Das Museum bebildert nicht; es ist Bild" (Korff 1999: 332). Noch präziser auf die Dreidimensionalität von Ausstellungen hin spricht Michael Belcher von „exhibitions as an art form" und sieht sie dabei vor allem als begehbare Skulpturen (Belcher 1991: 41).

Im Idealfall verfolgen die Museen dabei eine reflektierte und zielgerichtete Strategie, um die ästhetische Wahrnehmung des Publikums zu beeinflussen. Sie beginnt mit dem bewussten Auswählen und Zusammenrücken von Objekten (Fayet 2007: 19), kann auch Elemente einsetzen, wie sie aus der Bühnenbildnerei vertraut sind und bis zum Einsatz von akustischen, taktilen, vestibulären oder olfaktorischen Reizen gehen. Grundsätzlich ist eine zielgerichtete Raumgestaltung nicht neu, sie wird aber seit den 1980er Jahren sehr viel intensiver diskutiert. Dabei hat sich der Begriff der Szenographie etabliert. Er „meint die künstlerische Interpretation und szenische Umsetzung von Inhalten" (Kaiser 2006: 37).

Was genau die Ausstellungsszenographie erreichen will und kann, ist Gegenstand langer Diskussionen. Konsens besteht darüber, dass Ausstellungen ihre Objekte in einen neuen Kontext setzen, der sich von ihrer ursprünglichen Verwendung komplett unterscheidet.[1] Insofern enthalten sie immer schon ein Element der Verfremdung – Objekte werden in für sie fremde Zusammenhänge gestellt –, das geeignet ist, die Besucher_innen emotional zu berühren oder zumindest ihre Aufmerksamkeit zu erregen.

Szenographie zielt generell darauf, Informationen nicht, zumindest aber nicht nur mit Texten zu vermitteln, sondern durch die „sinnliche Wahrnehmung" der Objekte und des Raumes (Kaiser 2006: 49). Entsprechende Sorgfalt und Kreativität werden auf das Arrangement der Objekte, den Einsatz von audiovisuellen Medien und die architektonische und graphische Gestaltung des Raumes verwendet. Die Szenographie trägt dadurch maßgeblich zur „museum experience" der Besucher_innen bei – vor allem indem sie die physische Dimension des *Museumserlebnisses* prägt. John Falk und Lynn Dierking analysieren in ihrem lerntheoretischen Ansatz darüber hinaus noch dessen „persönlichen" und den „soziokulturellen Kontext" (vgl. Falk/Dierking 2000; Falk/Dierking 2013).

Ziel des vorliegenden Beitrags ist weder eine theoretische Debatte noch eine theoriebasierte empirische Analyse. Es geht vielmehr darum, einen Einblick in die Strategie und Praxis eines Ausstellungshauses zu geben, das einerseits die Ästhetisierung der Arbeitswelt in Rechnung stellen muss, andererseits selber Anteil daran nimmt – also Objekt und Subjekt der Ästhetisierung in einem ist. Im konkreten Fall der DASA ist der Bezug zur Arbeitswelt bereits durch das Ausstellungsthema gegeben: Die (moderne) Arbeitswelt. Aufgabe der DASA ist es „die Öffentlichkeit über die Arbeitswelt, ihren Stellenwert für

---

1 Das gilt selbst dann, wenn eine Ausstellung explizit die Rekonstruktion einer vergangenen Realität anstrebt, da die Vergangenheit niemals vollständig wiederherstellbar ist (vgl. den Typus der „Rekonstruktiven Raumbilder", Kaiser 2006: 40–43).

Individuum und Gesellschaft sowie über die Bedeutung menschengerechter Gestaltung der Arbeit aufzuklären".[2]

Diese thematische Festlegung hat Folgen für die Motivation der Besucher_innen: Geht man davon aus, dass einem Ausstellungsbesuch eine Kosten-Nutzen-Kalkulation zugrunde liegt und dass Menschen Museen betreten, um der „work-a-day world" zu entkommen (Falk/Dierking 2013: 42, 46), dann bietet die DASA in dieser Hinsicht zumindest nur einen sehr beschränkten Nutzen.[3] Der Kern der DASA-Ausstellung ist etwas, das die weitaus meisten Menschen ohnehin täglich erfahren und damit möglicherweise als wenig attraktiv für einen Besuch in der Freizeit bewerten: die Erwerbsarbeit.

Gleichzeitig stellt sich die DASA hier als eine Institution dar, deren Auftrag die Ausstellung und damit notwendigerweise die Ästhetisierung der heutigen Arbeitswelt ist. Insofern mag das, was in der DASA eher als Marketingproblem erscheint, durchaus geeignet sein, auch weitergehende Einsichten für die Theorie der Ästhetisierung der Arbeitswelt zu liefern.

Museale Strategien der Ästhetisierung

Ästhetisierung und Alltäglichkeit

Wenn schon die moderne Erwerbsarbeit allgemein nur beschränkt geeignet erscheint, zu einem Besuch zu motivieren, dann spitzt sich die Problematik in einigen Bereichen der gegenwärtigen Arbeitswelt noch zu. Das gilt auch und gerade für die Büroarbeit. Das Thema an sich erscheint durchaus relevant, denn Büroarbeit betrifft einen Großteil aller Arbeitenden. Seit mehr als 100 Jahren wächst der Dienstleistungssektor kontinuierlich, und zu einem wesentlichen Teil sind es eben Verwaltungs- und Management-Tätigkeiten, die dafür verantwortlich sind (vgl. Edgell 2012: 119; Ditt 2015: 252ff.; Saval 2014: 156). Das bedeutet aber gleichzeitig, dass die meisten beim Thema der Büroarbeit nichts *Neues* mehr erwarten und für vermeintlich Alltägliches nicht auch noch ihre Freizeit verwenden wollen.

---

2 Erlass der Bundesministerin für Arbeit und Soziales über die Bundesanstalt für Arbeitsschutz und Arbeitsmedizin vom 27. Juni 2013, in: Bundesanzeiger Amtlicher Teil vom 17.07.2013 B2.

3 Besuchsmotivationen resultieren sicher nicht nur aus der Suche nach dem Neuen, genauer: nach einer Varianz des bereits Bekannten (Falk/Dierking 2013: 108), sondern aus vielfältigen und komplexen Faktoren (vgl. ebd., 45f.), deren Erforschung ein Desiderat darstellt.

Hinzu kommt, dass das eigentliche Arbeitsgeschehen, vor allem die Verarbeitung von Informationen – sei es in Gesprächen und Verhandlungen, sei es im Rahmen der elektronischen Datenverarbeitung – kaum sichtbare Spuren hinterlässt, die auszustellen wären (Hauser 2005: 152f.). Ob viel erreicht wurde, ob es große Misserfolge gab, all das ist am Arbeitsplatz nicht ablesbar – ja nicht einmal, ob überhaupt gearbeitet wurde, oder ob die Zeit mit angeregten Gesprächen und geselligem Kaffeetrinken verbracht wurde. Insofern stehen die Produkte der Arbeit für eine Ästhetisierung hier nicht zur Verfügung. Es bietet sich lediglich der Arbeitsort, das Büro mit seiner Möblierung und technischen Ausstattung an.

Setzt man voraus, dass Büroarbeitsplätze allgemein bekannt sind und von ihnen kaum jemand Überraschendes und Außeralltägliches erwartet, bleiben nur wenige Strategien, diese im Museum *zum Thema* zu machen. Dazu gehören der historische Kontrast und die Verfremdung, die sich beide auch als Formen der Ästhetisierung begreifen lassen und deren Umsetzung immer auch eine zentrale ästhetische Dimension umfasst.

Ästhetisierung als historischer Kontrast

Die meisten Besucher_innen der DASA beginnen ihren Rundgang durch die Dauerausstellung in einer der beiden historisch geprägten Ausstellungseinheiten. Beide stehen durch diese geschichtliche Ausrichtung zunächst einmal im Kontrast zum Anspruch der DASA, sich mit der modernen Arbeitswelt zu beschäftigen. Die DASA steht ganz eindeutig in der Tradition didaktischer Ausstellungen und definiert sich nicht vorrangig als Museum, das seinen Objekten verpflichtet ist (vgl. Poser 1998; Kilger/Zumdick 1993). Ebenso wenig befindet sich die Ausstellung an einem historischen und authentischen Ort, wie das für die Industriemuseen gilt. Damit erübrigen sich alle Ansprüche, Identität durch Erinnerung zu konstituieren oder den Verlust einer industriell geprägten Lebens- und Arbeitswelt zu kompensieren. Die Dauerausstellung in der DASA ist erkennbar und absichtsvoll inszeniert sowie komponiert und setzt auch ganz selbstverständlich auf das Staunen als „angemessene Rezeptionsform" und auf die „spielerische Aneignung" von Themen durch die Besucher_innen (vgl. Hauser 2005: 152, 158f.). Die Berührungspunkte mit der Arbeitsweise von *Science Centern* sind daher vielfältig, wobei die DASA beansprucht, das praktische Ausprobieren sowohl durch „Geschichten erzählen-

Abb. 1: Das „Kontor" in der Ausstellungseinheit „Im Takt der Maschine" (Foto: Andreas Wahlbrink)

de Objekte" als auch szenografische Raumgestaltung zu ergänzen (Herrmann 2015: 5f.; Fehlhammer 2005: 163; Kilger 2005: 198ff.).[4]

Beim konkret zunächst hier zu behandelnden Ausstellungsbereich steht allerdings der historische Kontrast zur Gegenwart im Vordergrund: „Geschichte tritt hier [...] als Provokation auf" (Kilger/Zumdick 1993: 53). Der nördliche Eingang leitet hinein in die Ausstellungseinheit mit dem Titel „Im Takt der Maschine". Sie führt anhand von Maschinen und Fertigungsprozessen der Textilindustrie in zentrale Problematiken der menschengerechten Gestaltung der Arbeitswelt früher und heute ein. Etwas verborgen, hinter einem größeren Raum, in dem Webmaschinen stehen und vorgeführt werden, liegt das sogenannte „Kontor".

Das Objektarrangement auf dem Schreibtisch erinnert an eine Arbeitssituation. Auch die Ausstattung des Büroraums besteht aus historischen Objekten. Gleichzeitig ist allein durch die Gestaltung der Rückwand deutlich signalisiert, dass hier Authentizität weder beabsichtigt noch beansprucht wird.

---

4 Commandeur/Gottfried/Schmidt trennen Industrie- und Technikmuseen von Science-Centern, weil sich die ersteren mit der Geschichte beschäftigen, die letzteren dagegen nicht (2007: 46–50). Die DASA wird als gewissermaßen eigene Kategorie geführt, weil sie sich sowohl Vergangenes als auch Zukünftiges behandele.

Abb. 2: Nordseite des „Redakteursbüros" in der Ausstellungseinheit „Im Wettlauf der neuesten Nachrichten"

Abb. 3: Südseite des „Redakteursbüros"

Besucher_innen, die durch den südlichen Eingang in die Dauerausstellung gehen, treffen auf einen vergleichbaren szenografischen Ansatz. Sie erreichen die Ausstellungseinheit „Im Wettlauf der neuesten Nachrichten", durchschreiten dort zum Beispiel ein Arrangement historischer Druckerpressen oder eine Setzerei und gelangen dann in das sogenannte *Redakteursbüro*.

Im direkten Vergleich zum Kontor liegen auf dem Schreibtisch im *Redakteursbüro* nur sehr wenige Objekte. Der Grund ist einfach: Beim Kontor verhindert eine Gaze-Bespannung den Zugang. Im anderen Fall können die Besucher_innen nicht nur an den Tisch herantreten, sondern sie sollen sogar Platz nehmen und die ausgestellte Schreibmaschine oder andere Objekte ausprobieren. Die Zahl der dort platzierten Gerätschaften ist außerdem reduziert, um den Aufwand für die Instandhaltung nicht unnötig zu erhöhen.

In beiden Beispielen sind unterschiedliche Zeitebenen zusammengeführt. Im Kontor leisten das aber nur die Portraitfotos an der Rückseite, die aus verschiedenen Zeiten stammen. Deren jeweilige zeitliche Zuordnung dürfte aber nur von sehr gut informierten Besucher_innen zu leisten sein. Im *Redakteursbüro* kontrastiert dagegen ein Großfoto aus den 1980er Jahren sehr plakativ einen Schreibtisch und dessen Inventar aus den 1950er Jahren. In beiden Fällen sind auch, wie dargelegt, historische Objekte arrangiert. Diese erheben, ganz parallel, weder den Anspruch, besonders *authentisch* zu sein, noch fügen sie sich zu einem *originalgetreuen* Abbild historischer Arbeitssituationen zusammen.

Die szenografischen Büro-Arrangements erfüllen zum einen didaktische Aufgaben innerhalb der Ausstellungseinheiten, in die sie eingebettet sind. Dort markieren sie zum Beispiel die Unterschiede zwischen verschiedenen Tätigkeiten und zwischen den verschiedenen Ebenen einer Firmenhierarchie. Zum anderen ist es im Gesamtgefüge der DASA eine zentrale Aufgabe, die Differenz zur Gegenwart herauszustellen.

Dieser präzise Ansatz nimmt in Kauf, dass Anderes ausgeblendet wird. So bleiben beispielsweise viele historische Aspekte außen vor, wie zum Beispiel die Entwicklung der Angestelltenschaft oder die Frage, inwieweit Büroarbeit von Männern oder Frauen übernommen wurde. Außerdem wird die *Gegenwart* hier als bekannt vorausgesetzt und an diesem Punkt nicht gesondert thematisiert. Damit geht die Ausstellung ein gewisses Risiko ein, diejenigen zu überfordern, denen die aktuelle Büroarbeit nicht vertraut ist. Denn erst wer heutige Büros kennt, wird die Besonderheiten eines historischen *Kontors* benennen können.

Ästhetisierung als Verzerrung

Egal welchen der beiden Hauptwege in die Dauerausstellung die Besucher_innen wählen, sie passieren in jedem Fall eine der dargestellten historischen Bürosituationen. Danach erreichen sie auf beiden Routen zwangsläufig die Ausstellungseinheit „Am Bildschirm", die sich auf die moderne Büroarbeit konzentriert. Der südliche Weg führt nach dem „Redakteursbüro" zu einem sehr prägnanten Objekt, das im Rahmen der Ästhetisierungsstrategien der DASA einen wichtigen Platz einnimmt: das „größte Notebook der Welt".

Abb. 4: Riesen-Notebook am südlichen Zugang zur Ausstellungseinheit „Am Bildschirm"

Die Verfremdung ist klar: Nichts könnte einem Notebook fremder sein als Größe. Sie konterkariert alles, wofür ein tragbarer Computer steht, wie Leichtigkeit, Verfügbarkeit und Beweglichkeit – ganz zu schweigen von ergonomischer Bedienbarkeit. All diese Aspekte treten ex negativo direkt ins Blickfeld der Besucher_innen. Gleichzeitig liefert die Vergrößerung einen Impuls, um zum Beispiel den gleichfalls überdimensionierten Trackball auszuprobieren und auf dem Großmonitor Filme über Büroarbeit zu starten.[5]

---

5 „Während sich die Hersteller um immer kleinere Notebooks bemühen, kann sich die DASA rühmen, im Besitz des größten Notebooks der Welt zu sein. Verortet in

Das einzelne überdimensionale Objekt steht als pars pro toto und motiviert direkt, sich mit den großen Fragen der Arbeitsgestaltung auseinanderzusetzen. Die geradezu groteske Verzerrung eines Objekts erfüllt eine Funktion, die an anderer Stelle historische und *authentische* Exponate übernehmen: Sie irritiert und befremdet, um dadurch eine „intensive Auseinandersetzung" auszulösen, die wiederum „als Startpunkt für Bildungsprozesse" fungiert (Herrmann 2015: 16).

Ästhetisierung als Idealisierung

Bei der Neugestaltung eines Konstruktionsbüros wurde ein dritter Weg der Ästhetisierung beschritten. Der betreffende Bereich liegt ebenfalls innerhalb der Ausstellungseinheit „Am Bildschirm", ungefähr 30 Meter nördlich vom Riesen-Notebook und in einer direkten Sichtverbindung dazu. Beim Blick in den Bereich „Konstruktionsbüro" entdecken die Besucher_innen zunächst ein so genanntes „künstliches Erfahrungsobjekt", das als „Zwangshaltung" tituliert wird. Diese künstlichen Erfahrungsobjekte stellen eine Besonderheit der DASA dar. Ihnen liegt das Konzept der handlungsorientierten Vermittlung von Ausstellungsinhalten zugrunde (Kaiser 2006: 119ff.). Sie sollen den Besucher_innen Arbeitsschutzschwerpunkte wie zum Beispiel Stress, Lärm oder Zwangshaltungen sinnlich erfahrbar machen, indem sie entsprechende „eigene Körpererfahrungen" (Müller-Kuhlmann 1993: 33) ermöglichen. Im Fußboden der Ausstellungsräume finden sich kleine Bronzeplatten, welche die künstlichen Erfahrungsobjekte grafisch zitieren, um die Besucher_innen auf jeweils wichtigen Arbeitsschutzaspekte aufmerksam zu machen (vgl. Kilger/Zumdick 1993: 12ff.).

Auffällig sind zwei menschliche Silhouetten, einmal vorn sitzend in der „Zwangshaltung", dann hinten mit ausgestreckten Armen stehend (Abb. 4). Der Ausschnitt im vorderen Objekt ist so groß, dass Besucher_innen darin Platz nehmen können. Sie finden sich dann eingesperrt in einer Form, die ihren Blick auf einen Bildschirm direkt vor ihnen fixiert und die Hände auf die

---

der Ausstellung ‚Am Bildschirm' ist es allerdings mehr als ein bloßer Gag. Vielmehr reiht sich dieses Exponat in die Reihe anderer spektakulärer Exponate ein, die dazu dienen, die Aufmerksamkeit der Besucher zu erregen. Solchermaßen neugierig gemacht, so die didaktische ‚Stoßrichtung' der DASA, steigt die Bereitschaft der Besucher, sich intensiver auf ein Thema einzulassen. Das Riesennotebook funktioniert z.B. als ‚Aufhänger' für Fragestellungen rund um die Ergonomie, also die Anpassung der Arbeitsmittel an menschliche Bedürfnisse und Fähigkeiten." DASA Moderatorenhandbuch, Manuskript in der Version vom 19.12.2016, 14.

Abb. 5: „Konstruktionsbüro" im nördlichen Teil der Ausstellungseinheit „Am Bildschirm" (Foto: Hannes Woidich)

Abb. 6:
Silhouetten im „Konstruktionsbüro"
(Umbauphase)

Schreibhaltung mit einer Tastatur festlegt. Das löst nicht unbedingt ein klaustrophobisches Gefühl aus, aber man spürt den Wunsch, daraus auszubrechen. Und genau das spielt dann gewissermaßen die zweite Silhouette durch.

Bei dem rundlichen weißen Objekt im Hintergrund vor dem Fenster (Abb. 5) handelt sich um eine sogenannte *Napshell* – wörtlich übersetzt eine Muschel fürs Nickerchen – ein Möbelstück, das zur Entspannung dient. Die Decke des Raums ist erleuchtet mit LEDs, die verschiedene Lichtsituationen erzeugen können, die dem Tageslicht draußen sehr ähnlich sind. Dahinter steht der Befund, dass Licht mit hohen Blauwerten morgens aktivierend wirkt, abends dagegen Rottöne entspannen und den Schlaf vorbereiten können. Der Effekt ist erstaunlich, vor allem, wenn man einen Tageszyklus in etwa zehn Minuten an sich vorbeiziehen lässt.

In gewisser Weise sehen die Besucher_innen vor sich ein Ideal-Büro, das störungs- und belastungsfreies Arbeiten optimal unterstützt. Auch hier ist die Differenz zur Normalität der Gegenwart konstitutiv. Sie löst nicht unbedingt einen „Chock" (Benjamin 1991b: 528), einen Moment der *Irritation* im Sinne Walter Benjamins aus, einen Moment des *Staunens* vielleicht aber schon. „Verdummend würde jede Anschauung wirken, der das Moment der Überraschung fehlt" (Benjamin 1991a: 556). Dabei geht es nicht um die Irritation als Selbstzweck, sondern darum, Lernprozesse anzustoßen. Dieses Lernen ist nicht mit einem einfachen Reiz-Reaktions-Modell zu beschreiben, wonach den Besucher_innen ein Thema präsentiert wird und sie möglichst viel von den gebotenen Informationen behalten sollen. Angemessener ist es, Ausstellungen als Angebote zu begreifen, die jeweils ganz individuell genutzt werden. Das Lernen ist dann die Auseinandersetzung mit diesen Angeboten und die Verknüpfung von Informationen mit den jeweiligen Interessen, Erwartungen und Vorkenntnissen. „Most of the time what we learn about are things that we almost already know" (Falk/Dierking 2000: 150). Besonders hilfreich ist es dazu, wenn die Irritation zur Interaktion von Besucher_innen untereinander – zum Beispiel im Familienverband – führt, sodass etwa ein Gespräch entsteht.

Ziel der Gestaltung ist es im hier behandelten konkreten Fall, dass die Besucher_innen den Büro-Arbeitsplatz einer Konstrukteurin, eines Konstrukteurs zumindest als bemerkenswert empfinden, besser sogar noch überrascht reagieren – und als nächstes genauer hinschauen. Ganz wesentlich für das Lernen in Ausstellungen ist auch die Interaktion der Besucher_innen untereinander, welche die Qualität einer „learning conversation" annehmen kann: „When visitors talk about what they have seen, remembered, and explored, they are learning" (Rosenthal/Blankman-Hetrick 2002: 306). Im Idealfall wäre die weitere Reaktion dann eine Stellungnahme zu dem Büro und seinem Interieur, wie zum Beispiel: Wo gibt es wohl so was? Die sollten mal mein Büro sehen! Welche Chefin, welcher Chef gibt wohl so viel aus für seine Leute? Das braucht doch keiner! Bei all diesen Äußerungen steht die Tür weit offen, um eine Reflektion über das zu beginnen, was eigentlich eine menschengerechte Büro-Arbeitswelt ausmacht. Es gibt sicher auch Reaktionen von Besucher_innen, die keinen Bildschirm-Arbeitsplatz haben und aus der Außensicht die Büroarbeit kommentieren. Das wird in Kauf genommen, aber an dieser Stelle nicht eigens thematisiert.

Die Ästhetisierung wird zielgerichtet eingesetzt, um die Besucher_innen aus dem Modus des kontemplativen Schauens herauszuholen und zur Stellungnahme zu provozieren. Das kann auch ganz wörtlich und körperlich verstanden werden – etwa in der „Zwangshaltung". Eine Stellungnahme wäre es auch, die Bestandteile des Büros einmal praktisch auszuprobieren.

Auch mit diesem szenografischen Ansatz ist eine deutliche Beschränkung der Vermittlungsansprüche verbunden. Die Bürosituation informiert nicht darüber, welche Belastungen sich aus Termindruck, internen Konflikten, der Umstellung auf neue Software und dergleichen ergeben können. Sie gibt keinen Eindruck von der psychischen Belastung, die aus der Arbeit auch in einem *schönen* Büro erwachsen kann. Immerhin haben die Besucher_innen durchaus die Chance, dieses Manko zu bemerken und zu thematisieren – zumal der Ausstellungsbereich direkt gegenüber dem Konstruktionsbüro sich mit dem Thema „Stress" befasst.

Dazu kommt als besondere Herausforderung, dass mit dem Bedeutungsgewinn des Dienstleistungsbereichs allgemein und der Wissensarbeit (zum Begriff vgl. Hofmann 2012; allgemeiner Koch/Warneken 2012) im Besonderen die eigentlichen Tätigkeiten und Arbeitsergebnisse sinnlich immer weniger erfahrbar und damit auch in Ausstellungen vermittelbar werden: In dem Maße, wie Kommunikation an Bedeutung gewinnt und konkrete Produktion aus dem Fokus gerät, wird die Darstellbarkeit von Arbeit – und damit auch von Problemen oder kritischen Perspektiven – an sich zu einer wachsenden Herausforderung für Ausstellungsmacher_innen. Gerade in dem idealisierten Büro sieht man nur andeutungsweise, was eigentlich das Ergebnis der ganzen Arbeit ist. Dass hier etwas konstruiert wird, erschließt sich nur beim genaueren Hinsehen. Insofern bedeutet die Ästhetisierung auch die Verstellung bestimmter Erkenntnismöglichkeiten – allerdings hier durchaus reflektiert und bewusst in Kauf genommen.

Ästhetisierung als Synthese disparater Zusammenhänge

Aus Sicht der Vermittlungsleistung der Ausstellung bestand bisher das Hauptproblem darin, dass die behandelten Arbeitssituationen zu alltäglich, zu vertraut schienen und deshalb eine Auseinandersetzung der Besucher_innen nur schwer erreicht beziehungsweise überhaupt angestoßen werden konnte. In ausgestellten Arbeitszusammenhängen, die für die meisten unzugänglich, darum unbekannt und womöglich eher exotisch erscheinen, liegt die Problematik deutlich anders, wie sich an der Ausstellungseinheit „Jede Menge Spannung" darlegen lässt.

Die Herausforderung besteht erstens darin, die Bedeutung von Elektrizität für Arbeit und Haushalt zu zeigen. Zweitens soll ins Blickfeld gerückt werden, wie vielfältig die Arbeitsplätze im Sektor der Energieversorgung sind und wie unterschiedlich sich die Frage nach der menschengerechten Gestaltung jeweils stellt. Drittens schließlich geht es darum, die jeweils wichtigen Problemfelder in den einzelnen Arbeitsfeldern auch anschaulich werden zu lassen. Der große Raum bietet die Chance, aber auch die zusätzliche Herausforderung, alles in einem einzigen Raumbild zu vereinen. Die Aufgabenstellung ist also in gewisser Weise noch deutlich komplexer als im Falle des Konstruktionsbüros.

Eine relevante Problemstellung aus dem Arbeitsalltag an einem Steuerstand ist die Vigilanz, also die Aufnahme- und Reaktionsbereitschaft bei selten auftretenden Ereignissen. Das Personal in einer Leitwarte muss damit umgehen, dass über längere Zeit gar nichts passiert, im Alarmfall aber trotzdem schnell und richtig reagieren. Alltagsweltlich und aus der Sicht der Besucher_innen ist die Arbeitszeit für die betreffenden Personen im Wesentlichen durch Monotonie und Langeweile gekennzeichnet. Wie präsentiert man nun Langeweile unterhaltsam und wie kann dabei präsent gehalten werden, dass trotzdem Handlungsbereitschaft erforderlich ist? Die DASA hat eine Lösung in Gestalt eines Films gefunden, der in einer Endlosschleife läuft. Zu sehen ist jeweils ein Auge, das ein wenig hin- und herschaut und gelegentlich blinzelt. Dabei werden in die Pupille Bilder und Symbole eingeblendet, die auf die Messinstrumente des Steuerstandes verweisen. Ziel ist es, damit Monotonie und Schauanreize auszubalancieren, so dass Besucher_innen motiviert werden, länger zuzuschauen, sich näher mit den angebotenen Objekten und Texten zu befassen und in eine Interaktion untereinander einzutreten. Eine solche Ausstellungsstrategie legen nicht zuletzt die Befunde aus nordamerikanischen Studien nahe: „Learning from the museum appeared to be primarily

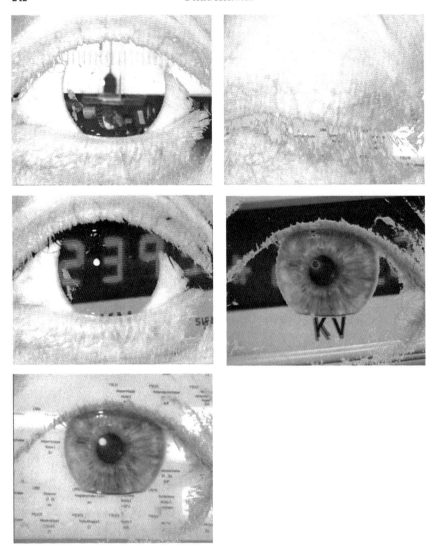

Abb. 7: Filmstills (Video: Markus Roth)

an interactive, creative process that took place through social interaction with one's companions" (Falk/Dierking 2013: 150).

Die Ausstellungseinheit rückt gleichzeitig die vielfältigen Arbeitsbereiche rund um die Energieversorgung ins Blickfeld. Das geschieht, indem einige wesentliche Berufsfelder anhand von Objekten, an denen oder mit denen jeweils gearbeitet wird, gestalterisch zusammengeführt werden.

Abb. 8: Blick nach Süden in der Ausstellungseinheit „Jede Menge Spannung" (Foto: Andreas Wahlbrink)

An der Südwand der Ausstellungseinheit, hinter der Leitwarte eines Kohlekraftwerks (im Bild links), erhebt sich ein Hochspannungsmast. Stromleitungen führen quer durch den Raum, an denen wiederum Wartungskörbe hängen. Im Hintergrund vor dem hohen Fenster liegt der Läufer einer Dampfturbine. Über der Szene scheint rechts ein Helikopter zu schweben, wie er zu Inspektionsflügen dicht entlang von Hochspannungsleitungen verwendet wird. Schon räumlich verdichten sich hier ganz unterschiedliche – und durchaus unvereinbare – Tätigkeitsbereiche, was eine Chance in der Vermittlung bietet, wenn etwa bei begleiteten Rundgängen oder im Rahmen von Vorführungen auf unterschiedliche Arbeitsfelder in der Energiewirtschaft eingegangen werden kann.[6]

Diese verdichtende Ästhetisierung erlaubt es auch, den Blick von den technischen Details zu lösen: Die Ausstellungseinheit erklärt nicht, wie man Strom transformiert, welche verschiedenen Energiequellen es für die Stromerzeugung gibt oder auch, welche Folgen die Abschaltung der Kernkraftwerke und der Zugewinn an Wind- und Solarenergie nach sich zieht. Es gibt zwar auch Detailinformationen, diese sind aber nicht dominant, sondern geradezu verborgen. Dazu passt, dass der Raum dazu einlädt, sich einen Gesamt-

---

6 Die „personale Vermittlung" gehört zentral zum didaktischen Gesamtkonzept der DASA, vgl. Kilger 1990: 111.

Abb. 9: Blick aus dem Obergeschoss in die Ausstellungseinheit „Jede Menge Spannung"

überblick zu verschaffen, insofern man ihn vom ersten Obergeschoss aus noch einmal betreten und von hier aus komplett überschauen kann. Dabei wird dann auch das Bodengemälde verständlich, das sich den Besucher_innen im Erdgeschoss kaum erschließen kann. Erst aus der Entfernung fügt sich aus dem Schwarz-Weiß-Muster eine Landschaft mit Häusern zusammen.

Dafür ist aber auch über den Verzicht auf technische Einzelheiten hinaus ein Preis zu zahlen, denn die gravierenden Unterschiede zwischen den einzelnen Berufen in der Energiewirtschaft, Bildungsniveaus, Hierarchien, Sicherheit des Arbeitsplatzes oder auch abweichende gesundheitliche Gefährdungen werden genauso wenig sichtbar wie die jeweils durchaus eigenständige Ästhetik der Berufe und ihrer jeweiligen Arbeitswelt. Alles fügt sich in eine harmonisierende Gesamtszenerie. Im Blickpunkt stehen dabei technische Objekte, Soziales bleibt außen vor, einzelne Menschen bilden gewissermaßen nur Leerstellen im Raum. Gezeigt wird der physische Platz, an dem die Arbeitenden sitzen müssten – er bleibt aber leer.

Die Besucher_innen können dann diese Arbeitsplätze buchstäblich besetzen, am Instrumententisch der Leitwarte Platz nehmen und sich in die Situation hinein imaginieren. Dies wird noch dadurch unterstützt, dass die

Aufsichten im Raum einen Störfall mit Alarmton simulieren können. Das Publikum erkennt dabei nicht, wer den Alarm auslöst und reagiert entsprechend überrascht – vor allem, wenn die Aufforderung adressiert wird, nun auch richtig zu reagieren.

Diese komplexe gestalterische Lösung erscheint als angemessen für die Aufgabenstellung – sie impliziert aber auch ein deutlich breiteres Spektrum von Rezeptionsmöglichkeiten bei den Besucher_innen als dies in den Bürosituationen der Fall war. Die große Halle beeindruckt zweifellos und lässt sich auch ganz unkritisch als *schön* genießen, ohne dass daraus unmittelbar Impulse für eigene Arbeitssituationen resultieren. Insofern ist die Frage durchaus offen, inwieweit die Besucher_innen durch die Ästhetisierung zu einer kritischen Reflexion motiviert werden.

Museale Ästhetik und Arbeitswelt-Ästhetik

Die Ästhetisierungsstrategien der DASA zielen in erster Linie auf die Vermittlungsfunktion der Ausstellung ab. Die Szenografie orientiert sich aber nicht nur an dieser Zielsetzung, sondern stets auch an der Ästhetik der realen Arbeitssituationen, die sie zum Gegenstand nimmt. Der optische Vergleich zwischen DASA-Szenografie und einer fotorealistischen Darstellung erscheint geradezu frappierend.

Abb. 10: H.D. Tylle, Schaltzentrale am Hochofen, Öl auf Leinwand 1986

Abb. 11: Leitwarte in der Ausstellungseinheit „Jede Menge Spannung" (Foto: Hannes Woidich, Ausschnitt)

Das Öl-Gemälde Hans Dieter Tylles (vgl. Gercke/Türk 2012) zeigt einen Leitstand, von dem aus in diesem Fall die Stahlproduktion überwacht wird. Das verwendete Farbspektrum erscheint für eine solche Szenerie vertraut. Kalte Farbtöne dominieren: das Grün der Rückwand, das Grau des Schreibtisches und der Monitore, die Kleidung schwarz und weiß. Warme Rottöne finden sich nur sehr punktuell, konkret in einem Balkendiagramm auf dem zweiten Monitor von links und in der davor arrangierten Absperrkette. Dabei ist zu betonen, dass es sich hierbei um eine sehr eigenständige Ästhetik handelt. Andreas Reckwitz würde in diesem Zusammenhang nicht von einer Ästhetisierung der Arbeitswelt sprechen, aber auch in dieser Arbeitswelt manifestieren sich ästhetische Maßstäbe. Die Farbe der Wände ist nicht einfach das Resultat technischer oder anderer Zwänge, sondern zumindest als ein *passender* und im Kontext seiner Verwendung wohl auch *schöner* Ton gewählt. Die Anordnung der Instrumente folgt einem durchaus auch als ästhetisch zu bezeichnenden Ordnungsschema mit strengen, geraden Linienführungen, ganz gleichartigen Beschriftungen und Größenschemata. Die DASA zeigt im Zusammenhang des Themas *Energie* einen ganz ähnlichen Arbeitsplatz – dessen museale Ästhetisierung Elemente und Objekte aus der realen Arbeitswelt zentral mit einbezieht.

Abb. 12:
Experimentierfeld zur Elektrizität
(Foto: Harald Hoffmann)

Die DASA-Ästhetik setzt sich davon aber deutlich ab. Dies gilt sowohl im Detail, wie auch in der Gesamtszenographie. So läuft beispielsweise auf den Monitoren der oben beschriebene Film, der sich in einer realen Leitwarte nicht findet. Der hallenartige Gesamtraum arrangiert zwar authentische Objekte, stellt sie aber – auch durch die Korrespondenz untereinander – in einen völlig neuen und künstlichen, eben musealen Zusammenhang.

Die bewusste Abwendung von der technisch-nüchternen Arbeitswelt der Energiewirtschaft wird noch klarer, wenn der Blick in einen Raum fällt, der an der Westseite der Ausstellungseinheit liegt. In diesem „Experimentierfeld zur Elektrizität" werden einige elektrische Phänomene vorgeführt und erklärt. Sieht man einmal von der bläulichen und damit eher kalten Farbgebung ab, erinnert nichts an großtechnische oder industrielle Zusammenhänge. Insofern lässt sich die szenografische Vorgehensweise in diesem Kontext auch als Re- oder Neu-Ästhetisierung bezeichnen, da sie die vorgefundene Ästhetik aufnimmt – bis hin zur Verwendung von originalen Objekten –, sie aber überformt und so neu gestaltet.

Das szenographische Ergebnis weicht deutlich ab von der Ästhetik derjenigen, die selbst in der Energiewirtschaft arbeiten. Kraftwerksangestellte würden sich wohl viel eher in der Ästhetik von Hans Dieter Tylle wiederfinden: kühl, nüchtern, technisch orientiert und weitgehend ohne alle schmückenden oder dekorativen Objekte oder Ornamente.[7] Kreativität wird wohl eher mit der Suche nach Lösungen für technische, gegebenenfalls auch für betriebswirtschaftliche Probleme in Zusammenhang gebracht. Attraktiv an den Berufen wäre in der Selbstbeschreibung wohl nicht, wie die Arbeitsstellen aussehen, sondern dass man Teil einer Hightech-Branche ist und die Zukunft – zumindest technisch – mitgestaltet. Ästhetische Kategorien erscheinen demgegenüber als deutlich nachrangig und wären wohl kaum Element einer Selbstbeschreibung.

Das sieht deutlich anders aus bei den modernen und auf ästhetische Repräsentation angelegten Büro-Arbeitsräumen etwa der Firma *Google*.[8] Die Problematik für die DASA besteht nicht in erster Linie darin, inwieweit solche Darstellungen überhaupt die Alltagsrealität der großen Mehrheit der Beschäftigten – selbst bei *Google* – wiedergeben. Vielmehr setzen allein die Bilder, die ja auch massiv verbreitet werden, Maßstäbe für die Ästhetisierung der Arbeit, die eine Ausstellung nicht einfach ignorieren kann. Solche Vor-Bilder erscheinen geeignet, die Erwartungen an einen idealen Arbeitsplatz zu beeinflussen. Dabei verraten die publizierten Ansichten fast nichts selbst über einfache Fragen der Ergonomie oder – *horribile dictu* – Arbeitsstättenverordnung. Sie wirken trotzdem stilbildend und erfordern erhebliche Anstrengungen, um sie so zu überbieten, dass die Ausstellungsszenographie einen echten Betrachtungsanreiz bietet.

Gleichzeitig ändern sich die Moden der Büroeinrichtung in schneller Folge, was wiederum die DASA in die Pflicht nimmt, ihre Ausstellung zu überprüfen. Sind die ausgestellten Büro-Situationen noch attraktiv oder erscheinen sie bereits veraltet? Wird aus Besucher_innensicht verständlich, warum bestimmte – auf den ersten Blick doch so ästhetisch wirkende – Einrichtungsgegenstände nicht in die Ausstellung mit aufgenommen wurden? Die Ästhetisie-

---

7 Interessant ist in diesem Zusammenhang die Ausstellung der EnBW mit Fotografien Mona Breedes von Mitarbeiter_innen des Energieunternehmens an den jeweiligen Arbeitsorten, verfügbar unter: http://www.monabreede.de/ausstellungen/enbw-ansicht-1.html [03.06.2016]; Katalog dazu: Breede 2016.
8 Vgl. Meyer-Wellmann, Jens (2013). Das Kreativ-Geheimnis hinter den Google-Mauern. *WeltN24*, veröffentlicht am 30.03.2013. Verfügbar unter: http://www.welt.de/regionales/hamburg/article114854448/das-kreativ-geheimnis-hinter-den-google-mauern.html [03.06.2016]; im Vergleich mehrere Firmen: Budde, Lars (2015). Die 20 schönsten Büroräume der Tech-Welt. *t3n digital pioneers*, veröffentlicht am 26.06.2015 Verfügbar unter: http://t3n.de/news/15-schonsten-buroraume-tech-welt-425239/ [03.06.2016].

Abb. 13: Google-Konferenzraum, 16.07.2011, Marcin Wichary (Quelle: https://commons.wikimedia.org/wiki/File:GoogleConferenceDoodle.jpg)

rung der Arbeitswelt befindet sich in einem ständigen Umbruch und erfordert die dauernde Beobachtung durch ein Ausstellungshaus, das auf die Gegenwart fokussiert ist und womöglich sogar zukünftige Trends erfassen will.

Schlussbemerkungen

Über die konkreten Beispiele hinausgehend lässt sich sagen: Überall, wo die Arbeitswelt dargestellt wird, handelt es sich um eine Ästhetisierung, ob gewollt oder nicht. Das gilt für historische Zusammenhänge genauso wie für die Auseinandersetzung mit der Gegenwart. Es stellt sich dabei allerdings die Frage, ob die jeweils gewählte Darstellung angemessen ist. Um sie zu beantworten, müssen die Maßstäbe definiert werden: Geht es um die authentische Nachbildung der Realität – und welchem Zweck soll diese dienen? Oder geht es um andere Lerninhalte – und wie werden diese vermittelt? Werden die Ziele erreicht, und welche möglicherweise nicht beabsichtigten Effekte verbinden sich mit der gewählten Darstellung?

Die DASA stellt die heutige Arbeitswelt ins Zentrum. Sie beansprucht, die Aufmerksamkeit auf die menschengerechte Gestaltung der Arbeit zu lenken.

Um das zu erreichen, ist ein doppeltes Ziel erforderlich: Die Besucher_innen müssen sich für die moderne Arbeitswelt interessieren und sie müssen die bestehenden Bedingungen im Hinblick auf mögliche Verbesserung kritisch betrachten. Beides ist nicht selbstverständlich. Die museale Ästhetisierung der Arbeitswelt bietet hierfür ein nicht zu unterschätzendes Potenzial – aber sie stößt auch deutlich an Grenzen.

Literatur

Belcher, Michael (1991). *Exhibitions in Museums*. Leicester: Leicester University Press.
Benjamin, Walter (1991a). Bekränzter Eingang. Zur Ausstellung „Gesunde Nerven" im Gesundheitshaus Kreuzberg. In ders. (Hrsg.), *Gesammelte Schriften, Bd. 4* (S. 557–561). Frankfurt am Main: Suhrkamp.
Benjamin, Walter (1991b). Jahrmarkt des Essens. Epilog zur Berliner Ernährungsausstellung. In ders. (Hrsg.), *Gesammelte Schriften, Bd. 4* (S. 527–532). Frankfurt am Main: Suhrkamp.
Breede, Mona (2016). *Menschenbilder – Arbeitswelten: ein Fotoprojekt bei der EnBW*. Karlsruhe: EnBW Service.
Commandeur, Beatrix/Gottfried, Claudia/Schmidt, Martin (2007). *Industrie- und Technikmuseen. Historisches Lernen mit Zeugnissen der Industrialisierung*. Schwalbach/Ts: Wochenschau.
Ditt, Karl (2015). Aufstiege und Niedergänge: Sektoren, Branchen und Räume der Wirtschaft. In Karl Ditt/Bernd Walter (Hrsg.), *Westfalen in der Moderne 1815–2015. Geschichte einer Region* (S. 235–267). Münster: Aschendorff.
Edgell, Stephen (2012). *The Sociology of Work. Continuity and Change in Paid and Unpaid Work*. London u.a.: Sage Publications.
Falk, John Howard/Dierking, Lynn Diane (2000). *Learning from Museums. Visitor Experiences and the Making of Meaning*. Walnut Creek, CA u.a.: Rowman & Littlefield.
Falk, John Howard/Dierking, Lynn Diane (2013). *The Museum Experience Revisited*. Walnut Creek, CA: Routledge.
Fayet, Roger (2007). Das Vokabular der Dinge. *Österreichische Zeitschrift für Geschichtswissenschaft, 18*, 7–31.
Fehlhammer, Wolf Peter (2005). Science Center: Irrläufer der Edutainment-Welle oder Herausforderung für die Industrie- und Technikmuseen? In Hartmut John/Ira Mazzoni (Hrsg.), *Industrie- und Technikmuseen im Wandel. Perspektiven und Standortbestimmungen* (S. 163–172). Bielefeld: Transcript.
Gercke, Peter/Türk, Klaus (2012). *H.D. Tylle. Retrospective. His Muse is Modern Industry*. Fuldatal: Libelli.
Hauser, Susanne (2005). Anmerkungen zum Industriemuseum. In Hartmut John/Ira Mazzoni (Hrsg.), *Industrie- und Technikmuseen im Wandel. Perspektiven und Standortbestimmungen* (S. 145–161). Bielefeld: Transcript.

Herrmann, Nadine (2015). *Wissenschaftsvermittlung im Museum. Untersuchung motivationaler und kognitiver Prozesse an einer Medienstation über Molekülmodelle*. München: mediaTUM.

Hofmann, Josephine (2012). Zukunftsmodelle der Arbeit. In Bernhard Badura et al. (Hrsg.), *Fehlzeiten-Report 2012. Gesundheit in der flexiblen Arbeitswelt: Chancen nutzen – Risiken minimieren* (S. 89–95). Berlin/Heidelberg: Springer.

Kaiser, Brigitte (2006). *Inszenierung und Erlebnis in kulturhistorischen Ausstellungen. Museale Kommunikation in kunstpädagogischer Perspektive*. Bielefeld: Transcript.

Kilger, Gerhard (1990). *Bundesanstalt für Arbeitsschutz. Deutsche Arbeitsschutzausstellung. Gesamtkonzeption März 1990*.

Kilger, Gerhard (2005). Das Vermittlungskonzept der Deutschen Arbeitsschutzausstellung (DASA). In Hartmut John/Ira Mazzoni (Hrsg.), *Industrie- und Technikmuseen im Wandel. Perspektiven und Standortbestimmungen* (S. 187–200). Bielefeld: Transcript.

Kilger, Gerhard/Zumdick, Ulrich (1993). Überblick und Leitmotive. In dies. (Hrsg.), *Mensch, Arbeit, Technik. Katalog zur Deutschen Arbeitsschutzausstellung* (S. 12–21). Köln: Rheinland-Verlag.

Koch, Gertraud/Warneken, Bernd Jürgen (Hrsg.). (2012). *Wissensarbeit und Arbeitswissen. Zur Ethnografie des kognitiven Kapitalismus*. Frankfurt am Main u.a.: Campus.

Korff, Gottfried (1999). Bildwelt Ausstellung. Die Darstellung von Geschichte im Museum. In Ulrich Borsdorff/Heinrich Theodor Grütter (Hrsg.), *Orte der Erinnerung. Denkmal, Gedenkstätte, Museum* (S. 319–335). Frankfurt am Main: Campus.

Müller-Kuhlmann, Wolfgang (1993). Konzeptionelle Identität und Ausstellungsstruktur. Zur Funktion der Ausstellungsgestaltung. In Gerhard Kilger/Ulrich Zumdick (Hrsg.), *Mensch, Arbeit, Technik. Katalog zur Deutschen Arbeitsschutzausstellung* (S. 30–37). Köln: Rheinland-Verlag.

Poser, Stefan (1998). *Museum der Gefahren. Die gesellschaftliche Bedeutung der Sicherheitstechnik. Das Beispiel der Hygiene-Ausstellungen und Museen für Arbeitsschutz in Wien, Berlin und Dresden um die Jahrhundertwende* (Cottbuser Studien zur Geschichte von Technik, Arbeit und Umwelt, Bd. 3). Münster u.a.: Waxmann.

Reckwitz, Andreas (2012). *Die Erfindung der Kreativität. Prozesse gesellschaftlicher Ästhetisierung*. Frankfurt am Main: Suhrkamp.

Rosenthal, Ellen/Blankman-Hetrick, Jane (2002). Conversations Across Time. Family Learning in a Living History Museum. In Gaea Leinhardt/Kevin Crowley/Karen Knutson (Hrsg.), *Learning Conversations in Museums* (S. 305–330). Mahwah, NJ: Lawrence Erlbaum Associates.

Saval, Nikil (2014). *Cubed. A Secret History of the Workplace*. New York: Anchor Books.

Zumdick, Ulrich (1993). Geschichte als Methode. Zur Funktion historischer Darstellungen in der DASA. In Gerhard Kilger/Ulrich Zumdick (Hrsg.), *Mensch,*

Arbeit, Technik. Katalog zur Deutschen Arbeitsschutzausstellung (S. 46–53). Köln: Rheinland-Verlag.

Jochem Putsch
Wenn die Arbeit ausgeht, kommt sie ins Museum?

„Wenn die Arbeit ausgeht, kommt sie ins Museum." Mit dieser Formulierung betitelte Gernot Krankenhagen, der Gründungsdirektor des *Museums der Arbeit* 1985 einen Beitrag, in dem er die Konzeption des in Hamburg neu entstehenden Museums skizzierte (Geschichtsdidaktik 10/1986). Damit war der ambitionierte Anspruch formuliert, den sich die meisten der in Abgrenzung von den traditionellen Technikmuseen aufkommenden Industriemuseen – dem Paradigmenwechsel in den Geschichtswissenschaften folgend – auf die Fahnen geschrieben hatten. Im Kern ging es um das Interesse an Geschichte von unten, an den Lebensbedingungen und an der Arbeit. Bis dahin war Arbeit – vielleicht abgesehen von der Präsentation des Handwerks etwa in den Freilichtmuseen – ein weitgehend blinder Fleck nicht nur in der Geschichtsdidaktik, sondern auch in den Museen. Es schien so, als hätten die Menschen in der Vergangenheit nur gelegentlich gearbeitet. Nicht zuletzt in der Absicht, die Institution Museum aus dem Elfenbeinturm herauszuführen und für neue Besucher_innengruppen zu popularisieren, kultivierten die neuen Industriemuseen den Erlebnis- und Unterhaltungswert. Sie kündigten sich mit dem Anspruch an, besonders *besucherfreundlich*, *lebendig* und *zum Anfassen* zu sein. Hierbei spielte die Kategorie *Arbeit* eine zentrale Rolle. Symptomatisch war das Versprechen des *Museums der Arbeit*, „einen hautnahen Eindruck von der Arbeitswelt seit der Mitte des letzten [19.] Jahrhunderts" (Schneider 1988: 2) zu vermitteln. Der Anspruch, kulturelle Mehrdimensionalität sichtbar zu machen, wurde mit dem Begriff der Industriekultur deutlich gemacht. Gemäß der Einsicht, dass der Anblick einer Sammlung von Uhren „noch kein Verständnis für die Zeit, in der sie schlugen" (Hermann Glaser) bewirkt, bemühten sich die Museen der Arbeit um Kontextualisierung. Das Projekt der Industriekultur war interdisziplinär angelegt. Es ging um die Analyse der Kultur und Lebensformen seit Beginn der Industrialisierung aus dem Blickwinkel eines pluralistischen Kulturbegriffs, unter dem auch die Geschichte der unteren Klassen zu subsumieren war. Es ging um die Erfassung komplexer Interdepenzen, um den Wandel des urbanen Lebensraumes, den sozialen Wandel, die lebensgeschichtlichen Erfahrungen, die es nun auch mit neuen Methoden – etwa der Oral History – zu erforschen galt – bis hin zu den globalen Zusammenhängen von Konsumgesellschaft und Weltwirtschaft. Es ging nicht

Abb. 1:
Improvisation – Befestigung eines durch die Erschütterung des Fallhammers wandernden Schmiedeofens (dieses und alle weiteren Fotos im Artikel: LVR-Industriemuseum Gesenkschmiede Hendrichs, Miriam Schmalen 2014)

zuletzt auch um eine systematische Verbindung des akademischen Diskurses mit der Dingwelt.

Vor dem Hintergrund einer Skizze materieller und immaterieller Dimensionen der Arbeit – ihrer ökonomischen, technischen und qualifikatorischen Voraussetzungen und kulturellen Bezüge sowie ihrer individuellen physischen und psychischen Folgen – betrachtet der nachfolgende Beitrag beispielhafte Präsentationen von Arbeit im Museum im Hinblick auf ihre Chancen und Probleme, um daran anschließend einige Herausforderungen zu skizzieren, die sich im Industriemuseum 4.0 stellen.

Dimensionen von Arbeit

Arbeit ist im Museum nicht ansatzweise simulierbar. Die Frage ist also eher, wie sie historischer Reflexion zugänglich gemacht werden kann. Dies ist schwer genug. Ich möchte hierzu verschiedene Aspekte von Arbeit in Erinnerung rufen, die jeweils für sich zum Gegenstand musealer Repräsentation werden könnten. In einem allgemeinen Sinne ist Arbeit ein bewusstes zielgerichtetes Handeln zum Zweck der Bedürfnisbefriedigung beziehungsweise Existenzsicherung (vgl. Brockhaus 1988: 248). Während der Arbeitsbegriff früher auf produktive Arbeit, das heißt die Wertschöpfung gewerblicher Güter fixiert war, sind dabei nach heutigem Verständnis selbstverständlich auch häusliche beziehungsweise Reproduktionsarbeiten oder auch Dienstleistungen mit einzubeziehen. Erwerbsarbeit hat in den Industriegesellschaften immer einen Doppelcharakter: Sie kann sowohl als Ausbeutung von Lohnarbeiter_innen als auch als Ort der Befriedigung sozialer Bedürfnisse, an denen sich Produzent_innenstolz und individuelle Identität festmachen, gesehen werden. Bei und mit der Arbeit werden Grundbedürfnisse abgedeckt: von der Sicherung der Existenz über die Sinngebung und Strukturierung des Lebens bis zur Entfaltung von Fähigkeiten und Fertigkeiten, zur Entwicklung von sozialen Erfahrungen und Kontakten bis hin zur Erfahrung von Selbstbestätigung und Selbstbewusstsein. Arbeit kann ausführend oder dispositiv, selbständig oder unselbständig, eher körperlich oder eher geistig sein. Zu den allgemeinen Dimensionen von Arbeit wären weiterhin zu zählen: die Produkte beziehungsweise Waren, die Werkzeuge, Instrumente und Maschinen, die Entlohnung und Ausbildung, die Hierarchien und Mittel der Disziplinierung und Kontrolle, das Geschlechterverhältnis innerhalb und außerhalb der Arbeit, die Unfall- und Gesundheitsgefahren, die Umweltauswirkungen der Produktion oder der Produkte, die Grenzen des Wachstums.

Alle diese Aspekte haben auch eine dynamische Seite. Arbeit hat Prozesscharakter und unterliegt dem historischen Wandel, variiert nach Konjunkturen, sozio-ökonomischen oder kulturellen Rahmenbedingungen und korrespondiert mit technologischen Entwicklungen. Der Strukturwandel der Erwerbsarbeit verändert wesentliche Merkmale von Industriearbeit: Die *große Industrie* als Arbeits- und Lebensform ist im Rückgang begriffen beziehungsweise wird in andere Teile der Welt verlagert und rückt damit aus dem kollektiven Erfahrungszusammenhang. Generell werden die Arbeitsprozesse selbst immer unabhängiger von Erfahrungen und Fertigkeiten, die an Personen gebunden sind. Der Mensch wird zunehmend aus dem Produktionsprozess verdrängt. Der beschleunigte technische Wandel geht einher mit einem immer rasanteren Wechsel der Arbeitsmittel und einer Entwertung persönlicher Qualifikationen. Im historischen Verlauf wurde Arbeit somit zunehmend technisiert, mechanisiert und automatisiert – vor allem jedoch ausdifferenziert. Dies ist nicht ohne Folge für das Bewusstsein der Arbeitenden geblieben. Stand am Übergang von der Handarbeit zur Fabrikarbeit noch die Erfah-

Abb. 2:
Kaffeekanne aus der
Gesenkschmiede Hendrichs

rung, die Übersicht über den Gesamtprozess zu verlieren, so spielten in der Phase des Fordismus Monotonie und Ermüdung eine zentrale Rolle, während heute die Intensivierung und Entgrenzung von Arbeit zu einem wesentlichen Merkmal geworden ist. Im Zuge dieses Prozesses hat die Arbeiterschaft das Bewusstsein ihrer selbst zunehmend verloren.

Wir stehen somit beim Thema Arbeit vor einem äußerst komplexen Phänomen. Der Historiker Alf Lüdtke brachte dies folgendermaßen auf den Punkt: „Industrielle Arbeit ist mehr als die ‚reale Subsumption von Arbeit unter das Kapital', sie geht nicht auf in mechanische Verrichtungen und Zeitdisziplin. Die anderen werden uns desto fremder erscheinen, je mehr wir sie zu verstehen suchen" (Lüdtke 1993: 122).

Arbeit im Industriemuseum – ein Rückblick

Während ein Teil der in den 1980er Jahren entstandenen Museen der Arbeit in Neubauten eingerichtet wurden, versuchten andere ihrem Anspruch durch die Umnutzung historischer Fabrikbauten näher zu kommen. Die Ausstellungs-Szenarios reichten von eher strukturellen Herangehensweisen, in de-

Abb. 3: Blick in die Gesenkschmiede Hendrichs

nen Ding-Arrangements – zuweilen schon damals verknüpft mit Anleihen aus der Kunstgeschichte – zu einem multiperspektivischen Blick auf Arbeit systematisiert wurden, über theatralische Inszenierungen beziehungsweise eine „bewusste Ästhetisierung in kognitiver Absicht" (Borsdorf 2010: 100) bis hin zum Einsatz von Praxisexpert_innen oder Konzepten des arbeitenden Museums, das größtmögliche Authentizität und sinnliche Überwältigung versprach.

Einen ersten Versuch, Arbeit und Industriekultur durch eine multiperspektivische Darstellung in die als didaktische Lernausstellung konzipierte Ausstellung eines Stadtmuseums zu integrieren, unternahm Peter Schirmbeck 1980 in Rüsselsheim (vgl. Schirmbeck 1983). Rüsselsheim wurde zum Vorbild für viele neu entstehende Museen und Ausstellungen. In Fachkreisen bekannt war die Inszenierung mit einer Revolver-Drehbank – einem veritablen Exponat, das für die Monotonie der Massenproduktion stand – vor einem großformatigen Foto, das einen Blick in eine *Opel*-Werkshalle voller Drehbänke zeigte. Darin einmontiert war eine Resolution der Dreher gegen Überstundenarbeit um 1910. Daneben befand sich eine bewegliche Fotodrehwand mit drei Belegschaftsfotos von 1876, 1890 und 1902, die auf Knopfdruck nacheinander betrachtet werden konnten. Im Vergleich zeigten sich sehr eindrucksvoll Ausdrucksveränderungen, Änderungen der Körperhaltung oder von Gesten, die für die Ent-Individualisierung durch den Industrialisierungsprozess beziehungsweise die industrielle Massenproduktion standen. Das *Museum der Arbeit* in Hamburg versuchte schon Anfang der 1980er Jahre, mit Blick auf die dramatischen Veränderungen in der Druckindustrie

> an exemplarischen Arbeitsplatzsituationen das Typische und Besondere dieser Entwicklungen sichtbar zu machen und sie daraufhin zu befragen, welche Bedeutung, welche Auswirkungen und welche Folgen diese für das Leben, den Alltag, die Kultur der arbeitenden Menschen hatte (Kosok 1997: 14).

Von Anbeginn an setzte das Museum dabei auf die intensive Einbeziehung von Betroffenen und Praxisexpert_innen. Hier entstand die Idee, den Besucher_innen möglichst „viele Möglichkeiten zu geben, Qualifikationen durch Selbsttun mindestens zu erahnen" (Krankenhagen 1987: 51). Die grafischen Werkstätten des Museums mit Handsetzerei und Maschinensetzerei sowie Druckerei standen für Berufszweige, die besonders markanten Veränderungen unterworfen waren. Der Foto- und Lichtsatz löste seinerzeit den Bleisatz in den großen Hamburger Zeitungsindustrien und Verlagshäusern ab. Der Beruf Setzer_in verschwand so gut wie vollständig, der Beruf Drucker_in wurde völlig umstrukturiert.

1984 wurde das aus der Sammlung eines Heimatmuseums hervorgegangene neue *Ruhrlandmuseum* in einem Museumsneubau eröffnet. Die Museumsmacher empfanden diese Situation explizit besser als ein „authentischer Schauplatz" (Borsdorf 1987: 64ff.). In der alltagshistorischen Ausstellung ging es ihnen um einen „Akt sozialer Gerechtigkeit", bei dem für Außenstehende deutlich gemacht werden sollte, dass auch das Leben der einfachen Leute als Kulturleistung betrachtet werden kann. Die Skulpturen von Renate Göbel, die sich in der Lohnhalle tief zum Kassenschalter herunterbeugten, sollten das Hierarchiegefälle zwischen Fabrikarbeiter_innen und Fabrikbeamt_innen veranschaulichen. So schrieb Ulrich Borsdorf:

> Die Sozialgeschichte interessiert sich nicht, wie zum Beispiel bestimmte Richtungen der Technik- oder Kulturgeschichte, für einzelne aus ihrem gesellschaftlichen Zusammenhang herausgelöste Gegenstände und Exponate, sondern fragt nach den Menschen und den Verhältnissen, in denen sie lebten. Die Hauptaufgabe der Ausstellung bestand infolgedessen darin, durch originale Ausstellungsgegenstände und die verschiedenen Medien des Museums die soziale Lage von Menschen erkennbar, ihre Erfahrungen nachvollziehbar, ihr Verhalten erklärbar zu machen. Der Weg, auf dem dieses Ziel angestrebt wurde, war die Inszenierung von historischen Bildern und Räumen. Es wurde also nicht naturgetreu rekonstruiert, sondern aus Originalgegenständen der Zeit, aus Tonbandprotokollen von Zeitgenossen, aus

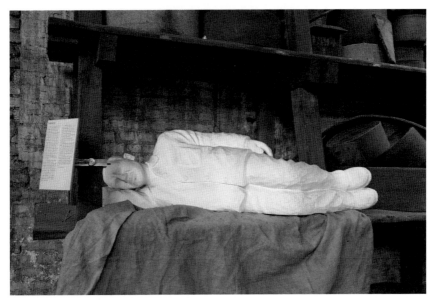

Abb. 4: Pausenschlaf im Lagerregal

historischen Fotografien und vielen anderen Bedeutungsträgern ein Ensemble gestaltet, das von den damals lebenden und arbeitenden Menschen ‚erzählen' sollte. Kein Gegenstand der Ausstellung steht nur für sich selbst; alle sind in den Zusammenhang solcher erzählender historischer Ensembles und Räume eingebunden (Borsdorf 1987: 68).

Gut 25 Jahre später hatte das *Ruhrlandmuseum* die Chance, sich – nun doch an einem denkmalgeschützten Ort, nämlich auf der Zeche Zollverein – neu zu erfinden. Dabei kam ein Konzept zur Blüte, das sich schon durch die Kombination mit einer geologischen Abteilung im alten *Ruhrlandmuseum* angekündigt hatte: Es sollte darum gehen, „die gewaltigen Eingriffe der Zivilisation und die zu einem großen Teil irreversiblen Veränderungen an und in der Natur" (Borsdorf 2010: 100) zum zentralen Gegenstand der Ausstellung zu machen. Der Schauplatz, die von den Architekten Schupp und Kremmer Ende der 1920er Jahre realisierte Schachtanlage, stand für die fordistische Rationalisierung der Kohleförderung und markierte den Endpunkt in der Automatisierung der Zechen-Arbeitsabläufe – er war somit wie kein anderer für diesen Zugang prädestiniert. Die Thematisierung von Arbeit erschien dem Gründungsdirektor des *Ruhrmuseums*, Ulrich Borsdorf, als geradezu „rührend". Für ihn wäre dies „gegen den Sinn der Anlage, die den Menschen als störenden Faktor der Produktion ja gerade eliminieren wollte" (Borsdorf 2010: 101).

Der Szenograph Otto Steiner brachte das Dilemma mit folgenden Worten auf den Punkt:

> Dieser lärmlose Lärm, dieser angehaltene Krach, dieser im Hals steckengebliebene Schrei: Von den Wänden und aus den Maschinenwracks tropft nur so Geschichte und Geschichten. Dieser Ort ist stark und dieser Ort braucht eigentlich auch keine Eingriffe. Dieser Ort braucht auch kein Publikum. Dieser Ort braucht Stille (Steiner 2002: 76).

Vor dieser Situation standen auch andere Museen, die in großindustriellen Anlagen – wie das LWL-Industriemuseum in der Hendrichshütte-Hattingen oder der gar zum Weltkulturerbe erklärte Hochofen in Völklingen – eingerichtet wurden. Die riesigen Fabrikareale sind schon denkmalpflegerisch kaum zu bewältigen – geschweige denn museal. Die Faszination der Anlagen, die für Außenstehende unfassbaren Dimensionen und die schwer durchschaubare Komplexität oder auch die Ästhetik des Verfalls schieben sich für die Betrachter_innen geradezu unverrückbar vor die Erkennbarkeit oder Nachvollziehbarkeit von Arbeit. Diese mit Hilfe des klassischen Museumsinstrumentariums an diesem Ort angemessen zu erklären, ist kaum möglich, die Versuche dazu oft geradezu peinlich. Zurück bleibt das Gefühl unendlicher Leere. Wie sich die Arbeit an einem Hochofen einst anfühlte, ließe sich mit den aufwendigsten Präsentationstechniken kaum nachvollziehen. In Hattingen versucht man „das Schweigen der Hämmer" medial zu brechen. Man hat ein Erinnerungsarchiv aufgebaut, das es den Besucher_innen ermöglicht, den ehemaligen Kolleg_innen zu begegnen,

> die mit der Kompetenz teils jahrzehntelanger Erfahrung über die Arbeit auf ‚ihrer Hütte' berichten. Ob als Originalton, Text, Bild, Film oder Installation – immer sind es Menschen, die ‚vor Ort' erzählen: über ihre Arbeit, über Leistungen und Belastungen, über Kollegialität und Gefährdungen. Durch diesen ‚biographischen Ansatz' treten die Menschen in den Vordergrund, die übermächtige Technik wird entzaubert, das gigantische Gewirr bekommt Ordnung und System, der Blick auf das Wesentliche wird frei: Der Einblick in einen Ort der Arbeit. Ohne die Arbeiter und ihre Arbeit bleiben die Maschinen Schrott, mitunter designter Schrott, aber eben Schrott (Laube 2002: 106).

So wie in der Ausstellung zur Schwerindustrie im LVR-Industriemuseum Oberhausen stehen in vielen Museen Großexponate oft verloren und deplatziert ohne jegliche Kontextbezüge gleichsam wie Skulpturen als Chiffren einer Arbeitswelt herum, die sich der Darstellung entzieht. Es steht außer Zweifel, dass diese Objekte die ihnen gemäß der Ausstellungsdidaktik zugedachte symbolische Funktion erfüllen, ob sie auf diese Weise jedoch ein angemes-

Wenn die Arbeit ausgeht, kommt sie ins Museum? 261

Abb. 5: Schleifstein. Als noch Sand-Schleifsteine verwendet wurden, starben viele Solinger Schleifer schon im Alter von 40 bis 50 Jahren

Abb. 6: Dieselmotor. Der 250 PS starke Herford-Motor hat einst die gesamte Fabrik angetrieben

senes Bild von Arbeit oder gar des „Wandels von Arbeit" (Wirtz 1997: 11) entstehen lassen – oder stattdessen eher zur Verhinderung eines solchen beitragen – mag dahingestellt bleiben. Die Ausstellungsmacher_innen in Oberhausen waren sich dieser Problematik durchaus bewusst.

Die Ausstellung zeigt nichts als das Nachspielen von doch nicht zu erreichenden historischen Wirklichkeiten. Immer stehen die fragenden erläuternden und Zusammenhänge stiftenden Eingriffe und der kritische Umgang mit den Exponaten so deutlich im Raum, dass die Illusion, man könne „Dornröschen wachküssen" und alles, alles würde arbeiten, laufen, sich drehen und wäre auf wundersame Weise wahr und wirklich, nicht entstehen kann (Wirtz 1997: 18).

Die Ausstellung versteht sich als *Collage*, bei der „mit einer Vielzahl von Objekten aus Technik und Wirtschaft dem Bereich sozialer Verhältnisse und der Politik die wichtigen Themen der Geschichte der Schwerindustrie" dargestellt werden sollen (Wirtz 1997: 17).

1987 entstand am Wehrgraben in Steyr in den Gebäuden der Hack-Werke, einer ehemaligen Besteckfabrik, das *Museum Industrielle Arbeitswelt* – das erste dieser Art in Österreich. Eröffnet wurde es mit der oberösterreichischen Landesausstellung *Arbeit-Mensch-Maschine*. Ein wesentlicher Grundgedanke des Konzeptes war, dass die industrielle Welt ein vernetztes und interdependentes „System öffentlicher und privater, ökonomischer und sozialer, politischer und rechtlicher, physischer und psychischer Beziehungen" bildet, die als ein in sich geschlossener Komplex zu sehen sind (Kropf 1986: 36). Für die Museumskonzeption resultierte daraus, dass nicht nur einzelne Teilaspekte der industriellen Arbeitswelt – etwa eines Unternehmens oder der Arbeit – sondern der Gesamtzusammenhang dargestellt werden sollte. Der Ausstellung *Arbeit-Mensch-Maschine* lag ein Vier-Phasen-Modell des Wandels der Energieversorgung zugrunde. Für jede Phase wurde ein Leitobjekt (etwa Wasserrad, Dampfmaschine) bestimmt, als Längsschnitt wurden den vier Phasen zehn Fachbereiche zugeordnet, so zum Beispiel: Energieträger und neue Technologien, Wandel von Unternehmensformen, Sozialkonflikte, Arbeiterbewegung oder auch Wohnungswesen, Lebensstandard, Arbeiterkultur, Freizeit, Mode. Gezielte Brechungen machten die Ausstellung zu einem anregenden Sehvergnügen. Die Bestimmung des menschlichen Lebensrhythmus durch den Takt der Maschine bis hinein in die Privatsphäre wurde etwa durch eine menschliche Figur – den Eisenmann –, die an eine Transmissionsanlage angeschlossen war, dargestellt. Symbol der Phase drei war das Elektrizitätswerk, an das sich etwa die Themen Fließband beziehungsweise Fordismus und die tayloristische Zerlegung der Arbeit – einschließlich der Büroarbeit – anschlossen. Anhand einer Frankfurter Küche wurde veranschaulicht, wie die Rationalisierung in den privaten Bereich vorgedrungen ist. Während man sich in der Ausstellung *Schwerindustrie* in der Zentrale des LVR-Industriemuseums *Zinkfabrik Altenberg* in Oberhausen explizit von der Illusion distanzierte, „Dornröschen wachküssen" zu können, gehört genau dieses zum Gründungsepos des LVR-Industriemuseums *Tuchfabrik Müller* in Euskirchen. Bis heute wähnen sich die Kollegen dort „fast wie im Märchen" (Stender 1997: 10) und sind der Überzeugung, „das ganzheitliche und dezentrale Konzept des Rheinischen Industriemuseums, nämlich Produktionsstätten möglichst vollständig zu erhalten und den engen Zusammenhang zwischen industriellem Denkmal und der vergangenen Arbeit am konkreten Ort herzustellen ohne Einschränkung" verwirklichen zu können (Stender 1997: 11). In Euskirchen hatte sich eine komplette Fabrik im Zustand des letzten Betriebsjahres – 1961 – erhalten. Die in der Museumsszene seinerzeit als Glücksfall beschworene Situation, dass es fast so aussah „als ob die Belegschaft kurz zur Mittagspause hinausgegangen wäre" (Stender 1997: 10), wurde zum Ausgangspunkt der Präsentation, die man zugleich als Idealfall der Industriedenkmalpflege ansah. Selbst erläuternde Informationen – abgesehen von wenigen Interviewauszügen, als kleine Texttafeln angeboten – wurden aus der Fabrik ferngehalten, „um eine Beeinträchtigung des historischen Gesamteindrucks zu vermeiden" (Stender 1997: 11). Die Museumskonzeption basiert auf einer problematischen Grundannahme: Es wird so getan, als ob das Historische sozusagen jenseits unserer Rezeption und Erkenntnisinteressen gewissermaßen jungfräulich weiter existiert. Dabei wird die Existenz eines „authentischen Fabrikkosmos" beschworen, in dem „die Sammlung der Ausstellungsstücke und ihre Anordnung [...] durch die Geschichte selbst vorgenommen" worden sei (Stender 2005: 63).

> Das Museum möchte die Geschichte nicht berichtigen, sondern sieht seine Aufgabe darin, diesen außergewöhnlich lebensnahen, sinnlichen und vielfältigen Bestand in seiner unmusealen Ordnung zu erhalten und ihn eher zurückhaltend zu erschließen, zu erläutern und zu ergänzen. [...] Die Museumsarbeit konzentrierte sich ganz auf das historisch vorgefundene, authentische Objektensemble der Tuchfabrik Müller (Stender 2005: 63).

Doch das vermeintlich *Authentische* erschöpft sich – wie wir inzwischen wissen – bisweilen rasch im *Atmosphärischen*, das die Besucher_innen *in den Bann* zieht und dann nicht mehr los lässt. Es erscheint mir eine Illusion zu glauben, dass sich durch eine *puristische Präsentation* der vermeintlich *echten Dinge* oder *authentischen Realien* zur *Geschichte* vordringen lässt. Auch den Kolleg_innen waren die Grenzen dieser Präsentation bewusst, dass „zentrale Bestandteile des historischen Betriebslebens nicht mehr sichtbar sind: der Akkordstress, das Betriebsklima oder etwa die Farbbrühe, die in den Bach geleitet wurde" (Stender 2005: 64). Vergangenheit lässt sich nicht reduzieren auf das, was von ihr übrig geblieben ist. Schon die Tuchfabrik ist „mehr als die Summe ihrer Inventarteile" und selbst wenn es gelänge, den Kosmos der Tuchfabrik erfahrbar zu machen, fehlten die strukturellen und grundlegenden Zusammenhänge.

Während die Arbeit beziehungsweise die Arbeiter_innen bei der in der *Tuchfabrik Müller* verwendeten Technik – und folgerichtig auch die Vorführer_innen im Museum – noch eine wesentliche Rolle spielten, hat sich das Schwergewicht im weiteren Fortgang der Textiltechnik noch stärker hin zu den Maschinen verschoben. Herausgekommen ist eine im wahrsten Sinne des Wortes *unansehnliche* Technik, die sich zunehmend in eine Blackbox oder gar in einen Mikroprozessor verlagert hat. Dabei führt das Konzept der Vorführung automatisch zu einer kühlen Präsentation, zu einem Diskurs über Maschinentechnik und zum Staunen über den technischen Fortschritt – wie etwa am Beispiel des Industriemuseums im Komplex der ehemaligen *Nordwolle* in Delmenhorst oder im Industriemuseum Chemnitz zu erleben. Nicht umsonst wurde schon in der Entstehungsphase der Industriemuseen eine „schleichende Dominanz von Technik und Technikgeschichte" (Faulenbach/Jelich 1987: 58) beklagt, die die Besucher_innen „vor lauter Glück über diese Maschine" vergessen lässt, „dass es eigentlich um etwas anderes geht" (Krankenhagen 1987: 39). Für den Doyen des Konzeptes der Industriekultur, Hermann Glaser, war die „Maschinenzeit voller Widersprüche, Gegensätze, sozialer Probleme, ihr Fortschrittsglaube war vielfach fatal, da er des Denkhorizontes entbehrte" (Glaser 1987: 78).

Im Falle des LVR-Industriemuseums *Gesenkschmiede Hendrichs* bot sich – ähnlich wie in Euskirchen – die attraktive Chance, die Produktion von Scherenrohlingen als Demonstrationsproduktion fortzuführen. Die Fabrik war bis zuletzt in Betrieb und funktionsfähig. Zwischen der Schließung der Firma Hendrichs und der Neueröffnung des zunächst provisorischen Museums im Jahre 1986 lagen nur wenige Wochen. Auf den ersten Blick könnte man meinen, reale Ganzheitlichkeit wurde auf geradezu organische Weise in museale Ganzheitlichkeit überführt. Die vormals in der Gesenkschmiede beschäftigten Mitarbeiter_innen demonstrierten fortan ihre Arbeit im Museum. Im Besucherbuch hieß es von Beginn an immer wieder etwa: „Ich bin begeistert über die ‚Echtheit' eines lebendigen Industriebetriebes, der nicht die ‚Steifheit' eines Museums hat, sondern viel lebendiger wirkt." Es wurde offenbar angenommen, dass nicht nur die Fabrikanlage sich in einem *authentischen*

Abb. 7:
Gesenkschmied im Vorführbetrieb

Zustand präsentiert, sondern dass im Solinger Industriemuseum industrielle Arbeit des 19. Jahrhunderts *authentisch* demonstriert wird. In diesem Sinne wurde auch in Presseartikeln wehmütig von Schutzgittern beziehungsweise Verkleidungen oder Absperrungen berichtet, die den Blick auf die *unvorstellbaren Arbeitsbedingungen* des 19. Jahrhunderts trüben, als die „Arbeiter durch die Transmission an die Wand geschleudert wurden, oder häufig Verbrennungen, Sehnen- und Muskelrisse erlitten"[1].

Bereits 1983 hatte Peter Schirmbeck das Glatteis, auf welches das Konzept der Industriekultur führen konnte, treffend beschrieben:

> Ein Verlust erheblicher Art wäre es allerdings, wenn das, was an ‚besserer Welt', an Erstrebtem, an Utopie im traditionellen Begriff von Kultur – in diesem vielleicht uneinlösbar – immer auch mit beinhaltet war, dadurch verloren ginge, dass nunmehr alles – beispielsweise auch entmenschlichte Arbeitsverhältnisse – als Kultur gälte (Schirmbeck 1983: 12).

---

1 Kölner Stadtanzeiger vom 26.11.1986.

Abb. 8:
Arbeitsplatz Heizer – täglich wurden fast zwei Tonnen Koks in den Kessel geschüppt

Es gilt also, den Trumpf des *Authentischen* wieder ein ganzes Stück aus der Hand zu lassen. Das Museumskonzept in Solingen vollzieht eine Gratwanderung zwischen dem naturalistischen Chaos einer denkmalgeschützten Fabrikanlage und der systematischen Ordnung der eingebrachten Dauerausstellung.

Gerade die Musealisierung am authentischen Ort, die eine Zeit lang als letzte Vollendung der Präsentation von Arbeit erschien, erfordert also einen immensen zusätzlichen Argumentationsaufwand – läuft sie doch Gefahr, der Illusion des *unschuldigen Sehens* aufzusitzen, und dabei zu maschinenverliebtem Erinnerungsromantizismus zu verkommen. Eine klare Trennung zwischen der originalen Situation beziehungsweise Bausubstanz und jeglichen Hinzufügungen erscheint ungeheuer wichtig, „um die Macht der scheinbaren Authentizität zu relativieren und nicht in Nostalgie und Atmosphäre zu verharren" (Lackner 2002: 47).

Arbeit im Museum – eine Zwischenbilanz

Wie eingangs schon betont: Ein Museum ist naturgemäß nur ein schwacher Nachhall von Wirklichkeit und es geht nicht im Entferntesten darum, diese im Museum zu rekonstruieren. Doch selbst auf der reflexiven Ebene drängt sich der Eindruck auf, die Arbeit ist im Industriemuseum nie wirklich angekommen. Was wir dort meist finden, sind allenfalls winzige Aspekte von Arbeits-Präsentationen, die oftmals eher eignet sind, Arbeit zu verklären als zu erklären. Die Schwierigkeiten, vor denen die museale Repräsentation von Arbeit steht, rühren vor allem aus zwei Quellen: Der Begriff der Arbeit ist kaum präzise zu fassen; die zur Verfügung stehenden Sachquellen beziehungsweise Objekte beleuchten die Arbeit nur unzureichend. „Arbeit ist ein so komplexes Gebilde, dass jeder Versuch, sie umfassend darzustellen, scheitern muss" (Krankenhagen 2002: 17) – resümierte schließlich auch Gernot Krankenhagen. Wesentliche Elemente sind nicht transloziert oder translozierbar. Dies gilt besonders für den industriellen Arbeitsprozess, der sich der Sammlungstätigkeit von Museen in aller Regel weitgehend entzieht. Auch ist die Dokumentation angesichts der begrenzten Ressourcen in den Museen meist unzulänglich. Was sagt uns denn eine Ständerbohrmaschine, eine Drehbank oder ein Fallhammer über die Arbeit beziehungsweise das Arbeitsleben von Werkzeugmacher_innen oder Gesenkschmied_innen? Letztere ist etwa durch Hitze, Lärm und Erschütterungen mindestens genauso bestimmt wie durch die Technik der Maschine – von Rahmenbedingungen wie der stehenden Tätigkeit, den Abgasen aus den Koksöfen oder der Akkordarbeit beziehungsweise Kontrolle und Arbeitszeit ganz zu schweigen. Umgekehrt wird man dem Wesen von Arbeit nicht gerecht, wenn man den Blick einseitig auf Mühsal oder Ausbeutung richtet und die Aspekte der Befriedigung, des Arbeitsstolzes, der sozialen Interaktion oder der Qualifikation außer Acht lässt. Der Arbeitsplatz ist ein zentraler Erfahrungsort, der den sozialen Status, die Schichtzugehörigkeit, Alltag und Lebensweise sowie schließlich Einstellung, Werte und Verhalten bestimmt. Wie sollen wir all dies Unsichtbare sichtbar machen? Prozesscharakter und dynamischer Wandel von Arbeit sind mit statischen Präsentationen nicht angemessen darzustellen; der Subjektseite von Arbeit ist mit Objekten kaum beizukommen. Selbst Interviews, persönliche Dokumente und Arbeitsbiographien ermöglichen nur einen begrenzten Zugang zu den subjektiven und individuellen Erfahrungen am Arbeitsplatz.

Oft erscheint die Entwicklung der Arbeit als ein geradezu zwangsläufiger, linearer Prozess – meist als Fortschritt gedacht. Dieses Verständnis verstellt den Blick auf Brüche und Ungereimtheiten, auf Ungleichzeitigkeiten und Alternativen der industriellen Entwicklung. Die didaktische Reduktion beziehungsweise vielfach vorzufindende klischeehafte Rekonstruktion der Industrialisierung als Folge von *Spinning Jenny* und Dampfmaschine verhindert die Perspektive auf regionale Entwicklungen und Besonderheiten, auf die Rolle handwerklicher Qualifikationen oder die Bedeutung alternativer Energieformen, die zum Teil bis in die Zeit des Industriezeitalters reichten. Dabei reproduziert die museale Repräsentation oftmals die naive Fortschrittsgläubigkeit der Zeitgenoss_innen, der diese unterschätzten Phänomene bereits historisch zum Opfer gefallen sind.

Die Industriekultur und die neuen Industriemuseen waren eine Funktion des Strukturwandels, das heißt letztlich der Deindustrialisierung in vielen Sektoren der *Old Economy*. Dieser Prozess ist weitgehend abgeschlossen; die Brachen sind überbaut oder begrünt, die baulichen Überreste sind abgebrochen oder umgenutzt, sowie in Teilen musealisiert. Gleichzeitig hat sich die Arbeit in den vergangenen Jahrzehnten so radikal gewandelt, dass sie für Museen noch schwerer zu fassen ist denn je. Schon in den 1980er Jahren, als das Thema Arbeit in den Museen anzukommen begann, wurde das *Ende der Arbeitsgesellschaft* diskutiert. Der Soziologe Claus Offe entwickelte die Theorie der „Disparität der Lebensbereiche", in der Arbeit tendenziell nicht mehr als die gesellschaftliche Schlüsselkategorie angesehen wurde.

Alain Touraine, der den Begriff der postindustriellen Gesellschaft geprägt hat, brachte die Vorgänge der Verdrängung der Arbeiter_innen aus dem Produktionsprozess auf die Formel des Übergangs vom beruflichen zum technischen System der Arbeit:

> Die Fabrik ist nicht mehr eine Ansammlung individueller oder kollektiver, qualifizierter oder unqualifizierter Arbeitsplätze, sondern ein technisches System, dessen Zusammenhang sich meistens im Produktionsrhythmus manifestiert, der den in enger Wechselbeziehung stehenden Arbeitsplätzen auferlegt wird. Statt als Resultat individueller Arbeitsvollzüge erscheint die Produktion als ein stabiles System von Beziehungen, das die Beschaffenheit und die Besonderheiten eines jeden Arbeitsplatzes steuert (Touraine 1975: 291).

Industriemuseum 4.0

Die damit gegebene Schwierigkeit der Präsentation von Arbeit potenziert sich, wenn wir uns die heutige Entwicklung zur Industrie 4.0 vor Augen führen (vgl. Rahner 2014). Gegenwärtig erleben wir eine ungeheure digitale Beschleunigung und den Einzug von cyberphysischen Systemen, bei denen

Mensch und Dinge vernetzt werden, in die Fabriken – eine vierte industrielle Revolution. Produkte beziehungsweise Dinge werden in der *Smart Factory* zu aktiven Komponenten im Produktionsprozess. Es kommt zu einer „Entgrenzung von Arbeit, das heißt zu der Herauslösung aus traditionellen Raum- und Zeitbindungen und aus institutionellen und normativen Regulierungsarrangements" (Rahner 2014: 194). Mehr denn je steht die Präsentation von Arbeit damit vor dem Problem der Unanschaulichkeit und Entsinnlichung. Die Miniaturisierung der Steuerungssysteme hat der Materialität, der die Industriemuseen einst ihre sinnliche Überwältigungskraft zu verdanken hatten, den Boden entzogen.

Die Annäherung an die Praxis der Arbeit kann sich zugleich nicht auf den Kernprozess beschränken und dabei dessen Einbindung in eine Produktlinie von der Rohstofferschließung über Transporte, Produktion beziehungsweise Vorproduktion, Handel/Vertrieb, Konsumtion, Reparatur und Entsorgung außen vor lassen. Dazu gehören auch die Wechselwirkungen zwischen einzelnen Phasen der Produktlinien. Arbeit kann im Zuge der Deindustrialisierung und Globalisierungsprozesse der letzten Jahrzehnte auch nicht mehr im beschaulichen lokalen oder regionalen Kontext betrachtet werden. Ent-Industrialisierung in Westeuropa ist mit Industrialisierung in anderen Teilen der Welt untrennbar verknüpft. Das heißt auch die älteren Formen der Produktion – schwere körperliche, repetitive und unqualifizierte, ressourcenintensive Arbeit – existieren nach wie vor. Sie sind nur über den gesamten Globus verteilt und dabei aus unserem Bewusstsein verdrängt. Sie in den Wahrnehmungshorizont zurückzuholen, könnte eine wichtige Aufgabe heutiger Industriemuseen sein. Das gleiche gilt für die ökologischen Konsequenzen der Produktion, den Naturverbrauch und die Rückwirkungen des Produktionsprozesses auf die Produkte und schließlich den Konsum beziehungsweise die Konsument_innen.

Da die Erinnerungsdiskurse längst andere sind als vor 30 Jahren, bedarf der Gegenwartsbezug der Industriemuseen einer proaktiven Revision. Hierbei sind die Vorerfahrungen der Besucher_innen zu berücksichtigen – einschließlich der Tatsache, dass diese selbst dem historischen Wandel unterliegen. Auch aus diesem Grund hat sich der Erklärungsbedarf für industriehistorische Objekte radikal gewandelt. Die klassische Industriearbeit ist heute besonders den jüngeren Besucher_innen kaum mehr vertraut. Damit erledigt sich die einstmals besonders von Hermann Lübbe postulierte Kompensationsfunktion. Wenn den nachwachsenden Generationen die Verbindung zu den Erfahrungen fehlt, an die das Museum erinnern möchte, dann gibt es nichts mehr zu kompensieren. Ohne Kurskorrektur wird die Institution Industriemuseum geradezu anachronistisch – nicht nur die Grubenlampe, sondern

Abb. 9: Scherenmontage im Vorführbetrieb

auch die Arbeiterküche oder die Revolverdrehbank sind inzwischen zu nostalgisch betrauerten Relikten vergangener Lebenswelten geworden –, die Koffer und Kofferradios der Einwanderer und Einwanderinnen sind gerade dabei, es zu werden.

Damit ist der aufklärerische Anspruch, der den Projekten seinerzeit den nötigen politischen Rückenwind verschaffte, verblasst. Am Anfang der Entwicklung vom Musentempel zum Lernort stand die enge Verbindung zu den Bildungsinstitutionen und auch zu den Gewerkschaften. Im Kontext der Marketingstrategien, mit denen die postindustriellen Regionen sich eine neue Zukunft zu verschaffen suchen, sind die Industriemuseen – notgedrungen – in eine für sie unheilige Allianz mit den Tourismus- und Freizeitakteur_innen geraten. Der Begriff der Industriekultur ist in den letzten zehn Jahren zunehmend von Touristiker_innen in Anspruch genommen, dabei inhaltlich ausgehöhlt und schließlich zu völliger Beliebigkeit entstellt worden. Damit droht die Abgrenzung von traditioneller Industrie- und Heimatgeschichte, die am Anfang des Industriekultur-Diskurses stand, hinfällig zu werden. Nicht umsonst hatte schon Hermann Glaser die größte Gefährdung der Aneignung von Industriekultur in der Nostalgie gesehen. „Als vermarkteter Erinnerungsromantizismus macht sie aus der vergangenen Zeit eine gute alte Zeit" (Glaser 1981: 9ff.). Industriemuseen und Industriedenkmäler werden vielfach zur

Event-Location, zur ausgehöhlten Kulisse (vgl. Bolenz 2014: 679ff.). Die Distanz zum ursprünglichen – demokratisch und emanzipatorisch angelegten – Projekt der Industriekultur könnte kaum größer sein (vgl. Glaser 1981: 10).

Museen agieren nicht in einem zeitlosen Raum, sondern in der Gegenwart. Für diese sollen sie eine Geschichte konstruieren – die mehr als offensive zukunftsorientierte Erinnerung denn als rückwärtsgedachte defensive Bewahrung gedacht werden muss. Erst in jüngerer Zeit gelang es in einigen Museen, zum Beispiel mit der systematischen Hinwendung an die Bevölkerungsteile mit Migrationshintergrund, sich aus den Fängen der Tourismusbranche zu befreien. Wenn das Museum also weiterhin den kritisch-reflektierten Rückblick, progressive Handlungskompetenz und Praxisbezug fördern soll, dann kommt es auch aus dieser Perspektive um die permanente Nachjustierung nicht herum.

Eine große Herausforderung besteht darin, das Unanschauliche der heutigen Produktionsformen und Arbeitsweisen anschaulich zu machen. Die neuen Themen verlangen mehr denn je nach interdisziplinärer Öffnung, nach völlig neuen Präsentationsformen und Fragestellungen. Mit dem Instrumentarium der Kunst – von bildender Kunst über Film und Fotografie hin zu Theater und Literatur – könnten die enge Fixierung auf überlieferte Objektbestände überwunden und Themen mit höherem Abstraktionsgrad kommuniziert werden. Schon im Stadtmuseum Rüsselsheim wurden die Grafiken von Gerd Arntz hinzugezogen, als es darum ging, die Monotonie der durchtechnisierten Arbeitswelt und die Folgen für die Subjekte zu veranschaulichen. Kaum ein Medium ist besser geeignet als die Kunst, wenn es darum geht, menschliche Gefühle, Vorstellungen, Ängste oder Mentalitäten zu veranschaulichen. Die Allianz mit der Kunst könnte dabei helfen, den Nimbus eines objektzentrierten Vergangenheitsreservates abzustreifen und zum Ort begrifflicher Erkenntnis sowie vielleicht gar des Diskurses von Utopien zu werden (Schleper 1989; 2007).

Literatur

Bolenz, Eckhard (2014). Denkmal, Museum, Event, Route – Industriekultur in NRW. In Bernd-A. Rusinek/Andreas Kühn (Hrsg.), *Das Nordrhein-Westfalen-Lesebuch* (S. 679–704). Köln: Greven.

Borsdorf, Ulrich (1987). Ruhrlandmuseum Essen. In Bernd Faulenbach/Franz-Josef Jelich (Hrsg.), *Geschichte der Arbeit im Museum. Dokumentation einer Tagung im Rahmen der Ruhrfestspiele Recklinghausen, 11. bis 13. Mai 1987* (S. 64–70). Recklinghausen: Forschungsinstitut für Arbeiterbildung.

Borsdorf, Ulrich (2010). Industriekultur versus Geschichte? In Bettina Günter (Hrsg.), *Alte und Neue Industriekultur im Ruhrgebiet. Ein Symposium des Deutschen Werkbunds auf Zollverein* (Einmischen und mitgestalten, Bd. 11). Essen: Klartext.

Brockhaus dtsch.-Ausgabe (1988). (S. 248f.). München.

Faulenbach, Bernd/Jelich, Franz-Josef (Hrsg.). (1987). *Geschichte der Arbeit im Museum. Dokumentation einer Tagung im Rahmen der Ruhrfestspiele Recklinghausen, 11. bis 13. Mai 1987*. Recklinghausen: Forschungsinstitut für Arbeiterbildung.

Geschichtsdidaktik 10/1986.

Glaser, Hermann et al. (1979). *Vorüberlegungen zum Konzept eines historischen Museums für Nürnbergs Industriekultur*. Nürnberg: Verlag Medien und Kultur Nürnberg.

Glaser, Hermann (1981). Industriekultur und demokratische Identität. *Aus Politik und Zeitgeschichte, 41/42*, 3–46.

Glaser, Hermann (1987). Kulturgeschichte von unten. Das Centrum Industriekultur in Nürnberg. In Bernd Faulenbach/Franz-Josef Jelich (Hrsg.), *Geschichte der Arbeit im Museum. Dokumentation einer Tagung im Rahmen der Ruhrfestspiele Recklinghausen, 11. bis 13. Mai 1987* (S. 75–86). Recklinghausen: Forschungsinstitut für Arbeiterbildung.

Kosok, Lisa (1997). Die Musealisierung industrieller Arbeitswelten. In dies. (Hrsg.), *Museum der Arbeit. Katalog* (S. 13–23). Hamburg: Christians.

Krankenhagen, Gernot (1987). Hamburg plant ein Museum der Arbeit – seit 1980 oder: Warum ist es so schwer ein Museum der Arbeit zu realisieren? In Bernd Faulenbach/Franz-Josef Jelich (Hrsg.), *Geschichte der Arbeit im Museum, Dokumentation einer Tagung im Rahmen der Ruhrfestspiele Recklinghausen, 11. bis 13. Mai 1987* (S. 34–57). Recklinghausen: Forschungsinstitut für Arbeiterbildung.

Krankenhagen, Gernot (2002). Arbeit ist nicht darstellbar – und nun? In Stiftung Zollverein unter der Leitung von Lutz Engelskirchen (Hrsg.), *Tagung zur Darstellung von Geschichte der Arbeit im Museum. 7. und 8. Juni 2001* (S. 11–20). Essen: Klartext.

Kropf, Rudolf (1986). Industrielle Arbeitswelt und Museum. In Verein Museum Arbeitswelt (Hrsg.), *Fabrik wird Museum*. Linz: Eigenverlag.

Lackner, Helmut (2002). Die Darstellung der Geschichte der Arbeit und Industrie in der neuen Dauerausstellung „Schwerindustrie" des technischen Museums Wiens. In Stiftung Zollverein unter der Leitung von Lutz Engelskirchen (Hrsg.), *Tagung zur Darstellung von Geschichte der Arbeit im Museum. 7. und 8. Juni 2001* (S. 32–47). Essen: Klartext.

Laube, Robert (2002). Industriekultur mit Industriekultur. Das Westfälische Industriemuseum Henrichshütte. In Stiftung Zollverein unter der Leitung von Lutz Engelskirchen (Hrsg.), *Tagung zur Darstellung von Geschichte der Arbeit im Museum. 7. und 8. Juni 2001* (S. 103–112). Essen: Klartext.

Lüdtke, Alf (1993). *Eigen-Sinn. Fabrikalltag, Arbeitserfahrungen und Politik vom Kaiserreich bis in den Faschismus*. Hamburg: Ergebnisse.

Rahner, Sven (2014). *Architekten der Arbeit. Positionen, Entwürfe, Kontroversen.* Hamburg: Edition Körber-Stiftung.

Schirmbeck, Peter (1983). Darstellung der Arbeit – ein Thema mit fundamentalen Chancen für Museen und ihre Besucher. In Ursula Deymann/Udo Liebelt (Hrsg.), *Welt der Arbeit im Museum* (S. 11–24). Marburg: Jonas.

Schleper, Thomas (1989). Was ist ein Industriemuseum? Zur Aktualität von Fernand Léger. In Landschaftsverband Rheinland (Hrsg.), *Nachlaß des Fabrikzeitalters. Alte Leitbilder. Nostalgische Baukunst. Industriemuseen* (Beiträge zur Industrie- und Sozialgeschichte, Bd. 2). (S. 63–101). Köln: Rheinland-Verlag.

Schleper, Thomas (2007). *Visuelle Spektakel und die Hochzeit des Museums. Über Chancen ästhetischer Bildung in der Wissensgesellschaft* (Einmischen und mitgestalten, Bd. 4). Essen: Klartext.

Schneider, Ursula (1988). Museum der Arbeit – ein „Museum zum Anfassen"? Zur Museumspraxis mit ‚Praxisexperten'. *Kritische Berichte, 16 (2),* 19–24.

Steiner, Otto (2002). Das Ziel. In Stiftung Zollverein unter der Leitung von Lutz Engelskirchen (Hrsg.), *Tagung zur Darstellung von Geschichte der Arbeit im Museum. 7. und 8. Juni 2001* (S. 76–78). Essen: Klartext.

Stender, Detlef (1997). *Tuchfabrik Müller. Arbeitsort – Denkmal – Museum* (Kleine Reihe, Bd. 17). Köln: Rheinland-Verlag.

Stender, Detlef (2005). Den Schornstein im Dorf lassen. Denkmalpflege als Museumskonzept: Die Tuchfabrik Müller in Euskirchen. In Hartmut John/Ira Mazzoni (Hrsg.), *Industrie- und Technikmuseen im Wandel. Perspektiven und Standortbestimmungen* (S. 3–70). Bielefeld: Transcript.

Touraine, Alain (1975). Industriearbeit und Industrieunternehmen. Vom beruflichen und technischen System der Arbeit. In Karin Hausen/Reinhard Rürup (Hrsg.), *Moderne Technikgeschichte.* Köln: Kiepenheuer und Witsch.

Wirtz, Rainer/Landschaftsverband Rheinland (Hrsg.). (1997). *Schwerindustrie.* Essen.

Reflexionen

Hannes Krämer
Was ist ästhetisch an ästhetischer Arbeit?
Zur Praxis und Kritik zeitgenössischer Erwerbstätigkeit

In der prominenten Diagnose um die Ästhetisierung von Arbeit steckt die Beobachtung, dass Anderes, zuvor nicht Dagewesenes auf die Sphäre der Arbeit übergreift. Das bedeutet, dass vormals Nichtästhetisches „ästhetisch gemacht oder als ästhetisch begriffen wird" (Welsch 1996: 20f.) – in diesem Fall die Arbeit.[1] Ein solches Thema berührt zentrale Debatten der Sozial- und Kulturwissenschaften – von der Gestalt der Arbeit über die Ästhetik bis hin zur Modernetheorie. Trotz dieser Berührungspunkte und der vielfältig diskutierten politischen, ethischen und gegenwartsdiagnostischen Implikationen einer solchen Deutung scheint dennoch Klärungsbedarf zu herrschen bezüglich der Frage nach den konkreten Formen der Veränderung von Erwerbsarbeit, wenn sie denn ästhetisch wird. Was muss man sich unter einer Ästhetisierung von Arbeit vorstellen? Was wird ästhetisch am Arbeiten? Wie setzt sich dieses Ästhetische fest? Welche Erwerbsarbeit ist damit beschrieben? Mein Beitrag hat zum Ziel, den Verankerungen des Ästhetischen in der Praxis der Erwerbsarbeit nachzuspüren, also im Kontext jener marktförmig organisierten Tätigkeit, die der Einkommenswirtschaftung und der Sicherung des Lebensunterhaltes dient (vgl. Kocka 2001: 10).

Zugleich setzt eine solche Frage an einem breiten Ästhetikverständnis an: Wenn im Folgenden von Ästhetik die Rede ist, ist nicht in erster Linie ein Geschmacksurteil im Sinne von *(kunst)schön* oder *hässlich* gemeint, sondern wird, bezugnehmend auf den ursprünglichen Begriffs der *aisthesis*, auf eine spezifische Form sinnlicher Wahrnehmung hingewiesen. Diese sinnliche Wahrnehmung ist dabei eigendynamisch, selbstreferentiell und verfügt über eine affektive Intensität (vgl. Böhme 1995; Reckwitz 2012). Sie ist damit zunächst auch nicht zweckgerichtet. Dies bedeutet zwar keineswegs, dass solche Wahrnehmungen nicht auch in den Dienst von Zwecken gestellt werden können – im Gegenteil: Ästhetische Wahrnehmungen können therapeutische, didaktische und ebenso ökonomische Funktionen erfüllen. Aber sie kommen auch ohne derartige Bezüge aus, da sie ihre Spezifität gerade aus der Selbstreferentialität ihres Vollzuges ableiten. Ein solch weiter Begriff des Ästheti-

---

1 Die Deutung gesellschaftlicher Entwicklung als Ästhetisierung ist keineswegs neu wie Katharina Scherke (2000) anhand verschiedener Modernisierungstheorien ab 1900 vorführt (siehe aber auch Bubner 1989; Honneth 1994; Rebentisch 2012).

schen ermöglicht es, über das Kunstfeld hinaus verschiedene gesellschaftliche Teilbereiche hinsichtlich ihrer ästhetischen Formatierungen in den Blick zu nehmen. Für eine Analyse zeitgenössischer Erwerbsarbeit bedeutet das, in den Arbeitstätigkeiten nach den Momenten der Versinnlichung zu suchen, also diejenigen Formen der Arbeitspraxis analytisch scharf zu stellen, in denen selbstreferentielle, zwecklose, sinnlich-affizierende Wahrnehmungen aufscheinen. Hierzu werden Studien zur ästhetischen Arbeit konsultiert, besonders zur Kultur- und Kreativwirtschaft. Allerdings soll die Analyse weniger eine spezifische Branche ästhetischer Arbeit abstecken. Der Vorschlag, den die Analyse hier unterbreitet, besteht vielmehr darin, allgemeine Systematik für Ästhetisierungsprozesse von Erwerbsarbeit zu bestimmen. Dabei gilt es, sowohl nach den Formen ästhetischer Arbeit, als auch nach den Möglichkeitsbedingungen ihrer Kritik zu fragen.

Drei Formen ästhetischer Arbeitspraxis

Für eine solche Fragestellung bietet sich ein praxeologisches Vorgehen an, da so abstrakte Überlegungen zur Ästhetik an konkrete Phänomene und empirische Forschungen rückgebunden werden (vgl. Schäfer 2016). Einer solchen Praxisanalyse folgend lassen sich drei verschiedene Formen ästhetischen Arbeitens unterscheiden: Arbeitspraktiken können als ästhetisch gelten, wenn sie auf die gewohnheitsmäßige und routinierte Hervorbringung ästhetischer Objekte zielen, wenn sie über eine inhärente ästhetische Dimension verfügen oder wenn sie als Resultat einer Wanderbewegung vom künstlerischen Feld in die ökonomische Arbeitspraxis begriffen werden.

Kreativarbeit als ästhetische Arbeitspraxis

In einem ersten Verständnis können Arbeitspraktiken als ästhetisch bezeichnet werden, wenn sie auf die routinierte Hervorbringung ästhetischer Objekte zielen. Gernot Böhme formuliert das in Hinblick auf Ästhetisierungsprozesse wie folgt:

> Mit ästhetischer Arbeit wird die Gesamtheit jener Tätigkeiten bezeichnet, die darauf abzielen, Dingen und Menschen, Städten und Landschaften ein *Aussehen* zu geben, ihnen eine *Ausstrahlung* zu verleihen, sie mit einer Atmosphäre zu versehen oder in Ensembles eine Atmosphäre zu erzeugen (Böhme 2008: 29, Hervorh. i.O.).

Es geht hier also nicht um spezifische Tätigkeiten oder Personen, die aufgrund einer Sonderstellung, weil sie etwa aus dem Kunstfeld kommen, und in Abgrenzung zu vermeintlich profanen Bereichen wie der Angestelltenarbeit oder der industriellen Fertigung bestimmt werden, sondern dieses Verständnis ästhetischer Arbeitspraxis setzt grundlegender an. Es geht um jegliche Arbeitstätigkeiten, die mit der Erschaffung eigendynamischer, sinnlicher Wahrnehmung okkupiert sind. Ästhetische Arbeitspraktiken bringen „immer wieder ästhetische Wahrnehmungen oder Objekte für eine solche Wahrnehmung routinisiert oder gewohnheitsmäßig" (Reckwitz 2012: 25) hervor. Dies umfasst verschiedene Arbeitstätigkeiten, vom Anstreichen von Wänden über das Arrangieren von Objekten bis zum Ausstatten von Szenerien.

Als ästhetisch sind in diesem Zusammenhang diejenigen Objekte und Momente zu verstehen, die eine sinnliche und selbstbezügliche, ästhetische Wahrnehmung evozieren. Gemeint sind damit Dinge, Artefakte, Erlebnisse, die nicht in einer reinen Zweckrationalität aufgehen, sondern eine Form sinnlicher Selbstbezüglichkeit aufweisen. Im Kontext zeitgenössischer Erwerbsarbeit ist es vor allem der Bereich der Kultur- und Kreativwirtschaft, in dem Objekte produziert werden, die über einen konstitutiven „Inszenierungswert" (Böhme 2008: 29) verfügen (vgl. u.a. Lash/Urry 1994; Zukin 1995: Kap. 1; Haug 2009). Die Produkte der Kultur- und Kreativwirtschaft reichen von hochkulturellen Kunstobjekten über alltägliche Designgegenstände bis hin zu hedonistischen Musik- und Performanz-Erlebnissen im Nachtleben.[2] Mit einer derartigen Bestimmung von ästhetischer Arbeit als erwerbsarbeitliche Anstrengung am Ästhetischen korrespondieren in der Gegenwartsgesellschaft ebenso spezifische Subjektivierungsweisen (Hieber/Moebius 2011), die sich unter anderem in Berufsfeldern wie der Architektur, der Werbung, des Designs und entsprechenden Ausbildungswegen niederschlagen.[3]

---

2 Die Arbeitsformen, mit denen derartige Objekte gezielt hervorgebracht werden, werden auch als „cultural work" (Beck 2003), „creative labour" (Hesmondhalgh/ Baker 2012; McKinlay/Smith 2009) oder „Kreativarbeit" (Krämer 2014a; Manske 2016) bezeichnet.
3 Dass damit ein großer Anteil nicht-ökonomisch organisierter Arbeitstätigkeit ausgeschlossen wird, liegt auf der Hand. Beispielsweise lassen sich im Bereich der *Hausarbeit* und des *Care Work* ebenso ästhetische Aktivitäten und Anstrengungen finden, die nicht als Erwerbsarbeit konzipiert sind. Aber auch künstlerische Tätigkeiten verweigern sich wiederholt einer primären erwerbsarbeitlichen Orientierung (vgl. Müller et al. 1972). Und auch in anderen Lebensbereichen zielen vielgestaltige Anstrengungen auf die Evozierung ästhetischer Erlebnisse – etwa in der Freizeit, wenn sowohl die Garten- als auch die Körperarbeit im Fitnessstudio oder das gemeinsame Spiel im Sportverein nicht nur der physischen und psychischen Erholung dient, sondern ebenso auf die Erschaffung eines ästhetischen Objekts abzielt: des Gartens, des Körpers oder des Spielzugs.

Beispiele für ästhetische Arbeitspraktiken im Feld der Kultur- und Kreativwirtschaft umfassen Entwurfspraktiken, Verfahren der Ideengenerierung, Gestaltungs- oder auch Aufführungspraktiken. Empirisch lassen sich dabei Arbeitspraktiken beobachten wie sie in der Bildenden Kunst, aber ebenso im Handwerk Verwendung finden – etwa Schnitzen, Malen, Zeichnen, Arrangieren, Performieren, Inszenieren. In diesem Zusammenhang ist auf zwei Entgrenzungs- oder Erweiterungstendenzen hinzuweisen: Erstens sind ästhetische Arbeitspraktiken über die Felder der Kulturproduktion hinaus zu beobachten. Es finden sich zahlreiche weitere Bereiche, welche ebenso ästhetische Objekte erschaffen. So wird etwa in den letzten Jahren wiederholt auf die Nähe des Handwerks zur Kulturproduktion hingewiesen (Sennett 2008; Müller et al. 2011). Ebenso zeigen Studien zum Programmieren, dass das Schreiben von *Code* keineswegs nur eine technologische, sondern ebenso eine ästhetische Komponente aufweist (Cox/McLean 2013). Zweitens sind die Ränder ästhetischer Arbeitspraxis unscharf. In der Analyse konkreter Arbeitsprozesse ist zu beobachten, dass traditionelle künstlerische Praktiken mit weiteren Praktiken verknüpft sind, die ebenso eine maßgebliche Rolle für die Emergenz ästhetischer Objekte spielen. Etwa finden sich in der Arbeit von Werbeagenturen oder Architekturbüros verschiedene Formen der Bewertungspraxis, mithilfe derer darüber entschieden wird, ob die hochästhetisierten Gestaltungsentwürfe richtig, passend oder verbesserungswürdig sind (Krämer 2014a: 254ff.; Farias 2013). Derartige Praktiken sind konstitutiv für die Entstehung ästhetischer Objekte.

Ästhetisches Erleben beim Arbeiten

Dies führt zu einem zweiten Verständnis von ästhetischen Arbeitspraktiken. Arbeitspraktiken sind nicht nur äußerlich an der Erschaffung ästhetischer Objekte beteiligt, sondern verfügen selbst über eine affektiv-ästhetische Tätigkeitsdimension. Das bedeutet, dass Entwurfspraktiken (Texten, Gestalten, grafisches Entwerfen et cetera) und Techniken der Ideenfindung (Brainstormings, Introspektion, Inspirations-Recherchen et cetera) nicht nur auf die Vorbereitung eines ästhetischen Objekts abzielen. Sie bringen zugleich eine Form des Arbeitens hervor, die selbst ein hoch-affektives und sinnliches Erlebnis darstellt. Durch den körperlichen Vollzug der Arbeitspraktiken begeben sich die Akteur_innen in einen Zustand sinnlich-sensibler und affektiver Zuwendung zum Arbeitsobjekt, was zu einem maßgeblichen und gewünschten Bestandteil der Objektproduktion werden kann. Dabei ist nicht selten zu beobachten, dass die affektiv hoch aufgeladene Arbeitspraxis – etwa im Modus sogenannter *Flow-Erlebnisse* – nicht in einer reinen Zweckhaftigkeit aufgeht. Vielmehr entzieht sich die Arbeitspraxis einer solchen Zwecksetzung dahingehend, dass das Erleben im Moment des Erlebnisses verortet bleibt. Es geht um das Aufgehen im Vollzug der Praxis als tätige sinnliche Wahrnehmung. Die Parameter erfolgreicher Tätigkeit liegen dabei in der Situation selbst und sind eher sensorisch zu erspüren, als kognitiv zu bestimmen. Einen solchen Moment beschreibt Michael Burawoy (1979) in seiner anthropologischen Studie über die Arbeitspraxis in der industriellen Fertigung. Indem die Arbeitenden am Fließband in einen Zustand des Spiels gegen die Uhr verfallen, entwickelt sich eine spezifische situative Arbeitsdynamik, die einen Zustand veränderter sinnlicher Wahrnehmung und affektiver Eingebundenheit eröffnet, der einer repetitiven, monotonen und ermüdenden Aktivität entgegensetzt wird.

Ähnliche Beispiele finden sich im Feld der *Creative Industries*. In der Entwurfspraxis von Designer_innen lässt sich beobachten, wie diese ein ästhetisches Gespür für das Entworfene entwickeln, um über den sinnlichen Nachvollzug die affektive Qualität des Gestaltungsangebots einzuschätzen. Im Prozess der grafischen Gestaltung sind immer wieder Momente zu beobachten, die durch hohes Tempo, körperliche Anspannung, atmosphärische Dichte und zahlreiche Zustandsänderungen am (digitalen) Material gekennzeichnet sind (vgl. Krämer 2014b; Schön 1991). Andreas Reckwitz benennt solche Momente – einen Begriff von Gerhard Schulze (1992: 98) borgend – als „ästhetische Episoden". In diesen „scheint momenthaft und unberechenbar eine ästhetische Wahrnehmung auf. Ein Subjekt lässt sich durch ein Objekt affizieren und durchbricht damit den Kreislauf der Zweckrationalität" (Reckwitz 2012: 25). Derartige Episoden sind nicht nur beiläufiges Nebenprodukt, sondern zentraler Bezugspunkt der Arbeitsaktivitäten. Die Organisationen sowie die Arbeitsabläufe in der Kultur- und Kreativwirtschaft sind so strukturiert, dass sie die Emergenz ebensolcher affektiv-ästhetischer Episoden begünstigen (vgl. Grabher 2002). Der affektiv-ästhetische Gehalt der Tätigkeiten wird als entscheidende Grundlage der ökonomischen Unternehmensleistung betrachtet.

Ein derartiges Verständnis von Arbeitspraxis als affektive Praxis erweitert das in der Arbeitsforschung etablierte Konzept „affektiver Arbeit" (Hardt 2002) in einem entscheidenden Maße: Es geht nicht mehr ausschließlich um die *Arbeit am Affekt* als Kennzeichen zeitgenössischer Ökonomie, sondern ebenso um eine *Arbeit als Affekt*. Im Gegensatz zum ersten Fall sind Arbeitspraktiken nicht nur äußerlich an der Hervorbringung ästhetischer Wahrnehmungen und Wahrnehmungsobjekte beteiligt, sondern können selbst als ästhetisches Erlebnis begriffen werden. Sicherlich kommt es empirisch zur Überlagerung beider Formen – ästhetischer Genuss im Arbeitsvollzug ist häufig maßgeblich an der Erschaffung ästhetischer Objekte beteiligt und entspricht damit jenen Routinen, von denen bereits die Rede war. Allerdings sind derartige Überlagerungen nicht zwingend. Industrielle Fertigungsprozesse oder Arbeitssituationen im Angestelltenalltag können prinzipiell ebenso eine ästhetische Dimension aufweisen, auch wenn sie nicht auf die Produktion ästhetischer Objekte, sondern auf Stahlprofile und Aktennotizen gerichtet sind.

Ästhetische Arbeitspraxis als Import aus dem Kunstfeld

Schließlich lässt sich ein drittes Verständnis ästhetischer Arbeitspraktiken identifizieren. Arbeitspraktiken gelten demnach als ästhetisch, da sie aus dem Feld der Kunst in die ökonomische Arbeitspraxis diffundiert sind. In diesem Sinne lassen sich Arbeitspraktiken wie etwa das Skizzieren, Praktiken des Objektarrangements, Techniken kreativen Schreibens aber auch Verfahren der Ideengenerierung als ästhetische Praktiken verstehen, weil sie entweder ihren Ursprung im Kunstfeld haben oder eine Nähe dazu aufweisen. In der Arbeitsforschung wird eine solche Kunstreferenz dort deutlich, wo künstlerische Bezüge als Interpretationsfolien für die zeitgenössische Arbeitswelt herangezogen werden. Die Diffusion „künstlerischer Logiken" (Eikhof/Haunschild 2007) in die ökonomische Arbeitspraxis führt dabei zu einer Veränderung der ursprünglichen Praktiken, was in Studien zur Erwerbsarbeit auf einer synchronen sowie einer diachronen Ebene nachgezeichnet wurde. Beispielsweise sind symbolische Praktiken der Selbstbeschreibung als Ausrichtung am Subjektideal der Künstler_innen interpretiert (Menger 2006) oder Praktiken der Selbstpositionierung auf dem Arbeitsmarkt in Analogie zu Künstler_innenarbeitsmärkten diskutiert worden (Haak/Schmid 1999). In anderen Fällen wurden Übertragungen auf der Ebene der Inneneinrichtung, der Kleidung sowie des Habitus als eine Betonung expressiver, künstlerischer Individualität gedeutet (Reckwitz 2012). Auf synchroner Ebene wurden derartige Modellierungen als Künstler_innensubjekt und die *Nutzung* künstlerischer Tätigkeiten auch innerhalb der Berufsausbildung nachgezeichnet (Schumacher/Glaser 2008), sie lassen sich aber auch stärker diachron bestimmen: So sind beispielsweise in der Geschichte der visuellen Kommunikation und der Gebrauchsgrafik mehrere Annäherungen zwischen künstlerischer und ökonomischer Praxis zu beobachten (Meffert 2001).[4] Neben der Frühphase moderner Wirtschaftswerbung mit der so genannten *Plakatkunst* ist es vor allem die *Kreativwerbung*, die als Beispiel anzuführen ist (vgl. Frank 1997). Galt die Werbeproduktion lange Zeit als eine Tätigkeit, die maßgeblich durch die intellektuelle Auseinandersetzung mit den Produktvorzügen und dem Abgleich mit Rezipient_innenwünschen mithilfe psychologischer Tests durchgeführt wurde (vgl. Regnery 2003), so geriet seit den 1950er Jahren der schöpferische Prozess der Werbedarstellung und des Werbekonzepts in den Fokus. Auf der Ebene der Arbeitspraktiken bedeutete dies, in neuen Teamstrukturen zu arbeiten, die zuvor an Kunsthochschulen – wie etwa dem *Bauhaus* oder *Black Mountain College* – ausprobiert wurden (vgl. Blume et al. 2015). Zugleich stieg die Bedeutung und Auseinandersetzung mit Strategien zur Förderung von Kreativität stark an: Brainstormings, assoziative Gruppenverfahren und selbst Spiele fanden in der Arbeitspraxis vermehrt Verwendung (vgl. Fox 1984). So findet sich eine deutliche Fokussierung auf Einfälle als Ergebnis von Verfahren (im Gegensatz zu den Eingebungen eines Genies) schon früh in den Avantgardebewegungen der 1920er Jahre, beispielsweise im Dadaismus, Surrealismus oder dem russischen Formalismus. Assoziationsverfahren wie etwa die sogenannte *écriture automatique* im Surrealismus, nach der assoziative Schreibübungen auf ein *Flow-Erlebnis* der Schreibenden abstellten, schlagen sich in zeitgenössischen Kreativtechniken wieder. All dies zielt auf eine spezifische Auseinandersetzung mit dem Einfall, bei der weniger die rationale, als eher eine ästhetische Auseinandersetzung betont wird.

Arbeitspraxis und Kritik

Bislang wurden drei analytisch unterscheidbare Formen von Ästhetisierung herausgearbeitet. Ästhetische Praktiken können demnach als ästhetisch im obigen Sinne gelten, da sie ein ästhetisches Objekt erschaffen, in ihrem Vollzug ein ästhetisches Erleben aufscheint oder weil sie dem Kunstfeld entstammen. Diese Formen sind keine exklusiven Perspektiven auf den Gegenstand ästhetischer Arbeit, sondern werden in Studien auch immer wieder gemeinsam angeführt. Allerdings stellen diese Perspektiven zugleich drei heuristisch unterscheidbare Zugriffe auf das Phänomen der Ästhetisierung dar, die verschiedene Aspekte in den analytischen Fokus rücken. Ich möchte diesen Punkt verdeutlichen, indem ich nach dem spezifischen Standpunkt von Kritik innerhalb dieser Perspektiven frage. Wenn Ästhetisierung Unterschiedliches

---

4   Vgl. zum Überblick Krämer 2014a: 69ff.

betont, werden zugleich verschiedene Fundamente der Kritik möglich. Im Falle der Diagnose einer Ästhetisierung der Arbeit stellt sich die Frage nach dem Standpunkt der Kritik noch einmal besonders, da der Ästhetisierungsdiskurs als ambivalente Zuschreibung zwischen den Polen der Krisendiagnose (vgl. Honneth 1994) und einem affirmativen Gestaltungspotenzial (vgl. Schulze 1992) schwankt. Es sind drei Kritikverständnisse, die sich in diesem Zusammenhang mit der Ästhetisierung benennen lassen: Kritik an den Arbeitsbedingungen, Affekt- und Entfremdungskritik, Oberflächenkritik.

Kritik an den Arbeitsbedingungen

Im ersten Fall wurde die ästhetische Arbeitspraxis dadurch bestimmt, dass sie an der Erschaffung ästhetischer Objekte beteiligt ist. Sowohl ästhetische Praktiken als auch ästhetische Objekte sind damit keine Verfahren und Gegenstände an und für sich, sondern Ergebnis zahlreicher Aktivitäten. Eine derartige *Produktionsästhetik* interessiert sich für die objektualen, performativen und praktischen Gegebenheiten ästhetischer Arbeit. Ästhetische Praktiken beschränken sich damit keineswegs auf die Ebene der künstlerischen oder kreativen Tätigkeit, sondern sind prinzipiell in allen möglichen Bezugnahmen auf ein ästhetisches Objekt denkbar. Entsprechend sind daran verschiedene Akteur_innen beteiligt, auch jene, deren Kompetenz gemeinhin nicht im Bereich der Ästhetik verortet wird. Ebenso erweitert ein solches Verständnis ästhetischer Praktiken auch die Menge ästhetischer Objekte. Wenn ästhetische Objekte eine sinnliche und selbstbezügliche ästhetische Wahrnehmung evozieren, dann kann die Inneneinrichtung designter Bürowelten genauso gemeint sein wie Gegenstände alltäglicher Hausarbeit.

Ein solcher Blick auf den Arbeitsalltag der Akteur_innen gibt Aufschluss über die konkreten Produktionsgegebenheiten. Die Gestalt von Arbeit wird so nicht mehr als *black box*, sondern als materiale Arbeitsform beobachtbar. Es wird sichtbar, was konkret im Fall ästhetischer Arbeit *getan* wird. Wenn mithilfe detaillierter empirischer Analysen die konkreten Arbeitsbedingungen und -formen perspektiviert werden, ermöglicht das wiederum einen spezifischen Standpunkt der Kritik, der auf die alltäglichen Bedingungen und Umstände ästhetischer Arbeit sowohl im Detail als auch in ihrer Gesamtheit zielt. Der Blick wird hinter die Kulissen verschiedener Arbeitsmythen gelenkt, wie sie beispielsweise im Diskurs um Kreativarbeit als passionierte Tätigkeit zu finden sind (vgl. exemplarisch Florida 2002). Demgegenüber werden zum Beispiel die vielfältigen Anforderungen an die Arbeitssubjekte deutlich. Es wird sichtbar, dass Arbeitnehmer_innen im Feld der Kreativarbeit, wie auch in anderen Arbeitsbereichen, mit einer ausgeprägten Unsicherheit ihrer erwerbsarbeitlichen Lage konfrontiert sind und ein korrespondierendes Risiko- und Kontingenzmanagement ausbilden (müssen). Dies schlägt sich in konkreten Praktiken nieder wie zum Beispiel im Aufbau von beruflichen Netzwerken, im proaktiven Akquirieren von Aufträgen, im möglichst langen Offenhalten von Optionen (Manske 2007), die allesamt keine konkrete Arbeit am Inszenierungswert von Objekten darstellen, aber einen zentralen Bestandteil ästhetischer Arbeit bilden. Analysen ästhetischer Arbeitspraxis und -prozesse verdeutlichen so die vielfältigen Strategien, zwischen künstlerischem Ausdruck und wirtschaftlichen Zwängen zu vermitteln, und nehmen die Anforderungen ständiger Reorganisation und Aushandlungsprozesse in der ästhetischen Ökonomie zum Ausgangspunkt der Kritik (Boltanski/Chiapello 2006). Eine solche Perspektive vergrößert analytisch den Bereich der vielfach unsicheren Verknüpfungen von alltäglicher Arbeits- und Lebensführung im Bereich ästhetischer Arbeit und macht sie damit kritisierbar. Die vielfältigen Erwerbskonstellationen in der ästhetischen Produktion mit ihren Multijobs, simultanen Projektverantwortungen, beschleunigten Arbeitsbedingungen, sowie dem periodischen Auf und Ab der Existenzsicherung gehen oft mit privaten Unsicherheiten einher, die durch eine solche Perspektive im Detail sichtbar werden (vgl. etwa McRobbie 2016: 87ff.). Ebenso deutlich werden durch diese Mikroperspektiven auf den Arbeitsprozess die Wiedereinführung von Machtasymmetrien und Weisungsbefugnissen in den vermeintlich machtlosen Zentren flacher Hierarchien (vgl. McKinlay/Smith 2009). Indem Brainstorming-Sitzungen etwa konversationsanalytisch aufgeschlüsselt werden, kann gezeigt werden, dass derartige (vermeintlich) egalitäre Praktiken auch hierarchisch strukturiert sind (vgl. Matthews 2009).[5] Traditionelle Befugnisse werden hier unterschwellig wieder in die Organisation ästhetischer Arbeit eingeführt, obwohl sie in zahlreichen Bereichen gerade keine Rolle spielten. Eine solche Kritikperspektive zielt vor allem auf die sozialen Bedingungen der Arbeitspraxis.

Affekt- und Entfremdungskritik

Die zweite Form einer Ästhetisierung der Arbeitspraxis bezieht sich auf das affektive Erleben von Arbeit. Arbeit wird hiernach zu einem Erlebnis, dessen Vollzug eine ästhetisierende Dimension aufweisen kann. Ästhetische Ar-

---

5 Dass dies allerdings von Fall zu Fall differiert, zeigt Krämer 2014a: 205.

beit gerät als unmittelbare sensorische Erfahrung in den Blick, die zugleich eine zentrale Qualität von Arbeit darstellt. Die Bedeutung dieses ästhetischen Arbeitserlebnisses wird zum einen von den Arbeitenden selbst als eine positive Erfahrungsdimension bestimmt, die so eine erfüllte Tätigkeit ermöglicht. Zum anderen gilt die ästhetische Eingebundenheit als Garant für ökonomischen Erfolg. Es ist der strategische Einbezug jeglicher Tätigkeitsdimension in den Arbeitsprozess, der für Innovation sorgen soll. In der Arbeitsforschung wurde dies unter anderem mit dem Begriff der „Subjektivierung von Arbeit" (Moldaschl/Voß 2002) oder dem Hinweis auf *affective labor* (Hardt 2002) gefasst.

Genau hier setzt eine Kritik ästhetischer Arbeitspraxis als affektiver Arbeitspraxis an. Zunächst wird die konkrete Form der praktischen Anrufung als selbstästhetisierende_r Arbeitsakteur_in deutlich. Die Einbindung in die Arbeitstätigkeit, verstanden als „passionate work" (McRobbie 2016: 103), kann als materielle Tätigkeit beschrieben und in ihrer Sogwirkung empirisch nachvollzogen werden. Wie hat man sich affektive Arbeitstätigkeiten vorzustellen? Wie wird in der Arbeitspraxis eine derart „seductive offer […] with pleasure in work" (McRobbie 2016: 105) angeboten? Kritisierbar wird das grundsätzliche Eingenommensein von der Arbeit, welches ganz anders als bei Marx nicht in der Entfremdung von der eigenen Person liegt, sondern in einem Zuviel an Nähe zwischen Selbst und Arbeitsgegenstand verortet ist. Bei Marx heißt es, die Arbeitenden seien in der Arbeit „außer sich", da der zergliedernde Prozess der Fabrikarbeit nicht zum Wesen der Arbeitsperson gehöre und diese daher „keine freie physische und geistige Energie" (Marx 1968: 514) ermögliche. Die Arbeit „ist daher nicht die Befriedigung eines Bedürfnisses, sondern sie ist nur ein *Mittel*, um Bedürfnisse außer ihr zu befriedigen" (ebd., Hervorh. i.O.). Anders in der ästhetischen Arbeit: Hier geht es um den Einbezug des ganzen Wesens mitsamt eigener Fähigkeiten und affektiver Gestimmtheiten. Aber gerade die Intensität des Einbezugs verhindert die nötige Selbstreflexion gegenüber der Arbeitstätigkeit. Die Freude an der Arbeit wird dann als Selbstverwirklichung interpretiert, was beispielsweise die Prekarität der Arbeitssituation verschleiere (vgl. Boltanski/Chiapello 2006; Lorey 2007).

Auch jenseits dieser Grundsatzkritik finden sich weitere Kritikmaßstäbe: Erstens lassen sich über die Analyse konkreter Formen ästhetischen Arbeitens die Unterschiede ästhetisch-affektiven Eingebundenseins identifizieren. Nicht jede Art hingabevollen, selbstzweckhaften Arbeitens ist gleichermaßen kritisierbar. Beispielsweise zeigt Angela McRobbie (2016: 110), dass sich im Feld der Kulturproduktion bei jungen Frauen zuweilen ein „girlish enthusiasm" beobachten ließe, der eine Re-Traditionalisierung von Geschlechterrollen nach sich ziehe, die kritisch einzuschätzen sei. Hingegen ist Affektivität am Arbeitsplatz nicht per se ein Nachteil, wie Richard Sennett in seiner Suche nach Bedingungen guter Arbeit zeigt (Sennett 2012: 267ff.). Dies verweist zweitens auf feldinterne Wertordnungen verschiedener ästhetischer Tätigkeiten. Ist etwa ein enthusiastisches Eingebundensein besser als eine analytisch-ästhetische Herangehensweise, die ihren Genuss aus der systematischen Zergliederung des Arbeitsgegenstandes zieht? Frag- und kritikwürdig wird hierbei der Maßstab ästhetischen Erlebens im Arbeitsprozess. So scheint das Fehlen eines ekstatischen Moments auf die mangelnde Qualität der Arbeit hinzuweisen. Dies wurde bereits von Arlie Russel Hochschild (1990) in ihrer Studie zur Gefühlsarbeit angeführt: Erst wer lernt zu lächeln, schafft es auch, ein_e gute_r Flugbegleiter_in zu sein. Dies lässt sich auch für das Feld der kreativen Arbeit erweitern. Das richtige Gespür für den Entwurf zu besitzen, ist an die richtige Form ästhetischer Arbeit geknüpft. Eine Mikroanalyse ästhetischer Arbeitspraxis ermöglicht es, derartige Formen der Selbstentfremdung zu verdeutlichen.

Oberflächenkritik

Schließlich wird im dritten Fall die ästhetische Arbeitspraxis durch einen genealogischen Verweis bestimmt. Arbeit ist demnach ästhetisch, weil einzelne Arbeitspraktiken und Objekte dem künstlerischen Feld entstammen beziehungsweise grundlegende Bezüge dazu aufweisen. Ob die einzelnen Praktiken dabei historisch in ihrem Ursprung auf das Kunstfeld zurückzuführen sind, ist nicht immer eindeutig festzumachen. Wichtig ist allerdings die soziale Identifikation derartiger Praxis als künstlerisch oder als ursprünglich dem Kunstfeld zugehörig.

In diesem Kontext findet sich eine Kritik an der Ästhetisierung von Arbeit, welche diese als falsche Schönheit, als Oberflächenschein entlarven möchte. Prominent ist dies von Max Horkheimer und Theodor W. Adorno (2002) in ihrer Kritik der „Kulturindustrie" sowie in Wolfgang Fritz Haugs (2009) „Kritik der Warenästhetik" formuliert worden. Eine solche Position setzt maßgeblich auf eine Differenz von ästhetisch als selbstreferenzielle Qualität auf der einen und die Indienstnahme des Ästhetischen in die kapitalistische Warenproduktion auf der anderen Seite. Adorno disqualifiziert einen damit einhergehenden Lebensstil: „Der ästhetische Schein wird zum Glanz, den Reklame an die Waren zediert, die ihn absorbieren; jenes Moment der Selbständigkeit jedoch, das Philosophie eben unterm ästhetischen Schein begriff, wird verloren" (Adorno 1984: 299). Was hier kritisiert wird, ist der Verlust der (bürgerlichen) Autonomie künstlerischer Produktion. Ästhetische Arbeit wird zu einer Arbeit an der Aufrechterhaltung eines äußerlichen Scheins degradiert. Eine derartige Vereinnahmung künstlerischer Ideale und Prozesse verschaffe innerhalb der kapitalistischen Ökonomie einen Wettbewerbsvorteil, allerdings zulasten der Eigenart des künstlerisch Schöpferischen – die Ästhetisierung der Arbeit entpuppt sich so als Ökonomisierung des Ästhetischen. Bei Haug wird diese Deutung noch zugespitzt: In der spätkapitalistischen Warenproduktion wie auch im zeitlich darauf folgenden High-Tech-Kapitalismus ist die Ästhetisierung der Objekte Ausdruck einer Verschiebung des Verhältnisses von Gebrauchs- und Tauschwert. Es geht laut Haug in kapitalistischen Tauschverhältnissen nur um das Gebrauchswert*versprechen* einer Ware und nicht um deren eigentlichen Gebrauchswert. Dieser wird für die Tauschtransaktion nur als bloßer Schein virulent:

> Das Ästhetische der Ware im weitesten Sinne: sinnliche Erscheinung und Sinn ihres Gebrauchswerts, löst sich hier von der Sache ab. Schein wird für den Vollzug des Kaufakts so wichtig – und faktischer wichtiger – als Sein. Was nur etwas ist, aber nicht nach ‚Sein' aussieht, wird nicht gekauft. Was etwas zu sein scheint, wird wohl gekauft (Haug 2009: 30).

Dabei werden nicht nur Kulturgüter, wie noch im Konzept der *Kulturindustrie*, sondern nahezu alle Waren über ihren Tauschwert bestimmt. Die Kritik zielt auch hier auf die Indienstnahme des Ästhetischen für die Ökonomie, allerdings geschieht dies, ohne den Verlust des Ästhetischen als Reflexionspotenzial zu beklagen, sondern es wird der Anteil der Ästhetik an einer Inszenierung des Sozialen hervorgehoben. Bezogen auf die ästhetische Arbeit, qualifiziert eine solche Kritik ehemals künstlerische Praxis in ökonomischen Kontexten als bloße Atmosphärenproduktion, die nichts Substantielles anbietet, als falsche Inszenierungsqualität. Eine Ergänzung bietet Gernot Böhme an. Er hält Haug vor, dass dieser die Inszenierungsdimension als szenischen Wert der Produktion unterschätze:

> Der Wert der Waren, wenn er nicht in der Nützlichkeit zu irgendwelchen lebensweltlichen Verrichtungen besteht, braucht keineswegs nur darin zu bestehen, daß sie einen Tauschwert repräsentieren. Vielmehr werden sie gebraucht gerade in ihrer szenischen Funktion, als Bestandteil eines Stils, als Elemente zur Erzeugung von Atmosphären (Böhme 1995: 46).

Eine solche Position setzt die Kritik nicht am grundsätzlichen Übergriff der Ökonomie auf die Praxis an, sondern am Hinweis auf die Suggestionskraft der ästhetischen Praxis, die im radikalen Fall zu „Befangenheit, Entfremdung und Verblendung" (ebd., 47) führe.

Fazit

Was lässt sich an diesen drei Kritikverständnissen und den korrespondierenden Praxisformen des Ästhetischen sehen? Meines Erachtens wird deutlich, auf welchen unterschiedlichen Ebenen eine Theorie und Empirie der Ästhetisierung der Arbeit ansetzen kann und was das für Konsequenzen für die Formulierung von Kritik bedeutet. Die verschiedenen Analyseebenen stellen entsprechende Perspektiven scharf, die von professionssoziologischen Fragen über Fragen der Subjektwerdung bis hin zu Fragen der Geschichtlichkeit von Praxis reichen. Im Sinne einer praxistheoretischen Perspektivenergänzung liegt der Gewinn dieser analytischen Zergliederung in der Fokussierung verschiedener Ebenen. So wird es möglich, unterschiedliche Mechanismen einer Ästhetisierung von Arbeit auseinanderzuhalten und zu identifizieren. Dies gilt gleichermaßen für die korrespondierenden Ebenen der Kritik. Denn eine differenzierte Analyse dessen, was Ästhetisierung der Arbeit heißen kann, setzt bereits den Startpunkt ihrer kritischen Durchdringung.

Literatur

Adorno, Theodor W. (1984). Das Schema der Massenkultur. Kulturindustrie (Fortsetzung). In ders., *Gesammelte Schriften in 20 Bänden*, Bd. 3. Hrsg. von Rolf Tiedemann (S. 299–335). Frankfurt am Main: Suhrkamp.
Beck, Andrew (Hrsg.). (2003). *Cultural Work. Understanding the Cultural Industries*. London/New York: Routledge.
Blume, Eugen et al. (Hrsg.). (2015). *Black Mountain: Ein interdisziplinäres Experiment 1933–1957*. Leipzig: spector.
Böhme, Gernot (1995). *Atmosphäre. Essays zur neuen Ästhetik*. Frankfurt am Main: Suhrkamp.
Böhme, Gernot (2008). Zur Kritik der ästhetischen Ökonomie. In Kaspar Maase (Hrsg.), *Die Schönheiten des Populären. Ästhetische Erfahrung der Gegenwart* (S. 28–41). Frankfurt am Main/New York: Campus.
Boltanski, Luc/Chiapello, Ève (2006). *Der neue Geist des Kapitalismus*. Konstanz: UVK.
Bubner, Rüdiger (1989). Ästhetisierung der Lebenswelt. In Walter Haug/Rainer Warning (Hrsg.), *Das Fest* (Poetik und Hermeneutik, Bd. XIV). (S. 651–662). München: Fink.

Burawoy, Michael (1979). *Manufacturing Consent. Changes in the Labor Process Under Monopoly Capitalism.* Chicago u.a.: University of Chicago Press.

Cox, Geoff/McLean, Alex (2013). *Speaking Code. Code as Aesthetic and Political Expression.* Cambridge, MA/London: MIT Press.

Eikhof, Doris Ruth/Haunschild, Axel (2007). For art's sake! Artistic and economic logics in creative production. *Journal of Organizational Behavior, 28* (5), 523–538.

Farias, Ignacio (2013). Heteronomie und Notwendigkeit. Wie Architekt/innen Wettbewerbsbeiträge entwickeln. In Markus Tauschek (Hrsg.), *Kulturen des Wettbewerbs. Formationen kompetitiver Logiken* (S. 173–193). Münster u.a.: Waxmann.

Florida, Richard (2002). *The Rise of the Creative Class. And How It's Transfoming Work, Leisure, Community, and Everyday Life.* New York: Basic Books.

Fox, Stephen (1984). *The Mirror Makers. A History of American Advertising and its Creators.* New York: William Morrow and Company.

Frank, Thomas (1997). *The Conquest of Cool. Business Culture, Counterculture, and the Rise of Hip Consumerism.* London/Chicago: University of Chicago Press.

Grabher, Gernot (2002). The project ecology of advertising: tasks, talents and teams. *Regional Studies, 36* (3), 245–262.

Haak, Carroll/Schmid, Günther (1999). *Arbeitsmärkte für Künstler und Publizisten – Modelle einer künftigen Arbeitswelt?* WZB-Arbeitspapier (Querschnittsgruppe Arbeit und Ökologie). Berlin: Wissenschaftszentrum Berlin für Sozialforschung.

Hardt, Michael (2002). Affektive Arbeit. Immaterielle Produktion, Biomacht und Potenziale der Befreiung. In Thomas Atzert/Jost Müller (Hrsg.), *Immaterielle Arbeit und imperiale Souveränität. Analysen und Diskussionen zu Empire* (S. 175–188). Münster: Westfälisches Dampfboot.

Haug, Wolfgang Fritz (2009). *Kritik der Warenästhetik. Gefolgt von Warenästhetik im High-Tech-Kapitalismus.* Frankfurt am Main: Suhrkamp.

Hesmondhalgh, David/Baker, Sarah (2012). *Creative Labour. Media Work in Three Cultural Industries.* London/New York: Sage.

Hieber, Lutz/Moebius, Stephan (2011). Einführung: Ästhetisierung des Sozialen im Zeitalter visueller Medien. In dies. (Hrsg.), *Ästhetisierung des Sozialen. Reklame, Kunst und Politik im Zeitalter visueller Medien* (S. 7–14). Bielefeld: Transcript.

Honneth, Axel (1994). Ästhetisierung der Lebenswelt. In ders. (Hrsg.), *Desintegration. Bruchstücke einer soziologischen Zeitdiagnose* (S. 29–38). Frankfurt am Main: Fischer.

Horkheimer, Max/Adorno, Theodor W. (2002). *Dialektik der Aufklärung. Philosophische Fragmente.* Frankfurt am Main: Fischer.

Kocka, Jürgen (2001). Thesen zur Geschichte und Zukunft der Arbeit. *Aus Politik und Zeitgeschichte, 21,* 8–13.

Krämer, Hannes (2014a). *Die Praxis der Kreativität. Eine Ethnografie kreativer Arbeit.* Bielefeld: Transcript.

Krämer, Hannes (2014b). Voll dabei. Affektivität und Effektivität in der Arbeitspraxis von Werbern. In Manfred Seifert (Hrsg.), *Die mentale Seite der Ökonomie. Gefühl und Empathie im Arbeitsleben* (S. 125–139). Dresden: Thelem.

Lash, Scott/Urry, John (1994). *Economies of Signs and Space*. London u.a.: Sage.

Lorey, Isabell (2007). Vom immanenten Widerspruch zur hegemonialen Funktion. Biopolitische Gouvernementalität und Selbst-Prekarisierung von KulturproduzentInnen. In Gerald Raunig/Ulf Wuggenig (Hrsg.), *Kritik der Kreativität* (S. 121–136). Wien: Turia+Kant.

Manske, Alexandra (2007). *Prekarisierung auf hohem Niveau. Eine Feldstudie über Alleinunternehmer in der IT-Branche*. München/Mering: Rainer Hampp.

Manske, Alexandra (2016). *Kapitalistische Geister in der Kultur- und Kreativwirtschaft. Kreative zwischen wirtschaftlichem Zwang und künstlerischem Drang*. Unter Mitarbeit von Angela Berger, Theresa Silberstein und Julian Wenz. Bielefeld: Transcript.

Marx, Karl (1968). Ökonomisch-Philosophische Manuskripte 1844. In ders./Friedrich Engels, *Werke. Ergänzungsband, Teil 1* (S. 465–588). Berlin: Dietz.

Matthews, Ben (2009). Intersections of brainstorming rules and social order. *CoDesign, 5 (1)*, 65–76.

McKinlay, Alan/Smith, Chris (Hrsg.). (2009). *Creative Labour. Working in the Creative Industries*. Houndsmills/New York: Palgrave Macmillan.

McRobbie, Angela (2016). *BeCreative. Making a Living in the New Culture Industries*. Cambridge/Malden, MA: Polity.

Meffert, Sylvia (2001). *Werbung und Kunst. Über ihre phasenweise Konvergenz in Deutschland von 1895 bis zur Gegenwart*. Wiesbaden: Westdeutscher Verlag.

Menger, Pierre-Michel (2006). *Kunst und Brot. Die Metamorphosen des Arbeitnehmers*. Konstanz: UVK.

Moldaschl, Manfred/Voß, G. Günter (Hrsg.). (2002). *Subjektivierung von Arbeit*. München/Mering: Rainer Hampp.

Müller, Klaus et al. (2011). *Das Handwerk in der Kultur- und Kreativwirtschaft*. Duderstadt: Mecke.

Müller, Michael et al. (1972). *Autonomie der Kunst. Zur Genese und Kritik einer bürgerlichen Kategorie*. Frankfurt am Main: Suhrkamp.

Rebentisch, Juliane (2012). *Die Kunst der Freiheit. Zur Dialektik demokratischer Existenz*. Berlin: Suhrkamp.

Reckwitz, Andreas (2012). *Die Erfindung der Kreativität. Zum Prozess gesellschaftlicher Ästhetisierung*. Berlin: Suhrkamp.

Regnery, Claudia (2003). *Die Deutsche Werbeforschung 1900 bis 1945*. Münster: Verlagshaus Monsenstein und Vannerdat.

Russel Hochschild, Arlie (1990). *Das gekaufte Herz. Zur Kommerzialisierung der Gefühle*. Mit einem Vorwort von Elisabeth Beck-Gernsheim. Frankfurt am Main/New York: Campus.

Schäfer, Hilmar (Hrsg.). (2016). *Praxistheorie. Ein Forschungsprogramm*. Bielefeld: Transcript.

Scherke, Katharina (2000). Die These von der Ästhetisierung der Lebenswelt als eine Form der Analyse des Modernisierungsprozesses. In Sabine Haring/Katharina Scherke (Hrsg.), *Analyse und Kritik der Modernisierung um 1900 und um 2000* (S. 109–131). Wien: Passagen.

Schön, Donald A. (1991). *Designing as Reflective Conversation with the Materials of a Design Situation*. Keynote Talk for the Edinburgh Conference on Artifical Intelligence in Design, June 1991. Edinburgh.

Schulze, Gerhard (1992). *Die Erlebnisgesellschaft. Kultursoziologie der Gegenwart*. Frankfurt am Main/New York: Campus.

Schumacher, Christina/Glaser, Marie Antoinette (2008). Kreativität in der Architekturausbildung. Erkundungen zu einem disziplinären Mythos. In Birgit Althans et al. (Hrsg.), *Kreativität. Eine Rückrufaktion* (Zeitschrift für Kulturwissenschaften, Bd. 1). (S. 13–30). Bielefeld: Transcript.

Sennett, Richard (2008). *Handwerk*. Berlin: Berlin Verlag.

Sennett, Richard (2012). *Zusammenarbeit. Was unsere Gesellschaft zusammenhält*. Berlin: Hanser.

Welsch, Wolfgang (1996). *Grenzgänge der Ästhetik*. Stuttgart: Reclam.

Zukin, Sharon (1995). *The Cultures of Cities*. Cambridge, MA/Oxford: Blackwell Publishers.

Kaspar Maase
Wie kann abhängige Arbeit schön sein?! – Ästhetisch-ethnographische Überlegungen

Produktinformation

Zu Anfang eine ganz undifferenzierte Positionierung gegenüber dem, was Ästhetisierung genannt wird – durch wen auch immer und von was auch immer, ob Ästhetisierung des Spendensammelns, akademischer Feiern oder der Arbeit (Definitorisches folgt). Der Autor dieses Textes geht grundlegend positiv an alle ‚Ästhetisierungen' heran, weil sie nach seinem Verständnis objektive wie subjektive, äußere wie innere Voraussetzungen für erweitertes und intensiviertes ästhetisches Erleben schaffen können. Ästhetisches Erleben (Definitorisches folgt) bildet in der ganzen Vielfalt seiner Varianten eine der großen Quellen nicht nur für Empfindungen von Glück und Vergnügen, sondern auch für sinnliche Erkenntnis, für Welt- und Selbstverstehen (vgl. Maase 2008; 2011; 2017). In meinen Vorstellungen von einem guten Leben für alle hat ästhetische Erfahrung einen unverzichtbaren Platz.

Zweifellos: Ästhetisierung ist eingespannt und eingesperrt in die Widersprüche, die die Welt zerreißen, die uns dauernd die Wahl zwischen Übeln aufzwingen und jedes, wirklich jedes Vergnügen und jede Freude ins Zwielicht rücken können.[1] Ästhetisierung ist Teil der Sozial- und Subjektivitätsentwicklungen im heutigen kapitalistischen Westeuropa. Das schließt aber nicht aus, dass sich dabei Fähigkeiten, Begehrnisse (vgl. Böhme 2008), Sensibilitäten und Erfahrungsmöglichkeiten entfalten. Und in all ihrer historischen Widersprüchlichkeit gehören die wachsenden Genüsse und wuchernden Praktiken ästhetischen Erlebens zu *den* Errungenschaften der Arbeitenden, auf denen jede Vorstellung eines besseren Lebens aufbaut und deren produktive Potenziale es voranzubringen gilt.

Einer dieser Widersprüche besteht darin, dass Ästhetisierung einerseits, die Hegemonie neoliberalen Gesellschaftsverständnisses und marktorientierter Subjektformen andererseits zusammenhängen. Nicht nur Luc Boltanski und Ève Chiapello (2003) haben neue Managementkonzepte und radikal-liberale Rhetorik zurückgeführt auf die Mittelschicht-Protestbewegungen seit

---
1 Das ist übrigens schon in Bertolt Brechts „An die Nachgeborenen" (1938) formuliert: „Was sind das für Zeiten, wo / Ein Gespräch über Bäume fast ein Verbrechen ist / Weil es ein Schweigen über so viele Untaten einschließt!"

den 1960er Jahren. Sven Reichardts (2014) Studie zu linksalternativem Leben in den 1970er und 1980er Jahren hat deren Forderungen nach nicht-entfremdeter Selbstentfaltung, individueller Authentizität und Kreativität, selbstbestimmter Tätigkeit und Niederreißen der Schranken zwischen Arbeit und Genuss beleuchtet. Diese Wünsche und Identitätsideale sind im „Kreativitätsdispositiv" (Reckwitz 2012) auf geradezu diabolische Weise verwoben – *dual use* sozusagen – mit den Imperativen des Arbeitskraftunternehmers (vgl. Pongratz/Voß 2004), des unternehmerischen Selbst (vgl. Bröckling 2007), der *creative class* und selbstgesteuerter Projektexistenzen. Inzwischen haben die Zeithistoriker Anselm Doering-Manteuffel und Lutz Raphael (2010: 10, 119f.) genau diesen Zusammenhang zur Erklärung für die mentale Etablierung neoliberaler Paradigmen unter den Deutschen herangezogen.[2]

Die These, Kreativitätskult und Neoliberalismus seien zwei Seiten einer Medaille, ist jedenfalls ernst zu nehmen und wird die Diskussion über Ästhetisierung der Arbeit begleiten. Zwar entstammt die Empirie, die den Darstellungen einer auf Selbstoptimierung, schöpferische Innovation und ästhetische Arbeit sich umstellenden Ökonomie bei Boltanski und Chiapello, Ulrich Bröckling und Andreas Reckwitz zugrunde liegt, über weite Strecken der Management-Literatur. Doch liefern die soziologischen Studien mit ihren Konzepten und Hypothesen unverzichtbare Parameter für die Aufmerksamkeitslenkung ethnographischer Forschung zu abhängiger Arbeit heute.

Begrifflich sind allerdings Vorsicht und sprachliche Genauigkeit angebracht. Denn der Management-Literatur geht es um hegemoniale Sinngebung für abhängiges Arbeiten nach den Imperativen einer fortschreitend sozialmoralisch entbetteten Wirtschaft.[3] Und alltagssprachlich bezeichnet ästhetisch, gerade in der nachbürgerlichen bildungsorientierten Mittelschicht, etwas Positives, Distinguierendes, etwas *Schönes* – während es analytisch um eine spezifische Modalität von Mensch-Umwelt-Kooperationen geht. Die kann als schön empfunden werden – oder als unverständlich, bedrohlich, abstoßend. Deshalb möchte ich hier, im Blick auf Praktiken und Erfahrungen abhängiger Arbeit, für einen strengen Ästhetikbegriff plädieren, der kritische Auseinandersetzung mit Ästhetisierungsrhetorik und herrschaftlichen Verschönerungs-

---

2 Vgl. auch Wolfgang Streecks (2013: 60) Überlegungen zur „Kooptation des Selbstverwirklichungsprojekts von 1968" und der unerwartet glatten Anpassung an die neoliberale Umstrukturierung von Arbeit und Leben.
3 Karl Polanyis (1977) historische Darstellung, wie wirtschaftliches Handeln („die Märkte") mit politischer Gewalt aus seiner lebensweltlichen (praktischen wie moralischen) Eingebundenheit herausgesetzt wurde, fördert das Verständnis aktueller Entwicklungen. Systematisch hat Anthony Giddens (1995: 33–43, passim) diese Anregung aufgenommen.

strategien ermöglicht. Ebenso verlangt analytische Trennschärfe zu betonen, dass die in der Forschung gängige Bezeichnung von Tätigkeiten als immateriell, emotional, symbolisch-kommunikativ oder kreativ sich auf andere Qualitäten bezieht als die Frage nach ästhetischem Erleben in Arbeitswelten. Erst klare Unterscheidungen ermöglichen, Beziehungen und Mischungsverhältnisse der verschiedenen Aspekte in konkreten Beschäftigungen differenziert herauszuarbeiten.

Ästhetisches Erleben

Dazu scheint es angebracht, in die Debatte von den Erfahrungen der Menschen her einzusteigen: von den Praktiken, mit denen sie positiv bewertete Empfindungen zu erzeugen suchen, die auf starken *sinnlichen Eindrücken* und/oder mit spürbaren Emotionen verknüpften *Vorstellungen* beruhen. Ein Grund für dieses Herangehen ist: Auch im Bereich des Ästhetischen handelt es sich auf absehbare Zeit um eine ausgesprochen *asymmetrische* Interaktion zwischen *Produzierenden* und *Aneignenden*. Und aus meiner Sicht sind nicht den Angeboten, sondern den Praktiken der vielen aktiven Nutzer_innen die wesentlichen Maßstäbe dafür zu entnehmen, ob der Begriff Ästhetisierung Erkenntnis fördert, was darunter zu verstehen ist und wie das so bezeichnete Phänomen sich entwickeln kann.

Um die Perspektive der nicht professionellen Akteur_innen zu verstehen, braucht man ein entsprechendes Modell ästhetischen Erlebens.[4] Der neueren, phänomenologisch inspirierten Ästhetikdebatte gilt mittlerweile alles, was zur Wahrnehmung in der ganzen Breite unserer sinnlichen, emotiven, imaginativen Vermögen gehört, als potenzieller Gegenstand. Jedes sinnlich prägnante Phänomen kann Akteur ästhetischen Erlebens sein. Was man als Kunst bezeichnet, ist eingeschlossen, hat aber kein Monopol mehr. Martin Seel (2000) demonstriert in seiner grundlegenden *Ästhetik des Erscheinens* die Spezifik ästhetischer Wahrnehmung an einem so alltäglich-trivialen Gegenstand wie einem roten Ball auf grünem Rasen.

Als ästhetisch bezeichnet man sinnliche Eindrücke oder imaginierte Vorstellungen, die aus dem Strom des Wahrnehmens und der Befindlichkeit herausgehoben sowie mit Emotionen und Bedeutungen verbunden

---

4 Im Anschluss an John Dewey (1980) spricht die Literatur meist von ästhetischer *Erfahrung* (vgl. Brandstätter 2012), und dem bin ich bisher gefolgt. *Erleben* betont den praktisch-prozessualen Charakter, ist offener und schließt auch bedeutungsschwache Empfindungen und Gefühle ein, die der stärker verarbeitend-reflektierend konnotierte Erfahrungsbegriff nicht berücksichtigt.

werden; sie können sinnliche Erkenntnis (im Unterschied zu begrifflicher) vermitteln. Dabei ist eine Differenz zur Alltagssprache wichtig: Ästhetisch bedeutet in analytischer Verwendung nicht schön, angenehm, erstrebenswert. Ästhetisches Erleben bildet einen grundlegenden Modus der Wahrnehmung; die subjektive Bewertung kann ausgesprochen negativ sein (und ist es faktisch oft). Dann nämlich, wenn sinnliche Eindrücke, Vorstellungen und verknüpfte Emotionen belastend, abstoßend, ekelhaft wirken und unerwünschte Stimmungen auslösen.

Solche (mehr gefühlten als reflektierten) Bewertungen sind allerdings historisch wie kontextabhängig ausgesprochen variabel. Zwar begegnen Menschen jeder Menge Situationen, Bilder, Sinneseindrücke, die sie vermeiden möchten, weil sie ausgesprochen negatives (ästhetisches!) Erleben hervorrufen. Doch haben sie gelernt, Eindrücke und Gefühle, die als solche unangenehm oder gar bedrohlich sind, im Kontext handlungsentlasteter Wahrnehmung zu letztlich angenehmen, positiv empfundenen ästhetischen Erlebnissen zu arrangieren. Das Horrorgenre ist ein klassisches Beispiel, ein anderes die Faszination der Beobachtung von Unglücken und Katastrophen. So kann auch Hässliches, Abstoßendes, Groteskes eine Anziehungskraft ausüben, die entsprechende Eindrücke als reizvoll empfinden lässt. Der tragische Untergang, die Darstellung von Leiden und Verlust können in der ästhetischen Gesamtbilanz als intensiv und lebenssteigernd empfunden und positiv bewertet werden. So sind Harmonie und Happy End keinesfalls unverzichtbar für das Erleben des Schönen – wenngleich man festhalten muss, dass gegenwärtig eine deutliche Mehrheit derartige Konstellationen präferiert.

Die gängige Lesart von Ästhetisierung als Verschönerung, als Steigerung von Angenehmem blendet die dunkle Seite ästhetischer Wahrnehmung aus, die im (Arbeits-)Alltag mindestens so relevant ist wie ihr Gegenstück. Sie stützt sich dabei nicht nur auf die lange Tradition normativer Ästhetik, die als legitimen Gegenstand nur *das Schöne* akzeptierte; sie nimmt auch das empirische Bestreben der Menschen auf, möglichst viele möglichst befriedigende ästhetische Erlebnisse und möglichst wenig unangenehme zu haben.

Positiv bewertete ästhetische Erlebnisse werden *um ihrer selbst willen* gesucht und gemacht, in der Hoffnung auf *erfreuliche* Gefühle; das nennen wir dann ästhetisches Vergnügen oder Erleben von Schönem. Die Grundoperation besteht darin, Phänomene der Umwelt nicht nur instrumentell, im Vollzug zielgerichteter Tätigkeiten, wahrzunehmen. Wir betrachten sie nicht einfach als austauschbare Vertreter einer allgemeinen Kategorie mit bekannter Zweckbestimmung, sondern registrieren ihre individuellen sinnlichen Qualitäten mit handlungsentbundener Aufmerksamkeit. Es fällt einem beispielsweise auf, dass der farbige Putz eines Nachbarhauses nicht nur dem Schutz gegen das Wetter dient; er hat einen Ochsenblutton, der kräftig von der Umgebung absticht, ein reizvolles Wechselspiel mit den Tönungen des Himmels entfaltet und an Urlaube im Norden Europas erinnert.[5]

Doch kann die Farbe des Putzes auch fad oder zu grell wirken; sie scheint nicht zu den Proportionen zu passen oder lässt unangenehme Erinnerungen aufkommen. Auch hier erleben wir ästhetisch; doch die Bewertung fällt so aus, dass wir diese Erfahrung nicht wiederholen möchten. Gesucht werden sinnlich intensive Wahrnehmungen, die insgesamt als emotional positiv, als angenehm empfunden werden. Sie bezeichnet man umgangssprachlich als schön. Deswegen heben wir immer wieder Eindrücke und Vorstellungen aus dem Strom der Alltagsereignisse heraus und lassen ihr sinnliches, Gefühle und Einbildungskraft anregendes Potenzial auf uns wirken, weil wir hoffen, die angenehmen Empfindungen des Schönen[6] zu erleben.

Ästhetisierung als Selbstzweck?

Das heißt: Ästhetisches Erleben ist Selbstzweck. Es wird erstrebt und herbeigeführt einzig wegen der intensiven, befriedigenden oder gar beglückenden Gefühle, die es erzeugen kann.[7] Darauf aufbauend, kann man den Kern der historischen Ästhetisierungsprozesse in Deutschland so bestimmen: Immer mehr Menschen (das heißt faktisch: zunehmend solche mit einfacher Bildung) kommen in Situationen, die ästhetische Erlebnisse ermöglichen – und *sie nutzen diese Möglichkeit auch.* Das geschieht so seit gut einhundert Jahren, mit einem enormen Schub im fordistischen Massenwohlstand nach dem Zweiten Weltkrieg.

Systematisch ist dazu das Zusammenwirken von drei Faktoren nötig: Erstens haben mehr Gegenstände der Lebensumwelt sinnliche und symbolisch-

---

5   Ist das Haus oder zumindest sein Putz damit ein ästhetisches Objekt? Aus meiner Sicht nicht; ich würde diese Bezeichnung beschränken auf Phänomene, deren *Primärfunktion* die Auslösung ästhetischer Wahrnehmung ist.
6   Hier verwendet der Autor *das Schöne* normativ, entsprechend *seinen* Maßstäben. Das ist zu unterscheiden vom Anspruch empirischer Ästhetik, die von den Menschen verwendeten Kriterien für das Urteil *schön* herauszuarbeiten, ihren Zusammenhang mit Qualitäten der so bezeichneten Phänomene und die Weisen der Interaktion zwischen den Beteiligten zu bestimmen.
7   Spätestens seit Gerhard Schulze (1992) kann man das als empirisch belegt betrachten. Ob man im Kontext ästhetischer Theorie daraus eine Norm macht oder den Genuss Werten wie dem Guten und Wahren unterordnet, ist damit nicht entschieden.

narrative Qualitäten (*Kunst*-Eigenschaften), die starke positive Gefühle auslösen können. Zweitens verfügen mehr Menschen über Neigung, Sensibilitäten, Erfahrungen und Kompetenzen, aus und mit diesen Möglichkeiten aktiv erfreuliches ästhetisches Erleben zu machen. Drittens – und das ist gerade mit Blick auf Arbeitswelten wesentlich – sind Lebensverhältnisse und -anforderungen derart, dass überhaupt Raum entstehen kann für das mentale Heraustreten aus funktionalen Abläufen und Zwängen. Wenn der Körper bis zur letzten Faser angespannt wird, um eine physische Leistung zu erbringen, oder wenn alle Aufmerksamkeit benötigt wird, um vorgegebene Arbeitsaufgaben ohne Fehler zu erfüllen, dann stellt jede Verschiebung des Wahrnehmungsfokus – auf reizvolle sinnliche Qualitäten des Arbeitsgegenstandes zum Beispiel, auf das Spiel von Sonne und Schatten im Raum oder gar auf Tagträume – ein Risiko dar.

Hier wird eine Kategorie wichtig: die „ästhetische Mitwahrnehmung" (Kleimann 2002: 81). Alltagsforscher_innen können nur zustimmen, wenn auf unterschiedliche Intensitäten und wechselnde Foci der Wahrnehmung hingewiesen wird. Man denke an die Musik, die einen morgens auf Touren bringt, an den genießerischen Blick auf die eleganten Linien der Karosserie, wenn man den Wagen für die Fahrt zur Arbeit besteigt, und an die Wahrnehmung der lautlosen, unangestrengten Geschmeidigkeit, mit der das Auto beschleunigt. Oder, korrekter: an das Vergnügen, mit dem man den leichten Lauf des Rades, das metallische Schnurren der Kette über den Zahnkranz, den Rhythmus der Beine und den Fahrtwind auf der Haut zum ästhetischen Erleben verknüpft, während man überlegt, ob man pünktlich am Arbeitsplatz sein wird und was einen dort erwartet.

Ein solcher wahrnehmungs- und emotionsorientierter Zugang scheint hilfreich, um Ästhetisierungsprozessen in ihrer Bedeutung für das gelebte Leben näher zu kommen. Gewiss: In den Gefühlen gegenüber der Berufsarbeit und in deren subjektiver Bewertung verbinden sich höchst unterschiedliche Faktoren zu wechselnden, keineswegs stabilen Mischungen. Doch gerade deswegen scheint es angebracht, zunächst mit einem engen Verständnis des Ästhetischen sinnlich-emotionales Erleben und die Suche nach Schönheit in Arbeitswelten zu fokussieren und analytisch zu isolieren.

Solches Herauslösen ist freilich immer problematisch, und die Rede von ästhetischem Erleben als Selbstzweck kann in die Irre führen. Sie meint, dass die konkreten Praktiken in erster Linie auf die Erzeugung und den Genuss ästhetischen Erlebens zielen. Dieser Genuss kann jedoch in wechselnden Kontexten der Lebensführung ganz verschiedene Funktionen erfüllen. Er kann zur Intensivierung des Da-Seins, zur Differenzierung des Wissens über Welt und Menschen und zur Stärkung für eigenes Handeln ebenso dienen wie zum Stimmungsmanagement, zur Tröstung, zur Kompensation oder auch zum Verdrängen empfundener Defizite und belastender Erfahrungen. Insbesondere der Einsatz zu Konsolation und ‚Abschalten' sowie die sogenannte eskapistische Funktion ästhetischer Vergnügen sind Anlass für kritische Vorbehalte gegen Praktiken, die auf nichts als die Erfahrung des Schönen zielen. Ästhetisierung wird daher bis heute als Instrument konformistischer Subjektivierung, als Selbsttäuschung oder – wie in Wolfgang Fritz Haugs (2009) „Kritik der Warenästhetik" – als Medium des Konsumismus und damit des falschen Bewusstseins subalterner Massen kritisiert.

Das alles kann in vielen Fällen so sein. Man kann aber auch mit Jacques Rancière (2006; 2013) den Zugriff Subalterner auf selbstzweckhafte ästhetische Praktiken als Zurückweisen herrschaftlicher Funktionalisierung und Hierarchisierung interpretieren und damit als Mittel zur Ermächtigung. Derartige Pauschaldiagnosen fordern in erster Linie dichte Einzelstudien heraus, die die wechselnden Rahmungen und die keineswegs eindeutigen und stabilen Nutzungen ästhetischer Erlebensmöglichkeiten konkret rekonstruieren.

Dabei sind Ästhetisierungspraktiken abhängig Beschäftigter analytisch zu unterscheiden von Strategien betrieblicher Sozial- und Subjektivierungspolitik. Das Thema *Schönheit der Arbeit* haben die Nazis nicht erfunden, wohl aber das *Amt Schönheit der Arbeit* zur Bündelung und Professionalisierung betrieblicher Integrations- und Kompensationsstrategien: helle Räume, Grünanlagen und leisere Maschinen statt Lohnerhöhung und gewerkschaftlicher Interessenvertretung. Haugs Charakterisierung dieser Variante von Arbeitsästhetisierung ist keineswegs inaktuell: „Der angezielte Subjekteffekt besteht darin, dass die Arbeiter die Bedingungen der Arbeit als lebenswert annehmen" (Haug 1980: 3). „Einordnung in die Unterdrückung", so Haug, „erfolgt hier in Form von Tätigkeiten, bei denen die Arbeiter gar nicht anders können, als ihre selbstzweckhaften Lebensansprüche in ihnen zu verkörpern" (ebd., 4).

Ästhetische Dimensionen abhängiger Arbeit – ein Ordnungsvorschlag

Wo im Rahmen von Inszenierungen der Unternehmenskultur ästhetisiert wird, sollte man also genau hinschauen – besonders auf die Sinngebungen der Beschäftigten. Zuvor will ich jedoch tentativ skizzieren, welche Formen ästhetisches Erleben im Kontext abhängiger Arbeit annehmen kann. Wie erwähnt: Ästhetisches Erleben ist in verschiedenen Graden der Intensität und der Konzentration denkbar, nicht selten als „Mitwahrnehmung". Vieles spricht dafür, dass ästhetische Praktiken in abhängiger Erwerbsarbeit meist diesen Nebenbeistatus haben werden – weil es um Erlebnisse geht, die (idealtypisch!) ihren Zweck in sich haben und jede Unterordnung unter andere, von außen gesetzte Aufgaben abweisen.

Solches *Erleben* empirisch zu untersuchen, zielt in eine andere Richtung als das von Reckwitz entwickelte Konzept ästhetischer Arbeit; dort steht ästhetische *Kreativität* im Zentrum. Ästhetische Arbeit umfasst danach Tätigkeiten zur „Produktion ästhetischer Güter und ästhetischer Ereignisse"; verlangt wird „ästhetische Innovation" (Reckwitz 2012: 142). Es handelt sich mithin im Kern um die geistig-symbolische Erzeugung ästhetischer Güter. Hannes Krämer (2014) hat solche Arbeit exemplarisch in seiner Ethnographie der Werbebranche untersucht.

So bedeutsam die wachsende Gruppe ästhetischer Arbeiter_innen politisch und in ihrer soziokulturellen Ausstrahlung ist, so wenig steht sie quantitativ für die Zukunft der Lohnarbeit. Sie produziert Konzepte, Kampagnen, Inszenierungspläne, Muster, Designentwürfe, Raumgestaltungen, Choreographien und Texte; aber die physische Realisierung der von ihnen entworfenen Waren und den Betrieb der Dienstleistungen – der Autos, Bügeleisen, Eventrestaurants, Art Hotels, Wellnesstempel, Werbespots und so weiter – übernehmen Beschäftigte ohne die Chance zu ästhetischer Innovation. Selbst in der wachsenden Menge immateriell, wissens- und symbolkommunikativ Arbeitender, die im Sinne Reckwitz' kreative Tätigkeiten ausführen, bilden die ästhetisch Produzierenden eine Minderheit.[8] Der Fokus auf kreatives Tun führt zu anderen Fragestellungen als der nach ästhetischem Erleben.

Realistischerweise, so scheint mir, wird man Felder der Ästhetisierung vor allem bei den *Formen und Bedingungen* der Aufgabenerfüllung suchen. Wer zum Beispiel mit Kundschaft zu tun hat, für die/den ist ästhetische Selbstinszenierung immer häufiger ein erstrangiges Thema. Sich dafür herzurichten, kann durchaus mit positiven ästhetischen Erfahrungen verbunden sein; einschlägige Studien dazu sind mir allerdings nicht bekannt.

Auch Arbeitsmittel und Arbeitsräume sind potenziell Gegenstand ästhetischer Wahrnehmung. Der Arbeitsplatz und seine Umgebung, Umkleideräume, Treppenhäuser, Bodenbeläge und Handläufe, Toiletten und so weiter werden nicht nur funktional, sondern auch nach optischem, akustischem, ol-

---

8 Man hat den Eindruck, dass Reckwitz (2012: 23–25) im Bemühen, die Ausrichtung der Wirtschaft auf affektiv anziehende Produkte möglichst plausibel zu machen, seine enge Definition ästhetischer Praktiken verwässert.

faktorischem und somatosensorischem[9] Eindruck wahrgenommen. Dass für viele Menschen ein Apple-Computer besser aussieht und sich anfühlt als andere, ist eine ästhetische Wahrnehmung – und genauso ist es mit Arbeitskleidung, Raumeindruck, Wandschmuck und ähnlichem. Die noch nicht ganz irrelevant gewordene *Kragenlinie* zwischen Arbeiter_innen und Angestellten hat, die Metapher weist darauf hin, eine nicht unerhebliche ästhetische Dimension: Angestellte schaffen, bis hin zur eigenen Kleidung, in einem deutlich schöneren Ambiente. Und solche Erfahrung lebt auch vom ästhetischen Reiz der Erscheinung der Kolleg_innen. All das verdichtet sich, um das Stichwort wenigstens in den Raum zu stellen, in den *Atmosphären* (Böhme 1995; Rauh 2012; Weith 2014), welche die sinnlich-leibhafte Wahrnehmung und Bewertung der individuellen Arbeit(swelt) mit bestimmen.

Als eine Art ‚Beifang' erwähnen volkskundliche Studien der Arbeitswelt ab und zu Eigenaktivitäten, mit denen Beschäftigte ihren Arbeitsplatz gestalten: die Pinnwand mit Urlaubspostkarten und flotten Sprüchen, Wandschmuck oder den persönlichen Trinkbecher auf dem Schreibtisch. Ästhetisches wurde allerdings nicht systematisch in den Blick genommen – obwohl das doch etwa beim Radiohören, sprich: bei der Musikauswahl zur Arbeit, nahe läge (heute ginge es eher um die individuelle Playlist auf dem Smartphone). Selbst das Thema *Welcher Kaffee, welche Zubereitung?* berührt ästhetische Wahrnehmungen.[10]

Diese Fragen führen dorthin, wo die Mischungen von (ich formuliere jetzt aus Unternehmenssicht) Arbeit und Nichtarbeit im Betrieb ausgehandelt werden. Surfen im Netz, Musikhören, Games spielen *während der Arbeit* (vgl. Bausinger 2001; Schönberger 2004) – auch das sind mehr oder minder selbst gewählte ästhetische Praktiken, die in die Gesamterfahrung der Lohnarbeit eingehen.[11] Ein letzter, wenngleich schwer zu fassender Punkt ist das Tagträumen – eine eminent bedeutsame ästhetische Praktik,[12] die zum Leidwesen vieler Vorgesetzter (und Hochschuldozent_innen) kaum zu sanktionieren ist.

Von der Kleidung und vom Herrichten der eigenen Erscheinung war schon die Rede. Der Zwang zur ästhetischen Gestaltung der eigenen Person

---

9 Und natürlich akustisch: Der Klang einer Tastatur, die Musik in der Warteschleife und der Klingelton, das Laufgeräusch der Schreibtischschublade – all das sind heute gezielt ästhetisch designte Qualitäten der Arbeitsmittel.
10 Auch wenn Geruch und Geschmack in der eindrucksvollen Kaffeepausenstudie von Götz Bachmann (2014) erstaunlicherweise keine Rolle spielen.
11 Der Index „Gute Arbeit" des DGB (verfügbar unter: http://index-gute-arbeit.dgb. de/mein-index [14.12.2016]) fragt nach den Möglichkeiten, die eigenen Aufgaben einzuteilen. Interessant wäre, ob die Antworten auch die genannten Praktiken betreffen.
12 Sehr anregend dazu, wenngleich vom Kreativitätsimperativ geprägt, ist Ernst (2011).

als Ware auf dem Arbeitsmarkt wurde bereits in der Zwischenkriegszeit massiv von der Werbung thematisiert. So warb *Palmolive* für seine Rasiercreme mit der Wichtigkeit gepflegten Aussehens für die Karriere. „Vor 7 Jahren: einer von 50 Angestellten – heute ist Hans N ihr Vorgesetzter".[13] Ein weites Feld – doch greift es gewiss zu kurz, diese vielschichtige Praxis nur unter dem Gesichtspunkt der Fremdbestimmung abzuhandeln.

Ästhetische Wahrnehmung der Arbeitsumwelt betrifft nicht allein die Inneneinrichtung. Die Gestaltqualität der Gebäude und die Aussicht aus dem Bürofenster – das sind nicht nur Imponiergesten gegenüber Geschäftspartner_innen, diese Eindrücke fließen ein in die gemischten Gefühle, die die Arbeit begleiten.

Zumindest erwähnt werden soll, dass auch Freizeit- und *Incentive*-Programme von Unternehmen ästhetische Events in Hülle und Fülle organisieren. Zum Schluss ein altes Lieblingsthema deutscher Arbeitnehmer_innen: die Kantine und die Qualität des Essens. Was Ästhetisierung hier meinen kann, mag eine Anekdote andeuten. Vor einigen Jahren saß ich mit Schweizer Kolleg_innen bei einem ‚Arbeitsessen'. Das Gespräch kam auf Krankenhausaufenthalte. Und die Kulturwissenschaftler_innen tauschten Erfahrungen aus, in welcher Klinik man *kulinarisch* am meisten erwarten dürfe, Sterneköche inbegriffen. Glückliche Schweiz!

Thesen und Forschungsfragen

Die vorgestellten Überlegungen zu ästhetisierter Arbeit werfen eine Reihe kulturwissenschaftlicher Fragen auf. Empirisch ist beispielsweise zu erforschen: Mit welchen Praktiken suchen Beschäftigte in welchen Arbeitszusammenhängen nach ästhetischem Berührtwerden? Welchen Umfang und welche Qualität hat dieses Erleben? Wie kann man ästhetische Mitwahrnehmung erfassen? Vor allem: Welche subjektive Bedeutung geben die Arbeitenden derartigen Erfahrungen? Welches Gewicht haben sie im Mix der Kriterien, aus denen sich die Bewertung der eigenen Arbeit und die Interessenbestimmung gegenüber dem Unternehmen ergibt?

Im gewerkschaftlichen Fragenkatalog zur „Guten Arbeit" (DGB-Index, o.J.) kommt die ästhetische Dimension nicht vor. Ich möchte dagegen die These aufstellen: ‚Hunger nach Schönheit' (vgl. Maase 2011) hat mittlerweile für Entscheidungen vieler Menschen eine vergleichbare Bedeutung wie Ein-

---

[13] Der Erscheinungsort der Anzeigenserie aus den 1920er Jahren konnte leider nicht rekonstruiert werden.

kommen, soziale Sicherheit und der ‚Hunger nach Anerkennung' (vgl. Honneth 1992). Oder vielleicht besser formuliert: Das Streben nach positiven ästhetischen Erlebnissen gehört inzwischen grundlegend zum Anspruch auf ein gutes Leben und zum Verlangen nach anständiger Behandlung, nach Respektiert- und Geschätztwerden im Beruf.

Fragen dieser Art behandeln Betriebssoziologie, Arbeitspsychologie und Managementtheorie gerne unter dem Label ‚Arbeitszufriedenheit'. Und die Sozialhistoriker_innen sind sich einig, dass das Angebot von „Kraft durch Freude" im Nationalsozialismus – einschließlich „Schönheit der Arbeit" – darauf zielte, Belegschaften zu pazifizieren, ohne bei Löhnen und Mitbestimmung an die Machtverhältnisse im Betrieb zu rühren. Ist Ästhetisierung der Arbeit also eine postfordistische Strategie der (Selbst-)Ausbeutung und der (Selbst-)Unterwerfung unter das Kapitalsystem? So wenig es ohne diese kritische Perspektive geht, so wenig reicht sie aus, denke ich. Die Entwicklung der lebendigen Arbeitskraft ist nicht ohne Widersprüche und Widerstände in die Verwertungslogik einzubinden; sie ist stets umkämpft und verläuft mit ungeplanten Folgen. Ästhetisierung, wie immer man sie konkret definiert, bildet eine Art kulturellen Grundstrom; sie hat im Verlauf der fordistischen Vergesellschaftung Massencharakter und Eigendynamik angenommen und ist heute von niemandem zu kontrollieren.

So kann man zumindest die historischen Untersuchungen von Reckwitz (2012), Boltanski und Chiapello (2003), Detlef Siegfried (2006) und Reichardt (2014) interpretieren. Reckwitz führt die Vielzahl unterschiedlicher Entwicklungen, die Kreativität zur Hypernorm haben aufsteigen lassen, auf den „*Affektmangel* der klassischen gesellschaftlichen, insbesondere der organisierten Moderne" (2012: 315, Hervorh. i.O.) zurück. Die anderen Studien verknüpfen Ästhetisierungstrends sowie Managementkonzepte und Arbeitsmodelle, die Erfüllung durch Kreativität und Selbstorganisation versprechen, mit den von der jungen gebildeten Mittelschicht geprägten Protestbewegungen der 1960er bis frühen 1980er Jahre.

Damit stellt sich eine grundlegende analytische Frage: Aus welchen gesellschaftlichen Feldern und Erfahrungen speist sich die Ästhetisierungsdynamik vorrangig? Zum Profil der Ansprüche, die diese Gruppen artikulierten und verallgemeinerten, zählten nämlich nicht nur Authentizität und schöpferische Selbstentfaltung, sondern auch weite Bereiche modernen Konsums – neben Popmusik, sonstigem Kulturgenuss und dem dazu nötigen Equipment beispielsweise Kleidung, Rauschmittel und ‚alternative' Reiseziele. Jakob Tanner zieht hier sogar eine Linie „von Woodstock in den Supermarkt" (1998: 218). Die „Propagierung eines hedonistischen Zugangs zum Leben" habe von

Anbeginn an „Unterhaltungskomponente und [...] Kommerzialisierungstendenz" (ebd., 221f.) eingeschlossen und so „die Voraussetzungen für eine sozial deregulierte Konsumkultur und die ‚Erlebnisgesellschaft'" der 1980er Jahre mit geschaffen (ebd., 220). Bei Siegfried (2006) erscheint die Dynamik erweiterter Konsumgenüsse sogar als wichtige Triebkraft der Politisierung.

Da stellt sich die Frage: Sind (immaterielle, symbolische, kreative) Arbeit und Produktion oder Konsum und Erleben die Praxisfelder, aus denen die Ästhetisierungsdynamik primär hervorgeht? Die von Reckwitz konstatierte „ästhetische Selbstsensibilisierung der Konsumenten" (2012: 195) ist ein Schlüsselbefund der an Colin Campbell (1989) anschließenden neueren Konsumtheorie und -geschichtsschreibung. Campbell hat gefragt, wie die moderne Unersättlichkeit und Grenzenlosigkeit der Konsumbegehren zustande kommt und darauf eine im Kern ästhetisch argumentierende Antwort gegeben. Seit 1800 habe man im Westen gelernt, das eigentliche Vergnügen von konkreten Objekten und deren sinnlichen Reizen zu lösen. Was wir letztlich genießen, seien unsere Emotionen und Tagträume, die Phantasien des Begehrens selbst, die wir an die Welt des materiellen Konsums knüpfen. Dieser „imaginative hedonism" (Campbell 1989: 77–95) sei unbegrenzt; kein dinglicher Überfluss kann ihn befriedigen oder erschöpfen – weil es sich im Kern um das ästhetische Spiel der Einbildungskraft und deren (Selbst-)Genuss handelt.

Nach dem Zweiten Weltkrieg ist der *imaginative hedonism* Teil der habituellen Grundausstattung westlicher Gesellschaften geworden – und alle sozialen Interessengruppen antworteten darauf mit unterschiedlichen Subjektmodellen. Sie sollten dem Begehren einen Platz zuweisen im Identitätsideal und es mit Praxisformen verknüpfen, die es einordneten in die jeweils vertretenen Interessen(organisationen). Bilder und Versprechen guten, erfüllten Lebens wurden an unterschiedliche, ja gegensätzliche Werte und Verhaltensmodelle gebunden: Solidarität der Subalternen, Markterfolg und Gewinnmaximierung, Nachhaltigkeit, christliche Nächstenliebe und so weiter.

Die Konkurrenz dieser Modelle stärkt meine Zweifel an der Reichweite poststrukturalistischer Subjektivierungstheorien. Diese konzentrieren sich auf Diskurse und Praktiken, welche die Anerkennung als Subjekt an das aktive Selbsteinfügen in die bestehende Herrschaftsordnung binden. Hegemonial nicht anerkannte Modelle von Identität und Lebensführung, gerade jenseits der Mittelschichten, finden dabei allerdings wenig Aufmerksamkeit. Es wird zwar praxistheoretisch argumentiert, aber eine wirklich empirische praxeologische Untersuchung der Lebens- und Arbeitstätigkeiten ist bislang ausgeblieben.

Dieser blinde Fleck wird seit einiger Zeit unter dem Stichwort der „Selbst-Bildungen" (vgl. Alkemeyer/Budde/Freist 2013) mit Argumenten kritisiert, die gerade für empirische und ethnographische Kulturforschung relevant sind. Dichte Beschreibungen ästhetischer Sensibilitäten und Praktiken sowie ihrer Verknüpfungen in Beruf und Freizeit würden die von Manfred Seifert (2014: 29) empfohlene Integration mentaler und emotionaler Komponenten in die Untersuchung der modernen Arbeitswelt voranbringen. Solche Handlungen und Erlebnisse sind nämlich, so die abschließende Hypothese, aus sich heraus gleichermaßen offen für konforme und kompensatorische Subjektivierung wie für eigensinnige, normüberschreitende Anspruchsentwicklung.

Abschließend zurück zur Titelfrage: Kann abhängige Arbeit schön sein? Das bleibt wohl Definitionssache; vermutlich ist bereits die Frage problematisch, da sie Schönheit verdinglicht. Sicher aber ist ästhetisches Erleben in allen Formen der Tätigkeit ein richtig schönes Forschungsthema.

Literatur

Alkemeyer, Thomas/Budde, Gunilla/Freist, Dagmar (Hrsg.). (2013). *Selbst-Bildungen. Soziale und kulturelle Praktiken der Subjektivierung*. Bielefeld: Transcript.
Bachmann, Götz (2014). *Kollegialität. Eine Ethnographie der Belegschaftsstruktur im Kaufhaus*. Frankfurt/New York: Campus.
Bausinger, Hermann (2001). Vom Jagdrecht auf Moorhühner. *Zeitschrift für Volkskunde, 97*, 1–14.
Böhme, Gernot (1995). *Atmosphäre. Essays zur neuen Ästhetik*. Frankfurt am Main: Suhrkamp.
Böhme, Gernot (2008). Zur Kritik der ästhetischen Ökonomie. In Kaspar Maase (Hrsg.), *Die Schönheiten des Populären. Ästhetische Erfahrung der Gegenwart* (S. 28–41). Frankfurt/New York: Campus.
Boltanski, Luc/Chiapello, Ève (2003). *Der neue Geist des Kapitalismus*. Konstanz: UVK.
Brandstätter, Ursula (2012). Ästhetische Erfahrung. In Hildegard Bockhorst/Vanessa-Isabelle Reinwand/Wolfgang Zacharias (Hrsg.), *Handbuch Kulturelle Bildung* (S. 174–180). München: kopaed. Verfügbar unter: https://www.kubi-online.de/artikel/aesthetische-erfahrung [14.12.2016].
Bröckling, Ulrich (2007). *Das unternehmerische Selbst. Soziologie einer Subjektivierungsform*. Frankfurt am Main: Suhrkamp.
Campbell, Colin (1989). *The Romantic Ethic and the Spirit of Modern Consumerism*. Oxford: Blackwell.
Dewey, John (1980). *Kunst als Erfahrung*. Frankfurt am Main: Suhrkamp [OA 1934].

Doering-Manteuffel, Anselm/Raphael, Lutz (2010). *Nach dem Boom. Perspektiven auf die Zeitgeschichte seit 1970* (2., erg. Aufl.). Göttingen: Vandenhoeck & Ruprecht.

Ernst, Heiko (2011). *Innenwelten. Warum Tagträume uns kreativer, mutiger und gelassener machen.* Stuttgart: Klett-Cotta.

Giddens, Anthony (1995). *Konsequenzen der Moderne.* Frankfurt am Main: Suhrkamp.

Haug, Wolfgang Fritz (1980). Vorwort. In Chup Friemert, *Produktionsästhetik im Faschismus. Das Amt „Schönheit der Arbeit" von 1933 bis 1939* (S. 1–5). München: Damnitz.

Haug, Wolfgang Fritz (2009). *Kritik der Warenästhetik. Überarbeitete Neuausgabe.* Frankfurt am Main: Suhrkamp.

Honneth, Axel (1992). *Kampf um Anerkennung. Zur moralischen Grammatik sozialer Konflikte.* Frankfurt am Main: Suhrkamp.

Kleimann, Bernd (2002). *Das ästhetische Weltverhältnis. Eine Untersuchung zu den grundlegenden Dimensionen des Ästhetischen.* München: Fink.

Krämer, Hannes (2014). *Die Praxis der Kreativität. Eine Ethnographie kreativer Arbeit.* Bielefeld: Transcript.

Maase, Kaspar (2008). Die Erforschung des Schönen im Alltag. 6 Thesen. In ders. (Hrsg.), *Die Schönheiten des Populären. Ästhetische Erfahrung der Gegenwart* (S. 42–57). Frankfurt/New York: Campus.

Maase, Kaspar (2011). Der Banause und das Projekt schönen Lebens. Überlegungen zu Bedeutung und Qualitäten alltäglicher ästhetischer Erfahrung. In ders., *Das Recht der Gewöhnlichkeit. Über populäre Kultur* (Untersuchungen des Ludwig-Uhland-Instituts der Universität Tübingen, Bd. 111). (S. 238–271). Tübingen: TVV. Verfügbar unter: http://www.kulturation.de/ki_1_text.php?id=25 [14.12.2016].

Maase, Kaspar (2017). Leider schön …? Anmerkungen zum Umgang mit Sinnesempfindungen in Alltag und empirischer Forschung. In Thomas Hengartner et al. (Hrsg.), *Kulturen der Sinne. Zugänge zur Sensualität der sozialen Welt.* Zürich (im Erscheinen).

Polanyi, Karl (1977). *The Great Transformation. Politische und ökonomische Ursprünge von Gesellschaften und Wirtschaftssystemen.* Hamburg: Europa Verlag [OA 1944].

Pongratz, Hans J./Voß, Gerd Günter (2003). *Arbeitskraftunternehmer. Erwerbsorientierungen in entgrenzten Arbeitsformen.* Berlin: sigma.

Rancière, Jacques (2006). *Die Aufteilung des Sinnlichen. Die Politik der Kunst und ihre Paradoxien.* Berlin: b_books.

Rancière, Jacques (2013). *Die Nacht der Proletarier. Archive des Arbeitertraums.* Wien/Berlin: Turia + Kant.

Rauh, Andreas (2012). *Die besondere Atmosphäre. Ästhetische Feldforschungen.* Bielefeld: Transcript.

Reckwitz, Andreas (2012). *Die Erfindung der Kreativität. Zum Prozess gesellschaftlicher Ästhetisierung.* Berlin: Suhrkamp.

Reichardt, Sven (2014). *Authentizität und Gemeinschaft. Linksalternatives Leben in den siebziger und frühen achtziger Jahren.* Frankfurt am Main: Suhrkamp.

Schönberger, Klaus (2004). „Ab Montag wird nicht mehr gearbeitet!" Selbstverwertung und Selbstkontrolle im Prozess der Subjektivierung von Arbeit. In Gunther Hirschfelder/Birgit Huber (Hrsg.), *Die Virtualisierung der Arbeit. Zur Ethnographie neuer Arbeits- und Organisationsformen* (S. 239–266). Frankfurt/New York: Campus.

Schulze, Gerhard (1992). *Die Erlebnisgesellschaft. Kultursoziologie der Gegenwart.* Frankfurt/New York: Campus.

Seel, Martin (2000). *Ästhetik des Erscheinens.* München/Wien: Hanser.

Seifert, Manfred (2014). Die mentale Seite der Ökonomie: Gefühl und Empathie im Arbeitsleben. Eine Einführung. In ders. (Hrsg.), *Die mentale Seite der Ökonomie. Gefühl und Empathie im Arbeitsleben* (S. 11–29). Dresden: Thelem.

Siegfried, Detlef (2006). *Time Is on My Side. Konsum und Politik in der westdeutschen Jugendkultur der 60er Jahre.* Göttingen: Wallstein.

Streeck, Wolfgang (2013). *Gekaufte Zeit. Die vertagte Krise des demokratischen Kapitalismus.* Berlin: Suhrkamp.

Tanner, Jakob (1998). „The Times They Are A-Changin'". Zur subkulturellen Dynamik der 68er Bewegungen. In Ingrid Gilcher-Holtey (Hrsg.), *1968 – Vom Ereignis zum Gegenstand der Geschichtswissenschaft* (S. 207–223). Göttingen: Vandenhoeck und Ruprecht.

Weith, Carmen (2014). *Alb-Glück. Zur Kulturtechnik der Naturerfahrung.* Tübingen: TVV.

Autorinnen und Autoren

David Adler: M.A., Studium der Soziologie, Philosophie und Politikwissenschaft in Mainz und Montréal. Promotionsstudent am Graduiertenkolleg „Selbst-Bildungen" der Carl von Ossietzky Universität Oldenburg zum Thema „Post-Disziplinäre Architekturen. Subjektivierung im Dispositiv des Büros". Forschungsschwerpunkte: Raumsoziologie, Gouvernementalitätsforschung, Wirtschaftssoziologie, qualitative Forschungsmethoden, Soziologie des Politischen, Kritische Theorie. Monographie (2015). *Doppelte Hegemonie. Hegemonialisierung im War on Terror-Diskurs nach der Tötung Bin Ladens*, hrsg. von Eva Herschinger, Judith Renner und Alexander Spencer (Politische Diskurse | Political Discourse, Bd. 2). Baden-Baden.

Alexandra Bernhardt: Dipl.-Soz., Studium der Soziologie in Chemnitz, Promotionsstudentin am Institut für Soziologie an der Technischen Universität Chemnitz, Forschungsinteressen: Arbeitssoziologie, neue Formen der Arbeitsorganisation (insbesondere Coworking), qualitative Sozialforschung (insbesondere Ethnographie, visuelle Methoden).

Lars K. Christensen: Dr., Studium der Geschichte und Philosophie an der Universität Kopenhagen. Promotion mit einer Arbeit über den technologischen Wandel, Arbeitskultur und Modernität in der dänischen Textilindustrie. Seit 2000 Kurator und *senior researcher* im Dänischen Nationalmuseum, Abteilung für Moderne Geschichte und Kulturen der Welt. Arbeitsschwerpunkte: Arbeits- und Industriegeschichte, Museologie. Veröffentlichungen u.a.: „Between Denmark and Detroit (2014). Unionized Labour at Ford Motor Company, Copenhagen, 1919–1939, *Labor History*, 55 (3), 326–345; gemeinsam mit P. Grinder-Hansen et al. (2012). *Europe meets the World*. Kopenhagen; gemeinsam mit A. E. Hansen und s. Kolstrup (2007). *Arbejdernes historie i Danmark 1800–2000* (Geschichte der Arbeiter_innen in Dänemark 1800–2000). Kopenhagen. Beteiligung als Kurator bei mehreren Museumsausstellungen. Ehemaliger Vorsitzender der Dänischen Gesellschaft für Arbeiter-Geschichte. Weitere Information: https://natmus.academia.edu/LKC.

Valeska Flor: Mag.^{a}, seit 2014 wissenschaftliche Mitarbeiterin der Abteilung Kulturanthropologie der Universität Bonn; Promotion in der Europäischen Ethnologie an der Universität Innsbruck mit dem Thema „Abgetragene Erinnerungen. Erzählungen, Praktiken und Dinge im Bewältigungsprozess von tagebaubedingten Umsiedlungsmaßnahmen". Forschungsinteressen: Politische Anthropologie, Anthropology of Energy, Montanethnographie, Erzähl- und Biographieforschung, Sport-/Fußballforschung. Veröffentlichungen u.a.: (in Vorbereitung/2018). Die narrative Bewältigung von Verlust und die Körperlichkeit von Emotionen. *Fabula, Sonderband.*

Lina Franken: Dr., Studium der Volkskunde, neueren Geschichte und Medienwissenschaft in Bonn, Promotion in der Vergleichenden Kulturwissenschaft an der Universität Regensburg, seit 2013 wissenschaftliche Referentin zur Projektkoordination für das DFG-Projekt „Digitales Portal Alltagskulturen im Rheinland" im LVR-Institut für Landeskunde und Regionalgeschichte und seit 2017 wissenschaftliche Mitarbeiterin im BMBF-Projekt „Kultur in der Lehrerbildung" an der Universität Bamberg. Forschungsinteressen: Bildungskulturen und -politik, immaterielles Kulturerbe, Arbeits- und Nahrungskulturen. Veröffentlichungen u.a.: (2017). *Unterrichten als Beruf. Akteure, Praxen und Ordnungen in der Schulbildung* (Arbeit und Alltag. Beiträge zur ethnografischen Arbeitskulturenforschung, Bd. 13). Frankfurt a.M./New York; zus. mit Katrin Bauer (Hrsg.). (2015). *Räume | Dinge | Menschen. Eine Bonner Kulturwissenschaft im Spiegel ihrer Narrative* (Bonner kleine Reihe zur Alltagskultur, Bd. 10). Münster/New York; zus. mit Eckhard Bolenz und Dagmar Hänel (Hrsg.). (2015). *Wenn das Erbe in die Wolke kommt. Digitalisierung und kulturelles Erbe.* Essen; (2014). Widerstand gegen den Nationalsozialismus. Beispiele aus Konstanz und der Region. *Konstanzer Almanach* 60, 78–80; (2007/08). Bergarbeiteridentitäten im Ruhrgebiet des 19. Jahrhunderts. *Rheinisches Jahrbuch für Volkskunde,* 37, 49–73.

Irene Götz: Professorin am Institut für Volkskunde/Europäische Ethnologie der LMU München; Redakteurin und Mit-Herausgeberin der Zeitschrift für Volkskunde. Forschungsschwerpunkte: Identitätspolitik/nationale Selbst- und Fremdbilder, Arbeits- und Organisationsethnographie, Biographieforschung, Neuer Nationalismus in Europa, Familienforschung. Aktuelles DFG-Forschungsprojekt „Prekärer Ruhestand. Arbeit und Lebensführung von Frauen im Alter" (2015–2018). Veröffentlichungen u.a.: gemeinsam mit Miriam Gutekunst et al. (Hrsg.). (2016). *Bounded Mobilities. Ethnographic Perspectives on Social Hierarchies and Global Inequalites.* Bielefeld; gemeinsam mit Johannes Moser et al. (Hrsg.). (2015). *Europäische Ethnologie in München. Ein kulturwissenschaftlicher Reader* (Münchener Beiträge zur Volkskunde, Bd. 42). München; (2016). Zurück nach Europas Mitte. Ethnografische Erkundungen zu identitätspolitischen Positionierungen im nordöstlichen Europa am Beispiel der litauischen Hauptstadt Vilnius. In Daniel Drascek (Hrsg.), *Kulturvergleichende Perspektiven auf das östliche Europa. Fragestellungen, Forschungsansätze und Methoden* (Regensburger Schriften zur Volkskunde/Vergleichenden Kulturwissenschaft, Bd. 29). (S. 33–54). Münster u.a.

Bernd Holtwick: Dr., Studium der Geschichtswissenschaft in Bielefeld, 1999 Promotion an der Universität Bielefeld, wissenschaftlicher Mitarbeiter am Haus der Geschichte Baden-Württemberg in Stuttgart; Kultur- und Archivamtsleiter im Landkreis Biberach (Riß), seit 2011 Ausstellungsleiter in der *DASA Arbeitswelt Ausstellung* in Dortmund. Arbeitsschwerpunkte: Handwerk, Regionalgeschichte; Ausstellungspraxis. Veröffentlichungen: (2000). *Der zerstrittene Berufsstand. Handwerker und ihre Organisationen in Ostwestfalen-Lippe 1929-1953*. Paderborn; (2008). Schaulust und andere niedere Beweggründe. Was lockt Menschen in historische Museen? Oder: Wann machen Museen Spaß? In Olaf Hartung et al. (Hrsg.), *Geschichte und Geschichtsvermittlung* (S. 184–198). Bielefeld; zusammen mit A. Burkarth (2009). *Dorf unterm Hakenkreuz. Die Diktatur auf dem Land im deutschen Südwesten 1933-1945*. Ulm; (2014). Entstehung und Erosion des ‚normalen' Arbeitsverhältnisses. In Karl Ditt et al. (Hrsg.), *Westfalen in der Moderne 1815-2015. Geschichte einer Region* (S. 333–352). Münster.

Nathalie Knöhr: M.A., Studium der Kulturanthropologie/Europäischen Ethnologie und der Religionswissenschaft an der Universität Göttingen, seit 2013 Promotion und Mitglied der DFG-geförderten, interdisziplinären Forschergruppe „Ästhetik und Praxis populärer Serialität", Bearbeiterin des Teilprojektes „Serienschreiben: Zur Arbeitskultur im gegenwärtigen deutschen Unterhaltungsfernsehen" unter der Leitung von Prof. Dr. Regina F. Bendix; Forschungsinteressen: Wissensforschung, Medien- und Kommunikationsforschung sowie Arbeitskulturenforschung, Performanzforschung und Religionssoziologie. Veröffentlichungen u. a.: (2014). The Professional Practice of Serial Audio Drama Production in the Age of Digitization. In *Serial Narratives. Special Issue of Literatur in Wissenschaft und Unterricht, 47 (1–2)*, 159–173. (2014). Die wundersame Arbeitswelt der seriellen Hörspielproduktion. *kids + media. Zeitschrift für Kinder- und Jugendmedienforschung, 1 (online)*, 59–78.

Hannes Krämer: Dr., Studium der Sozialwissenschaften und Kommunikationswissenschaft an der Universität Duisburg-Essen, 2013 Promotion an der Europa-Universität Viadrina. Derzeit Forschungsgruppenleiter „Border & Boundary Studies" und Wissenschaftlicher Koordinator „Grenzforschung" am

Viadrina Center B/ORDERS IN MOTION. Forschungsinteressen: Arbeits- und Organisationsforschung, Kultursoziologie, Methodologie der Ethnographie, Praxistheorien, Soziologie der Zukunft, Grenztheorien, Mobilitätsforschung. Veröffentlichungen u.a.: (2014). *Die Praxis der Kreativität.* Bielefeld; zus. mit Larissa Schindler (2016). *Mobilität. Themenheft der Österreichischen Zeitschrift für Soziologie*; (2016). Erwerbsarbeit als Praxis. Perspektive und Analysegewinne einer praxistheoretischen Soziologie der Arbeit. In Hilmar Schäfer (Hrsg.), *Praxistheorie. Ein Forschungsprogramm.* Bielefeld; (2017). Praxistheorie. In Maja Appelt et al. (Hrsg.), *Handbuch Organisationsforschung.* Wiesbaden.

Kaspar Maase: Prof. em. Dr., Promotion an der Humboldt-Universität zu Berlin 1971, Habilitation im Fach Kulturwissenschaft an der Universität Bremen 1992. Tätig gewesen an den Universitäten Tübingen, Humboldt-Universität Berlin, Eichstätt-Ingolstadt, Zürich. Seit Mitte 2011 im Ruhestand; Leitung von zwei Projekten im Rahmen der DFG-Forschergruppe 1091 „Ästhetik und Praxis populärer Serialität". Forschungsschwerpunkte: Geschichte der Massenkultur seit dem 19. Jahrhundert, Bewegungen gegen populäre Künste im 20. und 21. Jahrhundert, Amerikanisierung, Ästhetische Erfahrung im Alltagsleben. Veröffentlichungen u.a.: (2012). *Die Kinder der Massenkultur. Kontroversen um Schmutz und Schund seit dem Kaiserreich.* Frankfurt/New York.

Jochem Putsch: Dr., Historiker, Leiter des Standorts *Gesenkschmiede Hendrichs*, Solingen, des LVR-Industriemuseums. In der Vergangenheit im Stadtarchiv Solingen tätig, zahlreiche Publikationen zur Industrie- und Sozialgeschichte im Raum Solingen.

Petra Schmidt: M.A., Studium der Volkskunde/Europäische Ethnologie, Kunstgeschichte und Neuere Deutsche Literatur in München an der Ludwig-Maximilians-Universität München. Derzeit Promotion am Institut für Volksunde/Europäische Ethnologie an der Ludwig-Maximilians-Universität München. Zwischen 2010–2015 Lehraufträge am Institut für Volksunde Europäische Ethnologie in München. 2013 Stipendium an Deutschen Jugendinstitut in München. Seit 2015 wissenschaftliche Mitarbeiterin am Institut für Volksunde/Europäische Ethnologie in München. Forschungsschwerpunkte: Familienforschung und speziell Mutterschaftsforschung, Ästhetik- und Kreativitätsforschung, Arbeitsforschung. Veröffentlichungen: (2015). *Total Quality Mama. Mutterschaft aus der Perspektive Arbeit.* München.

Klaus Schönberger: Univ.-Prof. Dr. rer. soc., seit 2015 Professur Kulturanthropologie an der Alpen-Adria-Universität Klagenfurt sowie Institutsvorstand des Instituts für Kulturanalyse. 2016 bis 2019 Koordinator des EU Horizon 2020–Projekts TRACES (Transmitting Contentious Cultural Heritages with the Arts). Forschungsschwerpunkte: Cultural Heritage, Wandel der Arbeit, soziale Bewegungen und kulturwissenschaftliche Technikforschung. Veröffentlichungen u.a.: gemeinsam mit Ute Holfelder (Hrsg.) (2017): Bewegtbilder und Alltagskultur(en). 16-mm-, Super-8-, Video-, Handyfilm. Praktiken von Amateuren im Prozess der gesellschaftlichen Ästhetisierung. Köln.

Ove Sutter: JunProf. Dr., Leiter der Abteilung Kulturanthropologie/Volkskunde an der Universität Bonn. Forschungsschwerpunkte: Zivilgesellschaftliches Engagement für Flüchtende, Protestkulturen sozialer Bewegungen, Europäisierung und ländlicher Raum, Prekäre Arbeitsverhältnisse. Veröffentlichungen u.a.: (2014). *Erzählte Prekarität. Autobiographische Verhandlungen der Prekarität immaterieller Arbeit.* Frankfurt/New York; gemeinsam mit Klaus Schönberger, Gerrit Herlyn und Johannes Müske (Hrsg.) (2009). *Arbeit und Nicht-Arbeit. Entgrenzungen und Begrenzungen von Lebensbereichen und Praxen.* München/Mering; gemeinsam mit Klaus Schönberger (Hrsg.) (2009). *Kommt herunter, reiht euch ein... Eine kleine Geschichte der Protestformen sozialer Bewegungen.* Berlin.

Ildikó Szántó: Mag., Studium der Kunstgeschichte und Hungarologie an der Humboldt-Universität zu Berlin, seit 2015 wissenschaftliche Mitarbeiterin am Graduiertenkolleg „Das Wissen der Künste" an der Universität der Künste Berlin. Arbeitsschwerpunkte: Kunst und Gesellschaft, Arbeitsdiskurse in der Kunst. Veröffentlichungen: (2015). Die Fabrik in Museum. Perspektiven auf den Fordismus im Kunstfeld seit 1990. kritische berichte, 3, 31–42; (2016). Die Grenzen der Entgrenzung. Immaterielle, kognitive und ästhetische Arbeit und eine Kritik der Entgrenzungsthese. In Michael Kauppert/Heidrun Eberl (Hrsg.), *Ästhetische Praxis* (S. 329–354). Wiesbaden.

Jonas Tinius: PhD (Cantab.), Studium der American und British Studies sowie Kultur- und Sozialanthropologie in Münster, dann Studium und Promotion in Sozialanthropologie am King's College, University of Cambridge (UK). Seit Juni 2016 wissenschaftlicher Mitarbeiter (post-doc) im Centre for Anthropological Research on Museums and Heritage (CARMAH) am Institut für Europäische Ethnologie der Humboldt-Universität zu Berlin. Arbeitsschwerpunkte: Anthropologie der Kunst, v.a. zeitgenössische Kunst und Theater, Institutionen und Organisationen, Expertise und professionelle Arbeit, Museen und Kulturerbe in Deutschland und Europa. Veröffentlichungen u.a.: (2015). *Anthropology, Theatre, and Development: The Transformative Potential of Performance*, Palgrave; gemeinsam mit Alex Flynn (Hrsg.) (2016) Micro-utopias: anthropological perspectives on art, creativity, and relationality, *Journal of Art and Anthropology/Cadernos de Arte e Antropologia, Spezialausgabe 5 (1)*; gemeinsam mit Ruy Blanes, Alex Flynn und Maïté Maskens (Hrsg.) (2015). Rehearsing detachment: refugee theatre and dialectical fiction. *Journal of Art and Anthropology/Cadernos de Arte e Antropologia*; (2017). Anthropologische Beobachtungen zu künstlerischer Subjektivierung und institutioneller Reflexivität: Das Theaterprojekt *Ruhrorter* mit Geflüchteten am Theater an der Ruhr. In Matthias Warstat et al. (Hrsg.), *Applied Theatre – Frames and Positions*. Berlin.

Fabian Ziemer: Magisterstudium der Hauptfächer Volkskunde/Kulturanthropologie und Philosophie an der Universität Hamburg. Arbeitsschwerpunkte: Technikforschung, Architektur und Ästhetik, Kulturtheorien. Veröffentlichungen: (in Vorbereitung). Was ist ‚soziale Praxis'? Vom Nutzen und Vorteil der Ethnografie für die Begriffsbildung. In Karl Braun et al. (Hrsg.) *Kulturen der Sinne. Zugänge zur Sensualität der sozialen Welt (Publikation zum 40. Kongress der Deutschen Gesellschaft für Volkskunde in Zürich)*.

Lars Winterberg: Dr., Studium der Volkskunde, Psychologie und Germanistik in Bonn, Promotion an der Universität Regensburg, seit 2015 wissenschaftlicher Mitarbeiter der Abteilung Historische Anthropologie/Europäische Ethnologie an der Universität des Saarlandes. Arbeitsschwerpunkte: Politische Anthropologie, Wissenskulturen, Kulturtheorie, Nahrungsethnologie, Agrarkultur, Alltag und Utopie. Veröffentlichung u.a.: (2017). *Die Not der Anderen. Kulturwissenschaftliche Perspektiven auf Aushandlungen globaler Armut am Beispiel des Fairen Handels. Bausteine einer Ethnografie*. Münster u.a.; gemeinsam mit U. Flieger und B. Krug-Richter (Hrsg.) (2017). *Ordnung als Kategorie der volkskundlich-kulturwissenschaftlichen Forschung. Hochschultagung der Deutschen Gesellschaft für Volkskunde an der Universität des Saarlandes im September 2014*. Münster u.a.; gemeinsam mit U. Bitzegeio und J. Mittag (Hrsg.) (2015). *Der politische Mensch. Akteure gesellschaftlicher Partizipation im Übergang zum 21. Jahrhundert*. Bonn u.a.; (2007). *Wasser – Alltagsgetränk, Prestigeprodukt, Mangelware. Zur kulturellen Bedeutung des Wasserkonsums in der Region Bonn im 19. und 20. Jahrhundert*. Münster u.a.